LE ROMAN DU PIANO

DU MÊME AUTEUR

Saul, Paul : une double vie, Jacqueline Chambon, 1994.
Le Roman du piano, Actes Sud, 2003.

Titre original :
Pianoforte. Der Roman des Klaviers im 19. Jahrhundert
et *Piano, piano ! Der Roman des Klaviers im 20. Jahrhundert*
Editeur original :

ISBN 978-2-7427-8841-5

DIETER HILDEBRANDT

LE ROMAN DU PIANO

DU XIXe AU XXe SIÈCLE

traduit de l'allemand par Brigitte Hébert

BABEL

AVERTISSEMENT DE L'ÉDITEUR

Tous les ouvrages cités, s'ils ne sont pas mentionnés au fil du texte, se trouvent dans la bibliographie en fin de volume. Sauf indication contraire, toutes les notes sont de la traductrice. Le texte de l'édition française a été établi à partir de deux tomes en langue originale, en procédant à quelques coupes dans le texte avec l'autorisation de l'auteur.

Première partie

PIANOFORTE

LE ROMAN DU PIANO AU XIXe SIÈCLE

PRÉLUDE

Le héros clandestin

Souvent quand toi, ma musique, joues la musique, quand sur le bois béni dont le mouvement sonne dessous tes doigts chéris, tu remues doucement des cordes l'harmonie qui confond mon oreille,

J'envie ces touches avec agilité sautant, pour baiser le tendre intérieur de ta main ; mes pauvres lèvres, qui devraient cueillir la moisson, par la hardiesse du bois sont rougissantes devant toi !

Pour être chatouillées, changeraient-elles d'état, avec ces taquets dansants, sur quoi tes doigts, promenant leur allure, font bois mort plus béni que lèvre en pleine vie.

Puisque l'impertinente touche est si heureuse, donne-lui donc tes doigts – à moi bouche amoureuse.

WILLIAM SHAKESPEARE, sonnet 128
traduit par Pierre-Jean Jouve.

"Le piano est un excellent comédien, le plus théâtral de tous les instruments", déclare Busoni, et Anton Rubinstein confirme : "Un piano n'est pas un instrument – c'en est une centaine." Pour certains, il est "le plus complet de tous les instruments", pour d'autres "le plus intellectuel", pour d'autres encore "le plus romantique", et le sociologue Max Weber déclare carrément : "Le piano est par essence un instrument domestique bourgeois."

Qu'est-ce que cela vcut dire ?

C'est sans doute le plus paradoxal de tous les instruments. Par la vertu de son nom, *pianoforte*, il partage la musique en deux types de sons : forts et doux, mais là non plus ce n'est pas si simple. Le clavier (sous sa forme actuelle) nous présente la musique découpée en sons blancs et noirs : chacun sait que ce n'est pas si simple, n'empêche qu'un enfant nous a bel et bien demandé : "Dis, les touches noires sont pour la musique triste et les blanches pour la gaie ?" Quant à son aspect, il tient du mobilier de luxe, de la jardinière coûteuse et de la belle sculpture un peu encombrante.

Le piano est le plus méthodique des instruments : c'est en quelque sorte un classeur à sons. Il étale, répartie sur sept octaves et demie, la totalité de la musique occidentale, prête à l'emploi ; on peut la faire sortir quand on veut rien qu'en appuyant sur les touches. Son offre est supérieure à celle de tous les disques et de toutes les cassettes réunis ; d'*Au clair de la lune* à la *Grande Sonate pour le Hammerklavier*, il présente plus de possibilités que n'en peut rêver la musicologie.

Le piano est le plus athlétique des instruments. Son jeu exige tant de vigueur et d'énergie que des générations entières non seulement de pédagogues, mais aussi d'anatomistes, de myologues, de chiropracteurs, d'orthopédistes et même de masseurs se sont penchés sur le cas des pianistes. Ils ont consacré à ce sujet d'innombrables ouvrages, surtout vers la fin du XIXe siècle. Pensant à l'entraînement inexorable auquel se livraient les générations montantes, Ferrucio Busoni a pu dire : “Ils considèrent le piano comme une espèce de stade avec un instrument de musique en prime.”

Le piano est aussi le plus aguichant des instruments. Non seulement il offre un panorama complet des possibilités musicales qu'il recèle, mais il s'offre lui-même sans la moindre retenue, avec une bruyante insistance. En frappant une de ses touches, on entend un son. Si on lui donne un coup de poing, il répond par une espèce d'accord. En posant l'avant-bras tout entier sur le clavier, on produit quelque chose de très moderne : un cluster. En époussetant toutes les touches d'un seul mouvement, on obtient un glissando. Or, cette réaction ne va pas de soi : il faut savoir que la plupart des autres instruments se montrent capricieux, sournois, récalcitrants. Les instruments à cordes frottées réagissent, nul ne l'ignore, aux agressions du profane par des miaulements discordants. Sans parler des bois et des cuivres : nombre d'entre eux, par exemple la flûte traversière et la trompette, n'exhalent pas le moindre souffle entre les mains d'un novice incompétent.

Le piano – ceci sera provisoirement notre dernière définition – est donc le plus démocratique des instruments. On le lui a fait sentir. En l'an 1800 tout juste, l'*Allgemeine Musikalische Zeitung* de Vienne écrit : "Tout le monde joue du piano, tout le monde apprend le piano." Vingt-cinq ans plus tard, Charles Sealsfield se gausse des Viennois : "On entend de la musique dans toutes les rues. Et dans toute demeure bourgeoise, le piano est la première chose qu'on aperçoit. A peine s'est-on assis, à peine a-t-on eu le temps de se remettre en trempant un biscuit sec dans du vin, que Mlle Caroline ou Dieu sait comment elle s'appelle se voit priée par ses parents de jouer quelque chose à l'invité."

Vers le milieu du siècle, Heine, installé à Paris, soupire : "Mais la bourgeoisie régnante n'est pas seulement condamnée, pour la punition de ses péchés, à subir de vieilles tragédies et trilogies classiques qui ne sont pas classiques ; les puissances célestes lui infligent une jouissance artistique encore plus effroyable sous les espèces de ce pianoforte auquel, désormais, on n'échappe plus où que l'on aille, ce pianoforte qu'on entend dans toutes les maisons, dans tous les salons, jour et nuit."

Et, environ un quart de siècle plus tard, le critique Eduard Hanslick s'insurge contre "ce pianotage vulgaire, nuisible, d'inutilité publique". Sa philippique, aujourd'hui classique, insiste : "Il faut que des voix influentes répètent sans se lasser leurs mises en garde, que nos conservatoires luttent contre la surproduction de pianistes des deux sexes au lieu de l'encourager étourdiment, enfin que chacun de nous y emploie toutes ses forces dans son milieu : c'est alors, et alors seulement, que ce fléau qu'on désigne du nom épouvantable d'épidémie pianistique pourra prendre des formes plus bénignes et faire moins de victimes à l'avenir, tant parmi les exécutants que parmi les auditeurs."

Rien n'aurait donc changé en l'espace d'un siècle, si ce n'est l'intensité des lamentations sur une pratique instrumentale commune, par trop commune ? La seule amplification notable serait que ce phénomène, que l'on pouvait encore vers 1800 expédier d'une simple formule – "tout le monde joue du piano" – faisait, à l'âge de l'hygiène triomphante, l'objet d'un diagnostic hystérique – "épidémie pianistique" ? Et il faudrait donc en déduire que l'unique constante, en ce siècle dynamique marqué par des révolutions techniques et sociales, serait que les gens n'ont pas cessé de jouer du piano, vers 1800 tout aussi bien (ou tout aussi mal) que vers 1900 ?

En fait, l'unisson des plaintes cache la réalité, on peut même dire qu'il masque une authentique révélation. Entre 1800 et 1900 (pas à une heure près, mais quand même avec une remarquable ponctualité calendaire), se produit dans le domaine du piano – en ce qui concerne la facture de l'instrument, la musique qui lui est destinée, l'organisation des concerts, l'émergence d'un vaste public bourgeois, et jusqu'à la construction des auditoriums – une évolution si pleine de péripéties qu'on peut, sans rechercher l'effet, la qualifier de romanesque. Disons-le bravement : non seulement le piano a l'étoffe d'un héros de roman, il est en quelque sorte le héros clandestin du XIXe siècle. Son héros clandestin au destin parfois tragique, souvent tragiquement comique.

Ce héros conquiert une plus grande part de l'Europe que ne le fait Napoléon, et l'occupe de façon plus durable. Il est le vainqueur de la guerre civile américaine – des deux côtés – et, en même temps, il s'aventure dans le Far West avec les pionniers les plus audacieux. Il réalise bien avant Bismarck l'unité de l'Allemagne. Conquérant pacifique, il est souvent un occupant tyrannique qui gouverne avec sévérité, commande d'une voix impérieuse. Il ne tarde pas à instaurer un régime de terreur dans des villes entières, à rendre certaines rues intenables, Big Brother avant la lettre. Et c'est un héros sans pitié : aucun général du XIXe siècle n'a fait autant de prisonniers. Il a, selon le mot de Grete Wehmeyer, condamné des dizaines de milliers de jeunes gens à la "réclusion pianistique", allant jusqu'à enchaîner des enfants au piano ; pour les jeunes filles de bonne famille, surtout, il est un chaperon implacable. Il a gâté, au mauvais sens du terme, plus d'une jeunesse – car notre héros a aussi joué les séducteurs : faisant miroiter à ses victimes la gloire du monde, une carrière artistique, précurseur fallacieux de l'immortalité.

Un héros, mais qui, tel don Quichotte, a payé son statut par des défaites : des milliers de fois décrié, éviscéré, torturé, roué de coups, inondé de sarcasmes et de bière. Qui a été maudit – "Je voudrais mettre mon piano en pièces", s'écrie Robert Schumann – et défenestré, par exemple au cours des émeutes de mars 1830 à Leipzig. Qui a connu ses Waterloos quand Franz Liszt faisait sauter ses cordes ou que Beethoven y entreposait son "chaos domestique". Un héros diminué, caricaturé, brocardé ("Pauvre piano, pauvre gogo", écrivait Wilhelm Busch) – un héros pourtant qui sut se défendre non seulement contre toutes ces humiliations, mais aussi contre une fâcheuse disposition personnelle à se trouver facilement et à tout bout de champ en profond désaccord avec lui-même.

Un héros, toutefois, dont la carrière ravale au niveau de bluettes toutes les histoires de laveurs de vaisselle devenus millionnaires et qui, en l'espace de cent ans, s'est trouvé à la lettre démesurément grandi. Vers 1800, c'est encore une personnalité bien légère ; on peut sans façon se colleter avec lui, le soulever de terre, le prendre sous le bras pour le déposer chez le voisin ou même l'emmener jusqu'au prochain village. Mais, bientôt, il résiste à des tensions qu'on ne l'aurait jamais cru capable d'endurer, il supporte de surhumaines épreuves de force, et, vers le milieu du siècle, il a trouvé son cadre.

Et cependant qu'il croît en taille et en vigueur, son assurance grandit. Voici longtemps qu'il a quitté les salles de musique de l'aristocratie ; les pièces de réception de la grande bourgeoisie ne tardent pas à lui sembler trop étroites ; il se risque sur les vastes champs de bataille, dans les grands bâtiments audacieux, les salles de concert ambitieuses que souvent il s'érige à lui-même, devenu son architecte et son imprésario.

Sa défaite décisive, à la fin du XIXe siècle, notre héros ne la doit qu'à lui-même. Il s'est rendu malade à force de victoires, les hommages l'ont exténué : il s'appuie, tout d'acajou vêtu, au mur du salon petit-bourgeois. Victime de ses triomphes.

Pas pour toujours. A chaque concert, ici et maintenant et partout dans le monde, nous pouvons voir à quel point il sait encore être vivant, tonnant et éthéré, comme s'il voulait certifier noir sur blanc qu'il a encore devant lui tout son glorieux passé, du moins dans les deux heures à venir.

Il n'y a rien de plus prometteur qu'un queue de concert béant sur la scène devant un auditoire émoustillé. Ce livre n'a d'autre but que :

de l'ouvrir.

I

“JE NE JOUE PAS POUR CES COCHONS-LÀ !”
(Beethoven)

Beethoven est le bon fils de Lucifer, il est le démon qui mène aux choses dernières.

ERNST BLOCH

VIENNE, VIENNE, RIEN QUE TOI, VIENNE…

Soirée chez le comte Moritz Fries dans son palais viennois de la Josephsplatz. En ce début du XIXe siècle, Fries est l'un des hommes les plus riches de Vienne : manufacturier, propriétaire terrien, directeur d'une banque qui porte son nom, il s'est offert jusqu'à son titre nobiliaire. Mais Fries est un de ces aristocrates amateurs d'art, mélomanes, qui ne pensent pas qu'à gagner de l'argent ; ils déploient encore presque plus de talent pour le dépenser – virtuoses du luxe, magiciens de l'opulence, génies de la magnificence. Du Siècle des lumières, ils ont surtout retenu l'éclairage festif. Pour qu'une réception soit brillante, elle se doit d'être brillamment illuminée : en une seule année, Fries dépense 17 801 guldens rien qu'en bougies. Un quart de siècle plus tard, la banque Fries et Cie fera faillite.

Cette frénésie de plaisirs coûteux ne se limite pas aux cercles aristocratiques. Sous le règne de François II, monarque implacable qu'inquiètent la Révolution française et plus encore ce parvenu de Bonaparte, et qui a assigné à son ministre Thugut la mission d'"éradiquer la rébellion" dans son propre pays, une frivolité proprement absurde se déploie dans une ville qui compte maintenant deux cent mille habitants.

Fries, toutefois, ne réunit que l'élite de la société viennoise – à la seule exception des proches du souverain. On rencontre chez lui les Schwarzenberg, les Kinsky, les Lichtenstein, les Lobkowitz, les Lichnowsky, les Razumovsky, le comte Palffy. C'est une chapelle de mélomanes où règne en maîtresse l'aimable perfidie, que maintient en vie l'art de l'intrigue raffinée. On fait assaut de prodigalité ; c'est à qui offrira les attractions les plus rares.

Depuis quelque temps, la plus remarquable a pour nom Ludwig van Beethoven, dont on murmure qu'il serait un rejeton illégitime de Frédéric le Grand. Depuis que Beethoven s'est définitivement installé à Vienne en 1792, il s'est fait connaître dans toute la ville, et singulièrement dans la meilleure société, grâce à trois caractéristiques de génie : l'impétueuse virtuosité de son jeu, un art de l'improvisation aussi fascinant qu'inouï et une grossièreté de manières qui devait rappeler aux Viennois un personnage classique des romans du XVIIIe siècle : le noble misanthrope. Cherubini l'a déjà surnommé "l'ours mal léché".

De fait, Beethoven n'a rien d'une radieuse apparition. Pour un peu, on aurait peur de lui ; sa fréquentation titille les nerfs. Une dame, à vrai dire pas très bienveillante, donne de lui cette description : "Quand il venait chez nous, il avait coutume de passer d'abord la tête dans la porte pour s'assurer qu'aucun des présents ne lui était antipathique. Il était petit, insignifiant, avec un visage rougeaud et laid marqué de petite vérole, encadré de cheveux noirs et hirsutes. Son costume très ordinaire n'avait rien de commun avec la mise soignée qui était de règle à l'époque, surtout dans notre milieu.

Il s'exprimait en dialecte et sans recherche. Bref, loin de montrer la moindre éducation, ses manières et son comportement étaient d'un rustre. Il était très orgueilleux ; j'ai vu la mère de la princesse Lichnowsky, la vieille comtesse Thun, à genoux devant lui qui était rencogné dans un canapé, pour le supplier de bien vouloir jouer quelque chose – mais Beethoven a refusé."

Nous savons maintenant à peu près à quel personnage ont affaire les mélomanes distingués réunis chez le comte Fries. Ce soir-là, Beethoven veut étrenner à quatre mains une marche qu'il vient de terminer ; son élève Ferdinand Ries est de la partie. Les deux hommes se mettent au piano, posent sur le pupitre une partition à l'encre encore fraîche, commencent à jouer. L'aristocratie viennoise se transforme en auditoire. Un jeune comte, debout dans la porte qui ouvre sur le salon attenant, cause avec une jolie femme. Peut-être se dit-il, comme le maître de chapelle Kreisler[1] – mais chez celui-ci il faut l'entendre au deuxième degré : "A qui refuserait-on d'entamer avec son voisin, même pendant que la musique joue, une discussion sur toutes sortes de sujets politiques et moraux, atteignant ainsi de façon agréable un double objectif ? On ne saurait même trop le recommander, puisque la musique, ainsi qu'on aura l'occasion de le constater dans tous les concerts et autres manifestations musicales, facilite grandement la conversation." De plus, le jeune comte Palffy s'entretient à voix haute ; peut-être pense-t-il : "Ces deux musiciens font un tel vacarme que je n'ai d'autre moyen de faire entendre mes hommages à cette dame, voire de trouver chez elle une oreille complaisante" ?

1. Création de E. T. A. Hoffmann.

Le plus vraisemblable, c'est qu'il ne pense rien du tout. Car aux environs de 1800, pour une Europe demeurée aristocratique, la musique n'était rien d'autre qu'un écrin pour la conversation, musique de table, décor sonore. Et surtout un baume appliqué sur les nerfs des joueurs de cartes. Le compositeur et violoniste Ludwig Spohr écrit à propos de la cour de Brunswick : "Ces concerts chez la duchesse avaient lieu une fois par semaine, et les musiciens les avaient en horreur, car l'usage voulait alors que l'on jouât aux cartes pendant le concert. Pour ne pas être dérangée, la duchesse avait ordonné à l'orchestre de jouer toujours *piano* ; le maître de chapelle avait donc supprimé les trompettes et les trombones et veillait sévèrement à ce qu'aucun *forte* ne se fît entendre. Ce qui, si discrètement que jouât la chapelle, n'était pas toujours possible dans les symphonies : la duchesse fit donc placer sous l'orchestre un épais tapis pour étouffer le son. Si bien qu'on entendait moins la musique que les «je joue, je passe» des amateurs de cartes."

Une coutume plus béotienne encore régnait à Stuttgart, à la cour du roi de Wurtemberg : le concert devait s'interrompre sitôt qu'on en avait fini avec les cartes. Invité à s'y produire avec sa femme, la harpiste virtuose Dorette Scheidler, Spohr stipule la condition que les cartes devront se tenir tranquilles pendant qu'ils jouent. Le monarque s'incline de mauvaise grâce, et par l'intermédiaire de son grand chambellan fait connaître à Spohr sa royale volonté : que lui et sa femme se produisent l'un après l'autre, "afin que Sa Majesté ne soit pas importunée deux fois".

Importuné : c'est sans doute ce que pense et ressent tout au fond de lui-même le jeune comte qui va jusqu'à élever la voix. Ce qui intervient maintenant n'est pas un moment musical, mais un acte révolutionnaire, un guillotinage verbal. Beethoven arrache du clavier les mains de son jeune acolyte, saute sur ses pieds et lance d'une voix de stentor à l'élégante assemblée :

— Je ne joue pas pour ces cochons-là !

Quelques secondes de silence total. La musique n'est pas seule à se taire : le jeune bavard est frappé de mutisme. Quant aux assistants, sauraient-ils comment qualifier cette sortie ? Mais, à en croire le récit de l'élève Ries, ils ne perdent pas contenance, ils tentent même d'apaiser Beethoven : “Toutes les tentatives de le faire rasseoir au piano restèrent vaines ; il ne voulut même pas me permettre de jouer la sonate – le morceau suivant prévu au programme. La musique cessa donc, au déplaisir général.”

Je ne joue pas pour ces cochons-là ! Une manifestation de rage passionnée, une phrase lancée sous l'empire de la colère, et pourtant, au début du XIXe siècle, cette vigoureuse protestation était aussi tout un programme. Non seulement l'expression d'une révolte dirigée contre les princes et la noblesse, mais aussi et surtout la revendication de l'autonomie de la musique et des musiciens. La musique n'est plus seulement admise dans le monde, elle veut le dominer. Elle en a assez d'être un ornement, un divertimento, un bruit de fond, “un bijou sonore arboré par un salon”. Elle exige que l'assemblée soit tout ouïe, et muette. La musique n'encadre plus seulement un événement mondain, elle prétend être cet événement lui-même.

Mais elle ne se refuse pas seulement au divertissement des princes ; elle se dérobe à toute fonction que ce soit, à une époque pourtant où, sous l'impression de la vertu dynamisante de *La Marseillaise*, il semble qu'elle puisse et même doive être mise au service d'une révolution culturelle. C'est ainsi que Lakanal, membre de la Convention, avait déclaré que la musique, désormais, n'aurait plus le droit de se suffire à elle-même, mais devrait remplir une fonction citoyenne soumise à un contrôle officiel, qu'elle devrait descendre sur la place publique, dans le peuple et sur le champ de bataille.

Que nenni. La musique ne veut pas la révolution ; elle est elle-même révolution en n'étant rien d'autre que musique. De même que les loges des francs-maçons, les écritoires des philosophes en lutte contre l'obscurantisme comme Voltaire, Diderot, Rousseau, Lessing et Beaumarchais, les salons de musique des châteaux, des palais urbains et des gentilhommières campagnardes font partie des instances les plus rebelles des années 1790. Un dilettante princier qui, le temps d'une heure de musique, s'asseyait avec ses domestiques – les musiciens appointés par lui –, qui s'asseyait au milieu d'eux, créait au moins l'"illusion esthétique" d'un changement dans les relations sociales. S'il se chargeait du deuxième violon dans un quatuor à cordes, il ne jouait vraiment rien d'autre. S'il jouait plus faux que les musiciens professionnels, c'était aussi son auréole, son infaillibilité, son rôle de souverain qu'il mettait en jeu. En s'efforçant de suivre fidèlement sa partie, il se pliait de façon quasi ostentatoire à des règles qui n'étaient pas celles de l'aristocratie. "Grâce au quatuor, que Goethe ressentait comme un dialogue musical, on pouvait, sinon abolir les barrières sociales, du moins les faire oublier pour un temps : cette tendance était caractéristique", écrit le musicologue Carl Dahlhaus.

Mais l'autonomie de la musique doit être entendue de façon encore plus élémentaire, plus concrète. La musique refuse également de se mettre au service d'un texte, d'une liturgie, d'un message. Elle ne veut plus être messe ou oratorio, hymne ou épithalame, choral ou danse, elle veut se débarrasser de tout ce fatras de langage, de paroles et de piété. Et son pire antagoniste à l'aube du XIXe siècle n'est ni un prince, ni un prophète de la révolution culturelle, ni un prêtre dogmatique – c'est la voix humaine. Car c'est elle qui n'en finit pas de vouloir prononcer des paroles, chanter des chansons, raconter des histoires, réciter des prières, décrire des tableaux, dire quelque chose. La musique, pour être autonome, doit se libérer du chant, son indépendance est synonyme de musique instrumentale.

La revendication qui s'exprime dans la fulmination beethovénienne, si elle n'est pas précisément dans l'air, est donc inhérente à l'essence d'une chose qui prend une importance croissante, d'un art qui veut, dans tous les sens du terme, donner le ton. La personne de Beethoven incarne cette revendication, sa musique en est le manifeste. Ce que Theodor W. Adorno interprète de la façon suivante : "S'il est le prototype musical de la bourgeoisie révolutionnaire, il est en même temps celui d'une musique affranchie de sa tutelle sociale, qui a conquis sa pleine autonomie esthétique et n'est plus au service de personne. En lui [...], l'essence de la société [...] devient essence de la musique même."

L'instrument par excellence de cette révolution autant musicale que sociale, de cette révolution sociomusicale, ce sera, entre les mains de Beethoven, le piano, ce pianoforte qui se fortifie aussi en soi. Cela se produit de deux façons.

A l'heure où la musique instrumentale commence à prévaloir, il se révèle outil universel. Il est capable de reproduire les lignes d'un quatuor à cordes et s'entend tout aussi bien à radiographier les structures d'une symphonie. L'idée abstraite de la musique instrumentale, le piano la concrétise presque sans bavures. Les touches elles-mêmes offrent l'aspect des "éléments de mosaïque" que Wackenroder imaginait pour cette musique d'un nouveau genre, et le mécanisme caché qui génère le son, cet "illusionnisme concret" du timbre pianistique, est un autre caractère d'une abstraction poussée à l'extrême. Et encore : qui donc pense la poésie ? L'équipe transpirante, angoissée, intimidée, qui forme une chapelle de cour, les musiciens d'un quatuor à cordes employés par un hobereau qui les occupe peut-être aussi à des travaux de jardinage ? Poésie, idée, une musique "qui fait de la poésie pour elle-même et se commente elle-même poétiquement" – n'est-ce pas l'affaire d'un individu ?

C'est ainsi, deuxièmement, que l'outil universel est en même temps l'instrument individuel par excellence, et cela ne veut pas seulement dire qu'il suffit d'une personne pour en jouer. Cela veut dire qu'une seule personne peut se couvrir de gloire, mais aussi de honte, briller ou ennuyer, charmer ou troubler. Cela veut dire qu'un seul individu se met en jeu, qu'il doit non seulement maîtriser son art, mais aussi être maître de ses décisions. C'est le piano lui-même qui fait l'éducation du pianiste, qui fait de lui un homme. Et c'est précisément cela que démontrent de nombreux épisodes de la vie de Beethoven : le piano est important même quand on n'en joue pas – comme instrument du refus, comme moyen de résistance, comme barricade musicale.

Beethoven, gesticulant avec un bâton.

Beethoven en 1823.

Un refus de ce genre, quelques années plus tard, en 1806, est presque tout un programme. La guerre y est, là encore, ouvertement déclarée aux us et abus de la noblesse. A l'automne de cette année-là, Beethoven a accompagné son mécène de longue date, le prince Moritz von Lichnowsky, dans son domaine de Grätz en Silésie, et, pour plusieurs raisons, son humeur n'est déjà pas des meilleures ("Son humeur est le plus souvent très mélancolique et, à en juger par ses lettres, le séjour à la campagne ne l'a pas déridé"). Or nous avons vu que quand Beethoven n'était pas disposé à jouer il n'était pas facile de l'installer au piano : il se faisait longuement prier et même une fois devant l'instrument il tentait de manifester sa répugnance par toutes sortes d'enfantillages : "Avant de se mettre à jouer, il tapait les touches du plat de la main, les parcourait d'un doigt, se livrait à force plaisanteries qui le faisaient généralement rire de bon cœur."

Ce soir-là, personne n'allait rire. Des étrangers, à savoir des officiers français, avaient pris leurs quartiers dans les domaines de Lichnowsky. Quelle que fût la raison de l'opposition acharnée de Beethoven – la présence des officiers napoléoniens, leur ton, l'insistance indiscrète du prince lui-même ou simplement la mauvaise humeur du moment –, les deux attitudes s'exacerbèrent mutuellement. Plus le refus de Beethoven se faisait catégorique, plus le prince le prenait sur le ton du commandement, si bien qu'une scène en règle finit par éclater, de laquelle il existe plusieurs versions.

Tandis qu'un récit rapporte qu'on avait "insisté si lourdement auprès de Beethoven qu'il se fâcha et se refusa obstinément à faire ce qu'il traitait de travail d'esclave", tandis que le régisseur du château présente le tout comme une simple controverse écrite, disant “qu’on avait trouvé dans ses appartements” – ceux que Beethoven occupait au domaine – “une lettre au prince où il déclarait ne pouvoir jouer devant les ennemis de sa patrie”, Ferdinand Ries brosse une scène autrement vigoureuse : “[…] Si le comte Oppendorf et quelques autres n’avaient pas été présents, cela se serait terminé dans le sang, car Beethoven avait déjà empoigné une chaise pour la briser sur la tête du prince après que celui-ci eut enfoncé la porte de la chambre, qu’il refusait d’ouvrir. Toutes les têtes étaient échauffées, car le prince avait donné une fête en l’honneur des hôtes français logés chez lui et ceux-ci, en particulier un colonel, souhaitaient entendre Beethoven.”

Après cet incident, quels qu’en eussent été les détails, Beethoven aurait quitté la nuit même les terres de Lichnowsky pour filer à pied à Toppau, à une heure de marche de là, et regagner Vienne par le chemin le plus rapide, en louant à grands frais une chaise de poste.

LA PARTITION À L’ENVERS

Mais après tant d’opposition, de ruptures et de refus, il est quand même temps de le dire : il lui arrivait de jouer. La société viennoise n’a pas seulement entendu Beethoven exploser, elle l’a entendu improviser. Et ce sont ces impromptus qui lui ont assuré une célébrité précoce.

Il existe de nombreuses relations concernant l’effet que produisaient sur l’auditeur les improvisations de Beethoven. Ignaz von Seyfried a noté ses impressions : “Son jeu se mit à gronder telle une cataracte écumante… puis il retomba en exhalant des plaintes légères, se répandant en mélancolie ; l’âme, triomphant des malheurs passagers de ce monde, reprit son essor, se tourna vers le ciel avec des accents pleins de ferveur pour trouver apaisement et réconfort sur le sein innocent de la nature."

En l'an 1800 tout juste, Beethoven se livre encore une fois à une compétition musicale, un de ces jeux de société fort en faveur à l'époque. Une fois encore, il se montre sous les traits du virtuose volcanique. Mais, cette fois encore, il ne livre pas seulement l'improvisation demandée – il livre aussi ce que Vienne réclame le plus, ce qu'elle aime le plus : un sujet de conversation. Le rival de Beethoven s'appelle Daniel Steibelt. C'est le premier nom qui, dans ce livre, ne nous dise plus rien, n'ait plus rien à nous dire. Car le temps est un immense tamis à travers les trous duquel noms, existences, tragédies, l'œuvre de vies entières tombent sans cesse – non dans le pot de fer de l'éternité, mais dans le pot de terre de la vanité. Le passage est le vrai complice du passé ; chaque nouvelle génération s'installe sur un trône devant lequel seuls les très grands ancêtres trouvent audience et une oreille compréhensive, voire parfois une vénération accrue. Pourtant, le privilège de la postérité est des plus ambigus : être venu trop tard, être né dans un monde plus vieux, avoir davantage de distance – sont-ce des raisons suffisantes pour avoir le droit de s'ériger en juge ou même simplement en administrateur de l'immortalité ? Quiconque s'est surpris à penser que la génération qui vient après lui n'est hélas pas plus avisée, qu'elle est hélas plus superficielle et globalement plus ignorante, ne peut que trouver paradoxale, voire carrément inepte, l'assurance triomphante avec laquelle les descendants, comme si cela allait de soi, classent les événements historiques et vont jusqu'à décider de leur importance relative.

Maintenant que nous avons déroulé le tapis rouge, Daniel Steibelt peut faire son entrée tel qu'il est apparu aux Viennois vers 1800 : comme l'un des plus grands pianistes virtuoses de son temps, comme un compositeur très apprécié, auteur de plusieurs opéras dont l'un au moins, *Roméo et Juliette*, a remporté un grand succès lors de sa création à Paris en 1793. Concertos pour piano, sonates, musiques de ballets naissent rapidement sous sa plume agile, et s'il n'était pas, à force d'excentricités, sans cesse à court d'argent – d'où sa prédilection constante pour les affaires louches –, sa célébrité serait encore plus honorable et il serait resté plus longtemps à Paris et à Londres. Avant de venir à Vienne, il avait réussi à Prague un nouveau coup de maître : il s'était produit avec sa femme, une Anglaise qui avait fait fureur en jouant du tambour de basque. Aussitôt, le virtuose, se métamorphosant en homme d'affaires, avait fait venir une pleine voiturée de tambours et les avait vendus en quelques petites semaines aux dames de la bonne société pragoise.

Et voilà qu'à Vienne Steibelt se trouve face à face avec Beethoven. Le voyageur cosmopolite rencontre l'hurluberlu, le virtuose se heurte à l'atrabilaire. On est très incertain quant à l'issue de la confrontation. "Quelques amis de Beethoven, nous dit-on, craignaient que Steibelt ne nuise à sa réputation." La première entrevue a lieu au cours d'une soirée chez le comte Fries et chacun se produit, conformément aux attentes. Beethoven joue la partie de piano dans son opus 11, le trio archiconnu pour piano, clarinette et violoncelle. "Le pianiste n'a pas l'occasion de s'y montrer beaucoup. Steibelt l'écouta avec une sorte de condescendance, fit quelques compliments à Beethoven et se crut assuré de la victoire. Il joua un quintette de sa composition et fit beaucoup d'effet avec ses *tremulandos*, quelque chose de tout nouveau à l'époque. Beethoven refusa de jouer davantage."

Nul doute, après un tel constat, que Daniel Steibelt ait remporté la première manche. Mais, huit jours plus tard, il y avait à nouveau "concert" chez Fries – une sorte de match retour. Steibelt attaqua Beethoven directement – en musique, cela va de soi. Il s'assit au piano pour improviser, c'est-à-dire qu'il fit mine d'inventer sur-le-champ une fantaisie – manifestement préparée – à partir du thème utilisé par Beethoven dans les variations de son trio. L'intention est limpide : écoutez – voilà comment il faut traiter un thème comme celui-ci, voilà tout ce qu'on peut en faire.

La provocation ne peut échapper à aucune des personnes présentes dans la salle. Cette improvisation est une leçon à l'adresse de Beethoven, qui ne peut plus se dérober. Le témoin continue : "C'était son tour de s'installer au piano pour improviser. Il se dirigea vers l'instrument à sa façon habituelle, je dirais malpolie, et de mauvais gré." Mais, sur le chemin du piano, il se produit quelque chose qui va bien au-delà de la grossièreté coutumière : de même que Steibelt s'était emparé du thème de Beethoven, celui-ci s'empare maintenant de Steibelt. Entendez qu'il saisit en passant une feuille de la partie de violoncelle d'un quatuor de Steibelt joué au début de la soirée, la pose devant lui sur le pupitre du piano, la retourne ostensiblement, si bien qu'elle se trouve à l'envers. Il joue d'un doigt quelques notes de la partition retournée, des bribes d'une incohérence effrontée, une anti-mélodie provocante. Mais, d'un seul coup, cette extravagance trouve une harmonie, la suite de notes un sens, car Beethoven se lance dans une de ses grandes aventures improvisatrices.

Ces orgies d'inventions, ces expéditions créatrices, duraient souvent une heure ; on ne sait si ce fut le cas chez le comte Fries. Mais Steibelt, mis proprement hors jeu, avait quitté la réception avant la fin, en proie à une profonde humiliation. Il refusa de revoir jamais Beethoven, et, quand on l'invitait, il s'assurait que ce dernier ne serait pas de la partie.

II

LA GUERRE EN SALLE (1)

De la tradition du tournoi pianistique

La seule personne que je voudrais voir avant de mourir et que je voudrais être si je n'étais pas Bach.

BACH, à propos de Haendel.

OÙ L'ON VOIT QUELQU'UN PRENDRE CONGÉ À LA FRANÇAISE[1]

Les duels pianistiques s'inscrivent dans une tradition. Le clavier se prête tout particulièrement à la métamorphose en champ clos ; la surface s'offre d'un seul coup au regard et le nombre de touches (même sur les instruments anciens, plus petits) est tellement supérieur au nombre des doigts que même un non-initié, n'importe quel profane peut comprendre la difficulté qu'il doit y avoir à les jouer dans un ordre propre à engendrer de la musique. "Regardez le pianiste avec une attention passionnée, ironise une satire du XIXe siècle, puis abaissez un regard apitoyé sur vos propres doigts, et vous finirez par vous dire avec une satisfaction paisible : quel bonheur que je n'aie pas à m'échiner de la sorte."

Même celui qui a des oreilles et n'entend point est témoin oculaire d'une prestesse digitale sans nulle commune mesure avec la sienne propre ; il voit de ses yeux, perçoit concrètement ce qu'est un véritable "prestidigitateur". Les gens aiment à surveiller leurs

1. Equivalent de notre expression "filer à l'anglaise".

semblables, à vérifier qu'ils savent, comme on dit, leur métier sur le bout du doigt. C'est ce qui fait aujourd'hui encore la fortune des récitals, ainsi que le prouve la ruée sur les places de gauche – avec vue sur les touches – lorsqu'un pianiste se produit. La virtuosité pianistique n'est pas seulement apparentée à la prestidigitation : elle en est la forme la plus belle, la plus difficile, la plus noble.

Qui dit champ clos, dit tournoi. Les concours de piano, les joutes musicales, sont un effet secondaire inévitable, quasi spontané, de l'instrument. Même la société aristocratique, si blasée soit-elle, leur prête une oreille attentive, parce qu'à l'attrait de la musique, à l'amusement que procure la course éperdue des doigts, s'ajoute le suspens d'une lutte d'homme à homme. Si bien que l'histoire du concert, même avant Beethoven, est remplie de compétitions pianistiques, duels où l'épée était remplacée par l'improvisation et le revolver par le déchiffrage. Le plus souvent, on trouvait les deux à la fois – impromptu sur un thème dont les adversaires venaient de prendre connaissance.

L'un des concours les plus célèbres est celui au cours duquel Jean-Sébastien Bach et le Français Louis Marchand ne s'affrontèrent pas. Pour présenter cette rencontre, nous accompagnerons un instant l'écrivain Emil Brachvogel (1824-1878), qui suit son jeune héros Friedemann Bach, lequel suivit son père, organiste à la cour de Weimar, alors que celui-ci répondait à une invitation (ou plutôt une convocation) du duc Auguste le Fort qui lui avait enjoint de se rendre à Dresde pour un concours.

Brachvogel nous informe : “Le grand jour était arrivé. Le maréchal comte von Lemming avait prié la cour à une soirée où la famille royale devait paraître.

Les carrosses empruntaient à grand fracas la Pirnaische Gasse, puis la rampe qui menait au palais, pour y déposer leur précieux chargement tout orné de diamants – il veut parler des belles dames de la noblesse saxonne – qui traversaient les antichambres embaumant l'oranger pour se déverser dans les salons illuminés dont cent miroirs reflétaient les dorures surchargées, les tapis, les bronzes et les vases. Le salon de musique où se rendaient les invités, tout lustres et girandoles, tout marbres roses et lourdes dorures, étincelait dans la lumière d'une profusion de bougies. Quelle fière assemblée de ce que toute la Saxe comptait de riche, de beau, de noble et de célèbre ! Que de mines joyeuses et rayonnantes !"

Auparavant, Brachvogel a dicté au vieux Bach (il a trente-deux ans à l'époque) une lettre qui n'est rien d'autre qu'un défi en règle à Marchand :

Monsieur,

Le soussigné Sébastien Bach, organiste à Weimar, qui, instruit de votre renommée universelle de virtuose du clavier, désire admirer votre habileté tant en ce qui concerne l'interprétation que la composition impromptue, est venu de Weimar tout exprès dans ce but. Comme lui-même possède quelque pratique musicale et aimerait savoir lequel l'emporte de l'art français ou de l'art allemand, il vous prie de lui faire l'honneur de l'affronter en un duel musical et s'offre à varier tout thème que vous voudrez bien lui soumettre ou à le fuguer à deux ou plusieurs voix, attend de vous une semblable complaisance et vous prie de fixer l'heure et le lieu du concours.

Votre dévoué serviteur Sébastien Bach

Mais, d'un seul coup, la compétition musicale se transforme en affrontement politique, le duel des claviers en intrigue de cour, la guerre de salon n'est plus que le signe extérieur du choc de deux factions ennemies. "L'assemblée, dit notre caution, était, non seulement ce soir-là, mais toujours, divisée en deux camps, en deux partis. On trouvait d'un côté – minoritaire, il est vrai – la vieille garde, avec sa foi, sa simplicité, son sérieux. Elle en tenait pour l'Eglise, le vénérable rituel ancestral, la musique sacrée, l'âme allemande, l'honneur national des aïeux. C'était, en un mot, le parti spécifiquement religieux."

Et de l'autre côté qui comprend, entre autres, le prince électeur ? Y trouve-t-on les joyeux mondains qui se soucient comme d'une guigne des rites antiques et solennels et se fient plus à l'honneur personnel des individus vivants qu'à l'honneur national des aïeux ? Nullement. Pour désigner ces gens-là, pour les anéantir, il suffit d'une phrase : face au parti religieux, "s'étalait l'égoïsme en habits à la française". Si l'équité règne dans le concours autant que dans cette description, le dénommé Marchand n'a pas la moindre chance.

Le voilà d'ailleurs qui arrive, et quelle allure ! Il porte le costume national de l'égoïsme, un habit de cour violet, mais se retire incontinent dans une chambre attenante en précisant avec affectation qu'il ne souhaite pas "se commettre" avec son rival plus tôt que nécessaire. Toutefois, lorsqu'on veut le faire venir, on ne le trouve ni dans la pièce voisine, ni dans ses appartements, et Auguste apprend que Marchand a quitté Dresde avec armes et bagages. Aujourd'hui encore, la langue allemande désigne, d'une formule méprisante, cette façon de partir : prendre congé à la française.

Bach a maintenant beau jeu, mais, en artiste allemand sérieux et réfléchi qu'il est, il ne veut pas en profiter. Il se refuse sans ambages à toucher ne serait-ce que du bout des doigts un morceau de Marchand – cette musiquette – et prie Leurs Majestés de lui proposer un thème sur lequel improviser. Là, Brachvogel se surpasse, sortez vos mouchoirs :

"La reine rosit légèrement. «L'année dernière, à Hambourg, j'eus l'occasion d'entendre le vieil organiste Reinken jouer un choral à l'orgue. Il m'a si violemment émue que je me souviens aujourd'hui encore de l'impression qu'il me fit, comme si c'était hier. Je crois qu'il commençait par les mots : Auprès des fleuves de Babylone.» Sébastien parut bouleversé, et un émoi sacré s'empara de lui : «Oui, Votre Majesté, je le connais ! Et même si je ne suis pas digne de dénouer la sandale du vieux Reinken, je n'en remercie pas moins Votre Majesté de ne pas me trouver indigne de le jouer après lui. Je vais m'y essayer, avec l'aide de Dieu.» Il se dirigea vers le clavecin. D'un geste brusque, il fit voler la chanson de Marchand sur le parquet, replia le pupitre et s'assit. Au milieu d'un silence profond et solennel, il se mit à jouer le choral.

Ni applaudissements, ni compliments.

Un frisson s'empare de l'assemblée, et dans les cœurs palpite un incommensurable je-ne-sais-quoi que nombre des assistants éprouvent pour la première fois.

La reine, Mmes de Kollowrat et de Königsmark sanglotent ouvertement, le roi est comme frappé par la foudre."

Que la foudre les frappe tous ou les plonge dans le sommeil de la Belle au bois dormant : nous arrêtons ici, dût Sébastien Bach ajouter par exemple qu'il tient son art du dispensateur de tout bien, de Dieu à qui le roi doit lui aussi sa couronne. Nous en avons assez de ce jeu cruel dans lequel, bien entendu, on ne saurait déclarer vainqueur nul autre que Marchand : eût-il encore d'autres défauts que son habit violet, il a fait preuve d'un goût indiscutable en quittant la scène avant que le pire n'arrive et qu'Emil Brachvogel ne montre Bach jouant quelque chose comme *La Prière d'une vierge* en subjuguant les habitants de Dresde au point que l'on comprendrait pourquoi, quarante ans plus tard, ils ne purent opposer la moindre résistance à l'invasion de la Saxe par Frédéric II.

Johann Nikolaus Forkel, le premier biographe de Bach, rapporte l'événement en une petite page ; nous y apprenons entre autres choses que ce n'était pas Bach qui avait défié son adversaire, mais l'inverse ; qu'il s'est gardé sa vie durant de dire du mal des œuvres des autres et que, interrogé sur le secret de son art, ce n'est pas Dieu qu'il évoqua, mais une vertu des plus terrestres : "Il m'a fallu beaucoup travailler ! Quiconque travaille autant ira tout aussi loin."

Est-il surprenant que ces rencontres donnent naissance à des légendes sans cesse renouvelées, que la postérité les élargisse aux dimensions d'une guerre musicale franco-allemande, et que s'y associent toujours les mêmes schémas, les mêmes démonstrations théâtrales ? On peut lire ailleurs que "Bach s'empara de la composition du Français et, bien qu'il ne l'eût jamais vue auparavant, la posa à l'envers et se mit à la jouer avec la plus grande facilité, à l'intense surprise de tous les assistants". La revoilà donc, cette pirouette narquoise et orgueilleuse qui aurait décidé de l'issue sarcastique du duel entre Beethoven et Steibelt. La réduplication de l'anecdote ne la rend pas plus crédible et fait soupçonner que la seule chose qui se soit, dans les deux cas, retrouvée sens dessus dessous, c'est la vérité historique.

POUR UN PEU, IL SE SERAIT COUPÉ LES DOIGTS

D'ailleurs, il existait aussi de bons perdants. L'un d'entre eux est l'Anglais Roseingrave, claveciniste et organiste, qui visite Venise environ une décennie avant le duel entre Bach et Marchand et qui, lors d'une rencontre musicale dans une noble maison, se voit prié entre autres choses de faire aux assistants l'hommage d'une toccata. "Et comme mon cœur et mes doigts, rapporte-t-il lui-même, étaient en meilleure condition que d'habitude, je m'appliquai de toutes mes forces [...] et crus, à en juger par les applaudissements que je reçus, que mon jeu avait fait quelque impression sur la société." Mais il y a dans la salle un jeune homme sérieux en habit noir et perruque noire, qui a écouté Roseingrave en silence et avec attention. On le presse lui aussi de s'asseoir au clavecin, et quand il commence à jouer le jeune Anglais croit que mille diables s'en mêlent, car jamais auparavant, avoue-t-il, il n'a entendu de traits aussi brillamment exécutés.

"Ce jeu, rapporte un contemporain, surpassait de si loin le sien et tout degré de perfection qu'il pût jamais espérer atteindre, qu'il se serait coupé les doigts pour peu qu'il se fût trouvé là un outil adéquat. Quand il s'enquit du nom de cet artiste exceptionnel, on lui répondit qu'il s'agissait de Domenico Scarlatti, fils du *cavaliere* adulé Alessandro Scarlatti. Roseingrave assura qu'après cette rencontre il n'avait plus touché un clavier durant un mois, mais devint l'ami intime du jeune Scarlatti, le suivit à Rome et à Naples, et tout le

Johann Sebastian Bach.

Georg Friedrich Haendel.

Domenico Scarlatti.

temps que dura son séjour en Italie il fut presque constamment à son côté."

Scarlatti lui-même réagit plus noblement encore quand, quel-ques années plus tard, il rencontre chez le cardinal Ottoboni à Rome le *caro Sassone*, le déjà célèbre Georg Friedrich Haendel. Le cardinal a sciemment réuni ces deux célèbres clavecinistes pour les mettre en concurrence. "Le déroulement de cette épreuve, écrit Mainwairing, premier biographe de Haendel, a donné lieu à plusieurs récits. On dit que certains auraient accordé la palme à Scarlatti. Mais lorsque les deux se mirent à l'orgue, plus aucun doute ne pouvait régner quant à celui qui méritait le prix. Scarlatti lui-même confirma la supériorité de son concurrent et déclara en toute simplicité qu'avant d'avoir entendu Haendel en jouer il n'avait aucune idée de la puissance de cet instrument." Et on dit que même par la suite, quand on faisait à Scarlatti compliment de son jeu, il se référait toujours à Haendel – et se signait.

Haendel, Scarlatti, Bach – formidable trio dans l'histoire du clavier avant l'apparition du pianoforte. Tous trois sont contemporains au sens le plus rigoureux du terme, car tous trois nés la même année : en 1685. Le 23 février vit naître Georg Friedrich Haendel, le 21 mars Johann Sebastian Bach et le 26 octobre Domenico Scarlatti – ce virtuose qui, des trois, laisse le plus loin derrière lui le contrepoint baroque et tire de l'instrument des accents déjà romantiques, voire impressionnistes, celui dont les "sonates" brèves, avec l'étourdissante rapidité de leurs répétitions, figurent encore au nombre des morceaux de bravoure les plus redoutés des pianistes – d'autant que la disparition du deuxième manuel a encore redoublé la difficulté d'exécution de certaines de ces miniatures. Mais cette contemporanéité a quelque chose de plus surprenant encore, qui en fonde l'importance véritable : tous trois, à l'aune de ce qu'était alors l'espérance moyenne de vie (environ quarante ans), ont vécu très longtemps et ont donc pu, chacun à sa façon, marquer leur époque : Bach est mort en 1750, Scarlatti en 1757 et Haendel en 1759 à l'âge de soixante-quinze ans. Tous trois ne furent pas seulement de grands musiciens, mais aussi de grands hommes, même dans leur vieillesse ; il semble bien que la vitalité ait souvent partie liée avec l'immortalité.

Toutefois, l'affrontement qu'au moins les mélomanes allemands contemporains appelaient ardemment de leurs vœux ne se produisit jamais : une rencontre entre Bach et Haendel. Le récit de Forkel, bien que les dates soient inexactes, est relativement fiable : "Il estimait beaucoup Haendel et exprima souvent le souhait de le rencontrer personnellement. Comme Haendel était lui aussi un grand joueur de clavecin et d'orgue, beaucoup d'amis de la musique à Leipzig et dans la région désiraient entendre les deux hommes se mesurer. Mais Haendel ne put jamais trouver le temps nécessaire à une telle rencontre. Trois fois, il était venu de Londres en visite à Halle, sa ville natale. La première fois, Bach était encore à Cöthen, à quatre petites lieues seulement de Halle. Il apprit aussitôt l'arrivée de Haendel et ne manqua pas de lui rendre visite immédiatement, mais, le jour même de son arrivée, Haendel quittait Halle. Lors de la deuxième visite de Haendel (entre 1730 et 1740), Bach était déjà à Leipzig, mais malade. Cependant, dès qu'il eut appris l'arrivée de Haendel à Halle, il y envoya son fils aîné Wilhelm Friedemann et fit prier fort courtoisement Haendel de venir le voir à Leipzig. Mais Haendel s'excusa de ne pouvoir venir. Lors de la troisième visite de Haendel, autour de 1752 ou 1753, Bach était déjà mort." (En réalité, cette troisième visite eut lieu en 1750, l'année même de la mort de Bach.)

Ce n'est pas pour le mettre à l'épreuve que Bach veut rencontrer Haendel. Il est curieux, souhaite un dialogue musical, une comparaison, certes, mais qui soit un échange. S'il a tenté toute sa vie ce rapprochement, il ne faut surtout pas y voir un souci de vaine gloire ou le désir d'en imposer, mais la soif de savoir d'un spécialiste, l'intérêt porté tout naturellement à une entrevue entre deux maîtres. C'est qu'à l'époque on n'entend littéralement rien de l'autre, si ce n'est son nom, des rumeurs d'art et de célébrité ; on a peut-être l'occasion de voir une copie douteuse d'un concerto ou d'une suite, peut-être même un texte imprimé d'où Haendel a par précaution supprimé la voix principale. Jeter un coup d'œil dans l'atelier de l'autre, voilà ce que veut la curiosité de Bach. Ce coup d'œil peut concerner des choses très pratiques comme le doigté, le phrasé, la technique du legato, le choix des registres de l'orgue. On peut aussi penser à une bourse d'échanges pour trucs de virtuoses.

Haendel s'est-il effectivement dérobé, allant la première fois jusqu'à prendre la fuite ainsi que le laisse entendre Forkel ? On ne saurait en décider. Mais il est plus plausible que Haendel, plus mondain, occupant à Londres une place en vue, avait bien plus d'occasions de comparaison que Bach, isolé dans sa province à Weimar, Cöthen ou Leipzig. Et que, pour cette raison, il n'était pas si curieux de connaître son confrère. Les générations suivantes n'en furent que plus acharnées à poursuivre la compétition entre Bach et Haendel, parfois avec l'ardeur et la violence d'une guerre de religion, et cela jusqu'à nos jours.

DEUX BEAUX MESSIEURS SE MESURENT : MOZART ET CLEMENTI

La scène suivante ne se joue pas devant un prince électeur de Saxe, ni devant un cardinal romain, elle se joue devant l'empereur Joseph II. Lieu de l'action : la Hofburg à Vienne ; époque : janvier 1781.

L'homme qui pénètre avec force courbettes dans le salon de musique est âgé de vingt-neuf ans, italien de naissance, virtuose itinérant, et s'il se pose quelque temps, c'est à Londres. Il s'appelle Muzio Clementi, et voici maintenant presque deux siècles que son nom représente pour les apprentis pianistes la porte d'entrée dans le plus théâtral des genres musicaux, dans la mouvance de la sonate. La première sonatine de Clementi après environ deux ans de leçons signifie qu'on n'est plus tout à fait un débutant.

"J'étais à Vienne depuis quelques jours, écrira plus tard Clementi, quand je fus invité à jouer du pianoforte devant l'empereur. En entrant dans le salon de musique, je remarquai un individu dont la mise soignée me fit supposer par erreur qu'il s'agissait d'un laquais. Mais à peine avions-nous commencé de causer que notre conversation s'orienta vers la musique, et, à notre joie réciproque, nous nous découvrîmes collègues – Mozart et Clementi." Mozart, qui a encore dix ans à vivre, est âgé de vingt-cinq ans ; Clementi lui survivra plus de quarante ans : il meurt la même année que Goethe, en 1832.

On pourrait certainement qualifier la rencontre entre Mozart et Clementi de fête musicale excitante, d'entrevue pleine de charme, et s'en tenir là, mais la convention exige un vainqueur. Il paraît que ce fut Clementi ; un autre récit affirme que l'empereur gagna son pari, et qu'il avait misé sur Mozart. Plus tard, le compositeur Karl Ditters von Dittersdorff eut l'occasion de parler des deux hommes avec Joseph II ; il a consigné leur conversation dans son autobiographie :

"L'EMPEREUR. Avez-vous déjà entendu Mozart jouer ?
MOI. Déjà trois fois.
L'EMPEREUR. Que pensez-vous de lui ?
MOI. Ce que doit en penser tout connaisseur.
L'EMPEREUR. Avez-vous aussi entendu Clementi ?
MOI. Je l'ai entendu aussi.
L'EMPEREUR. Certains le préfèrent à Mozart… Quelle est votre opinion ? Dites-le-moi franchement !
MOI. Dans le jeu de Clementi, il n'y a que de la technique, dans celui de Mozart, de la technique et du goût.
L'EMPEREUR. C'est exactement ce que j'ai dit."

Il n'est d'ailleurs pas douteux que Mozart se soit considéré comme le vainqueur. Tout de suite après le concert, il écrit dans une lettre, à propos de Clementi : "[…] c'est un très bon claveciniste. Mais avec cela, tout est dit. Sa main droite est très ferme. Ses traits de prédilection sont les tierces. Quant au reste, il n'a pas pour un sou de goût ni de sensibilité. Un simple mécanisme."

Cet épisode jette une lumière incidente sur l'état déplorable des instruments impériaux. Mozart, qui connaissait le problème, avait emprunté pour cette soirée le piano Stein de la comtesse Thun, celle-là même que nous avons vue à genoux devant Beethoven. Le piano que la cour tenait à la disposition des musiciens n'était pas seulement totalement désaccordé : trois touches ne remontaient pas. "Cela n'a aucune importance", aurait dit l'empereur aux deux compositeurs.

C'est Clementi qui nous ramène à Beethoven. Mais ils ne jouent pas l'un contre l'autre – ils font affaire ensemble. Vers 1810, alors que Clementi a depuis longtemps dit adieu à sa carrière de virtuose, alors qu'il est devenu éditeur de musique et s'est associé à Collard, facteur de pianos à Londres, il s'assure les droits d'édition des œuvres de Beethoven pour l'Angleterre. Une fois l'affaire conclue, il écrit à son associé londonien, aussi fier que s'il venait de gagner un tournoi pianistique : “Grâce à une tactique habile et sans me compromettre en rien, j'ai enfin pu gagner Son Orgueilleuse Altesse Beethoven.”

III

N° 7362

ou Mais il est complètement marteau !

Ein Schwachstarktastenkasten[1].

BEETHOVEN, à la recherche
d'un nom bien allemand pour le pianoforte.

Pour la fabrication des cuirs à marteaux destinés aux facteurs d'instruments, il faut prendre des peaux de moutons à laine fine, les faire tremper quatre jours dans de l'eau fraîche, puis les frotter côté chair avec un mélange de chaux et de cendre avant de les disposer avec soin dans un récipient plein d'eau. Trois semaines plus tard, on sort les peaux, on gratte la laine et on les remet pour quatre semaines dans une eau chaulée. […] Après cette préparation, on les plonge dans un mélange d'eau tiède et de son de froment, on les y agite bien et on

1. Amalgame à peu près imprononçable et tout à fait intraduisible des mots *schwach* ("doux"), *stark* ("fort"), *Tasten* ("touches") et *Kasten* ("caisse").

les y laisse tremper trois jours en les frappant vigoureusement matin et soir. Les peaux ainsi traitées et débarrassées du son qui y adhère sont mises à tanner dans un bain d'écorces de pin où il faut les remuer tous les jours, matin, midi et soir, et durant cinq semaines il faut changer le bain tous les huit jours. La sixième semaine, on ajoute au bain un mélange de potasse et de résine et on y laisse tremper les peaux encore huit jours, après quoi on les lave avec du lait frais et on les fait sécher […]

(Extrait d'un traité de l'année 1837)

UN PIANO FLOTTANT TRAVERSE LA MÉDITERRANÉE

Le 22 décembre 1817, un imposant cadeau est emballé et expédié : le facteur de pianos Thomas Broadwood tient une promesse qu'il avait faite, au cours d'un séjour à Vienne, à un Beethoven déjà presque complètement sourd. En témoignage d'admiration, il lui enverrait un des sonores pianos Broadwood. Ce n'est d'ailleurs pas le premier instrument offert au compositeur : en 1803, Sébastien Erard lui avait déjà envoyé un piano de Paris, ainsi qu'en témoignent deux notices dans les archives de la maison ; la première fois, le destinataire s'appelle "Mr Bethowen à Vienne", la seconde "Mr Bethoffen à vienne". (Beethoven lui-même, dans ses jeunes années, hésitait sur l'orthographe de son nom.)

Avant d'encoquiller le Broadwood n° 7362 dans une caisse de pin renforcée de métal, on lui visse encore quelques plaques décoratives. Juste au-dessus du clavier se trouve la dédicace du donateur : *Hoc Instrumentum est Thomae Broadwood (Londini) donum Propter Ingenium Illustrissimi Beethoven*. Sur le devant, le nom BEETHOVEN est incrusté en lettres d'ébène, surmontant ceux des facteurs : *John Broadwood & Sons, Makers of*

Instruments to His Majesty and the Princesses. Great Palteney Street. Golden Square, London. Et il s'y ajoutait à l'époque les noms de cinq pianistes qui avaient essayé et approuvé l'instrument : Cramer, Ferrari, Kalkbrenner, Juyvelt et Ries.

Ce n'est donc pas seulement un instrument, c'est presque une page d'écriture, cette chose qui, peu avant la fin de l'année, quitte l'entrepôt des Broadwood pour le port de Londres. Sa destination n'est pas, comme on pourrait le croire, Calais, Le Havre ou Rotterdam, mais Trieste. Le piano destiné à Beethoven entreprend donc, en dépit des rigueurs de la saison, une sorte de croisière méditerranéenne en passant par Gibraltar et la Sicile. Le bateau est encore en route que Beethoven remercie avec emphase et en mauvais français :

A Monsieur
Monsieur Thomas Braodwood
a
Londres (en Angleterre)

Mon très cher Ami Broadwood !

Jamais je n'eprouvais pas un plus grand Plaisir de ce que me causa votre Annonce de cette Piano, avec qui vous m'honorès de m'en faire présent ; je regarderai comme un Autel, ou je deposerai les plus belles offrands de mon esprit au divine Apollon. Aussitôt comme je recevrai votre Excellent Instrument, je vous enverrai d'en abord les Fruits de l'Inspiration des premiers moments, que j'y passerai, pour vous servir d'un souvenir de moi à vous mon très cher B., et je ne souhaite ce que, qu'ils soient dignes de votre Instrument.

Mon cher Monsieur et Ami recevès ma plus grande Consideration de votre Ami et très humble serviteur

Louis van Beethoven
Vienne, le 3e du mois de Fevrier 1818[1].

Mais il faudra encore trois bons mois avant que ne s'achève le transport terrestre de Trieste à Vienne. Non, certes, que les voitures hippomobiles eussent besoin de tout ce temps pour effectuer avec leur précieux chargement un pénible trajet d'environ quatre cents kilomètres à travers les Alpes, mais parce qu'on voulait obtenir pour Beethoven des conditions douanières particulièrement avantageuses : on souhaitait lui épargner le moindre frais. "La ferme générale royale et impériale eut la libéralité de ne pas exiger le droit d'entrée auquel étaient normalement soumis les instruments de musique étrangers, apportant ainsi gracieusement la preuve, bien réjouissante pour les arts, que l'on s'appliquait à encourager un génie musical exceptionnel par une reconnaissance humaine équivalente."

Jamais, ou presque, transport ne fit l'objet d'une telle sollicitude officielle, n'eut droit aux soins de toutes les instances imaginables. Il était inévitable que l'on contât merveille du piano londonien. Un journal n'hésite pas à affirmer : "D'ailleurs, cet instrument est dans toutes ses parties d'une telle stabilité qu'il ne se peut sur ce point comparer à aucun autre. On aura une idée de la façon dont il tient l'accord si on songe qu'il

1. Lettre citée dans Alexander von Thayer, *Ludwig van Beethovens Leben. Auf Grund der hinterlassenen Vorarbeiten und Materialen weitergeführt von Hermann Deiters*, vol. IV, Breitkopf & Härtel, Leipzig, 1907, p. 86-87.

a effectué le voyage par mer de Londres à Trieste, pour être ensuite voituré jusqu'à Vienne et de Vienne jusqu'à Mödling, sans qu'il fût nécessaire de régler une seule corde à son arrivée. Bref, c'est un véritable chef-d'œuvre, à l'intérieur comme à l'extérieur, qui se distingue par sa simplicité, sa sobriété, sa solidité et la facilité avec laquelle il se laisse transporter en tout lieu."

L'article est exagérément louangeur. Le piano était affreusement faux. Un instrument capable de supporter sans dommage un transport aussi monstrueux n'a jamais existé et n'existe pas encore à ce jour.

À QUOI JOUE-T-ON ?

Tandis que, dans l'entrepôt du facteur Andreas Streicher – un concurrent célèbre – le Broadwood attend d'être révisé, il est urgent de nous mettre d'accord sur les définitions, dans un domaine où règne la plus grande confusion dans les termes. "Une rose est une rose est une rose", dit la poétesse américaine Gertrude Stein dans une phrase devenue célèbre. En ce qui concerne le piano, ce genre d'identification n'existe pas, au contraire : le piano n'est pas un piano n'est pas un piano. Le définir est un jeu de patience.

Ahurissant, ce que compte de membres la famille des claviers. L'orgue portatif, le glockenspiel, la vielle à roue, cousins éloignés, sont incontestablement de la parentèle. On peut évidemment restreindre la tribu en choisissant comme critère non la touche, mais la corde touchée par l'intermédiaire d'une mécanique. Il ne reste plus alors que le clavicorde, le clavecin, le clavicytherium, le clavicylindre, l'épinette et le virginal, noms qui signalent des différences dans la forme de l'instrument, le mécanisme, la production du son et les circonstances de l'utilisation.

Mais dans cette jungle définitionnelle l'instrument dont parlera ce roman du piano n'est pas encore apparu : le pianoforte ou *Hammerklavier*. Comme l'indique le nom allemand[1], le son n'est pas produit par une colonne d'air (comme dans l'orgue et ses descendants) ni par un plectre (comme dans le clavecin ou l'épinette), ni par des fiches métalliques ébranlant la corde par en dessous (comme dans le clavicorde), mais par des marteaux de bois recouverts de cuir, d'étoffe ou (de nos jours) de feutre. Et, comme le promet le nom italien, pour jouer *piano* ou *forte*, point n'est besoin de registres différents comme dans l'orgue, ni d'un jeu de luth ou d'un accouplement comme dans le clavicorde et le clavecin : il suffit d'un toucher différencié. Pour la première fois, un instrument à clavier permet le crescendo et le decrescendo, le volume du son peut croître ou décroître. L'ancienne "dynamique par degré", le tout ou rien de l'intensité, a vécu.

Au XIXe siècle, alors que le pianoforte entamait son ascension triomphale, on pensait que la technique du marteau était l'invention de Gottfried Silbermann, ce célèbre facteur dont les orgues, aujourd'hui encore, sont un but de pèlerinage pour les organistes du monde entier. C'est ce même Silbermann qui avait livré à Frédéric II pour son château de Sans-Souci une douzaine de clavecins et quelques pianofortes. Entre-temps, les historiens ont démontré que Silbermann s'était contenté de reprendre et de perfectionner une invention de l'Italien Bartolomeo Cristofori, et qu'il avait été le premier à la diffuser. Manifestement, il avait eu connaissance

1. *Hammer* signifie "marteau".

d'une description de la mécanique de Cristofori (qui était conservateur de la collection d'instruments de Ferdinand de Médicis à Florence) ; cette description, publiée en 1711, s'efforce de souligner le caractère prodigieux de la nouvelle invention :

"Nul amateur n'ignore qu'en musique la puissance et la douceur sont, ainsi que la lumière et l'ombre dans la peinture, la source la plus pure à laquelle les artistes habiles puisent le secret de ravir singulièrement ceux qui les écoutent. Que ce soit dans les ornements ou dans l'art d'enfler et de diminuer le volume de la voix, que l'on laisse s'éteindre peu à peu pour la reprendre ensuite d'un seul coup avec un son vigoureux. [...] Or, en dépit du fait que ces gradations et ces diversités de puissance, où excellent entre autres les instruments que l'on frotte de l'archet, sont inaccessibles au clavecin, et que l'on taxerait d'extravagance quiconque se mettrait en tête d'en fabriquer un qui aurait cette aptitude particulière, le sieur Bartolomeo Cristofori, natif de Padoue et facteur de claviers au service du grand-duc de Florence, a conçu avec bonheur cette invention audacieuse et l'a exécutée de façon tout aussi admirable."

Cristofori baptisa son invention *clavicembalo col piano e forte*. Mais il faudra attendre presque un siècle pour que le pianoforte s'impose. Les vieilles habitudes auditives, le caractère des compositions, les deux manuels que réclamaient nombre d'entre elles, assurèrent pour longtemps encore la prééminence du clavecin et du clavicorde. Sans oublier un détail aussi pratique que terre-à-terre : les vieux instruments étaient tout simplement déjà là.

D'autre part, il semble parfaitement conforme à la diversité de la nomenclature pianistique que le terme forgé par Cristofori connaisse immédiatement plusieurs variantes : le pianoforte se présente aussi comme piano-forte ou piano-forté, et inversement bien sûr comme forte-piano. Il désigne soit un piano à queue, soit un piano carré. Ce que les Allemands appellent aujourd'hui *Klavier*, le piano au sens étroit du terme, s'est appelé à l'origine *pianino*, dont la version mécanique (à rouleau) est le *pianola* qui, cent ans plus tard, allait fournir une rime à la provocante Lola. Quant aux "grands pianos" qui se rencontrent dans certains romans policiers, ils ne sont pas, comme on pourrait le croire, le contraire du petit piano, mais tout simplement des traductions erronées du *grand piano* anglais, lequel désigne un piano à queue. Quant au mot *piano* lui-même, il signifie en fait "doucement", ce qui est quelque peu paradoxal quand on songe à la puissance sonore des instruments modernes.

Mais la technique même du nouveau pianoforte ne tarda pas à emprunter des chemins divergents, dont les directions respectives sont celles de la mécanique anglaise et de la mécanique viennoise. Et encore une fois, vu les embrouillaminis de l'histoire du piano, il est parfaitement normal que la mécanique anglaise n'ait pas été mise au point par des Anglais, mais d'abord par des facteurs saxons qui avaient fui le continent pendant la guerre de Sept Ans. Et que la mécanique viennoise soit une mécanique à pilote, selon un principe originaire d'Allemagne et perfectionné à Vienne par des facteurs comme Andreas Stein, Gabriel Anton Walter, Andreas et Nanette Stein.

Les instruments viennois transmettaient le son de façon relativement directe de la touche à la corde par l'intermédiaire du marteau ; faciles à jouer, ils avaient en contrepartie un assez faible volume. Les pianofortes londoniens, le plus souvent sous la forme du "carré" en faveur en Angleterre, avaient introduit un détour qui permettait au marteau de jouer plus librement et de produire un son plus plein, mais les touches étaient plus dures à l'attaque.

Johann Nepomuk Hummel, virtuose, compositeur et pédagogue, a donné des deux types d'instruments une description comparative très évocatrice :

"Le viennois peut être joué aisément par les mains les plus délicates. Il permet à l'instrumentiste de donner à son interprétation toutes les nuances possibles, répond de façon prompte et distincte, a un son rond et flûté qui, notamment dans les grandes salles, se distingue bien de l'orchestre accompagnateur, et ne nécessite pas d'effort excessif qui serait un obstacle à la vélocité."

Hummel, avec sa prédilection pour les passages perlés, préférait jouer sur les instruments viennois, ce qui ressort clairement de son appréciation des pianos londoniens : "Il faut rendre justice à la mécanique anglaise en raison de sa robustesse. Toutefois, ces instruments ne permettent pas le même degré de virtuosité que les viennois, car l'attaque des touches est nettement plus lourde ; elles retombent aussi beaucoup plus bas, si bien que le déclenchement du marteau est forcément moins rapide en cas de répétition… En revanche, la plénitude du son de ces instruments confère à la ligne mélodique et à tous les passages liés un charme particulier et une grande beauté harmonique." Autre élément d'importance sur les pianos anglais : la pédale, qui permettait de faire chanter le legato.

Et c'est la puissance sonore bien supérieure des instruments anglais qui explique le cadeau des Broadwood et le transport long et circonstancié d'un piano vers une ville qui, malgré les Erard établis à Paris, pouvait encore être considérée comme la métropole de la facture continentale : sa sonorité éclatante devait permettre à Beethoven de s'entendre à nouveau jouer. Soit dit en passant, Streicher, qui avait sans doute éprouvé des sentiments mêlés en stockant dans son entrepôt le cadeau de son concurrent, fit courir parmi les pianistes viennois le bruit que le son de l'instrument était certes beau, mais sa mécanique beaucoup trop lourde pour qu'on pût le jouer. Que Moscheles avait déjà essayé, d'autres aussi, sans toutefois parvenir à utiliser convenablement ce machin.

L'Anglais Potter, habitué à ce type d'instruments, fut donc le premier à savoir en tirer des sons puissants. Bien sûr, il voulut tout de suite se mettre à l'accorder, mais Beethoven éleva des objections : “Tout le monde dit cela, ils veulent tous l'accorder et le gâter, mais je ne veux pas qu'ils y touchent.” On peut donc effectivement supposer qu'il s'en est servi durant des années dans l'état où il était arrivé.

Une opinion ancienne et sans doute encore répandue veut que le titre de l'opus 106 – *Grande Sonate pour le Hammerklavier* – ait été choisi par Beethoven après qu'il eut commencé à se servir du Broadwood, en été 1818. Effectivement, et bien que l'œuvre ait été esquissée nettement plus tôt, il a utilisé l'instrument pour cette sonate à tous points de vue gigantesque : prise de pouvoir évidente dans les prestissimos du scherzo, lequel, s'étendant du contre-*fa* à la basse au fa^{6}, a un ambitus supérieur à la tessiture de tous les instruments qu'il avait jamais eus en sa possession. Pourtant, le Broadwood n'est pour rien dans le choix du mot *Hammerklavier*. Celui-ci est plutôt le résultat d'un de ces accès de purisme linguistique qui frappaient périodiquement Beethoven, ainsi qu'en témoigne une

TROIS CADEAUX POUR BEETHOVEN

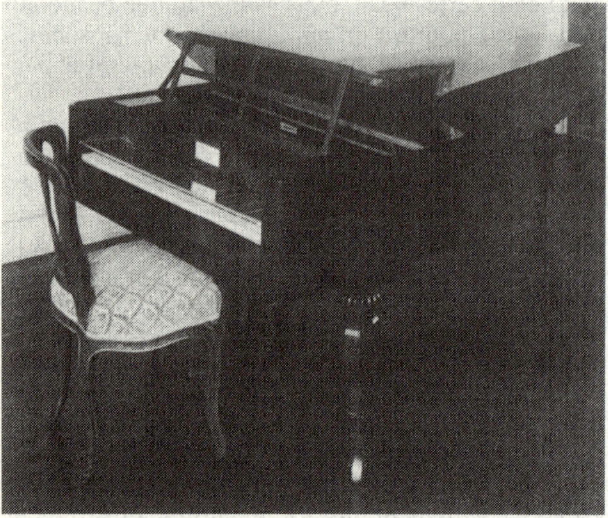

Piano à queue de Graf (1825).

Erard (1803).

Broadwood n° 7362 (1817).

"prière d'insérer" du 23 janvier 1817 : "Après en avoir délibéré en nous-même et avec notre conseil, nous avons arrêté et arrêtons que désormais, sur toutes celles de nos œuvres qui portent un titre allemand, figurera le mot *Hammerklavier* à la place de pianoforte."

Ce titre solitaire convient à une œuvre unique en son genre. Ce n'est certes pas la plus belle des sonates pour piano de Beethoven, certes pas la plus dense en ce qui concerne la composition et le traitement des thèmes, mais, avec ses quarante pages, c'est la plus longue, la plus difficile sur le plan technique – un formidable, un infranchissable massif pianistique. La dédicace à l'archiduc Rodolphe, élève et protecteur de Beethoven, a un côté absurdement comique : c'est comme si un sculpteur déposait soudain devant la porte d'un de ses mécènes un bloc de granit à peine dégrossi. Car si les dédicaces précédentes permettaient de penser que les dédicataires pourraient sinon jouer les hommages, du moins les pianoter, ou se les faire jouer, cet opus 106 était, au sens le plus littéral du terme, intouchable non seulement pour le fils de l'empereur, mais pour tous les pianistes qu'il aurait pu engager, sans exception. C'était une pièce injouable, et on peut lui appliquer la réponse que Beethoven avait lancée au violoniste Schuppanzigh lui affirmant que son nouveau quatuor n'était pas à la portée de son instrument : "Votre bon Dieu de crincrin, je m'en fous !" La conquête de la sonate pour le *Hammerklavier* fera donc partie des exploits des pianistes pionniers du XIXe siècle. Mais il faudra attendre le XXe pour qu'ils osent s'attaquer à un dernier morceau composé sur le numéro 7362 et tenu pendant presque cent ans pour définitivement inexécutable : les *Variations sur un thème de Diabelli*, opus 120.

On pourrait croire que le diable s'en mêle. Mais l'homme ne s'appelle pas Diabolus, il s'appelle Diabelli, et il ne règne pas sur l'enfer, mais seulement sur une maison d'édition – sans doute y a-t-il, aujourd'hui comme alors, bon nombre de personnes pour estimer que cela revient exactement au même. Cet Antoine Diabelli était sur le point de se faire moine, mais quand, en 1803, les couvents furent sécularisés il se souvint de ses compétences terrestres : il savait jouer du piano, un peu composer, et il était doué pour les affaires. Et vers 1819, alors qu'il s'apprête, grâce aux parts qu'il détient chez "Cappi et Diabelli" à fonder sa propre maison d'édition ("Diabelli & Comp."), il lui vient une idée fabuleuse pour utiliser tous ses talents à la fois : il compose une valse de trois lignes, un lambeau de patchwork musical, et expédie sa trouvaille "aux compositeurs et aux virtuoses les plus distingués de Vienne et des Etats de l'Autriche royale et impériale" en les priant de composer chacun une variation. Et de même que ses trois talents se sont conjugués dans cette opération, l'invitation s'accompagne d'un triple calcul : l'éditeur s'assure d'un seul coup la collaboration plus ou moins fidèle d'un grand nombre de compositeurs contemporains ; il propose aux amateurs un recueil de musique volumineux et varié ; enfin, il met à leur disposition, pour reprendre les propres termes de son annonce, "un catalogue alphabétique de tous les noms, tant des célébrités établies que des espoirs les plus prometteurs, de notre époque si brillamment illustrée dans l'Histoire des Arts".

Dans le roman du piano, l'histoire des *Variations sur un thème de Diabelli* n'est pas seulement un chapitre des plus curieux : c'est, à la fin de ce premier quart du XVIIIe siècle, un jalon unique. Vers 1824, lorsque paraît la deuxième partie des paraphrases avec des contributions de cinquante compositeurs, on a un résumé de la façon dont, à Vienne (c'est-à-dire en Europe, c'est-à-dire dans le monde entier), on compose, on varie, on joue du piano. Ces cinquante variations sur un thème impertinent offrent un panorama complet du savoir-faire et de la technique pianistiques ; elles sont un résumé sonore de la musique à l'aube du romantisme.

Les noms s'étagent de A (Ignaz Assmayer) à W (Johann Hugo Worzischek). Pour l'un des compositeurs sollicités (Emanuel Aloys Förster), il s'agit de sa dernière œuvre ; pour un autre (Franz Liszt, un enfant de onze ans), de la première à être imprimée ; l'omniprésent Czerny est représenté tout comme le timide Franz Schubert. On y trouve bien entendu des célébrités de l'époque comme Joseph Gelinek, Johann Nepomuk Hummel, Anselm Hüttenbrenner, Friedrich Kalkbrenner, Conradin Kreutzer, Ignaz Moscheles, Johann Peter Pixis, Johann Wenzel Tomaschek et même un Wolfgang Amadeus Mozart – le fils du grand Mozart. Les nobles dilettantes ne se sont pas fait prier : le comte Moritz von Dietrichstein, un certain chevalier Ignaz von Mosel, un baron Eduard von Lannoy et sous le chiffre S. R. D. qui signe la quarantième variation se dissimule même l'archiduc Rodolphe. Diabelli peut donc proclamer fièrement : "La maison d'édition nouvellement fondée sous le nom A. Diabelli & Comp. s'estime heureuse de pouvoir inaugurer sa carrière par la publication d'une œuvre musicale qui est unique en son genre, et que sa nature même destine à le rester. [...] La présentation est à l'image du contenu."

Cette participation massive a inspiré quelques réflexions à l'écrivain français Michel Butor : "Sans pouvoir être admirable, le thème proposé est nécessairement intéressant ; la preuve en est l'acceptation par tous les autres. [...] Son intérêt, c'est donc le contraire de ce qu'on appelle d'habitude l'originalité, c'est le fait qu'il est en quelque sorte l'ombre commune de tous ces musiciens qu'il désire publier, comme la cristallisation de la musique du temps présent, et en particulier d'un certain nombre de choses que Beethoven n'aime pas dans cette musique, c'est qu'il est caractéristique de la musique du temps de l'éditeur. [...] Si facile qu'elle soit, cette valse a pour Beethoven une essentielle modernité[1]."

Car il va de soi que Diabelli était assez diplomate et assez intéressé pour ne pas omettre de solliciter Beethoven. Ce dernier avait sans doute réagi d'abord avec son irascibilité bien connue, pour s'atteler ensuite à la tâche ; après deux ans d'un travail maintes fois interrompu, il s'était présenté avec non pas une, mais bel et bien trente-trois variations chez l'éditeur qui prit la sage décision d'en tirer un volume à part – audace éditoriale que l'histoire de la musique a depuis longtemps authentifiée : Beethoven contre le reste du monde.

Ces trente-trois modifications sur une valse d'Antoine Diabelli sont l'œuvre la plus éruptive, la plus extravagante, la plus scabreuse, la plus ironique, la plus romantique et la plus fougueuse que Beethoven ait jamais exigée et obtenue de son Broadwood. Il s'empare aussitôt du thème d'une main impérieuse, transforme la valse à trois temps en marche scandée d'accords aux allures de fanfare ; cet *Alla marcia maestoso* balaie

1. Michel Butor, *Dialogue avec 33 variations de Ludwig van Beethoven sur une valse de Diabelli*, Gallimard, Paris, 1971, p. 15.

souverainement la banalité du modèle : place ! Michel Butor a tenté d'interpréter les variations en leur donnant des titres ; il considère les numéros 2 à 4 comme les scènes d'un bal d'hiver qui commence par un "givre" et s'achève sur une "valse de cour[1]" ; il baptise curieusement "Vénus" la cinquième variation avec ses trilles aigus et distingue dans les trois suivantes une promenade amoureuse, qualifiant la huitième de "valse tendre" – mais cette tendre valse est aussi, provisoirement, la plus éloignée du thème, une pièce d'un caractère entièrement nouveau, d'une séduction romantique dont les caresses chromatiques à la main gauche anticipent déjà sur la patte d'un Chopin ou d'un Schumann. Butor ressent comme une "marche rustique[2]" le staccato entêté du numéro 9 que suivent, trois variations durant, des "scènes de la vie de campagne[3]". Plus loin, il distingue encore dans son analyse poétique "Mars" (n° 13), l'"Usurpateur[4]" (dans la véhémente variation 16 dont les octaves brisées rappellent une basse de boogie) et "Mercure[5]" (n° 28).

Est-il permis d'apercevoir dans ces pièces et derrière elles toutes ces rondes d'esprits fastes et néfastes, d'ombres chancelantes ? Est-il permis de les costumer, de les enfler jusqu'à les transformer en scènes de genre ? Mais le procédé de l'auteur français est justifié non seulement par le caractère capricieux de l'ensemble, ce côté "m'as-tu-ouï" permanent : il est justifié par Beethoven en personne, au moins une fois et de façon

1. *Ibid.*, p. 61.
2. *Ibid.*, p. 76.
3. *Ibid.*, p. 72.
4. *Ibid.*, p. 87.
5. *Ibid.*, p. 137.

explicite. La vingt-deuxième variation porte de sa main la mention *Allegro molto alla "Notte e giorno faticar" di Mozart*. Le compositeur fait ici exploser le cadre du cycle avec un thème d'opéra, les imprécations de Leporello se plaignant de n'avoir de répit ni jour ni nuit : escapade musicale, pied de nez à l'éditeur ou peut-être volonté affichée de faire du record sexuel de don Juan ("mais en Espagne mille et trois") un record musical ("mais chez Beethoven trente et trois") ?

De nos jours encore, les *Variations sur un thème de Diabelli* ne sont que très rarement données en concert. Paul Becker, biographe de Beethoven, écrivait en 1911 qu'elles ne se prêtaient pas au récital, et il est encore des critiques pour décréter, juste après avoir eu la preuve du contraire, que l'œuvre est inexécutable en public. Au nombre de ceux qui ne l'ont jamais vraiment entendue au piano figure Beethoven lui-même. Au moment de la composition, il était déjà pratiquement sourd. "[...] les cordes les plus aiguës avaient déjà sauté, rapporte un visiteur de l'époque. Beethoven tape de toutes ses forces sur les touches basses avec les cinq doigts de la main gauche : Ecoutez comme c'est beau ! Lui-même ne distinguait plus rien, le fracas suffisait à le mettre en joie. Hauser eut peine à retenir ses larmes."

Le 7362 sera pieusement recueilli par un second propriétaire : Franz Liszt. Il se trouve aujourd'hui au Musée national de Budapest, luisant, rayonnant, poli, impeccable comme il ne le fut jamais du vivant de Beethoven.

Les générations suivantes vont tirer des registres tout à fait différents.

IV

“… ÉTRANGER JE REPARS”
(Schubert)

Buvez à Petersdorf sous les étoiles d’un soir de juin un quart de petit vin blanc dans un jardin, regardez les vers luisants, écoutez les grillons – et après, vous saurez ce que c’est qu’un adagio de Schubert.

ANTON BRUCKNER

Moi je dis que la loi cruelle de l’art est que les êtres meurent et que nous-mêmes mourions en épuisant toutes les souffrances pour que pousse l’herbe non de l’oubli mais de la vie éternelle, l’herbe drue des œuvres fécondes, sur laquelle les générations viendront faire gaiement sans souci de ceux qui dorment en dessous leur “déjeuner sur l’herbe”.

MARCEL PROUST, *Le Temps retrouvé*.

LE MOHICAN SUR SON LIT DE MORT

Il lit des choses épouvantables, il les lit dans un état épouvantable, il les lit avec une épouvantable fascination. Il lit : "[...] rendu furieux par le meurtre dont il venait d'être témoin, Magua enfonça son arme dans le dos du Delaware renversé, et poussa un cri infernal en commettant ce lâche attentat. Mais Unkas se releva comme la panthère blessée qui se retourne contre le chasseur, et étendit à ses pieds le meurtrier de Cora par un effort où s'épuisa tout ce qui lui restait de vigueur [...]. Magua saisit le bras sans vigueur du Delaware incapable de résister, et lui plongea trois fois son couteau dans le sein, avant que sa victime, qui continuait à fixer sur son ennemi un regard d'ineffable mépris, tombât morte à ses pieds[1]."

Il ne se lasse pas de cette lecture qui, bien différente de ce que laissent entendre les versions arrangées pour la jeunesse, forme une véritable danse macabre de personnages poignardés, assassinés, scalpés, sauvagement massacrés. Il en redemande. Le 11 novembre 1828, il

1. Fenimore Cooper, *Le Dernier des Mohicans*, traduit par Benjamin Laroche, Camuzeaux, Paris, 1835, p. 226-227.

écrit à son ami Franz Schober, dont il partageait naguère le logement :

Cher Schober, je suis malade. Voici déjà onze jours que je n'ai rien mangé et rien bu, et je vacille, épuisé, du fauteuil au lit et retour. Rinna me soigne. Quand je prends quelque chose, je le restitue aussitôt. Aie donc la bonté de m'aider dans cette situation désespérée en me procurant de la lecture. De Cooper, j'ai lu Le Dernier des Mohicans, L'Espion, Le Pilote *et* Les Pionniers. *Si jamais tu avais encore quelque chose de lui, je te supplie de me le déposer chez Mad. v. Bogner à la maison de café. Mon frère, qui est la conscience même, me l'apportera consciencieusement. Ou même autre chose.*

Ton ami Schubert.

Il ne lira plus jamais Cooper. L'édition allemande de C. A. Fischer n'est pas encore complète, elle ne le sera qu'en 1833, mais là n'est pas la raison : Franz Schubert meurt une semaine après avoir écrit cette lettre, le 19 novembre 1828. "Comme si la mort était ce qui peut arriver de pire à un homme", écrivait-il fin août à son père. Il a lu une chose très semblable dans *Les Pionniers* de Cooper : "Je n'ai pas la folie de croire que je puisse vivre éternellement. [...] Mais je dois et je veux mourir aussi bien que les autres hommes."

Le 1er septembre, il avait déménagé une fois de plus, quittant le *Blauer Igel* pour s'installer chez son frère Ferdinand, Neue Wieden, Firmiansgasse 694, deuxième étage à droite. Ce changement de quartier était dû aux "bouffées sanguines" et aux "vertiges" dont il souffrait déjà ; l'air plus sain, plus frais du nouveau faubourg de Vienne était censé le soulager. Mais il aimait passer d'une demeure à une autre ; il a déménagé presque aussi souvent que Beethoven. Il faut dire que les domiciles où il s'installait n'en étaient pas vraiment : c'étaient des logis provisoires, chambres sous-louées, campement chez des amis. Quand il quitte l'appartement qu'il occupait chez Schober, c'est un abandon temporaire : il y laisse son piano et d'autres effets personnels.

Son piano ? L'une des nombreuses légendes qui courent sur Schubert affirme qu'il était trop pauvre pour s'offrir un piano à lui. La thèse de la pauvreté a été battue en brèche depuis des dizaines d'années par les documents d'Otto Erich Deutsch (" Il ne semble pas que Schubert ait jamais souffert de la faim"), et au moins un des nombreux dessins consacrés par Moritz von Schwind à Schubert et à son entourage montre un instrument gracile et manifestement ancien signé Graf. En 1821, à l'époque où Schwind faisait son croquis, il se trouvait dans l'appartement occupé par Schubert dans l'ancien couvent des théatins, aujourd'hui au 21 de la Wipplingerstrasse. Il s'agirait d'un cadeau dû à la fierté paternelle après la création de la première messe de Schubert, et que ce dernier aurait ensuite laissé en dépôt chez son frère Ferdinand quand, vivant dans l'aristocratique maison Esterhazy ou chez Schober, qui mettaient un instrument à sa disposition, il n'avait pas besoin du sien.

Si donc il est arrivé à Schubert de ne pas avoir de piano à lui, cela n'était pas dû à son indigence, mais à ses fréquents changements de résidence et au fait que les gens chez qui il s'installait en avaient déjà un, voire plusieurs. Quoi qu'il en soit, il est hors de doute que les pianos ne manquaient pas dans son entourage. Parmi les compositeurs du XIXe siècle, il n'en est aucun (excepté Liszt, qui était aussi pianiste virtuose) que les dessins et les peintures de l'époque représentent aussi souvent devant un piano droit ou un piano à queue, au milieu d'un auditoire recueilli ou enthousiaste.

Très tôt déjà, Schubert avait mis en musique le poème *Serafina à son piano* de son quasi-homonyme Christian Friedrich Daniel Schubart sous le titre *A mon piano*. Abrégé et légèrement modifié, il se présentait de la façon suivante :

Piano d'amour,
Grâce à toi mon cœur est comblé toujours,
Piano d'amour !
Quand toutes les belles
Ne songent qu'à elles,
Tu me ravis,
Piano chéri !

Mon confident,
A toi seul je dis tous mes sentiments ;
Tout innocents,
Du ciel inspirés,
De chastes pensées
Par ta voix s'expriment
Piano sublime !

Cher instrument,
Je chante avec toi, et la paix du ciel
Me parle à l'oreille.
Des larmes de joie
Tombent sur mes doigts
Un son d'argent
Soutient ma voix.

Piano chéri,
Par toi seul toujours mon âme est ravie –
O mon ami !
Et quand le malheur
Afflige mon cœur,
Chante pour elle,
Piano fidèle !

Jamais, sans doute, compositeur ne fit mentir plus radicalement un de ses propres lieder, ne l'a plus follement réfuté par l'absurde, que ne le fit Schubert pour cette idylle narquoise qui a pourtant contribué pendant plus d'un siècle à façonner son portrait, celui du rêveur introverti, de l'aimable pianiste de salon, du joyeux compagnon ivre de mélodies dans le cercle de ses amis viennois. Personne, peut-être, n'a plus définitivement démenti l'image du piano fidèle, du piano aimé, du piano chéri, du son d'argent et du cher instrument que le Schubert des dernières années, atteint d'une maladie mortelle. Jeux tout innocents ? Chastes pensées ? Paix du ciel ? Larmes de joie sur les doigts ? Quel contraste quasi sarcastique avec la musique composée au *Blauer Igel* et dans la Firmiansgasse au cours de cette année 1828 : les trois dernières sonates pour piano, au centre desquelles va béer un gouffre infernal. Armons-nous encore un peu.

Etrange. On dirait que Schubert, avec ce lied de jeunesse, a anticipé sur l'idyllisation de sa propre image ou de sa propre réputation en supprimant du poème de Schubart ce qui aurait pu, ne serait-ce que de loin, évoquer des choses plus graves, plus troubles, plus menaçantes. Des deux strophes de l'original dont il ne s'est pas servi, l'une dit :

Mélancolie
Jamais ne trouble l'âme de la pianiste,

Elle est joyeuse !
Taquets dansants,
Cloches sonnant,
Mettent en son cœur
De la gaieté.

Lui, qui se sentait “l’homme le plus malheureux, le plus misérable de la terre”, lui dont la mélancolie oppressait si souvent l’âme, mais l’enivrait aussi : il évite de l’évoquer, fût-ce même pour s’en défendre ! (Ce faisant, on perd au passage une référence cryptée à Shakespeare : les “taquets dansants” sont les *dancing chips* du sonnet 128.)

PROMENADE AU CRÉPUSCULE ENTRE TERRE ET CIEL

Qui était ce Schubert, consciemment responsable d’un affadissement du piano dans l’esprit du plus grand nombre et qui, dans ses dernières années, le fit frissonner d’un effroi mortel pour finir, en son ultime automne, par lui asséner de tels coups que nous en tremblons encore aujourd’hui ? Donnons-lui la parole, dans un extrait de son journal rédigé à peu près à l’époque où il composait le lied dédié à son piano, le 14 juin 1816 :

“Je me suis promené le soir, ce qui ne m’était pas arrivé depuis quelques mois. Sans doute n’est-il rien de plus plaisant que de flâner dans la campagne au soir d’une brûlante journée d’été.[…] Dans la lueur incertaine du crépuscule, en compagnie de mon frère Carl, comme je me sentais bien ! Que c’est beau, pensai-je et m’écriai-je, et je m’arrêtai, ravi. La proximité du cimetière nous rappela notre bonne mère. C’est ainsi que, causant avec une tendre tristesse, nous en vînmes au point où la route de Döbling se sépare en deux. Et, comme émanant de notre patrie céleste, j'entendis une voix connue sortant d'une chaise qui s'arrêtait. Je levai les yeux – c'était M. Weinmüller, qui en descendait et nous salua avec sa cordialité pleine de bonhomie. Aussitôt, notre entretien se mit à rouler sur la chaleur qui s'exprime dans la voix et le langage des gens. Ils sont nombreux, ceux qui s'efforcent de faire transparaître leur bon cœur dans ce même langage empreint de bonhomie et de cordialité, et nombreux ceux qui ne réussiraient qu'à faire rire. On ne peut considérer cela que comme un don de la nature, non comme une qualité que l'on peut acquérir."

Dans son livre consacré à Franz Schubert, Hans J. Fröhlich soumet ce passage à une petite exégèse, en faisant remarquer combien il est curieux que Schubert cherche à dissimuler que la promenade devait bien se diriger dès le départ vers le cimetière où se trouvait la tombe de la mère, combien il est bien étrange que le point où les frères en étaient venus au cours de leur conversation ne fût pas un point de discussion mais une patte-d'oie, et que la patrie céleste ne pouvait en aucun cas désigner la chaise du sieur Weinmüller, mais qu'il fallait songer au cimetière proche. Les velléités enquêtrices de Fröhlich fournissent de précieuses indications.

Car ces hallucinations concrètes, cette assurance de somnambule crépusculaire, la voix du sieur Weinmüller qui semble venir du ciel avec ses inflexions bien terrestres de bonhomie et de cordialité, la chaise auprès du champ des morts et ce "Que c'est beau, pensai-je et m'écriai-je" (comme s'il était possible de s'écrier quelque chose sans l'avoir d'abord pensé) – car cet inlassable va-et-vient entre ravissement et cimetière, entre le sieur Weinmüller et l'au-delà, entre causerie et tracé de la route (je suis tenté d'ajouter : entre Horváth et Kafka) – toutes ces choses ont leur réplique exacte dans les compositions de Schubert. Ces pages de journal entre ciel et terre y deviennent musique. Jusqu'au moment où l'enfer s'en mêle.

On pourrait penser que la contradiction se résume en quelque sorte dans deux mots de ce passage qui sont tout un programme, dans la tournure "causant avec une *tendre tristesse*". Mais pour Schubert ce n'est pas incompatible, et ce n'est pas non plus un jeu capricieux sur les sonorités. C'est à ses yeux une association naturelle, un état d'âme obscurci par le soir : c'est sa tonalité mineure. Quand il écrit en mineur, c'est que pour lui tout va bien, avec une tendre tristesse. Alors que dans le reste du monde musical le mineur intervient quand l'ambiance se fait sombre, menaçante, néfaste, Schubert y montre cette sérénité qui caractérisait sa promenade du soir : voilée certes, mélancolique aussi, peut-être douloureuse, mais on s'y sent en confiance, en sécurité. Le mineur schubertien exhale une harmonie avec l'homme "aux moments sombres de l'existence". C'est le lieu de citer cette phrase : "La musique gaie existe-t-elle vraiment ? Je n'en connais aucune." Mais las, quand cette harmonie est détruite, quand cesse cette consonance en mineur entre vie et musique et qu'un morceau passe au mode majeur : la douleur se fait fulgurante, la privation intolérable, la clarté qui s'élève est une torture, l'auditeur encaisse un choc *majeur*. Une strophe du *Voyage d'hiver* l'explicite :

Ni souffle, ni nuage !
Le monde est lumineux…

Franz Schubert.

"La musique gaie existe-t-elle vraiment ?"

Quand rugissait l'orage,
J'étais moins malheureux.

FINALE

Et voilà, quelques brèves semaines avant sa mort, deux pages d'enfer pianistique. Plus question de majeur ni de mineur, bien qu'on distingue encore comme des caricatures de tonalités. Faisant voler en éclats l'unité de la composition, exploser la structure, s'arrachant au cadre harmonique, piétinant les règles les plus élémentaires du savoir-vivre pianistique, Schubert se déchaîne comme un diable. La partie centrale de l'*andantino* de la sonate en *la* majeur est un cataclysme, une explosion. "Le paroxysme de l'andante", écrit Alfred Brendel, laisse si loin derrière lui les formes traditionnelles "qu'il faudra attendre le troisième *Klavierstück* op. 11 de Schönberg pour que soit dépassé ce degré d'anarchie". Le mot paroxysme est dérivé du grec *oxus*, aigu, et le dictionnaire nous apprend qu'à l'origine il "désigne spécialement la phase d'une maladie dans laquelle les symptômes se manifestent avec un maximum d'acuité". Paroxysme en vérité, car ces deux pages n'ont rien à voir avec un *furioso* ou un *agitato* habituels, rien non plus avec une quelconque "rage à propos du sou perdu", ni avec cette "catastrophe mise en musique" que Theodor W. Adorno distinguait dans la conclusion du premier mouvement de l'*Appassionata*. "C'est ici, écrit Brigitte Massin, un des derniers chants du *Wanderer*, et non un des moins poignants. Tout est dit très simplement, le chant s'élève sur la basse immuable, balancé entre mineur et majeur ; il ne se passe rien, ou presque, que sa poignante redite jusqu'à ce que, la basse s'étant apaisée, une course de plus en plus précipitée de la voix supérieure fasse psychologiquement décoller de ce chant qui tournait à l'obsession[1]."

Parce que ce chant avait duré une vie, toute une vie, et qu'il était une obsession depuis plus de dix ans : "Je ne suis au monde que pour composer." Chaque jour, depuis le matin jusque vers midi, noircir du papier réglé, faire de la musique, écouter des chansons. Des journées passées à composer, à se décomposer. Des centaines de danses que réclament les bourgeois de Vienne ; elles entrent par une oreille, sortent par l'autre, et pour finir ils préfèrent quand même Strauss. Tous ces *Moments musicaux*, dont certains si bizarres que Schumann croyait "y entendre des factures de tailleur qu'il ne pouvait payer, tant ils sont empreints de maussaderie prudhommesque". Impromptus, *Klavierstücke*, marches à deux et à quatre mains, et les sonates, et la grande *Wanderer Fantasie*. Sept messes, sans parler des innombrables pièces chorales, huit symphonies – sans parler des ouvertures symphoniques ; quinze quatuors à cordes – et le quintette en *ut* majeur ne suffirait-il pas à contenter le monde et à assurer l'immortalité à son auteur ? Et, tout au long de ces années les chansons, plus de six cents lieder qui ne se lassent pas de scruter les mots écrits par d'autres, de régler leur pulsation sur le rythme d'un autre, de lire entre des lignes pas encore bien comprises, ce monde étranger que l'on fréquente jusqu'à ce qu'il devienne familier et que sa propre voix puisse s'y élever. Sans arrêt, sans cesse, jour après

1. Brigitte Massin, *Franz Schubert*, "Les indispensables de la musique", Fayard, Paris, 1977, p. 1282.

jour. Comme le joueur d'orgue de Barbarie du *Voyage d'hiver* :

> *Il laisse aller le monde,*
> *Indifférent à tout.*
> *Tourne la manivelle*
> *Et moud sa ritournelle.*

Cet orgue de Barbarie toujours devant les yeux, ce piano aux touches jaunies, bouche béante pleine de chicots puants qui semblent ricaner : "Allez, vas-y, compose-nous !" Car c'est cela aussi, le clavier, un puzzle géant, absurde ; un puzzle à résoudre et à recomposer des milliards de fois ; un puzzle de possibilités infinies : mélodies, modulations, harmonies ; un puzzle dont les pièces, pourtant réunies à plusieurs milliers de reprises dans les œuvres précédentes, ne se présentent pas moins à chaque nouvelle tentative comme un chaos, intouché, antérieur à la création du monde. Un instant – une minute à peine –, l'homme de chair et d'os qui ne ressent plus sa chair et ses os que comme une carcasse vomissante, malade, exténuée, rongée par deux maux – syphilis et typhus –, cet homme se rebiffe contre cette exigence incessante, impitoyable, inflexible, cette torture imposée par le clavier.

Echapper à ce lamento paralysant du chant, lui échapper une fois, une unique fois, une dernière fois. Début d'un passage dans une autre tonalité, cadence qui semble chercher une issue, errance en musique, désarroi de doubles croches hésitantes qui accélèrent, deviennent triolets, puis fuite flagrante en triples croches – sur le papier on dirait encore un trait sorti d'un concerto tardif de Mozart, mais tout ceci n'est d'abord que mouvement, peur inavouée ou qui ne trouve pas encore ses mots : certes, Schubert ne mentionne pas ici de *sotto voce*, mais le diminuendo continue après le pianissimo, il y a eu un unique crescendo. Le processus qui se déroule ici en musique, en fait, n'a pas de voix : c'est un essoufflement effarouché, un silence haletant, un égarement fiévreux, violent. Mais une fois encore, arrêt, tentative pour reprendre le dessus : un trille s'étire en longueur sur la basse qui cherche à s'échapper, puis, le temps d'une mesure, signal d'alarme d'un trille double. Comble de la détresse.

Tentative d'évasion, début de sauve-qui-peut, un cliquetis dissonant rompt le silence, le chromatisme de la basse s'oppose à l'ostinato de l'aigu qui s'affirme en octaves brisées, sauve-qui-peut affolé à la recherche d'une issue, y en a-t-il seulement une, faut-il encore morceler le chromatisme, chromatiser l'ostinato au point que la musique elle-même ne sait plus à quoi on joue, ajouter un fortissimo, à quoi bon, crier, rugir, hurler, à se faire éclater les poumons, sauter la cervelle, jaillir les tripes du ventre, les veines de la peau, le sang du cœur – mains griffant les touches comme les murs d'un cachot, ongles brisés, douleur qui se fait cri elle-même, puis encore cette course qui devient rage, folie, folie furieuse, marteler le mur du clavier, ne cessera-t-il jamais de répliquer, de renvoyer des notes, des sons, brise-lui les accords, fais-le sauter avec des basses insensées, réduis-le en lambeaux par une explosion de syncopes, allez, essaie encore une fois de le réduire par la douceur, prends un nouvel élan (même la folie a sa raison, quoi d'autre pourrait avoir raison, la folie a toutes les raisons pour elle), et maintenant, un dernier sursaut et la paroi va céder, le mur éclater, le cachot s'ouvrir : trémolo obstiné contre octaves chromatiques qui se brisent, mais toutes ces choses ont encore un nom alors vas-y tape ! tape ! tape ! tape ! tape ! tape !

tape ! tape ! tape ! tape ! et han ! et han, une fois encore ! de toutes tes forces. Ne cède pas, frappe ! et maintenant : pan sur la gueule ! Mais que fais-tu, pauvre Schubert ? Pauvre âme, que t'arrive-t-il ? Voilà que tu modules au lieu de taper, tu te laisses gentiment passer la camisole de l'harmonie, et pour un peu on s'étonnerait de ne pas entendre s'élever un sublime *Ave Maria*.

Le monde est satisfait, ce monde au nom duquel Anton Schindler, qui est à Beethoven ce qu'Eckermann est à Goethe, vient de s'adresser à toi : “Nous espérons tous que vous serez bien raisonnable et ne vous montrerez pas récalcitrant…”

Tu aimais mieux les histoires d'Indiens qu'une lettre comme celle-là. Quelle beauté, quel réconfort dans ce passage où le vieux Mohican se prépare à mourir : “«Enterre avec moi ma flèche et mon arc, le tomahawk et le calumet ; car, la nuit venue, Chingachgook quittera la terre comme un guerrier qui va au combat.» […] Il se souleva, écarta les bras en se tournant vers l'ouest. Un rayon de joie éclaira son visage sombre. Un frémissement joua un instant sur ses lèvres. Puis ses bras inertes retombèrent lentement sur le côté, et le corps du guerrier mort s'affaissa contre le rocher, les yeux vitreux grands ouverts fixés sur les montagnes lointaines.”

Franz Schubert meurt le mercredi 19 novembre à trois heures de l'après-midi, au domicile de son frère Ferdinand, Neue Wieden, zur Stadt Ronsberg, au numéro 694, deuxième étage à droite.

V

LE CARROSSE DE VERRE

Solo pour Clara Wieck

La perle ne nage pas à la surface, il faut la chercher dans les profondeurs, même si cela est dangereux. Clara est une plongeuse.

ROBERT SCHUMANN

"ON EST TOUJOURS PRIS POUR QUELQU'UN D'AUTRE..."

On dirait un conte : un carrosse de verre va venir chercher la petite fille. Elle a eu neuf ans le mois dernier, et ce jour – le 28 octobre 1828 – est le plus important de sa vie d'enfant. Devenue une vieille femme, Clara s'en souviendra encore et ne cessera d'enjoliver l'histoire. Nous en ferons autant.

Il est en verre pour de vrai, le carrosse ?

C'est sûr qu'il va pas casser ?

Et tout le monde pourra me voir dedans ?

Auparavant, Clara Wieck a été, comme dit son père, convenablement "dressée", c'est-à-dire attifée : ses cheveux noirs, séparés par une raie médiane comme ceux d'une madone, sont réunis au sommet de la tête en un lourd chignon que les deux ailes d'un superbe nœud de ruban allègent plus qu'elles ne le maintiennent ; ses oreilles s'ornent d'anneaux mélancoliques et la robe aux larges manches bouffantes découvre presque entièrement les maigres épaules enfantines. On a déguisé la petite fille en une grande dame miniature.

Nous pouvons supposer qu'elle va et vient du miroir à la fenêtre, un peu trop haute pour elle. Sa coquetterie et sa curiosité indisposeraient son père, mais il est déjà parti, et sa belle-mère la laisse faire à sa guise. Son impatience pourrait aussi la pousser vers le piano ; elle s'assiérait avec précaution et légèrement pour ne pas gâter sa toilette, et jouerait quelques études de Ferdinand Ries (ce même Ries que nous avons déjà rencontré chez Beethoven, et qui maintenant compose lui-même depuis longtemps). Ces morceaux montent et descendent si gaiement que c'en est un plaisir, les doigts trottent comme des lapins.

Le carrosse pourrait enfin arriver. Car il ne l'emmènera pas dans un château, pas chez un prince, non, c'est bien mieux : il l'emmènera au Gewandhaus de Leipzig où elle jouera cet après-midi pour la première fois dans un concert public, à quatre mains, avec une amie plus âgée, mais pas la partie la plus facile, l'accompagnement à la basse, elle jouera la partie de droite, la mélodie. Et là, on entend toutes les fautes.

C'est quand même bien plus facile de s'exprimer avec des notes qu'avec des mots. Jouer du piano lui semble aussi facile que parler lui semble difficile, encore maintenant. Même quand on lui adresse la parole, elle reste souvent muette. On ne la trouve pas butée, mais son père a déjà craint qu'elle ne soit dure d'oreille et inapte à une carrière musicale, ou même inaccessible, un peu stupide, arriérée. Mais cela vient seulement de ce que ses parents l'ont confiée pendant des années à une servante, la brave Johanna Strobel. "Elle n'était pas précisément loquace, et c'est sans doute pourquoi je n'ai commencé à prononcer quelques mots qu'entre quatre et cinq ans et qu'à cette époque je n'en comprenais pas davantage. Mais j'entendais beaucoup jouer du piano, et ainsi mon oreille s'est adaptée plus facilement aux sons de la musique qu'à ceux du langage." Elle s'y est si bien adaptée que

Clara peut, dès aujourd'hui, se présenter devant le public.

Le moment est venu. Une voix crie dans l'escalier : "La voiture de Mlle Clara est arrivée !" Vite encore les gants, le cabriolet, la cape, d'extrêmes précautions pour descendre l'escalier et sortir sur la Grimmaische Gasse où attend le carrosse de verre.

Le carrosse de verre ? Mais ce n'est même pas un vrai carrosse, c'est une voiture tout à fait banale pour le transport des gens, ce qu'on appelle un omnibus, et il est déjà plein de petites filles jacassantes et rieuses parmi lesquelles Clara, arrachée brutalement à son rêve, prend place tandis que la voiture s'ébranle en cahotant et s'arrête quelques rues plus loin pour faire monter encore une enfant, puis une autre, puis une autre. Le concert au Gewandhaus est-il donc une matinée enfantine, Leipzig entièrement peuplé de petites pianistes ? Mais où diable va-t-on ? Ce Leipzig-là ressemble de plus en plus à un village. La petite Clara est trop timide pour prendre tout de suite la parole, mais elle finit quand même par se décider à demander :

"Ce n'est quand même pas le chemin du Gewandhaus ?

— Du Gewandhaus ? Non, on va à Eutritzsch."

Et la perspective du concert disparaît derrière un voile de larmes impétueuses.

Claquement de fouet, cavalcade de sabots, appels d'un cocher qui mène une voiture aux vitres étincelantes : le carrosse de verre du Gewandhaus. On échange rapidement la vraie et la fausse Clara ; la fille du concierge, qui se rend à une fête champêtre, monte dans l'omnibus et la petite pianiste se laisse aller dans les coussins du bon carrosse, dont elle ne voit plus l'élégance de conte de fées. Elle n'aura pas d'yeux non plus pour les variations de Kalkbrenner sur une marche tirée du *Moïse* de Bellini. Car son père, si sévère qu'il soit, ne va quand même pas lui demander de jouer après toutes ces émotions ?

Mais quel homme étrange. Si terrible qu'il puisse être, si doux il se montre maintenant avec l'enfant. Bien loin d'être irrité du retard, pas le moins du monde fâché du contretemps, il console la petite avec un cornet de bonbons : "J'avais complètement oublié de te dire, Clairette, qu'on est toujours pris pour quelqu'un d'autre quand on joue pour la première fois en public." Et après le concert, Friedrich Wieck note dans le journal de sa fille et en son nom à elle : "Cela a très bien marché, je n'ai pas fait de fautes et on m'a beaucoup applaudie."

Mais bien qu'ayant l'habitude du monde, la pratique des concerts et de solides connaissances en psychologie, Wieck, *allround man* des affaires pianistiques – professeur, imprésario, marchand d'instruments –, se trompait sur un point décisif : "pris pour quelqu'un d'autre", on ne l'est pas seulement quand on se produit pour la première fois en public. Cela arrive à l'artiste sans cesse, tout au long de sa vie, de façons fort diverses. On se retrouve bien souvent embarqué pour Eutritzsch quand on veut se rendre au Gewandhaus. On doit à maintes reprises monter dans un omnibus quand on attendait un carrosse de verre. Il n'est pas rare que ce qu'on croyait être le chemin du Parnasse débouche sur une partie de campagne. Et, bien entendu, on est souvent pris pour un simple enfant prodige, pour l'unique raison que l'on est encore un enfant. Et même cet ami très cher, bientôt chéri, il faudra rectifier son erreur : "Non, Robert ; tu m'appelles ton enfant et c'est très gentil, mais si tu me prends pour une enfant je proteste et je dis : tu te trompes.” Dès l’enfance, Clara s’était affirmée avec aplomb : le jour où un comte Kospoth l’invite à musiquer avec sa femme, pianiste très réputée, la petite – elle a neuf ans – répond : “Je veux bien venir, mais est-ce que votre femme sait vraiment jouer ?”

Et parfois, on est non seulement pris pour quelqu’un d’autre, mais encore rabroué par un goujat béotien. A l’automne 1831, Friedrich Wieck et Clara, qui a maintenant douze ans, arrivent à Weimar. Sans s’être annoncés, ils tentent leur chance à tout hasard dans ce célèbre temple des muses. Mais si Wieck, ambitieux et actif comme il l’est, avait pensé que, depuis Leipzig et Dresde, l’écho de la réputation précoce de sa fille était déjà parvenu à Weimar, force lui est de constater sur place que les gens d’ici sont bien assez occupés de leur propre gloire. “On est cultivé ici, mais fort égoïste et d’esprit étroit ; une certaine morgue aristocratique et l’étiquette sont de règle ; en matière d’art, on est peu ouvert, surtout en ce qui concerne le piano ; la nouvelle musique pour clavier n’y est même pas connue de nom.”

Wieck couche dans son journal ces lignes résignées après avoir fait antichambre durant plusieurs jours sans succès. L’intendant von Spiegel fait éconduire le père et la fille après une brève audience ; il est indigné de voir Wieck supposer qu’il pourrait avoir la bonté de leur faciliter la tâche à Weimar ; un concert au théâtre est absolument impensable ; où irions-nous ? L’acteur et metteur en scène Genast, à qui ils ont annoncé leur visite, fait aussitôt dire qu’il est absent. Et comme Friedrich Wieck n’a pas envie d’essuyer d’autres humiliations, il renonce de lui-même à une démarche auprès du maître de chapelle Johann Nepomuk Hummel, virtuose du clavier qui vient de publier, comme une sorte de testament pédagogique, des *Etudes pour le pianoforte*.

À DOUZE ANS CHEZ GOETHE

Eh oui, si seulement on pouvait parvenir jusqu'à Goethe ! Dès le premier jour, on s'est rendu au Frauenplan et on s'est incliné avec dévotion devant les fenêtres derrière lesquelles on soupçonnait la présence de Son Excellence, le célèbre vieillard. Mais, au lieu de M. von Goethe, on est tombé sur de braves gens comme un certain sieur Schmidt et un sieur Töpfer, et des noms aussi comiques que ceux de MM. Froriep et Petersilie, et Clara n'avait même pas le droit d'en rire. Mais la plupart de ces gens possèdent un instrument, entendre Clara les intéresserait, et ils organisent de petites réunions au cours desquelles elle pourra jouer. L'architecte en chef Coudray est présent et enthousiasmé, il en parlera à Goethe, dit-il, qui est son ami. Et le plus grand curieux de toute la littérature allemande de convoquer sans plus tarder les voyageurs pour le jour suivant.

Wieck note dans le journal de sa fille : "Le 1er octobre à midi, audience chez le ministre Son Excellence von Goethe, âgé de quatre-vingt-trois ans. Nous le trouvâmes en train de lire, et le domestique nous introduisit sans autres formalités. […] Il nous reçut très aimablement ; Clara dut s'asseoir auprès de lui sur le sofa. Peu après arriva sa belle-fille, avec ses deux enfants de dix à douze ans, qui semblent pleins d'intelligence. Clara fut alors priée de jouer, et comme la chaise devant le piano était trop basse, Goethe alla en personne chercher un coussin dans l'antichambre et le lui disposa commodément. Elle joua *La Violetta* par cœur. Pendant qu'elle jouait arrivèrent encore d'autres visiteurs, et elle joua encore les *Variations brillantes* par cœur, op. 20." A son ami Karl Zelter, compositeur berlinois et directeur de la Sing-Akademie, Goethe écrit quelques jours plus tard : "J'ai vu hier chez moi un phénomène remarquable : un père m'a amené sa fille pianiste qui, allant à Paris, a joué de nouvelles compositions parisiennes. Leur genre même était nouveau pour moi ; elles demandent une grande agilité d'exécution, mais sont toujours gaies ; on les suit facilement et avec plaisir. Comme tu t'y connais en la matière, éclaire-moi là-dessus."

Ce Goethe est ministre et poète, mais dites-moi, père, est-il aussi magicien ? Nous pensons que cette question est justifiée, car, d'un seul coup, la ville si dédaigneuse, ce Weimar peuplé de courtisans hautains, est méconnaissable ; et métamorphosé, le comportement des gens à l'auberge et dans la rue. L'aubergiste qui inclinait froidement la tête les salue avec amabilité, on dirait que la ville, qui affectait jusqu'alors une mine revêche, s'est mise à sourire. Et tout cela parce que, le jour même, le bruit s'est répandu de la visite chez Goethe et de l'enthousiasme du vieux monsieur, un enthousiasme qu'il aurait – il est incorrigible – poussé presque jusqu'à la tendresse.

Oui, Weimar doit être ensorcelé, car voyez qui se fait annoncer dans le modeste logement arrêté par le père ? Nul autre que cet intendant von Spiegel qui les a, une semaine plus tôt, reçus si sèchement qu'on pourrait presque dire qu'il les a jetés dehors. Mais ce n'est plus le même : celui d'aujourd'hui est d'une amabilité quasi obséquieuse ; il les prie avec affabilité d'oublier le petit malentendu de l'autre jour : dans ses fonctions,

Clara Wieck, à douze ans chez Goethe.

il est accablé de demandes incessantes et importunes, mais il s'estime aujourd'hui heureux d'être porteur d'une invitation, à un concert à la cour, rien que cela, et ce soir même. Telles sont à peu près ses paroles.

Et le soir, le caprice du prince enchaîne Clara au piano durant presque deux heures. Le souverain, charmé, s'est assis auprès d'elle pour admirer de tout près le petit prodige. Dès le soir suivant, celui du 7 octobre, elle donne un nouveau concert, cette fois à la maison commune, sur une scène où l'entoure un cercle de dames mélomanes : l'intérêt qu'on lui porte lui donne des ailes, elle joue mieux que jamais, son improvisation est particulièrement réussie. Les cinq cents auditeurs, non contents de l'applaudir, l'acclament.

Une fois encore, elle a le privilège de jouer pour Goethe, à qui elle présente cette fois une œuvre à elle, ses premières variations. Goethe remercie Wieck par écrit, "pour cette heure de musique magistrale". Quant à Clara, elle reçoit une médaille de bronze à l'effigie du poète, enveloppée dans un papier sur lequel il a écrit : "A l'artiste Clara Wieck." L'heureux père rapporte aussi la réflexion spontanée de Goethe : "Cette fillette est plus forte à elle seule que six garçons réunis."

LE PIANO CROQUEMITAINE

Malgré les compliments de Goethe, le séjour des Wieck à Weimar se termine sur une fausse note. Quel que soit le plaisir qu'elle éprouve à entendre Clara jouer, la femme du conseiller Schmidt est consternée à la pensée du prix qu'il doit falloir payer pour acquérir une maîtrise si précoce. Elle fait à Friedrich Wieck des reproches véhéments : il asservit sa fille, ne lui laisse aucune liberté, ni le loisir de se livrer à d'autres jeux, lui interdit la compagnie d'autres enfants. Pour Wieck, c'est là un air bien connu, et d'autant plus déplaisant. Au début de l'année, quand Clara s'est produite à Dresde, la rumeur publique prétendait que la pauvre petite était contrainte de travailler douze heures par jour ; que d'ailleurs, en réalité, elle n'était pas si petite que cela, qu'elle avait, contrairement à ce que prétendait son père, déjà seize ans, mais ne savait encore ni lire ni écrire. Et voilà cette dame de Weimar qui l'accable de reproches. Wieck s'emporte, lui interdit de s'en mêler, affirme qu'elle n'y connaît rien. Manifestement sous le coup de ces remontrances, Wieck affirme au compositeur Ludwig Spohr, qui réside à Kassel où il s'apprête à s'arrêter : "[...] je ne me permettrais pas de solliciter votre bienveillante protection si je ne pouvais vous présenter en Clara rien d'autre qu'un enfant prodige ordinaire à qui l'on a péniblement réussi à inculquer par la force quelques pièces de concert... et je ne puis que vous assurer que, à en croire le jugement d'un grand nombre d'excellentes personnes qui ont fait la connaissance de Clara, je semble en outre être parvenu à préserver sa personne et son innocence enfantine de tout artifice et de tout excès."

Cinquante ans plus tard encore, Clara estime nécessaire de sauver la réputation de son père. Dans une lettre adressée à la célèbre journaliste La Mara, elle rend hommage à l'éducation reçue : "Les gens ne soupçonnent pas que, si l'on veut obtenir dans le domaine de l'art un résultat intéressant, toute l'éducation, toute la vie doivent être différentes de ce qu'elles sont dans des circonstances ordinaires. Parallèlement à ma formation artistique, mon père se préoccupait avant tout de ma forme physique ; je n'ai jamais travaillé mon piano plus de deux heures par jour quand j'étais enfant et plus de trois heures ensuite, et mes promenades quotidiennes en sa compagnie devaient avoir la même durée, afin de fortifier mes nerfs. De plus, tant que ma croissance ne fut pas achevée, il me faisait toujours quitter les soirées à dix heures pour rentrer chez nous, car il estimait nécessaire de dormir avant minuit. Il ne m'autorisait pas les bals, disant que j'avais mieux à faire de mes forces que de danser ; en revanche, il me permettait toujours d'assister aux bons opéras. En outre, j'ai fréquenté d'excellents artistes dès ma prime jeunesse. Voici quelles étaient mes distractions enfantines, et non les poupées qui ne m'ont d'ailleurs jamais manqué. Les gens y voyaient de la cruauté, et pensaient que mes résultats, sans doute au-dessus de mon âge, eussent été impensables sans que j'étudiasse jour et nuit. [...] Je lui rendrai grâce toute ma vie pour ces prétendues cruautés..."

Les reproches de Weimar n'ont rien perdu de leur actualité et, même, on les a formulés ces derniers temps avec une vigueur accrue. Il semble que le piano, plus qu'aucun autre instrument, recèle le danger d'une dérive vers l'apprentissage mécanique, le dressage imbécile, un entraînement permanent bannissant toute réflexion. Artur Schnabel a dit un jour : "Je raierais du vocabulaire le mot «étudier», car il a transformé le piano en croquemitaine. Je leur demanderais : «As-tu déjà musiqué aujourd'hui ? Non ? Alors rentre chez toi, et fais de la musique.»" Un professeur de piano de la RDA déplorait récemment "que l'imagination de l'élève, son amour de la musique et la joie qu'il éprouve à en faire soient trop rarement au centre de l'enseignement, que l'on passe bien trop de temps à apprendre le nom des notes et des touches, à résoudre les problèmes de la tenue de la main et de la position des doigts, et que l'activité musicale et les premiers germes d'une velléité créatrice soient tués lentement, mais sûrement".

A cette réflexion correspondent les attaques tumultueuses de Grete Wehmeyer à l'encontre de cette "condamnation au piano" qu'elle a évoquée à propos de la vie et de l'enseignement de Karl Czerny. Elle combat une conception générale marquée à ses yeux par la société du XIXe siècle avec son obsession du résultat : "L'idéologie industrielle du travail… aiguilla l'activité artistique sur une voie conduisant à cette perfection extrême que nous restituent aujourd'hui tous les disques. Les instrumentistes, dont les méthodes d'entraînement n'ont cessé de s'améliorer, sacrifient aujourd'hui encore, plus de deux cents ans après, à cette éthique professionnelle. Comme l'idéologie capitaliste du travail est encore admise sans restriction dans les domaines de l'économie, de l'industrie et des sciences, elle reste pleinement en vigueur en matière d'éducation artistique." Cette même critique a fait depuis longtemps son entrée en littérature ; la rhapsodie en prose *Le Naufragé*, singulière épitaphe consacrée à Glenn Gould par Thomas Bernhard, affirme : "Ils sont et jouent partout, ces professeurs de musique, ils anéantissent des milliers et des milliers d'élèves, comme si le but de leur existence était d'étouffer dans l'œuf les talents exceptionnels des jeunes musiciens."

"Que Dieu nous conduise. Que Sa volonté soit faite." Ces mots que Friedrich Wieck écrit dans son journal en quittant Weimar le 12 octobre 1831 ressemblent plus à un soupir fataliste qu'à une manifestation d'espérance chrétienne. Quatre mois plus tard, à la mi-février 1832, les deux voyageurs arrivent à Paris, but de leur longue tournée hivernale.

Le père et la fille se jettent courageusement dans la vie parisienne. Wieck commente son apparence dans une lettre à sa femme : “Tu devrais me voir m'agiter dans les soirées, en gants jaunes et cravate blanche, le chapeau toujours à la main, à demi en allemand, à demi en français, à demi désespéré... De même mes larges bottes et mes chaussures (elles sont bâties à peu près comme le bac qui permettait jadis de traverser la Mulde à Wurzen), mon frac bleu à col de velours et petits boutons jaunes, et mes culottes noires collantes. Dans cet accoutrement, je ressemble à peu près à un jeune chêne dans une roseraie.”

Il faudra attendre deux bonnes semaines pour que Clara puisse se produire, le 2 mars. Grande soirée chez une princesse Vandamore. “Quel endroit !” s'étonne le père lorsqu'ils pénètrent dans le palais de la princesse. L'immense salle d'audience est arrangée pour le concert, mais elle ressemble moins à une salle de musique qu'à un magasin de porcelaine : ici et dans les pièces attenantes, c'est une profusion de vases, de tasses, de figurines représentant des animaux ou des danseuses, de bouquets. Çà et là des oiseaux empaillés au bec formidable ; les draperies de soie et les tentures étouffent la société.

Celle-ci est illustre au point que, si les noms ne disent rien à nos deux Saxons, cela n'a aucune importance. On trouve ici des princes en surabondance, les autres sont ambassadeurs ou à tout le moins ministres. C'est non seulement exotique comme Paris, c'est un tout autre monde, fabuleux, railleur et en grand décolleté.

Eh oui, les dames. Elles n'ont pas un regard pour le couple disparate qui se prétend père et fille (mais qu'en sait-on ?) : elles sont sur le point de se laisser envoûter par les accents d'une guitare étourdissante, ou plutôt par un guitariste passionné. Car ce jeune homme aux boucles noires ne joue pas de son instrument, il s'en sert pour assaillir les dames, les sons qu'il en tire leur sautent dessus, s'agenouillent devant elles, se jettent à leurs pieds, pleins d'un désir lascif – et quand il gratte les cordes, c'est comme une tendresse audacieuse qui les chatouille au plus intime. Le costume national andalou est superflu ; la flamme méridionale de ses yeux, la hardiesse ondulante de ses gestes, la nonchalance séductrice de son attitude sont assez éloquentes : cet Espagnol brûle de sang-froid. Wieck comprend que l'heure n'est pas à la musique pure.

Mais Clara, lorsque le moment est venu pour elle de jouer, se bat moins avec l'indifférence blasée de l'assistance qu'avec l'indocilité du piano, un vieil anglais récalcitrant dont toutes les touches branlent et se rebiffent. Ce n'est pas une nouveauté : plus l'assistance est distinguée, plus les instruments sont pitoyables. Certains ont des touches si dures qu'ils sont presque inaudibles ; d'autres sont si épuisés qu'on ne peut leur extorquer un son, d'autres si asthmatiques qu'ils ne peuvent plus que soupirer. Parfois, on se voit imposer un de ces pianos antédiluviens dont toutes les touches sont noires et les supérieures incommodes à force d'être étroites. Mais Clara joue son morceau avec brio, et les vigoureux applaudissements de Kalkbrenner montrent aux autres qu'il s'agit d'un exploit artistique respectable : ils applaudissent eux aussi, une ovation indulgente, encore étouffée par les gants. "Bravo", s'écrie Kalkbrenner ; "Bravo", complimente la princesse.

Après les numéros de chant, quand on exprime le désir de réentendre Clara, son père refuse. On ne peut, explique Kalkbrenner, infliger une deuxième fois à l'enfant "cette casserole". En plus, avec sa présence d'esprit habituelle, Wieck a remarqué que la société commence à se disperser. Il faut savoir dominer sa vanité, pense-t-il (il l'écrira plus tard dans son journal), et se garder de l'excès. L'Espagnol recommence à peloter sa guitare. Il est temps de partir.

Et pourtant, cette réception semble avoir ouvert la voie à un premier grand récital public. *Le Constitutionnel* a remarqué favorablement la jeune pianiste, et pour le 9 avril 1832 une salle est louée à l'Hôtel de Ville. Les invitations sont imprimées et envoyées ; on espère la présence de l'élite sociale, des musiciens amis, voire des virtuoses concurrents.

C'est alors que l'épidémie de choléra éclate à Paris. Personne n'a plus la tête ni l'oreille à la musique. Même la petite salle sur laquelle Wieck s'est rabattu reste vide quand Clara tente quand même de jouer : pour la première fois sans partition, et avec une improvisation plus importante. On pourrait presque dire que cette soirée est un succès – si seulement il y avait eu des gens pour l'entendre.

C'est plus une fuite qu'un départ : le 13 avril 1832, Friedrich et Clara quittent Paris. Nous restons sur place et laissons partir Clara, mais nous la retrouverons : vingt bonnes années plus tard, femme d'un Robert Schumann franchissant d'un bond la frontière entre génie et folie, puis presque un demi-siècle après, vieille dame et grande dame du clavier, chez elle dans toutes les salles de concert d'Europe.

Impossible d'imaginer que Wieck aurait pu devoir enterrer à Paris plus que quelques espoirs.

VI

PARIS OU LE ROMANTISME MONDAIN

... et la grande ville avec toutes ses voix bruissait, comme un immense orchestre, autour d'elle.

GUSTAVE FLAUBERT,
L'Education sentimentale.

LE RÈGNE DE LA MARCHANDISE

Paris est tout ce qu'on veut. Paris s'impose. Voyez donc ce Paris, la "belle ville magique" selon le mot de Heine, cette féerique métropole nouveau-née, cet univers grisant où les prodiges authentiques sont des prodiges mercantiles. Pour la première fois, le luxe s'étale au rez-de-chaussée, dans des centaines de commerces, de boutiques, de *magasins de nouveautés*. Pour la première fois, les histoires fabuleuses de table magique, de pluie d'écus, de poule aux œufs d'or sont à portée de main dans les vitrines et sur les étalages. Ce qui se déchaîne ici n'est pas le choléra, mais une soif inextinguible de spectacle, d'emplettes, de consommation, un vertige de liberté, une fièvre acheteuse, un rêve de beauté accessible ; des milliers de chastes épouses attendent un amant qui, tel Frédéric Moreau, voudrait vider tous les magasins pour l'amour de son idole : "Il regardait, le long des boutiques, les cachemires, les dentelles et les pendeloques de pierreries, en les imaginant drapés autour de ses reins, cousues à son corsage, faisant des feux dans sa chevelure noire. A l'éventaire des marchandes, les fleurs s'épanouissaient pour qu'elle les choisît en passant ; dans la montre des cordonniers, les petites pantoufles de satin à bordure de cygne semblaient attendre son pied[1]."

Ce n'est plus la Bastille que l'on prend d'assaut, mais la pastille, la confiserie, la bonneterie, les dentelles, les plumes d'autruche, les perroquets vivants. Ce monsieur coiffé d'un chapeau mou et muni d'un parapluie, ce monsieur dont le visage morose ressemble de façon frappante à une poire et que l'on voit occasionnellement parmi les passants, cible bien connue des caricaturistes, c'est Louis-Philippe, le roi bourgeois, naguère duc d'Orléans et que l'on a élu après la révolution de Juillet. Car, maintenant que l'on peut s'offrir toutes ces belles choses, on ne va quand même pas se priver d'un roi ; on voudrait seulement qu'il ne dérange pas, ne gouverne pas trop, et surtout ne fasse pas la guerre. Laffitte a bien précisé que l'élection du nouveau monarque inaugure le règne des banquiers. En clair : c'est l'argent qui gouverne. En clair : c'est l'empire du rêve éveillé. "Enrichissez-vous" est le royal mot d'ordre. Il faudrait être un imbécile pour se le faire dire deux fois.

Ce Paris d'après 1830 est un terrain de chasse littéraire par excellence. Jamais dans le passé, jamais dans l'avenir, une ville ne fut traquée par autant d'écrivains, de littérateurs, de romanciers, et avec autant d'éloquente âpreté. Dans les feuilletons des journaux, cette "capitale du XIXe siècle" est sans cesse tenue à jour. Infamies du capitalisme déchaîné, ridicules des nouveaux riches, escarmouches grotesques entre carlistes, bonapartistes et orléanistes, entre républicains et révolutionnaires, carrières, biographies, faillites, esprit d'entreprise et mentalité de rentier, la politique envisagée comme l'art

1. Gustave Flaubert, *L'Education sentimentale.*

d'entasser des richesses et de les mettre de côté, passage de l'existence individuelle à la chute fracassante de groupes entiers – tout cela se révèle dans les romans des grands auteurs, d'un Balzac, d'un Stendhal, plus tard de Flaubert et des frères Goncourt, plus tard encore de Maupassant et de Zola. Balzac, reporter épique de cet état de la société, en est aussi un des représentants les plus évidents. Sa *Comédie humaine* serait-elle aussi abondante, aussi démesurée s'il n'avait été perpétuellement en proie à une misère désespérée qui le contraignait à écrire ? Il ne devait pas seulement une épopée à ses contemporains, il leur devait d'abord de l'argent. Aimer Balzac, cela veut dire aussi : Vivent les dettes.

LE PASSAGE PERDU

La grande mode, c'est la philosophie de Saint-Simon et de son nouveau socialisme, mais réduite par ses successeurs et ses adeptes à un livre de recettes de bonheur, à un étalage de vertus, de capacités, de titres de gloire. "On ne comprend pas, écrit Mendelssohn, où ils veulent en venir en envisageant ainsi les choses de l'extérieur, en promettant à l'un l'honneur, à l'autre la gloire, à moi un public et des applaudissements, aux pauvres de l'argent – leur façon de juger froidement des capacités de chacun anéantit toute ambition personnelle et toute volonté propre. Et puis cette conception d'un amour humain universel, leur mépris incrédule de l'enfer, du diable et de la damnation, leur idée de la destruction de l'égoïsme – [...] la façon dont ils veulent transformer le monde et rendre les hommes heureux." Au moment où Mendelssohn écrit ces lignes, l'idéal social de Saint-Simon a fait place à une représentation des plus prosaïques, l'utopie d'une espèce de pays de Cocagne :

Oui, quand le monde entier de Paris jusqu'en Chine,
O divin Saint-Simon ! sera dans ta doctrine,
L'âge d'or doit renaître avec tout son éclat,
Les fleuves rouleront du thé, du chocolat ;
Les moutons tout rôtis bondiront dans la plaine,
Et les brochets au bleu nageront dans la Seine ;
Les épinards viendront au monde fricassés
Avec des croûtons frits tout autour concassés[1]...

Et au-dessus de ce pays de Cocagne ne cesse de s'étendre, depuis les années 1820, un ciel nouveau, un ciel concret. La marchandise ne s'est pas seulement procuré des étalages, des vitrines, des entrepôts : elle a édifié un horizon à elle, un brillant firmament de fer et de verre qui laisse passer la lumière du jour, qui l'isole et la protège au sens le plus littéral du terme ; ces rues couvertes sont, dit un guide de Paris datant de 1852, “un refuge pour tous ceux que surprend une averse soudaine ; il leur offre une promenade sûre, encore qu'un peu étroite, qui est aussi tout à l'avantage des marchands”... Mais le plus remarquable de ces rues de verre, c'est leur nom. Elles ne s'appellent pas galeries, comme ce sera le cas un peu plus tard en Italie, ni promenades couvertes, nom dont elles se servent pourtant pour vanter leur confort, mais *passages* : elles empruntent leur nom au vocabulaire de la virtuosité.

Car le *passage*, le trait, c'était la base même du brio pianistique, les gammes et les arpèges, les glissandos

1. Emile Vander-Bruch et Ferdinand Langlé, *Louis-Bronze et le saint-simonien*. Parodie de *Louis XI* en trois actes et en vers burlesques, Canongette; Bruxelles, 1832, p. 28.

et les tierces véloces ; c'était le jeu perlé, la gymnastique digitale. C'était Mozart avec ses guirlandes de notes ruisselantes : colliers étincelants ou sombres d'escalades soudaines et de chutes vertigineuses, articulations désarticulées entre mélancolie et sérénité, feux follets égarés entre rococo et romantisme. Mais c'était aussi Haydn et le jeune Beethoven, même celui du *Cinquième Concerto* qui commence par se chercher dans une formidable, une impérieuse cadence en *mi* bémol majeur, un peu comme le font souvent aujourd'hui encore les gens qui veulent essayer un piano. Des *passages*, il y en avait encore beaucoup (et de divinement longs) dans les sonates de Schubert. Mais le *passage*, c'était aussi un matériau quelque peu dévalué : artisanat signé Cramer ou Clementi, digitalité d'un Hummel ou d'un Moscheles, et tout ce que suggère la géographie du clavier : de haut en bas, de gauche à droite, sens dessus dessous, en mouvement contraire.

Et c'est précisément là le côté insolite de ces nouveaux passages parisiens : non seulement ils volent un mot à la musique, ils le font juste au moment où la chose, en musique, se fait de plus en plus rare, à un moment où l'idée et le matériau, usés, sont tombés dans le domaine public – à un moment où les passages sont accessibles à tous.

LE PIANO, CHAMP D'EXPÉRIMENTATION

Mais ces nouveaux ciels de fer et de verre dévorent jusqu'au piano, le piano lui-même est une marchandise. L'offre est si dense, les denrées si proches les unes des autres, qu'on ne sait où donner de la tête – c'est encore une fois Mendelssohn qui parle : "[…] avant-hier, je

"La belle ville magique."

Passage parisien.

suis allé voir deux musiciens, le hargneux Cherubini et l'aimable Herz. Il y a une grande enseigne sur la maison : *Manufacture de pianos par Henri Herz – Marchand de mode et de nouveautés*. Je crus que tout cela ne faisait qu'une seule phrase, sans voir qu'il y avait deux enseignes différentes ; j'entrai en bas, me retrouvai à ma grande stupéfaction au milieu des crêpes, des rubans et des dentelles, et demandai à voir les pianos. En haut attendaient de nombreuses jeunes filles à l'air fort studieux. Puis Herz arriva, et reçut ses élèves. Sur ses pianos, on peut lire : *médaille d'or, exposition de 1827* ; cela me fit grande impression. De là, je me rendis chez Erard, essayai ses instruments, et vis qu'ils portent en grosses lettres : *médaille d'or, exposition de 1827*. Rentré chez moi, j'ouvris mon propre Pleyel, et je lus bel et bien : *médaille d'or, exposition de 1827*. Cette chose est comme un titre de conseiller aulique, mais cela est révélateur."

Ce récit appelle un commentaire. Quelques décennies plus tôt, Clementi, lorsqu'il avait mis un frein, voire un terme à sa carrière de virtuose, avait complété ses revenus de professeur en s'assurant une participation dans une maison d'éditions musicales et dans une manufacture de pianos, celle de Collard. Il en va de même pour Henri Herz, virtuose sans aspérités, Sisyphe de l'étude esclavagiste, lequel avait fondé à Paris sa propre fabrique après la faillite de celle de Klepfer, dont il détenait des parts désormais sans valeur. Cet exemple, comme ceux de Clementi et de Kalkbrenner (actionnaire de Pleyel), est intéressant dans la mesure où il associe pédagogie et production, virtuosité et artisanat. Ce n'est pas là pure habileté en affaires ni souci d'assurer les bases économiques de l'existence. Une autre chose importante, c'est que l'expérience du virtuose profite non seulement à ses élèves, mais aussi aux facteurs de pianos. Les pédagogues ne se préoccupent pas uniquement de la tenue de la main et de la digitalité, mais encore de la mécanique du clavier. Rien, mieux que cette étroite association de théorie et de pratique, de jeu et de fabrication, ne montre que le pianoforte est le produit commun d'un grand nombre d'intéressés, un champ d'expérience pour les bricoleurs et les virtuoses, les mécaniciens et les musiciens, les professeurs et les commerçants. La préface que Czerny rédige en 1825 pour la méthode d'August Eberhard Müller montre bien quelle révolution a subie l'instrument dès le premier quart du XIXe siècle :

"Les forte-pianos eux-mêmes se trouvent chaque année enrichis d'inventions nouvelles et de perfectionnements supplémentaires, si bien qu'il est encore impossible de prévoir quand cet instrument compliqué aura enfin acquis sa forme définitive ; de même, les virtuoses actuels, tant par leur jeu que par leurs compositions, ont porté le maniement du forte-piano à un degré de perfection et amené l'exécution à une diversité jusqu'ici insoupçonnés." Et cette diversité se répercute à son tour sur la facture des pianos.

Ainsi, par exemple, l'invention fondamentale la plus importante de ces années-là est un mécanisme qui n'améliore d'entrée de jeu ni le timbre ni le volume sonore, mais répond exclusivement à une exigence particulière : la répétition rapide d'une note unique. Ces répétitions font partie des charmes traditionnels de la virtuosité, mais elles sont aussi partie intégrante de la respiration vivante et vibrante du timbre pianistique. L'un des exemples les plus célèbres est le trémolo, le balancement de la sonate op. 110 de Beethoven, le *la*^{4} répété vingt-sept fois, comme un trille sur une seule touche. Cet effet, que les tangentes de l'antique clavicorde, en pressant la corde, permettaient d'obtenir sans peine, pose un problème au pianoforte. Dans la mécanique anglaise, le marteau libre retombe trop loin, dans la mécanique viennoise, il est fixé trop fermement pour permettre une répétition rapide. Sébastien Erard, constructeur en 1777 du premier pianoforte français, invente le double échappement, un système de bascule qui arrête le marteau à mi-course pour qu'il soit prêt à repartir vers la corde avant même que la touche soit relâchée. Cet échappement, que Herz devait par la suite améliorer en le simplifiant, est une des trois innovations décisives qu'apporte le XIXe siècle au perfectionnement de l'instrument ; les deux autres seront les cordes croisées et le cadre en fonte.

Car le piano, comme pour se dédommager d'avoir abandonné à l'architecture l'un des éléments de sa structure musicale – le passage –, lui emprunte à son tour son matériau structurel le plus important : le fer. Dans la première moitié du XIXe siècle, le fer est la matière première indispensable. Il est soumis, écrit Walter Benjamin, "à une évolution qui s'accélère au cours du siècle. L'impulsion décisive est donnée quand il s'avère que la locomotive, expérimentée depuis la fin des années 1820, exige pour son utilisation des rails de fer. Le rail sera le premier élément susceptible d'être assemblé, l'ancêtre du pylône. On évite le fer dans la construction des habitations, et on l'emploie pour les passages, les halles d'exposition, les gares – édifices où l'on ne reste pas." Dans le piano, le fer aura bientôt la même fonction que dans les passages, supportant ici la tension du ciel de verre, là celle des cordes. A l'époque dont nous parlons, l'Europe ne se livre encore qu'à des tentatives de renforcer le vieux cadre en bois avec des parties métalliques ; en Amérique, Alpheus Babcock de Boston, en 1825, construit pour la première fois un piano carré muni d'un cadre en fonte coulé d'une seule pièce ; en 1840, Chickering en équipe le premier piano à queue.

VII

L'ÉTUDE REÇOIT SES LETTRES DE NOBLESSE
(Chopin)

Le piano est mon deuxième moi.

FRÉDÉRIC CHOPIN

L'ARIEL DU PIANO

Il mesurait un mètre soixante-dix, mais pesait à peine cinquante kilos, et paraissait délicat, fragile, transparent, presque pas de ce monde. George Sand l'appellera son "petit" et Mendelssohn, pas vraiment baraqué lui non plus, le surnomme "Chopinetto". Il fournit au langage fleuri de Liszt un sujet d'élection : "Toute son apparence faisait penser à celle des convolvulus, balançant sur des tiges d'une incroyable finesse leurs coupes si divinement coloriées, mais d'un si vaporeux tissu que le moindre contact les déchire[1]."

Il se sentait souvent blessé, toujours souffrant. "Chopin n'en finit pas de mourir", disait une de ces mauvaises langues de Parisiennes, et une autre : "Il tousse avec tant de charme !" Il ne peut souffrir les mauvaises odeurs ; le bruit le tue ; qu'un serviteur entre brusquement dans la pièce, et ses cheveux se dressent sur sa tête. Le jour où il tombe réellement malade, ayant contracté une bronchite à Majorque au cours de ce légendaire, sulfureux, pluvieux hiver 1838-1839, il écrit avec le cynisme d'un condamné : "J'ai pris froid

1. Franz Liszt, *Chopin*, Corréa, Paris, 1941, p. 202.

en dépit des 13 degrés de chaleur, des roses, des oranges, des palmiers, des figues et des trois plus célèbres médecins de l'île : l'un reniflait mes crachats, l'autre m'auscultait pour savoir d'où je crachais, le troisième écoutait comment je crachais. L'un disait que j'ai crevé, le deuxième – que je suis en train de crever, le troisième – que je vais crever[1]." Parmi les tendres surnoms que George Sand invente pour lui, on relève "mon petit souffreteux" et "mon cher cadavre".

L'aversion que lui inspire le monde extérieur le pénètre jusqu'à la moelle et déborde en crachements répétés. L'écœurement ne procède pas seulement d'un chargement de porcs dont il doit supporter une nuit entière la compagnie à bord d'un bateau, mais aussi des gens dans les grandes salles de concert. "Je ne suis point propre à donner des concerts, moi que le public intimide, je me sens asphyxié par ces haleines précipitées, paralysé par ces regards curieux[2]." Ce n'est pas seulement le trac : il veut se soustraire à cette atmosphère de délire généralisé, aux exhalaisons sudorales d'une foule enthousiaste. Alfred Cortot a calculé que, dans toute sa vie, il n'a pas donné plus de trente concerts devant un vaste auditoire – à peu près le nombre que Liszt en donnait en un mois dans sa période la plus frénétique. Néanmoins, ou selon les lois mystérieuses d'une célébrité chuchotée, Frédéric Chopin fut une légende vivante. On se rendit à son dernier concert comme si on allait voir une apparition surnaturelle. Très tôt, on l'avait surnommé l'Ariel du piano, l'esprit aérien.

Ce surnom révèle que la répulsion de Chopin pour les concerts publics n'était pas seulement due à sa complexion

1. Lettre à Julien Fontana du 3 décembre 1838.
2. Franz Liszt, *op. cit.*, p. 163.

physique et psychique, mais aussi à la nature de son toucher, à la subtilité de son timbre. Autrement dit, il jouait trop doucement. La "voix presque éteinte" avec laquelle il parlait caractérisait aussi son jeu. "Chopin savait [...] qu'il n'agissait pas sur la multitude et ne pouvait frapper les masses, car, pareils à une mer de plomb, leurs flots malléables à tous les feux n'en sont pas moins lourds à remuer, et nécessitent le bras puissant de l'ouvrier athlète[1]", écrit Franz Liszt, et il devait savoir de quoi il parlait.

Ces pièces qui, aujourd'hui, sont parmi les morceaux de bravoure les plus effrénés des salles de concert – l'*Etude révolutionnaire*, la *Grande Polonaise brillante*, l'impétueux thème secondaire de la *Ballade en fa mineur*, les scherzos – tout cela doit avoir rendu sous les doigts de Chopin un son plutôt étouffé. Presque tous les critiques font remarquer la ténuité de son timbre.

Le célèbre (et érudit) poème de Gottfried Benn intitulé *Chopin* a donné droit de cité (et le droit d'être citée) à une caractéristique anatomique :

Jamais composé un opéra,
pas la moindre symphonie,
rien que ces progressions tragiques
par conviction artistique
et avec une petite main.

Les petites mains de Chopin, tout le monde les remarquait. Mais elles étaient musclées et entraînées, et Cortot vante "les doigts nettement séparés à la racine". George Sand parlait des "doigts de velours" de

1. *Ibid.*, p. 162-163.

Chopin. Ces petites mains étaient d'une grande agilité et leurs admirateurs se laissaient entraîner à des images aventureuses : "C'était un spectacle surprenant que de voir l'une de ces petites mains se tendre et couvrir un tiers du clavier. On eût dit d'un serpent qui s'apprête à engloutir un lapin", écrit le compositeur Stephen Heller.

Mais cet homme fluet, délicat, fragile, cet homme aux petites mains touchantes et au timbre réservé que les concerts effarouchent et que les gens fatiguent, va pourtant conquérir la métropole de la musique. Il conquiert Paris à sa manière discrète, circonspecte, secrète, mais aussi de l'intérieur et de façon si durable que le rayonnement de sa célébrité éclipse et enterre l'éclat des concerts publics. Chopin devient un familier des grands salons parisiens où se font la politique, les carrières, les mariages, mais avant tout les opinions et la musique.

Il s'y est trouvé introduit par ses amis polonais, et plus généralement grâce à son statut de Polonais chassé de Varsovie par les circonstances politiques. Il a eu de la chance, aussi. La tradition prétend qu'il aurait rencontré un jour, en se promenant sur les boulevards, Valentin Radziwiłł, un parent du prince Antoine Radziwiłł, qui l'aurait emmené à une soirée chez James de Rothschild. Une fois arrivé, il s'assit au piano, joua, et lorsqu'il se leva il était un homme fait par et pour la fine fleur de la société parisienne – protégé de gens aussi influents que le prince Antoine Czartoryski, le comte Apponyi ou le maréchal de Lannes, et les dames prirent des leçons avec lui : la baronne de Rothschild, la princesse Marcelline Czartoryska, la princesse de Chimay, les comtesses Potocka, Kalergis, d'Est, Branicka, Esterhazy, et beaucoup d'autres encore.

Après une année passée à Paris, Chopin rapporte lui-même dans une lettre à destination de Varsovie ses succès mondains, avec ce mélange de fierté et d'ironie, de rouerie et d'humour qui le caractérise : "Je me trouve introduit dans le grand monde, au milieu d'ambassadeurs, de princes, de ministres, je ne sais par quel miracle car je n'ai rien fait pour m'y pousser. Mais c'est, dit-on, pour moi chose indispensable que d'y paraître car c'est de là, affirme-t-on, que vient le bon goût. Tu es en possession tout aussitôt d'un grand talent si tu as été entendu à l'ambassade d'Angleterre ou à celle d'Autriche. Tu joues mieux si la princesse de Vaudemont, la dernière des Montmorency, t'a protégé. Je ne puis, en vérité, dire «te protège» car cette vieille dame est morte depuis huit jours. [...] La cour fréquentait chez elle. Elle faisait beaucoup de bien. Pendant la dernière révolution, elle a donné refuge à bien des aristocrates [...]. Elle possédait une multitude de petits chiens noir et blanc, des canaris, des perroquets et aussi le plus drôle des singes de ce grand monde. Celui-ci, pendant les réceptions, se permettait de mordre les... des comtesses. [...] Je dois donner aujourd'hui cinq leçons ; tu crois sans doute que je vais faire fortune ? Détrompe-toi, le cabriolet et les gants blancs coûtent plus cher que ce que je gagne, mais, sans eux, je ne serais pas de bon ton. – J'aime les carlistes ; je déteste les philippards ; je suis moi-même révolutionnaire, par conséquent, l'argent ne m'est rien[1]."

1. *Correspondance de Frédéric Chopin*, recueillie, révisée, annotée et traduite par Bronislas Edouard Sydow, *La Revue musicale*, Richard Masse éditeurs, 1981, t. II, p. 83-85.

Chopin par Delacroix.

Révolutionnaire, il l'est bel et bien, même si ce n'est pas sur le plan politique. Sa façon de comprendre l'instrument est déjà une révolution. Dans un projet de méthode inabouti, il écrit presque dans le style d'un Karl Marx, lequel voulait remettre Hegel sur ses pieds : "On a essayé beaucoup de pratiques inutiles et partidieuses [fastidieuses] pour apprendre à jouer du piano et qui n'ont rien de commun avec l'étude de cet instrument. Comme qui apprendrait par exemple à marcher sur la tête pour faire une promenade. De là vient que l'on ne sait plus marcher comme il faut sur les pieds et pas trop bien non plus sur la tête[1]."

Personne n'a encore porté la main sur le piano comme Chopin le fait. Il "appréhende" le clavier comme une structure anatomique qui se combine avec celle des mains pour former un ensemble naturel. La position fondamentale de la main droite telle qu'il la recommande à ses élèves est celle des doigts posés sur *mi*, *fa* dièse, *sol* dièse, *si*, *do*[2] (ce à quoi le poème de Benn fait également allusion). Quand il leur fait étudier les gammes, il commence par celle qui s'adapte le mieux à la main : *si* majeur, dans laquelle les doigts longs se trouvent sur des touches noires. Si Chopin écrit si souvent dans des tonalités difficiles à lire, ce n'est donc pas seulement pour des raisons de coloris sonore, mais aussi pour des raisons techniques. Elles ne sont pas tant destinées à l'oreille – le caractère propre des tonalités étant d'ailleurs l'objet de vives contestations –, qu'à la main.

1. Cité dans Alfred Cortot, *Aspects de Chopin*, Albin Michel, Paris, 1949, p. 61.
2. *Ibid.*, p. 62 : "*mi*, *fa #*, *sol #*, *la #*, *si*."

La seule photo de Chopin (proche de la mort).

Chopin condamne une façon de jouer qui se contente de la main, telle que la pratiquent encore les pianistes de la vieille génération, par exemple Kalkbrenner : il demande que le poignet, l'avant-bras, voire le bras tout entier, aient leur part dans la production du son. Mais dans ses réflexions théoriques comme dans ses exercices pratiques il pense avant tout aux doigts.

Certes, dans son âge mûr, l'autodérision le poussera à écrire qu'il n'a jamais pu se débarrasser de deux ennemis irréductibles, "un grand nez et un quatrième doigt insuffisamment docile[1]", mais, en tant que pédagogue, il est bien loin d'exiger ce dressage qui prétend obtenir de tous les doigts une égale docilité : il les considère plutôt comme le fait une mère de ses enfants inégalement doués : "Chaque doigt a de la force selon sa conformation. Le pouce, la plus grande comme le 5e comme autre extrémité de la main. [...] le 4e, celui qui est le plus faible, comme le siamois du troisième lié à lui par le même ligament et que l'on veut à toute force détacher du troisième, chose impossible, et Dieu merci, inutile. [...] Le tout c'est de savoir bien doigter[2]."

Chez Chopin, le doigté, la technique et la composition marchent littéralement la main dans la main, et il n'était pas avare de ces indications. Ce qui caractérise le doigté de Chopin en général, c'est une sorte de glissando. Le lyrisme élégiaque et chantant d'un grand nombre de ses compositions est dû à l'existence d'une voix supérieure confiée aux troisième, quatrième et cinquième doigts de la main droite.

1. *Ibid.*, p. 28.
2. *Ibid.*, p. 64.

Mais, révolutionnaire, Chopin l'est encore dans un autre sens, bien plus spectaculaire. Bien sûr, il se recommande aux dames et aux messieurs des salons parisiens avec des petites pièces d'où émane une fascination étrange, mazurkas et nocturnes (genre mis à la mode par John Field), donc avec des choses aptes à servir de petit cadeau, d'aimable dédicace, et dont la plupart sont en tout cas assez jouables pour être aussitôt acclimatées sur les instruments de la bonne société parisienne. Mais le vrai triomphe dans les salons, la conquête des princes, des diplomates et des cardinaux, la soumission de l'aristocratie, de la finance et de la politique, Chopin les doit à… des études. Il leur fait avaler des pièces didactiques, pour s'exprimer comme Brecht. Il fait éclater le cadre jusqu'alors assigné au genre : le cadre technique, le cadre musical, mais aussi le cadre mondain. Des études avaient pu occasionnellement être jouées dans ces locaux, à titre d'exercice. Mais qu'un pianiste virtuose les y présente comme pièces de concert, c'était inouï. Avec Chopin, l'étude fait son entrée dans les salons, elle devient capable d'expression artistique.

On est tenté de dire que l'étude était jusqu'alors au service du piano, misérable Cendrillon que le prince charmant Chopin a emmenée dans son château pour l'épouser, reléguant dans l'ombre ses deux sœurs orgueilleuses : sonate et fantaisie. C'est tentant, et aussi un petit peu vrai. Bien sûr, la fonction de l'étude était de prêter la main à toutes sortes de gens, débutants aux petites mains enfantines, dames recherchant un jeu brillant et facile, mais aussi pianistes de bon niveau qui avaient le courage de la virtuosité. L'Allemagne du XVIIIe siècle parlait même carrément de *Handstücke*, “pièces pour les mains” ; comme on ne jouait encore qu’avec les doigts, elles se résumaient à une gymnastique censée exercer le toucher. Même du temps de Chopin, ces exercices n’ont pas encore disparu ; nous aurons à reparler de leur principal fabricant, Karl Czerny, mais un homme comme Henri Herz publie lui aussi d’interminables séries de ritournelles destinées au dressage digital, aussi difficiles à supporter qu’à exécuter : une Cendrillon qui n’en finirait pas d’écosser les petits pois.

Mais la vraie généalogie de l’étude est ailleurs. “Elle est, écrit Oscar Bie dans un passage superbement impressionniste du livre qu’il consacre au piano, en germe chez Bach [...]. Dans une invention ou une *sinfonia* de Bach, un motif est travaillé selon les règles de l’imitation libre, il est exploité pour toutes les voix, pour tous les doigts. Dans un prélude sur un quelconque sujet, dans une fugue au contrepoint strictement codifié, la même chose se produit : c’est le thème qui est exploité à fond.” Et ils ont tous joué *Le Clavier bien tempéré*, non seulement pour étudier le contrepoint, mais aussi en tant qu’exercice pianistique : Mozart, Beethoven (dès l’époque de ses études auprès de Neefe à Bonn), Schumann et bien sûr Chopin qui, d’après le témoignage de ses élèves, connaissait un grand nombre de morceaux par cœur et les faisait également travailler.

Il faudrait donc modifier un peu le conte : voici longtemps que Cendrillon n’est plus si misérable ; quand Chopin la découvre et l’épouse, elle est au moins dame d’atour de la reine. Mais – pour filer la métaphore le temps d’une dernière phrase – c’est Chopin qui la dédommage de tous les humbles services qu’elle a rendus dans le passé, lui qui veut la revêtir d'un éclat incomparable, l'élever au-dessus de toutes les autres, lui assigner la place suprême. Quoi d'étonnant à ce qu'il veuille montrer qu'elle appartient désormais à lui seul ?

Voici donc l'étude recevable, mais est-elle encore jouable ? Lorsque paraît en juillet 1833 l'opus 10, premier recueil de douze études (et il travaille déjà au second cycle opus 25), musiciens et pianistes poussent les hauts cris, Ludwig Rellstab le tout premier qui, dans sa revue musicale *Iris*, écrit en forçant pesamment son humour : "Aussi longtemps qu'il concoctera des monstres comme les études susmentionnées que j'ai montrées à tous mes amis, et singulièrement aux pianistes, pour leur donner un bon prétexte à s'égayer, nous en rirons tout comme nous rions de sa lettre[1]. On voudra bien, toutefois, nous dispenser de critiquer en détail les douze nouveaux apôtres que messire Chopin a envoyés dans le monde sous les espèces des douze pièces susnommées, et se contenter d'une remarque sans doute point tout à fait superflue : quiconque a les doigts tordus pourra peut-être les redresser en jouant ces études, mais les autres devraient s'en garder, sauf à avoir auprès d'eux M. von Gräfe ou M. Diefenbach[2] lesquels, si cette nouvelle façon de jouer devenait à la mode, pourraient peut-être trouver une toute nouvelle clientèle en tant qu'assistants de professeurs de piano."

Rellstab ne se trompe quand même pas du tout au tout : Chopin comprend bel et bien ces morceaux comme un défi, ce qu'il souligne notamment en dédiant le premier cycle à Franz Liszt. Dès la première étude, la difficulté digitale atteint un paroxysme, et,

1. Une lettre indignée dont Chopin n'est nullement l'auteur. *(N.d.A.)*
2. Deux médecins berlinois. *(N.d.A.)*

selon la théorie de son auteur, le fait que le morceau soit écrit en *ut* majeur ne rend pas la chose plus facile, bien au contraire. (C'est le seul morceau que Walter Gieseking reconnaît avoir dû travailler jusqu'à six heures par jour.) Il est vrai que le tempo prescrit *(allegro)* n'est pas frénétique, ni même particulièrement rapide ; pourtant, c'est un des premiers morceaux de la littérature pour clavier dans lequel la vélocité ne vise pas à une démonstration de virtuosité, ne s'épuise pas en illusionnisme pianistique, mais se met au service de la richesse sonore, du déploiement de la polyphonie. "Bien qu'en réalité le pianiste n'enfonce jamais plus de trois touches à la fois, le morceau est perçu, avec l'aide de la pédale forte, comme comportant treize ou quatorze voix", écrit Hartmut Kinzler ; il évoque une "polyphonie qu'il est normalement impossible d'obtenir au piano avec deux mains seulement". Les difficultés techniques, surmontées, sont devenues un "jeu", les doigts se confondent en se pourchassant sur le clavier, les bonds vertigineux des dixièmes, avec leurs harmoniques, engendrent quelque chose qui ressemble à un chœur grandiose et plein d'élan : la verticalité se transforme en dynamique horizontale.

C'est avec un soin quasi jaloux que Chopin veille sur ses études, leurs techniques secrètes, leurs astuces géniales, leurs systèmes d'écoute. Quand il apprend à son retour de Majorque au printemps 1839 que Clara Wieck a joué le numéro 5 de l'opus 10, et à Paris, qui plus est, il se déclare dans une première lettre satisfait de la nouvelle, mais pour s'enquérir dans une autre sur un ton indigné : "Wieck a-t-elle bien exécuté mon étude ? Pourquoi a-t-elle choisi justement celle-là, la moins intéressante pour ceux ignorant qu'elle est écrite pour les touches noires ? Que n'est-elle restée tranquille[1] !" Car l'étude, c'est sa Cendrillon, sa reine. La généralité formulée par Oscar Bie s'applique au moins à Chopin : "Il ne peut y avoir de musique pour piano plus authentique qu'une étude. L'essence du piano y est devenue musique."

1. *Correspondance*, t. II, p. 329.

VIII

LA GUERRE EN SALLE (2)

Liszt a rendez-vous avec Thalberg

Thalberg a trois quarts de sentiment et un quart d'habileté,

Liszt trois quarts d'habileté et un quart de sentiment.

GIOACCHINO ROSSINI

LA GUERRE PUNIQUE DES PIANISTES

Que pouvait-on lire, après le tournoi entre Bach et Marchand, dans l'un des récits contemporains ? "Ce n'est pas parce qu'il avait perdu la bataille de Pharsale contre César que Pompée était un mauvais général." Au cours du XIXe siècle, et bien entendu à Paris, le vocabulaire martial qui s'attache au piano sera une fois de plus sollicité à l'extrême. Le 26 mars 1837, *La Gazette musicale de Paris* annonce un concert du plus grand intérêt, réunissant deux artistes dont la rivalité tient le monde musical en haleine et n'est pas sans rappeler l'équilibre des forces entre Rome et Carthage. La guerre en salle est devenue quasiment une guerre punique, et les auditeurs attendent l'entrée en scène des virtuoses comme si Hannibal en personne se trouvait *ante portas*.

Si, comme on l'a déjà exposé, les concours font partie de la tradition de l'instrument, ce soir du 31 mars 1837 représente l'apogée du tournoi pianistique, le *nec plus ultra* d'un rituel musical et l'un des sommets mondains de la vie parisienne du XIXe siècle. Au cours d'une soirée donnée dans les salons de la princesse de Belgiojoso au bénéfice des réfugiés italiens va se trancher un conflit d'admirateurs qui dure depuis plusieurs années : qui, de Sigismud Thalberg ou de Franz Liszt, est le plus grand pianiste ? Si Liszt représentait à l'époque le pianiste inspiré, Thalberg en imposait par son calme olympien et la noblesse de son attitude. Et il offrait une attraction supplémentaire : c'était l'homme aux trois mains. Pas un monstre, non, mais un pianiste d'une espèce particulière. Quand il jouait, sa main droite, ainsi qu'il se devait pour un brillant virtuose, balayait le clavier de haut en bas avec vélocité, répandant traits argentins, gammes ambitieuses, arpèges étourdissants ; quant à la gauche, elle n'était pas en reste : elle faisait tonner les octaves, suscitait les trémolos, sombrait dans des abysses sonores. Ses propres compositions étaient astucieusement calculées pour faire jouer librement les deux mains : il fallait faire voir qu'elles s'agitaient frénétiquement sur le clavier.

Car, au beau milieu de ce va-et-vient forcené, se produisait le miracle Thalberg : tandis que les deux mains étaient entièrement occupées à démontrer leur virtuosité, on entendait dans le médium une mélodie tendre, chantante, expressive, qui caressait les touches selon une recette propre à Thalberg. Il la jouait avec sa troisième main, que pourtant il ne possédait visiblement pas. Jamais, peut-être, la virtuosité ne s'est autant apparentée au tour de passe-passe : le passage virtuose n'était pas simple ornement, c'était une manœuvre de diversion, un camouflage qui servait à dissimuler le secret musical. La troisième main de Thalberg, c'étaient ses deux pouces, auxquels il confiait durant de longs moment l'essentiel de la mélodie.

L'ÉMANCIPATION DU POUCE

Le pouce, parlons-en ! L'"émancipation du pouce", pour reprendre la formule de Bernard Gavoty, est exigée dès le XVIIIe siècle par une technique qui se complique ; d'autre part, cette émancipation même va jouer un rôle décisif dans la multiplication des traits brillants, permettre la course véloce sur la totalité du clavier, autoriser des arpèges d'une rapidité haletante.

L'ancien doigté postulait l'infériorité du pouce et du petit doigt et les faisait intervenir le moins possible ; ces "mauvais" doigts ne servaient qu'à plaquer les accords, ou à la fin des traits. Il existait dans les grands pays pianistiques d'Europe différentes écoles, mais qui toutes s'accordaient plus ou moins pour mépriser le pouce et privilégier les bons doigts, préconisant pour les gammes le doigté 2-3-2-3, 3-4-3-4 ou 2-3-4-2-3-4. Dans les textes anglais, la mise en quarantaine du pouce est soulignée par son symbole : 0 ou X, l'index étant alors le premier doigt.

Carl Philipp Emanuel Bach proclame avec enthousiasme la découverte du pouce : "Comme la nature n'a fait aucun doigt qui fût plus que le pouce habile à se glisser sous les autres, cette habileté de même que la brièveté de sa taille permettent de l'employer uniquement pour passer sous les autres aux endroits et au moment où ceux-ci n'y suffisent pas." Tout, cependant, n'est pas permis : il déclare "condamnable" le passage du pouce sous le petit doigt, et donc du petit doigt au-dessus du pouce.

Les toutes dernières restrictions seront levées par le romantisme. Chopin fait du pouce un usage occasionnellement téméraire, par exemple dans le *Prélude en la majeur*, une pièce dansante aux allures de mazurka, quand il augmente de la tierce inférieure une octave plaquée : elle n'est jouable que parce que ses notes (*la* dièse et *do* dièse) se trouvent sur des touches noires et peuvent être plaquées simultanément par le pouce placé en travers, par-dessus le *si* et le *do*.

Le duel entre Liszt et Thalberg ne se bornait nullement à un tête-à-tête dans les salons de la princesse. Si cette rencontre était si passionnante, c'était, entre autres raisons, qu'elle avait été préparée de longue main et d'une poigne énergique : la confrontation du 31 mars n'était que l'épisode ultime d'un match plus médiatique que pianistique.

Liszt avait en effet publié au début de l'année dans *La Gazette musicale* un article que la revue n'avait imprimé qu'avec d'expresses réserves, ainsi qu'en fait foi un chapeau de la rédaction. Liszt y écrivait, sur le ton du persiflage, qu'il avait fini par prendre la peine d'examiner à fond les compositions de Thalberg durant une demi-journée ; à propos de l'un des morceaux, il dit : "Sérieusement parlant, il nous paraît impossible qu'avec la meilleure volonté du monde on réussisse à découvrir dans les vingt et une pages qui forment le total de cette *Fantaisie*, rien d'analogue à ce qu'en matière d'art nous nommons invention, couleur, caractère, verve et inspiration. Nulle part rien de spontané, rien de vivant ; nulle part aussi de ces beaux développements, de ces *conduites* habilement travaillés [...]. L'impuissance et la monotonie, voilà ce que nous trouvons en dernière analyse dans les publications de M. Thalberg[1]."

Comme même l'admirateur le plus passionné de Liszt ne pourrait affirmer qu'il s'était déjà distingué à l'époque comme grand compositeur (il faudra attendre

1. Franz Liszt, *Artiste et Société*, édition des textes en français réunis, présentés et annotés par Rémy Stricker, "Harmoniques", Flammarion, Paris, 1995.

encore quinze ans la *Sonate en si mineur*), cette attaque ne pouvait être comprise que comme un accès de hargne à l'encontre d'un concurrent, comme une explosion de dépit. L'article contrevenait à toutes les règles de la bienséance, et si son contenu était parfaitement juste à l'égard de Thalberg, Liszt lui-même n'en avait peut-être pas clairement conscience. Le résultat, c'était que presque toutes les sympathies du Paris mélomane, noble, aristocratique, allaient désormais à Sigismund Thalberg.

François Joseph Fétis se fit le porte-parole de la consternation générale. Il dirigeait *La Gazette musicale* depuis Bruxelles, où il exerçait depuis 1833 la fonction de directeur fondateur du Conservatoire royal. Dans une longue réponse, Fétis rappelait les débuts de Liszt, évoquait de fréquents changements dans sa façon de jouer, le mécanisme de ses doigts, et lui reprochait de profaner ses travaux plus anciens. De Thalberg, en revanche, il vantait la grandeur et la richesse, affirmant que le piano devenait sous ses doigts un orchestre grandiose.

Et Fétis demandait pourquoi diable aucun des amis de Liszt ne l'avait mis en garde contre ce fatal article, comment lui-même avait pu oublier que rien n'est plus vulgaire que de passer sa mauvaise humeur sur un concurrent heureux, et que le plus avisé des critiques cesse d'être compétent dès lors qu'il touche à ses propres œuvres ou à celles d'un rival.

Le besoin de comparer des virtuoses entre eux (que nous pouvons satisfaire aujourd'hui grâce à notre discothèque) n'était plus à l'époque, comme encore au XVIIIe siècle, une curiosité bizarre réservée aux princes et aux archevêques, aux empereurs et aux rois : c'était devenu la marotte d'une société bourgeoise, d'un grand

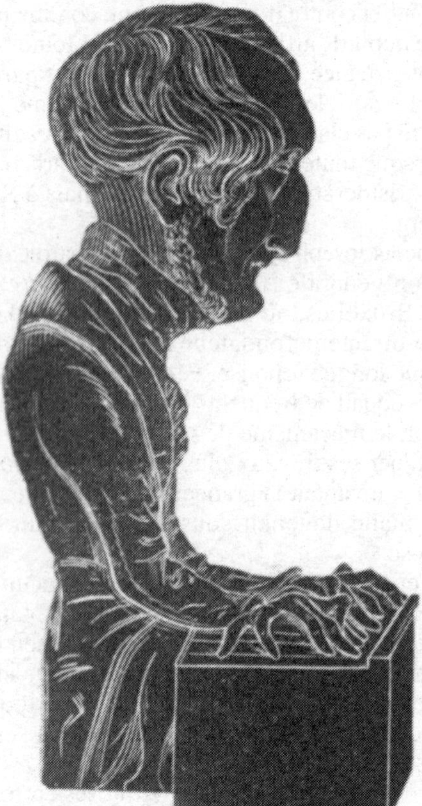

Sigismund Thalberg.

public, d'une foule de gens qui jouaient du piano en amateurs. Il était désormais inutile de convoquer les démons du clavier par décret sur ordre du souverain : ils se présentaient spontanément dans les grandes villes. Les virtuoses itinérants venaient à la rencontre de leur auditoire, ils pouvaient compter sur lui et avec lui. L'ère de la tournée venait de commencer.

La rencontre parisienne entre Liszt et Thalberg approche comme un orage qui se prépare lentement. Thalberg donne d'abord une matinée dans la salle du Conservatoire, où il joue sa fantaisie *Moïse* et une paraphrase sur le *God Save the King* ; il joue devant un public relativement restreint, composé surtout de connaisseurs, qui est transporté d'enthousiasme. Liszt prend une revanche en quelque sorte architecturale : il invite son public à l'Opéra, prenant le risque de jouer dans une salle immense devant un auditoire habitué aux grands spectacles musicaux. Si brutalement qu'il tape sur son piano, les instruments de cette époque ont un son relativement grêle.

Mais la stratégie de Liszt, qui consiste à tenter l'impossible, marche ; un critique parle de la crainte éprouvée par le public à la vue de ce frêle jeune homme, de la sympathie que lui inspire cette manière de folie, de l'attente angoissée de la première note et du soulagement qui suit une victoire à demi assurée dès la cinquième mesure.

Comme pour repousser du bout des doigts Thalberg et ses semblables, Liszt écrit à George Sand que partout l'artisanat a détrôné l'art : on ne rencontre plus de peintres, mais des fabricants de tableaux ; plus de musiciens, mais des fabricants de musique, inféodés aux caprices de la masse et se pliant à l'humeur de riches incultes. On a presque l'impression que ce n'est pas

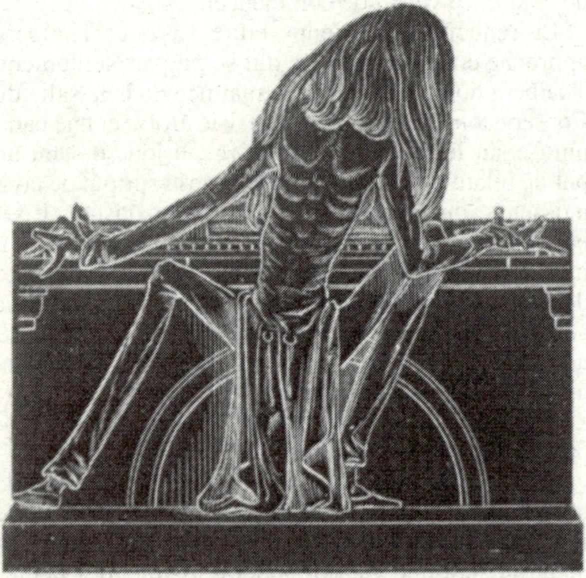

Franz Liszt.

Liszt, mais Thalberg, qui a loué la grande salle de l'Opéra, et que ce n'est pas Thalberg, mais Liszt, qui a joué au Conservatoire devant un petit auditoire sélectionné avec soin.

Après cette longue campagne préparatoire, après des mois de rumeurs mondaines, l'affrontement chez la princesse de Belgiojoso se révèle plutôt décevant. La noblesse du cadre, la distinction d'un public choisi, le but charitable, un prix d'entrée exorbitant de quarante francs et une longue série de concerts préliminaires donnés par d'autres artistes estompent le caractère belliqueux de la rencontre. Liszt se produit le premier avec sa fantaisie sur *Niobé*, puis Thalberg avec sa fantaisie sur *Moïse en Egypte*. Les deux artistes se gardent de s'offenser en gestes ou en paroles ; ils se traitent avec une parfaite courtoisie et même, semble-t-il, si aimablement que Liszt se sentira obligé plus tard de s'expliquer à ce sujet : ce n'est pas parce qu'un artiste conteste à l'autre une gloire qui lui semble excessive qu'il est forcément son ennemi, et l'estime qu'il lui porte en dehors du domaine artistique n'est pas forcément signe de réconciliation.

Mais qui remporta la victoire ? Depuis cette soirée, on répète le mot que Liszt lui-même met dans la bouche de sa maîtresse la comtesse d'Agoult, mais que la légende attribue à l'hôtesse, la princesse de Belgiojoso :

"Thalberg est le plus grand pianiste du monde.

Et Liszt ?

Liszt ? Ah – c'est le seul."

IX

DU CORPS DE RÉSONANCE À LA RÉSONANCE DU CORPS (*Schumann*)

Nos sens sont autant de touches qui sont pincées par la nature qui nous environne, et qui se pincent souvent elles-mêmes.

DENIS DIDEROT,
Le Rêve de d'Alembert, 1769.

Ce que font les doigts, c'est du bricolage ; mais la musique qui a résonné intérieurement parle à tous et survit au corps périssable.

ROBERT SCHUMANN

LE DOIGT DU DESTIN

Le jeune Schumann tient son journal en permanence. Il y consigne ses dettes, la quantité de bière qu'il a absorbée et la gueule de bois qui en a résulté, ses lectures, énumère les personnages féminins de Shakespeare et ses propres projets d'écriture. Il note des choses aussi pesamment matérielles que "l'achat du piano de Melzer pour 225 thalers" le 15 juin 1831, et quelques jours plus tard, une chimère : "De tout nouveaux personnages font aujourd'hui leur entrée dans ce journal – deux de mes meilleurs amis, que pourtant je n'ai jamais vus. Ce sont Florestan et Eusebius." Toutefois, ce n'est nullement un jeu, mais une sorte de béquille mentale, car il écrit aussi : "Florestan et Eusebius, c'est ma double nature, et je voudrais bien les concilier, comme le fait Raro, en un seul homme." Car il souffre des deux âmes qui se partagent sa poitrine[1] et, chez lui, ce n'est pas une façon de parler, mais une menace qui met sa personne en danger. Il écrit, en plein

1. Allusion à un vers très connu de Goethe : *Zwei Seelen wohnen, ach ! in meiner Brust* ("Deux âmes, hélas, habitent ma poitrine"), *Faust* 1112.

désarroi : “J’ai parfois l’impression que mon moi objectif va se couper entièrement de mon moi subjectif, ou que je vais me déchirer entre mon apparence et mon être, entre ma forme et mon ombre. Mon génie, quand me quitteras-tu ?” Il écrit : “Je sombre, je retombe dans ma vieille boue ; une main ne va-t-elle pas sortir des nuages pour me retenir ? Il faut que je sois cette main.” Et encore : “Là où il y a du génie, peu importe la forme sous laquelle il se manifeste, que ce soit dans la gravité comme chez Bach, dans la légèreté comme chez Mozart, dans la chaleur comme chez Beethoven, dans l’obscurité (… ce n’est pas le terme exact) comme chez Schubert, ou dans le néant, comme chez moi. Halte ! Là, j’ai quelque chose – le néant, le néant infini.”

Il tient son journal, et il travaille son piano comme un possédé. Trop longtemps, se pliant au désir de sa famille, il a étudié le droit, trop longtemps aussi il a hésité entre ses deux inclinations, la littérature et la musique. Mais maintenant que Friedrich Wieck l’a accepté comme élève, il travaille dans le but de faire une carrière de virtuose. Son journal trahit, là encore, son ardeur et ses moments de dépit : “Ne te décourage pas, mon cher Robert, si ton jeu n’est pas toujours rapide et perlé, comme durant ces huit derniers jours ; exerce-toi à la patience, lève doucement les doigts, tiens ta main tranquille et joue lentement : tout rentrera dans l’ordre.” L’habitude qu’il a de se prodiguer des encouragements à lui-même fait occasionnellement intervenir ses amis inventés. Eusebius le morigène : “Il faut que tu travailles davantage. Les gammes marchent assez bien. Si seulement tu pouvais maîtriser ta façon de jouer, ton toucher : n’en changes-tu pas tous les jours ? Hier, tu avais celui que j’aime ; je vais le décrire : la main décontractée sur les touches, les phalanges antérieures un peu recourbées, le doigt frappe la touche comme un petit marteau qui se meut de soi-même, le bras et la main restent tranquilles, le doigt se soulève à peine pour l'attaque et se contente presque de presser la touche."

Puis, le 8 mai 1832, quelques phrases, brèves, mais qui sont un signal d'alarme : "Le troisième (doigt) marche assez bien grâce au cigare mécanique. L'attaque est maintenant indépendante." Pour acquérir une technique, une digitalité parfaites, Schumann a imaginé à l'insu de Wieck un système ou un appareil dont on ne sait pas encore exactement aujourd'hui comment il fonctionnait. Les appareils destinés à soutenir artificiellement la main (chiroplaste de Logier notamment) étaient en vogue à l'époque, surtout pour les débutants, mais il semble que Schumann se soit servi d'une méthode personnelle qu'il avait concoctée avec son condisciple Töpken quand il faisait ses études à Heidelberg. Il s'agissait manifestement d'entraver d'une façon quelconque l'index de la main droite, ce qui était censé procurer au médius une plus grande indépendance. Au début, tout semble bien aller : "Le toucher est bon, le troisième un peu plus fort", peut-on lire à la date du 13 mai. Mais dix jours plus tard : "Le troisième semble vraiment incorrigible." Et entre le 14 et le 22 juin 1832, cette note lapidaire : "Le troisième est complètement raide."

La carrière du pianiste Robert Schumann est terminée avant même d'avoir pu commencer. Mais il ne l'admet pas encore. Le 9 août, il écrit à sa mère : "Ma maison est tout entière transformée en pharmacie. Je commençais quand même à me faire du souci pour ma main, et je repoussais consciencieusement une visite à un anatomiste car je craignais fort le couperet – j'entends que je pensais l'entendre dire que le mal était sans remède. Je faisais déjà toutes sortes de projets d'avenir, j'étais presque décidé à entreprendre des études de théologie… Enfin, je suis allé voir le professeur Kühl, je lui ai demandé de me dire en conscience si cela allait passer." Le professeur lui fait une demi-promesse et ordonne des bains de bouse : "Ce traitement n'est pas des plus agréables, et j'ai grand-peur que la nature bovine ne déteigne sur moi." La cure s'assortit d'un conseil avisé au candidat virtuose : jouer le moins possible.

En 1833, il consulte un homéopathe, bien qu'il ait à l'époque abandonné pratiquement tout espoir : "Je ne joue plus guère de piano – n'ayez pas peur, je me suis moi aussi résigné, tenant cela pour un signe du destin –, un des doigts de ma main droite est cassé, paralysé ; une lésion insignifiante en soi et la négligence ont accentué le mal à tel point que la main tout entière est presque incapable de jouer." Un an plus tard, la résignation a fait place à un certain optimisme ; il écrit à sa mère : "Ne te fais pas de souci pour mon doigt ! Je n'ai pas besoin de lui pour composer, et une carrière de virtuose itinérant ne me rendrait pas plus heureux – mon tempérament ne s'y prête en aucune façon."

La main se tait, le journal aussi. Il faudra attendre cinq ans pour que Schumann, tombant sur le vieux cahier lors de son séjour à Vienne à l'automne 1833, résume :

"Et voici une grande tranche de ma vie.

Tourmenté d'octobre à décembre par la mélancolie la plus noire – je suis possédé par l'idée fixe que la folie me guette.

… quitté le quatrième étage, où je ne pouvais plus tenir, pour un premier étage chez Günz.

Günther comme compagnon de chambre."

Robert Schumann, le garçon.

Une légende prétend que dans la nuit du 17 au 18 octobre ("la plus terrible de ma vie – après la mort de Rosalie") Schumann aurait voulu se jeter par la fenêtre de son appartement de la Burgstrasse.

Ce saut ne deviendra inéluctable que vingt bonnes années plus tard.

UNE SOCIÉTÉ FICTIVE

Mais ce garçon de vingt-trois ans, avec son vertige d'angoisse, sa crainte de la folie, sa mélancolie, est aussi un journaliste lucide, alerte, averti : il ne veut pas seulement tenir son journal, mais aussi écrire pour le public. Il veut démentir l'impression qu'il se contente de vivre dans la ville provinciale de Leipzig, voire auprès du poêle de la vieille auberge leipzigoise *Kaffee-Baum* (où il ferait bon s'asseoir aujourd'hui encore si seulement on y trouvait de la place), montrer qu'il a des yeux et des oreilles dans toute l'Europe ; qu'il est, tel son double Florestan, un "contemporain de l'avenir", qu'il est "un de ces rares musiciens qui semblent pressentir tout le futur, tout ce qu'il y a de nouveau et d'extraordinaire". Sur ce point, d'ailleurs, Eusebius ne le cède en rien à Florestan : c'est à lui que Schumann a attribué cette exclamation qui découvrit Chopin : "Chapeau bas, messieurs, un génie !"

Et c'est ainsi que Schumann, en compagnie de plusieurs amis (dont, au début, le vieux Wieck), fonde en avril 1834 sa *Neue Zeitschrift für Musik*, qui allait devenir rapidement la première revue musicale d'Allemagne et existe encore aujourd'hui. Et les chimères de Schumann, ses fantasmes onomastiques, viennent au secours de la rédaction. Car nombre de collaborateurs de la première heure, dont Wieck, ne restent que peu de temps ; son ami Schunke, jeune homme bien doué, compositeur lui aussi, meurt l'année même de la fondation de la revue. Schumann peut alors non seulement s'abandonner sans retenue à ses états d'âme polyphoniques, mais donner l'impression sagace que les critiques, non contents de se presser en foule de plus en plus nombreuse, forment une véritable conjuration d'esprits complices. Vingt ans plus tard, il s'amuse encore de cette mascarade : "Mentionnons encore ici une société plus que secrète, car elle n'existait que dans la tête de son fondateur, les Compagnons de David. Pour exprimer diverses opinions en matière artistique, il semblait judicieux d'inventer des types d'artistes contradictoires, dont les plus éminents étaient Florestan et Eusebius, entre lesquels maître Raro jouait un rôle de conciliateur. Cette Compagnie de David parcourait toute la revue comme un fil rouge, unissant avec humour poésie et vérité." (Témoin de l'amour de Schumann pour le chiffrage : Raro ne concilie pas tant Eusebius et Florestan que les prénoms Cl*ara**Ro*bert.)

Le chiffrement, la clandestinité, la mascarade – ce sera pour Schumann comme un élixir de vie. Sa façon de jouer à cache-cache, qui est souvent, entre autres choses, expression de sa timidité ou bien retraite studieuse, entraîne parfois de curieux épisodes, comme celui-ci relaté par son ami Krägen qui, venu de Dresde, désirait lui rendre visite. Il tire la sonnette, personne ne vient ; toutefois, comme il entend qu'on joue du piano chez Schumann, il sonne à plusieurs reprises et plus fort. Enfin, une petite fenêtre s'ouvre sur la façade, Schumann se montre, incline aimablement la tête en disant : "Ah ! c'est vous, Krägen – je ne suis pas chez moi", referme la fenêtre et se remet au piano.

A l'époque de la société de David.

Devant la réalité, devant les courants auxquels appartenait l'avenir, il ne se cachait pas. Sa revue était largement inspirée par les idées du Vormärz[1] ; c'était une feuille engagée, de nombreuses contributions le prouvent. La musique elle-même est comprise comme un important phénomène social. "Comme les bouleversements politiques, les bouleversements musicaux pénètrent jusqu'aux moindres domaines. Dans la musique, les influences nouvelles se font sentir même là où elle est le plus sensuellement liée à la vie, dans la danse. La disparition progressive de la souveraineté absolue du contrepoint entraîna la désuétude des miniatures comme la sarabande, la gavotte, etc. ; les robes à panier et les mouches se démodèrent… Peu après, le jeune Beethoven fait son entrée, hors d'haleine, farouche, égaré, le cheveu en désordre, la poitrine et le front dégagés comme Hamlet, et on s'ébaubit devant cet excentrique ; mais il trouvait la salle de bal ennuyeuse et confinée, il préférait se ruer dehors dans l'obscurité, par monts et par vaux […] cependant que grandit une nouvelle génération…"

Et un peu plus tard, Schumann mentionne le véritable instrument de cette révolution musicale : le piano. "La musique pour piano, peut-on lire dans sa revue, représente un chapitre important dans l'histoire de la musique contemporaine. C'est d'abord en elle que se manifeste la naissance d'un nouveau génie musical. Les plus grands talents présents sont des pianistes, une remarque que l'on a pu faire aussi à des époques antérieures. L'instrument lui-même s'est beaucoup perfectionné. Avec les progrès constants de la technique

1. Mouvement intellectuel contestataire né dans les années 1830, prélude à la révolution de 1848.

pianistique, avec l'élan plus hardi imprimé par Beethoven à la composition, l'instrument lui-même a crû en taille et en importance ; si on va (ce que je crois) jusqu'à lui adjoindre un pédalier comme à l'orgue, les compositeurs verront s'ouvrir devant eux de nouvelles perspectives et, s'affranchissant toujours plus de l'orchestre, il sera de plus en plus riche, de plus en plus sonore, de plus en plus autonome. Certes, il serait regrettable que le concerto pour piano avec orchestre tombe tout à fait en désuétude ; mais, d'autre part, nous ne trouvons pas grand-chose à opposer aux pianistes qui disent : nous n'avons nul besoin de soutien, c'est quand il joue seul que notre instrument fait le plus d'effet."

MASCARADES DE LA MUSIQUE D'AVENIR

Cette remarque de Schumann est fondamentale. Le piano, avec sa mécanique sans cesse améliorée, son volume sonore toujours plus puissant, ses nuances potentielles de plus en plus subtiles, devient, même en ce qui concerne sa fonction musicale, un nouvel instrument soliste. D'un côté, il utilise de façon toujours plus époustouflante ses capacités orchestrales, mais surtout il se découvre peu à peu comme étant sa mesure intrinsèque et son propre vecteur, il commence à prêter l'oreille à son univers sonore personnel, à fonder un royaume qui n'appartient qu'à lui entre les frontières de la tonitruance extrême et de la plus intime confidentialité. La sonate pour piano était, pour s'exprimer sans nuances, quelque chose comme le squelette d'une symphonie, mais voilà que dans les années 1830 le piano découvre le *Klavierstück* – la pièce pour piano proprement dite. Tout ce que Schumann compose à cette époque, de l'opus 1 *(Variations Abegg)* à l'opus 23 (*Nachtstücke*, "Nocturnes") sont des œuvres de cette sorte, panorama fantastique des nouveaux champs (internes) de l'instrument explorés par le romantisme. Le clavier devient plus que jamais un univers où se déchaîne l'imagination, un laboratoire sonore, un outil à renvoyer l'écho de "l'enfer qui bouillonne sous notre crâne", pour reprendre une expression de Walt Whitman. De plus en plus, le clavier romantique permet de mettre le doigt sur les passions, les élans, les rages, les angoisses et les méditations. Et, plus que jamais, le corps y participe. Le compositeur Dieter Schnebel en donne la définition suivante : "Schumann – à la différence de Beethoven, qui en composant ne visait, en idéaliste, que la structure musicale – faisait toujours entrer en ligne de compte la réalisation physique de la composition [...] si bien que sa musique se présente, de façon très moderne, comme un processus vivant, un processus humain."

Schumann se sert de ses chimères Eusebius et Florestan, ces doubles imaginaires censés lui permettre d'apprivoiser ses états d'âme, non seulement pour mystifier son entourage, non seulement pour faire croire à l'existence d'une équipe éditoriale et d'un courant intellectuel polycéphale, il les utilise aussi pour faire de sa musique une énigme, un formidable labyrinthe où les limiers, aujourd'hui encore, s'égarent plutôt qu'ils ne s'y retrouvent. Il commence, non sans un soupçon de snobisme, par dédier son opus 1, les *Variations Abegg*, à une certaine "comtesse Pauline d'Abegg" qui n'existe pas (bien qu'il ait fait lors d'un bal la connaissance d'une bourgeoise nommée Meta Abegg, "une vieille peau de vingt-six ans"), mais, dès l'opus 2, le titre *(Papillons)* est trompeur : il ne fait pas allusion à la fugacité des lépidoptères, mais, selon le propre témoignage de Schumann, à la scène de bal fantomatique de *L'Age ingrat* de Jean-Paul.

La passion de Schumann pour la mascarade se fait programme dans le titre du *Carnaval* composé en 1834-1835, où nous ne rencontrons pas seulement les figures classiques de la commedia dell'arte : *Pierrot*, *Arlequin*, *La Coquette*, *Pantalon* et *Colombine*, mais aussi des personnages sortis de son entourage réel et imaginaire. On y trouve *Chopin* et *Paganini*, l'invocation de Schubert dans la *Valse noble* et une autocitation des *Papillons* ; Clara Wieck *(Chiarina)* y figure aux côtés d'Ernestine von Fricken *(Estrella)* qui fut un temps sa fiancée. Il va de soi qu'une *Reconnaissance* et une *Promenade* sont intégrées à la composition. Enigmatiques, les *Sphinx*, miniatures constituées deux fois de quatre, une fois de trois rondes, musique pétrifiée en rébus pictural. En revanche, la brève *Pause* vers la fin est tout le contraire d'un repos : on voit en quelques secondes toute la compagnie tourbillonnante, prise de fièvre, se ruer sauvagement à la fenêtre pour assister au finale, la *Marche des Compagnons de David contre les Philistins*.

L'œuvre porte le sous-titre *Scènes mignonnes sur quatre notes*, quatre notes expressément citées dans le passage sur les lettres dansantes : "ASCH – SCHA". Asch est la ville natale d'Ernestine, qui faillit épouser Schumann, et Scha sont aussi les lettres du nom de Schumann qui se peuvent traduire en notes[1]. Car, dans le *Carnaval*, le chiffrement littéral est aussi une structure musicale qui apparaît dans chacun des morceaux. Ces notes, écrit Dieter Schnebel, "sont le principe qui unifie les images

1. *La, mi* bémol, *do, si*.

sonores foisonnantes. Dans la quasi-totalité des vingt-deux pièces, elles sont pour ainsi dire un matériau sériel dont la présence constante, bien que l'auditeur puisse à peine le percevoir et le discerner, engendre une unité en quelque sorte inconsciente."

Et, une fois encore, Schumann érige un monument musical à la société secrète qui lui tient tant à cœur : son opus 6, composé en 1837, porte le titre *Davidsbündler-Tänze* – "Danses des Compagnons de David". Certes, il faut se garder de prendre les titres de Schumann pour l'expression d'un programme prédéterminé ; mais le premier regard n'en reste pas moins séduisant, qui voit dans cette composition l'évocation musicale d'une fête réunissant les rédacteurs, d'un échange véhément de propos et d'arguments au *Kaffee-Baum*, journalisme pianistique tantôt bouillant, tantôt lyrique, dialogue musical entre Eusebius et Florestan. Car les pièces sont signées presque comme des articles de revue, le premier de façon conjointe par Eusebius et Florestan, puis alternativement au moyen des initiales E. et F. Le numéro 9 porte la suscription "Là-dessus, Florestan conclut, et ses lèvres se contractèrent douloureusement", et à la fin, on peut lire : "Sans nécessité aucune, Eusebius ajouta encore ce qui suit, cependant qu'un grand bonheur brillait dans ses yeux." Mais l'épigraphe la plus bizarre, celle du numéro 3, *etwas hahnbüchen*, "un peu balourd", renvoie elle aussi à la société de David : l'un des collaborateurs, J. F. E. Sobolewski, de Königsberg, était surnommé M. Hahnbüchen. Dans une édition ultérieure, Schumann a supprimé cette didascalie, ainsi que toutes les allusions à Eusebius et Florestan.

Mais nous n'avons encore exploré que la première couche de cette composition. Car Schumann désire que sa bien-aimée Clara Wieck l'entende d'une tout autre oreille. A la Saint-Sylvestre 1837, il lui écrit à Vienne où elle se trouve : "Les danses sont pleines d'idées de mariage – j'étais, en les composant, en proie à la plus belle émotion dont je puisse me souvenir."

Mais quelle tempête au cœur du morceau, tempête toujours renouvelée dans ces pièces attribuées à Florestan, dont les titres n'évoquent qu'imparfaitement ce qui s'y passe : cet *Impatiemment*, ce *Très rapide et concentré*, ce *Avec énergie*, le *Très rapide, à la manière d'une ballade*, le *Avec véhémence et gaieté*. Le cœur qui bat, cogne, bondit, le pouls qui s'emballe, la poitrine pleine à craquer. C'est la musique du corps, la musique des sens, un état d'ivresse et de ravissement, l'extase et le désir extrême portés au clavier.

Cette musique a son prix : Schumann est resté longtemps méconnu ; la majeure partie de son œuvre pour piano, considérée comme trop singulière, voire trop provinciale, n'était pas jouée.

Parmi ceux qu'elle laissait de marbre (on peut penser aussi que leurs centres d'intérêt étaient trop éloignés) se trouve, entre autres, Richard Wagner. Vivant tous deux à Dresde à la fin des années 1840, ils s'évitent. Eduard Hanslick rapporte à ce sujet une anecdote révélatrice : on demande à Schumann s'il fréquente Wagner. "Non, répond-il, pour moi, Wagner est impossible ; c'est un homme plein d'esprit, mais il parle sans discontinuer." Et Hanslick transmet la contre-épreuve : "Wagner en vint alors à parler de la vie et des personnalités musicales de Dresde, et donc de Schumann : Nous nous entendons superficiellement bien, mais on ne peut fréquenter Schumann ; c'est un homme impossible, il ne dit pas un mot."

La plus triste incompréhension est celle de Nietzsche, qui parlait d'une "ivrognerie du sentiment" et affirmait que, “avec lui, la musique allemande était en grand danger de perdre la voix lui permettant d’exprimer l’âme de l’Europe et de sombrer jusqu’à devenir une simple patriotade”. L’approbation la plus vigoureuse émane de Tchaïkovski : “La musique de Schumann fait vibrer des cordes que ses grands prédécesseurs n’avaient encore jamais effleurées. Nous y trouvons l’écho de mystérieux processus de notre vie mentale, ces doutes, ces dépressions, ces regards levés vers l’idéal qui émeuvent le cœur de l’homme moderne. Pour Schumann, l’histoire n’a pas encore commencé…”

Cette musique a un prix, et non seulement vis-à-vis de l’extérieur, mais aussi dans la tête du compositeur : à la fin de février 1854, Robert Schumann se jette d’un pont de Düsseldorf dans les eaux glacées du Rhin hivernal, mais des bateliers qui se trouvent sur place le repêchent, le sauvent. La folie s’empare alors de lui avec tant de délicatesse qu’il peut encore, quelques jours plus tard, se rendre de son plein gré dans une maison de santé aux environs de Bonn, où il végétera encore un peu plus de deux ans, traitant parfois abominablement le piano qu’on a amené tout exprès pour lui.

Les tortures de ce qui ressemblait à des mystifications s’étaient emparées de lui.

X

KARL CZERNY : OPUS 500

ou L'art de se produire

Czerny a beaucoup plus de sentiment que ses compositions.

FRÉDÉRIC CHOPIN

En Czerny, j'ai toujours apprécié le vigoureux musicien plus encore que l'excellent pédagogue.

IGOR STRAVINSKI

"QU'ON ÔTE SES GANTS BLANCS"

Karl Czerny, parangon du professeur de piano au XIXe siècle, se préoccupe de tout. Pas seulement des gammes, des traits de tierces, des trilles enchaînés, des gammes chromatiques, des accords brisés, des croisements de mains, des notes répétées et de cent autres formes de digitalité. Son idéal d'"aisance" ne se limite pas à la technique pianistique. L'aisance, le pianiste débutant doit en montrer aussi lorsqu'il se produit en public, il doit maîtriser le cérémonial du concert. Et c'est ainsi que son opus 500, sa méthode de piano qui paraît en 1839, contient aussi un petit manuel de savoir-vivre à l'usage des pianistes désireux de maîtriser le commerce avec leur public et leur propre nervosité. Czerny leur prescrit :

"Après les trois courbettes d'usage (d'abord en direction de la loge d'honneur, puis de l'autre côté, enfin vers le milieu), il (le pianiste) s'installe sur son siège, ôte ses gants blancs et donne le départ à l'orchestre. Il s'abstiendra strictement de préluder. Le pianiste doit veiller à tenir ses doigts bien chauds et bien souples avant d'entrer.

La plupart des jeunes artistes ne songent pas suffisamment à l'importance du premier contact avec le public. La fortune future de l'artiste dépend de son adresse à attirer dès son premier concert l'attention générale, l'admiration et une vraie sympathie. Il en retirera entre autres choses l'avantage d'être par la suite écouté avec attention, si bien qu'aucune subtilité, aucun passage réussi ne sera en vain… Il est dans la nature des choses qu'un public nombreux, et par conséquent mêlé, veuille être surpris par quelque chose d'extraordinaire ; le moyen le plus sûr, on peut dire l'unique moyen d'y parvenir, est d'unir le bon goût à une parfaite virtuosité."

Facile à dire – mais qu'y a-t-il de plus difficile ? Le concert public fait partie des démarches les plus scabreuses de la vie d'un virtuose, et durant les quelques pas qui séparent de la scène sa loge ou les coulisses, il subit la plus atroce et pourtant la plus splendide des métamorphoses : voilà que, soudain, le piano n'est plus là pour lui-même, mais environné d'une aura d'écoute, d'attente, voire d'insistance indiscrète ; il s'est instauré une sorte d'état de siège spirituel ; on est cerné par un silence assourdissant fait de bruissements, de murmures – mais c'est encore plus net, la tension se communique de façon physique et même physiologique, à la façon d'une étincelle crépitante envoyée par un public "électrisé" au plus vrai sens du terme. Si bien que le piano, d'un seul coup, n'appartient plus au pianiste : il appartient à l'auditoire, et en jouer ne sera d'abord rien de moins que la reconquête, la reprise en mains de l'instrument.

Mais cela va plus loin : non seulement le piano est transformé, le corps du pianiste l'est aussi. Le léger vertige, la cécité passagère ne sont encore que les manifestations les plus anodines du trac. Mais les mains ! On a brusquement l'impression qu'elles refuseront de jouer le jeu ; elles sont la proie d'un fourmillement glacé, blanches comme l'ivoire, les doigts dans un état intermédiaire entre le tremblement et la paralysie, en tout cas d'une raideur fébrile ; elles n'obéissent plus à la volonté du pianiste et ne s'exercent plus qu'à l'insoumission. Quelle que soit la concentration avec laquelle on s'est échauffé (comme s'échauffe un footballeur quittant le banc de touche pour le terrain de jeu), ces quelques secondes qui s'écoulent avant la première attaque se posent comme du givre sur les mains.

Karl Czerny, bien qu'il ne donnât lui-même presque jamais de concerts (nous verrons plus tard pourquoi), se montre, là aussi, réconfortant : "De nombreux élèves montrent, quand ils doivent jouer en public, une crainte et une timidité quasi puériles, et sabotent les morceaux qu'ils croyaient avoir si bien travaillés. Il est généralement aisé de se débarrasser de ce défaut qui empêche d'atteindre l'objectif majeur de toute étude :

1. Quand on a acquis, selon les principes développés dans cette méthode, un jeu calme et assuré, un doigté convenable et une tenue correcte, la peur n'aura pas de sitôt de conséquences fâcheuses pour les doigts.

2. Quand on a eu la prudence de ne jamais jouer un morceau en public avant de s'être assuré qu'on peut le jouer au moins dix fois de suite pour soi seul sans la moindre faute, même une grande timidité n'aura pas d'effet fâcheux.

3. Il est aussi nécessaire que les élèves s'accoutument assez tôt à jouer en public des pièces à leur portée…"

Ce sec programme en plusieurs points contient deux aperçus remarquables, qui valent en principe aujourd'hui encore, même s'ils sont à l'occasion contestés, vilipendés, voire niés purement et simplement. Premièrement : pour faire preuve d'assurance en public, il faut d'abord être sûr de soi (aussi sur le plan technique) ; l'assurance est liée à la perfection individuelle. Et ensuite, de même que l'on étudie ses gammes ou le contrepoint, on peut s'exercer à jouer en public – en jouant inlassablement en public. De même que l'on finit par maîtriser les sauts les plus difficiles sur le clavier, on peut apprendre à maîtriser sa nervosité – jusqu'à un certain point selon les individus.

Les conseils de Czerny nous apprennent encore autres choses : s'il recommande de placer le piano cordes aiguës côté public, ce qui est encore la règle aujourd'hui, c'est qu'il s'agissait d'une convention relativement récente à l'époque où Czerny publiait son opus 500. Dans les salles de musique de l'aristocratie et dans les salons, les auditeurs étaient assis autour de l'instrument, et la position de ce dernier en découlait tout naturellement. Le problème ne se posa qu'à partir du moment où l'on donna des concerts dans de vastes lieux publics ; la tradition attribue au virtuose tchèque Johann Ladislaus Dussek (1760-1812) l'habitude de placer le piano de côté – non pour des raisons acoustiques, mais parce qu'il avait un profil intéressant.

JOUER PAR CŒUR

Outre la position de l'instrument, une autre innovation intervient, inaugurée – mais cela ne semble pas avéré – par Clara Wieck : l'habitude, qui de nos jours va de soi, de jouer sans partition. Invitée à se produire à Berlin au printemps de 1837 – Rellstab trouve le programme des concerts "monotone" et parle de "salles à moitié vides" –, elle se passe de partition et par conséquent de "tourneur de pages", ce qui déplaît à un certain nombre de gens, dont Bettina von Arnim, qui n'est du reste pas bien disposée à son égard. Elle qualifie Clara de l'"une des artistes les plus insupportables qu'il m'ait été donné de rencontrer. Cette façon prétentieuse de s'asseoir au piano, et en plus sans partition ! Rien à voir avec la modestie de Doehler, lui au moins, il lit la musique !"

On comprend pourquoi Bettina parle de prétention quand on se représente les cas où un pianiste se produisait sans partition : en fait, seulement lorsqu'il improvisait, laissant libre cours à son imagination. Il semble que les pianistes aient posé la musique sur le pupitre même lorsqu'ils jouaient leurs propres œuvres – ce qui n'a rien d'étonnant si l'on songe à la productivité géniale des grands compositeurs de l'époque. Si bien que Clara doit avoir donné l'impression – du moins aux auditeurs malveillants – qu'elle voulait faire semblant d'improviser ou de jouer une de ses propres compositions (et elle avait déjà écrit un certain nombre de choses) ; ils pouvaient croire aussi que, jouant l'œuvre d'un autre, elle se souciait assez peu d'exactitude – car, vu la pratique habituelle de l'époque, personne sans doute ne pouvait croire qu'elle eût en tête chaque note, chaque détail. (On peut d'ailleurs penser, sans être un béotien, que l'*Appassionata* telle qu'elle la jouait alors n'était guère qu'une tentative d'approche.)

Au demeurant, Czerny a un mot à dire à ce sujet et, une fois encore, on reste confondu devant son sens pratique : "Il est agréable, et tout à l'honneur du pianiste, d'être en mesure de bien jouer par cœur un grand nombre de morceaux, de sorte que l'on ne soit pas obligé de traîner partout ses partitions. Il est fréquent que l'on se trouve par hasard devant un piano, et il est bien désagréable alors de devoir s'excuser après quelques balbutiements parce qu'on ne sait rien par cœur." Et il conseille à tout bon pianiste d'avoir toujours en stock une douzaine de morceaux, et si possible quelques fugues.

Certes, ce vieux roué de Czerny connaît aussi le revers de cette pratique : "Certains élèves ont une si bonne mémoire musicale qu'ils plongent leur professeur dans l'embarras en jouant par cœur un morceau sitôt qu'ils l'ont répété quelques fois, et en refusant alors de regarder la partition. La conséquence fâcheuse de cette qualité est que l'élève s'accoutume à un jeu approximatif et néglige d'approfondir la lecture." Dans ce cas, ajoute-t-il, il abandonne l'étude du morceau commencé pour en faire entreprendre un autre, puis très rapidement un nouveau, afin que les élèves soient occupés d'abord à lire les notes de façon précise.

LE MAÎTRE D'HÔTEL DE LA VIRTUOSITÉ

Ce Karl Czerny est un personnage singulier, une sorte de Sisyphe du piano, un maître d'hôtel de la virtuosité, et les chiffres font sa fierté. Parlant de son travail de compositeur dans sa brève autobiographie, il écrit naïvement : "[…] ainsi s'explique que j'eusse bientôt écrit cent, deux cents, trois cents opus et ainsi de suite, sans compter les arrangements tout aussi nombreux qui n'ont jamais reçu de numéro." Czerny parvint presque à l'opus 800, et il a laissé des cahiers de brouillon contenant plus de dix mille (!) thèmes et motifs. Cette activité frénétique et accumulatrice, cette ivresse enfantine, puérile, de la quantité rendent presque impossible de livrer de Czerny un portrait dénué d'ironie. Et pourtant, malgré tous les caractères évoqués jusqu'à présent, il ne fait pas que se mouvoir, il peut aussi, profondément, émouvoir. Ce tâcheron de génie est aussi un témoin vigilant de son époque et le gardien de la tradition. Non seulement il s'agite du matin au soir, comme le fait au mois de mars le paysan de la chanson, il s'occupe de faire imprimer toute sorte de musique pour piano ; même Bach figure parmi ses éditions, avec *L'Art de la fugue* et *Le Clavier bien tempéré*.

Pour évoquer son enfance, contentons-nous d'une des courses qu'il accomplit communément avec son père Wenzel Czerny, lui aussi professeur de piano. Cette démarche de l'année 1801 sera pour le garçon une expérience inoubliable, qui aurait peut-être pu changer le cours de sa vie s'il n'avait pas été prisonnier d'un tel carcan de pédanterie : c'est une visite à Beethoven.

Le récit de Czerny présente une réminiscence de ce chaos que nous connaissons déjà : "Une chambre toute en désordre, des papiers et des vêtements disséminés partout... Beethoven lui-même était vêtu d'une veste de tissu gris foncé à longs poils avec des culottes assorties, si bien qu'il me rappela tout de suite une illustration de *Robinson Crusoé* dans l'édition Campe... Avec le regard vif des enfants, je remarquai immédiatement qu'il avait dans les deux oreilles du coton qui semblait trempé dans un liquide jaune... Je dus jouer aussitôt quelque chose..."

Et voilà qu'un coup de chance semble se produire. Beethoven est conquis, il décide spontanément de donner des leçons au garçon : "Envoyez-le-moi plusieurs fois par semaine." Mais bien que le petit pianiste – il a dix ans – soit enthousiasmé par tout ce que Beethoven lui enseigne, notamment par l'art du legato, il se produit bientôt un fait caractéristique de l'esprit petit-bourgeois qui habite les Czerny, et que Karl, même devenu adulte, rapporte sans passion : "Comme mon père ne voulait pas me laisser faire seul le long chemin qui menait en ville et m'y conduisait toujours lui-même, ce qui lui faisait perdre beaucoup de leçons, comme de plus il arrivait souvent que Beethoven s'excusât parce qu'il était en train de composer, les leçons furent interrompues pour une longue période au bout de quelque temps, et je fus à nouveau abandonné à mon propre zèle."

Les tableaux se ressemblent. Voici peu, le petit Czerny était chez Beethoven ; dix bonnes années plus tard, il a la réputation d'être un excellent pédagogue, et des pères tout aussi ambitieux vont le trouver avec des fils tout aussi prometteurs. Et l'un de ces pèlerinages est un deuxième grand moment dans la biographie de Karl Czerny.

Mais les grands moments ne se révèlent que lorsqu'ils sont passés depuis longtemps. Czerny rapporte : "Un matin de l'année 1819, un homme vint me voir en compagnie d'un petit garçon d'environ huit ans, en me priant de lui faire jouer quelque chose au forte-piano. C'était un enfant pâle et d'aspect malingre ; en jouant, il titubait sur sa chaise comme s'il était ivre, si bien que je pensais qu'il allait tomber. Quant à son jeu, il était irrégulier, confus, embrouillé, et il ignorait tout du doigté, si bien qu'il posait ses doigts n'importe où sur les touches. Je fus néanmoins étonné du talent que lui avait prodigué la nature. Il joua à vue quelques morceaux que je lui présentai, de façon il est vrai toute spontanée, mais sa façon de jouer n'en montrait que mieux que la nature elle-même avait façonné un pianiste. Il en alla de même lorsque, à la demande de son père, je lui proposai un thème sur lequel improviser. Sans avoir acquis la moindre connaissance de l'harmonie, il mit un certain génie dans son exécution. Le père me raconta qu'il était un fonctionnaire subalterne au service du prince Esterhazy, qu'il avait jusqu'à présent donné lui-même des leçons à son fils, mais me demandait maintenant si je ne voulais pas m'occuper du petit Franz…"

En dépit de tous les excellents conseils qu'il prodigue aux pianistes concertants – les trois courbettes, le costume noir et les gants blancs – Czerny n'a pratiquement jamais donné un grand récital, encore bien moins entrepris une tournée. Il évoque plusieurs raisons, mais surtout celle-ci : "De plus, mon jeu a toujours manqué de cette charlatanerie brillante et soigneusement mise au point, qui est généralement nécessaire au virtuose en tournée."

Celui qu'il prend maintenant sous son aile, le petit Franzi, a tout cela à revendre, et du génie par-dessus le marché. Et c'est ainsi que le concertophobe Czerny formera le plus passionnant virtuose du siècle.

A vous, Franz Liszt !

XI

“LE CONCERT, C’EST MOI !”

Franz Liszt et la décennie de la virtuosité

En revanche, on peut comparer l’homme d’esprit soit à un virtuose qui exécute son concert seul, soit à un piano. Car de même que celui-ci est à lui seul un petit orchestre, l’homme d’esprit est un petit univers ; et ce que les autres ne sont que par leur collaboration, il le représente dans l’unité d’une seule conscience.

ARTHUR SCHOPENHAUER,
Aphorismes sur la sagesse dans la vie.

Où que l'on se trouve, dans les années 1840, théâtres nationaux et opéras, auditoriums et redoutes, amphithéâtres et foyers d'hôtels, salons de musique et salles pour noces et banquets, voire dans tous les endroits où existe une salle quelconque, un local couvert petit ou grand – nous rencontrons Franz Liszt. Dix années durant, il est quasiment omniprésent en Europe, et comme l'âge du chemin de fer vient juste de commencer, il voyage de la façon la plus luxueuse, dans un de ces "wagons Offenbach", si pratiques, susceptibles de se métamorphoser en tout ce que l'on peut imaginer – et il est permis d'avoir l'imagination un peu grivoise : le salon devient salle à manger et, la nuit, chambre confortable. Dix années durant, l'Europe ne connaît qu'un seul événement sociomusical, qu'une seule séduction virtuose, qu'une unique sensation piano-politique : *Franz Liszt joue*.

"Je n'ai point fait d'ami ici. Mais j'ai toujours une cour très nombreuse. Ma chambre ne désemplit pas. Je suis l'homme à la mode. 50 exemplaires de mon portrait ont été achetés en 24 heures. [...] Ma vie [est] prodigieusement monotone. Je suis adulé, cajolé [...] par tout le monde [...][1]."

1. Lettres à Marie d'Agoult des 28 avril et 5 mai 1838.

Franz Liszt joue. Son jeu lui rapporte une fortune. Il demande parfois douze mille francs, une fois même, à Paris et à Madrid, vingt mille francs par soirée, cela fait à peu près sept mille thalers. Mais ses obligations familiales sont également considérables : il doit entretenir sa mère ; le train de vie de la comtesse d'Agoult, qui doit lutter pour tenir son rang à Paris, engloutit des sommes énormes ; s'y ajoute l'éducation des trois enfants dans les pensions les plus chères de Paris – mais surtout, les nécessiteux font le siège de ses hôtels, de sa calèche, de ses concerts. Et presque un récital sur deux est donné au profit d'une œuvre de bienfaisance. Liszt joue pour financer l'achèvement de la cathédrale de Cologne ainsi que pour l'érection d'un monument à Beethoven dans la ville de Bonn, il joue au profit d'une fondation Mozart et pour les invalides de la bataille de Borodino, pour les professeurs dans la gêne et les étudiants pauvres, et à de multiples reprises pour des individus, des musiciens ruinés. Certains, comme le chanteur italien Pantaleoni, semblent avoir pris un abonnement chez lui. Mais toutes ces largesses ne l'empêchent pas de remplir également ses poches.

Franz Liszt joue. Une renommée européenne comporte aussi une réputation préliminaire, qui déroule un tapis rouge de bons mots, d'éloges et d'anecdotes. "Après Liszt, il faut fermer l'instrument", a dit un pianiste comme Ignaz Moscheles, lui-même célèbre. Berlioz voyait en lui le "roi des pianistes" ; Ludwig Rellstab reprend et développe la formule quand Liszt quitte Berlin au milieu d'un triomphe aux allures d'émeute : "Il n'est pas parti comme un roi : *c'était* un roi…" Royales aussi, les répliques cinglantes qu'on lui attribue. Par exemple, à un général russe qui lui faisait remarquer sur un ton méprisant qu'il n'avait sans doute jamais livré bataille, Liszt rétorque : Non, et je suppose que Votre Excellence n'a jamais joué de piano ? Il y a là moins de béotienne incohérence qu'on ne pourrait le supposer à première vue, car de fait : le piano devient de plus en plus le champ de bataille de Franz Liszt. Robert Schumann en témoigne : "Ce n'est plus telle ou telle manière de jouer du piano, mais l'expression d'un caractère intrépide, à qui la destinée a donné pour vaincre non des armes meurtrières, mais l'arme pacifique de l'art." Une jeune auditrice exprime son désarroi : "Il suscite effroi et étonnement et c'est un artiste charmant. Au piano, il est indescriptible, il s'engloutit dans son piano… Sa passion ne connaît pas de bornes… Au début, il fait sauter trois cordes de laiton du Conrad Graf. Comment dire ? Cette basse manquante ne l'a pas gêné – il doit y être habitué. Il vous absorbe – on sombre avec lui."

Cette enthousiaste, toutefois, se garde bien de sombrer. Au contraire, elle le critiquera plus tard, et méprisera ses imitateurs ; c'est la jeune personne que nous avons déjà rencontrée dans un carrosse de verre, Clara Wieck-Schumann. Les auditeurs de Liszt sont toujours grisés, et on trouve parmi eux les têtes couronnées d'Europe : le tsar Nicolas Ier et Guillaume IV, la reine Victoria ainsi qu'Isabelle d'Espagne, le roi de Danemark et la reine du Portugal ; quant à Louis-Philippe, le roi bourgeois, il a déjà joué devant lui quand celui-ci n'était encore que duc d'Orléans et lui-même le "petit Liszt" à qui les dames n'offraient encore que du chocolat. Mais les écrivains assistent aussi à ses récitals : Victor Hugo et Balzac, Alexandre Dumas et George Sand, et il arrive même que Heinrich Heine, correspondant culturel à Paris, daigne non seulement en rendre compte, mais même les écouter. Le conteur

Hans Christian Andersen écoute Liszt tout comme le satiriste berlinois Adolf Glassbrenner et le poète local Emanuel Geibel, moins inoffensif qu'il n'y paraît. Les compositeurs eux-mêmes ne sont pas absents : Meyerbeer, Mendelssohn et Schumann, Spohr et bien entendu son maître Czerny. Et parmi les assistants les plus assidus, on trouve les caricaturistes, car Liszt pousse la virtuosité jusqu'à cette limite où plus rien ne la sépare de l'attraction curieuse.

Franz Liszt joue. Que joue-t-il donc, qu'y a-t-il au programme ? Voici longtemps, depuis la fin des années 1830, que nous ne trouvons plus en règle générale ces pots-pourris, mélange d'ouvertures orchestrales et de numéros de chant entre lesquels se glissait un soliste, souvent simple accompagnateur. Liszt est moins l'inventeur du récital que celui qui a osé soustraire le soliste à l'intimité des salons, osé la grande salle de concert, ce qui représentait un risque multiple : risque social et musical, mais aussi financier et… acoustique.

Franz Liszt joue. Ce que les gens attendent de lui ne fait aucun doute : sa transcription de la *Pastorale* de Beethoven, mais plus particulièrement l'"Orage" ; bien entendu, sa paraphrase sur *Le Roi des aulnes* de Schubert, cette chevauchée mortelle poussée au paroxysme de l'intensité dramatique ; son propre *Galop chromatique*, cela va de soi, et comment pourrait-il ne pas jouer sa fantaisie sur des thèmes de *Robert le Diable* de Meyerbeer, ou celle sur ce *Don Giovanni* qu'au XIXe siècle on appelle encore *Don Juan* ? Car Liszt, bien qu'il se produise comme pianiste soliste, ne se contente nullement d'un solo de piano : bien qu'il se passe encore largement de l'orchestre, il veut le remplacer par le piano, l'imiter, le faire naître au bout de ses doigts. Dans un premier temps, ce n'est pas vraiment comme soliste qu'il entreprend de se produire, mais comme son propre orchestre. Et si, les soirs où il joue, on ne veut plus se laisser emporter par les ailes de quelque chant, on veut au moins entendre chanter le piano ; et même si ce Paganini n'est plus qu'une légende, on veut quand même entendre se produire l'invraisemblable : le piano qui imite le violon, Goliath qui se fait David, cette énorme caisse sonore réduite à la maniabilité du violon. Et, d'une façon générale, Liszt joue avec prédilection ce qui stupéfie les gens : la *Fantaisie chromatique et fugue* de Bach, n'appartient-elle pas à un passé révolu, ne fut-elle pas écrite pour un instrument qui, Dieu merci, est totalement obsolète ? Et pour finir, cette sonate pour le *Hammerklavier* ! Une pièce complètement démente, un morceau qui, non content de défier la digitalité et la technique les plus assurées, passe tout simplement les possibilités humaines. Mais justement : Liszt, à proprement parler, ne joue pas du piano. Il joue le one man show, l'aventure, l'inouï.

Franz Liszt joue. Dans quel costume, dans quel rôle peut-il bien se montrer, sous lequel de ses multiples aspects, de ses innombrables avatars allons-nous le rencontrer ? Incarne-t-il cette fois le pénitent ou le bohème, apparaît-il dans la peau de l'abbé ou dans celle du dandy, du philosophe ou du snob ? Est-il un bon vivant tout velours et soie, ou une espèce de spectre en soutane ? Se donne-t-il pour "le plus fervent des chrétiens", ou se présente-t-il avec la superbe léonine d'un invincible croque-notes ? Nous fait-il le coup du demi-Tzigane, du Hongrois entier, du double viveur ou de l'apatride au centuple ? Liszt aime la mascarade romantique, il aime apparaître dans des mises en scène toujours renouvelées. Mais dans quelle mesure est-il maître de ces métamorphoses, dans quelle mesure est-il leur esclave ? Car ces rôles versatiles sont aussi des paraphrases psychologiques sur les courants éphémères de l'esprit du temps, du saint-simonisme à la kabbale, de la franc-maçonnerie au mysticisme, des sciences naturelles au panthéisme. C'est ainsi qu'il s'inscrit un jour sur le registre d'un hôtel : il se dit musicien-philosophe, né sur le Parnasse, venant du doute, en route pour la vérité.

Franz Liszt joue. Et l'incroyable se produit : Voilà qu'il joue pour de vrai ! Franz Liszt joue, il joue ! Il existe vraiment, le voilà ! Et quelle prestance ! Un point d'exclamation en noir, une longue silhouette décharnée, aux épaules étroites ; le visage, lui aussi, est long et maigre, le nez maigre et long, tout le personnage est d'une longueur extrême, comme une pièce de linge qu'on aurait étirée ; les cheveux sombres qui pendent sur les épaules et sur le front soulignent encore cet élancement, et qu'ils sont longs, ces bras tombant de chaque côté du corps, et longs longs longs les célèbres doigts géniaux, touchés par la grâce, dont un poète a un jour affirmé qu'ils abritent l'âme de Liszt. Mais quelle que soit sa ressemblance avec un point d'exclamation noir et évanescent, d'une longueur archétypale, sa façon de se présenter n'a rien d'impérieux, d'anguleux ni de raide. C'est plutôt une apparition discrète, un silence vêtu de noir, cependant que le pâle visage maigre et ascétique (ou est-il ravagé par les nuits d'amour ?) arbore un sourire discret et que la longue silhouette daigne esquisser une courbette, la main gauche posée légèrement sur une hanche à peine visible. Cette vision légendaire est tout imprégnée de grâce désinvolte, d'une décontraction que l'on peut déjà qualifier de virtuose, d'une élégance désarmante qui semble dire : “Nous y arriverons bien, vous et moi." Car on sent que cet artiste, ce Liszt qui vient enfin d'entrer en scène, a inversé la situation habituelle : le trac s'est emparé du public, les gens (tous autant que nous sommes) sont en proie à une expectative fébrile, ils ont perdu tous leurs moyens, ils sont, au sens le plus fort du terme, hors d'eux. Il est là, Franz Liszt.

Franz Liszt joue. Un pas décisif l'amène au piano, encore une légère inclinaison du buste et le voilà assis, il commence… il ne commence pas le moins du monde, il commence par se métamorphoser, se redresser, se grandir, relever la tête dans une sorte de geste impérial, ramener ses cheveux derrière ses oreilles. On dit qu'il joue avec des gants : c'est une légende, vous voyez bien qu'il les ôte, les jette négligemment à terre. De même qu'un organiste tire les registres de son orgue avant de se mettre à jouer, Franz Liszt tire en cet instant tous les registres de son corps, de sa présence réelle, de sa rouerie.

Franz Liszt joue. Peut-être n'est-il pas l'homme qui, de tous les temps, sut le mieux jouer du piano, mais il est sans doute celui qui savait le mieux jouer de son piano. Jouer de son propre corps avant même qu'une note se soit fait entendre, cela fait partie du jeu. Tout de suite après commence le jeu avec le public, non par l'éruption d'un volcan pianistique, mais par un envoûtement discret. Robert Schumann a compris et décrit la sensualité lascive du processus : "Le génie s'empare de lui ; comme pour mettre son public à l'épreuve, il jouait d'abord avec lui, lui faisait entendre ce qu'il y avait de plus profond jusqu'au moment où, son art ayant pour ainsi dire circonvenu chacune des personnes présentes, il pouvait à sa guise soulever et entraîner l'ensemble. Sans doute, cette faculté de subjuguer un public, de l'exalter, de le transporter, ne se rencontrait à un si haut degré chez aucun autre artiste, excepté Paganini." Et Schumann continue : "Mais il faut l'entendre et aussi le voir ; il ne faudrait surtout pas que Liszt joue dans les coulisses, une grande partie de la poésie en serait perdue." Mais au cours de cette décennie vouée à la virtuosité, la gestuelle de Liszt, sa mimique auxiliaire, se modifie et se décante, ainsi que le décrit spirituellement Heinrich Heine :

"Autrefois, quand il jouait par exemple un orage au pianoforte, on voyait les éclairs sillonner convulsivement son visage, ses membres étaient secoués comme par la tempête et ses longues mèches semblaient trempées par l'averse violente qu'il mimait. Maintenant, même quand il joue un ouragan d'une violence extrême, il le domine, tel le voyageur debout sur une cime tandis que la tempête fait rage dans la vallée : les nuées s'amoncellent loin en dessous de lui, les éclairs se tordent à ses pieds comme des serpents, et son visage souriant baigne dans la pureté de l'éther."

Franz Liszt joue. Il est hors de doute que la force suggestive de son jeu est moins l'effet d'une virtuosité technique, d'une froide digitalité, que de l'art consommé avec lequel il fait du piano le théâtre d'un drame – et les luttes, les passions, les forces de la nature, les chevauchées mortelles que comporte ce drame ne sont pas représentées dans la seule musique, mais aussi dans la mimique et dans les gestes. Il s'agite jusqu'à la frénésie ; non seulement ses mains sautent sur le clavier, mais lui-même saute de sa chaise, se tord telle une pythie, jette la tête de côté et d'autre comme s'il assistait à un match de tennis, son corps tout entier se fait cadence quand une gamme sombre dans les basses, ses bras se dressent en extase au-dessus des accords tonitruants comme si on l'avait plaqué au mur en criant "Haut les mains !" Mais le prodige suprême, ce sont quand même ces mains (du moins si l'on en croit les caricaturistes), qui effleurent le clavier comme des ailes d'oiseau, s'élèvent et redescendent comme des hirondelles si bien qu'on finit par ne plus discerner qu'un mouvement immatériel, des mains qui se désincarnent totalement dans les trémolos – mon fils, c'est une traînée de brume[1] –, qui, dans les glissandos, semblent s'apprêter à monter au ciel et qui, comme c'est étrange, n'ont pas sur le clavier de place attitrée – l'une à gauche, l'autre à droite, on collabore au milieu –, la main droite entreprend de longues incursions dans le registre de la gauche qui se dédommage en lui passant pardessus pour entonner une cantilène ou même escalader les aigus, si bien qu'il semble que l'anatomie se soit embrouillée dans l'ardeur du jeu et que la seule issue serait maintenant de retourner l'instrument. "Il fait ce qu'il veut, admire le pianiste Moscheles, et les mains qu'il lance haut en l'air retombent rarement, si rarement qu'on en est surpris, sur une mauvaise touche."

Franz Liszt joue. Il ne se contente pas de jouer du piano à son public : il lui montre comment réagir ; les gestes plaident la cause de la réception, se font champions des extases, des émois, des apaisements. Liszt séduit parce qu'il se produit ; même les déportements les plus aventureux sont mis à la portée du public, nous sommes toujours au courant de ce qui se passe, non seulement dans les doigts, mais dans la musique, l'âme, le cœur, le drame – et même l'extravagance, en secouant comme une transe le pianiste lui-même, devient plausible. C'est cela, et cela d'abord, qui caractérise et

1. Allusion au *Roi des aulnes* de Goethe.

distingue le jeu de Liszt : cette immense et incessante évidence.

Franz Liszt joue. La passion qu'il met dans son jeu (une passion très froide) force la compassion des auditeurs, les agresse physiquement ; elle n'est pas seulement massage psychique, elle est contact, caresse, suffocation. Ils en restent sans voix, ce que prouve notamment le critique musical viennois Carl Kunt en essayant de trouver des mots : "Las ! Son esprit en lutte avec les puissances matérielles qui n'ont de cesse de s'opposer à son élan contraint l'artiste véritable, l'artiste sublime à sacrifier une partie de ses forces, une partie de sa vie. Le sang bouillonne, le pouls s'emballe, les nerfs vibrent, tandis que son âme transfigurée s'enivre dans l'extase des cimes olympiennes, cette âme d'artiste qui semble en ces instants être au centre de toutes les existences..." Dans cette période où Liszt est avant tout un virtuose, la transfiguration olympienne ne semble jamais bien loin, et la lutte de son esprit avec les puissances matérielles offre parfois des traits plutôt grotesques. Liszt lui-même le décrit sans ménagement, presque avec balourdise :

"Un incident quasi burlesque a presque failli compromettre le succès de la soirée. Peu avant l'entrée du motif des *Puritains*, une corde casse. L'accordeur arrive *subito* pour la retirer sans en venir à bout. La corde ne dérangeant rien d'ailleurs au Piano je continue de jouer et l'accordeur continuant aussi, lui, à tripoter la corde sans résultat, je lui dis à 2 et 3 reprises de s'en aller et de la laisser.

Ce brave Accordeur n'entendit point. A la fin impatienté de son manège je lui donne une violente tape sur la main (en continuant toujours mon morceau). Cette tape retentit dans toute la salle. Quelques malv[eillants] essaient de suspendre les applaudissements qui éclataient à la fin du motif. Le public reste indécis. L'accordeur était rentré dans les coulisses. Moi sentant cela je me lève du piano, et me posant en face du public, j'ordonne à l'accordeur d'ôter le piano que je jouais et d'avancer un autre qui était là tout près en réserve [...]. Quant à l'accordeur, quelques-uns essayèrent de l'applaudir lorsqu'il sortit plus tard pour examiner le piano – mais un plus grand nombre le siffla – le pauvre diable a vraiment passé un mauvais quart d'heure[1]."

Franz Liszt joue. Ne dirait-on pas que le diable s'en mêle ? Et, bien sûr, on se souvient immédiatement de cette anecdote célèbre : quelqu'un l'entend, s'exclame : "Ou vous êtes Franz Liszt, ou vous êtes le diable." C'est une histoire superbe, parce que très révélatrice. Révélatrice, non pas de Liszt, mais du lien toujours prompt à s'établir entre la virtuosité époustouflante et la diablerie. La même légende – et ce n'est surprenant qu'en apparence – court à propos de l'organiste Jean-Sébastien Bach : "C'est soit Bach, soit le diable !" Comme il est étrange que l'on ne puisse concevoir d'autre virtuose que le diable, alors que le bon Dieu, en l'honneur de qui tant de musique retentit, n'est jamais évoqué à propos de cette forme de dextérité. Mais il semble que l'idée d'un pacte diabolique aille de soi. Un autre critique parle de Liszt en ces termes : "Nous l'avons entendu, ce prodige unique au monde, que la superstition des siècles envolés, en proie à l'idée aberrante qu'il faut absolument avoir conclu un pacte avec le diable pour accomplir ce genre d'exploit, aurait à coup sûr, sans grâce ni merci, condamné au bûcher... Il suffit de regarder ce visage

1. Franz Liszt et Marie d'Agoult, *Correspondance*, Fayard, Paris, 2001, p. 403

presque sinistre et cependant empreint de candeur enfantine – ces traits accusés, pleins de caractère, qui font par analogie penser à Paganini."

Le jeune Liszt avait souhaité devenir le Paganini du piano, mais quand il le fut devenu, quand on ne cessa plus de lui donner ce nom, il tenta de s'en libérer avec une passion quasi désespérée ; des années durant, Paganini s'attacha à ses pas comme un Méphisto ; cette association était vraiment une espèce de pacte personnel, un drame faustien vécu. C'est la seule chose qui puisse expliquer que son éloge funèbre de Paganini ait presque l'allure d'une malédiction et se termine par une exclamation libératoire :

"[…] il parut étranger à toute sympathie, étranger à toute passion, étranger même à son propre génie ; car le génie, c'est la puissance de révéler Dieu à l'âme humaine, et Paganini n'eut jamais d'autre dieu qu'une sombre et chagrine personnalité. […] Envisager l'art, non comme un prompt moyen d'arriver à d'égoïstes jouissances, à une stérile célébrité, mais comme une force sympathique qui rapproche et unit les hommes ; élever sa vie à cette haute dignité dont le talent est l'idéal […] ; dominer l'opinion par l'ascendant d'une noble vie […] ; telle est la tâche que devra s'imposer l'artiste assez fort pour aspirer à l'héritage de Paganini. […] Que l'artiste de l'avenir renonce donc, et de tout cœur, à ce rôle égoïste et vain dont Paganini fut, nous le croyons, un dernier et illustre exemple ; qu'il place son but, non en lui, mais hors de lui ; que la virtuosité lui soit un moyen, non une fin ; qu'il se souvienne toujours qu'ainsi que noblesse, et plus que noblesse sans doute, génie oblige[1] !"

1. *Artiste et Société*, *op. cit.*, p. 257-258.

Mais le fondement de cette évolution n'est pas seulement une décision individuelle, l'éthique de Liszt ou son tempérament, mais aussi – le piano. Impensable qu'un autre violoniste ait pu reprendre le rôle du virtuose suprême. Si l'on veut définir l'art comme "une force sympathique qui rapproche et unit les hommes", ce n'est possible qu'en changeant aussi d'instrument, qu'en échangeant l'intimité solipsiste du violon contre une sociabilité de grande envergure, cette boîte délicate enlacée tendrement contre un meuble tonitruant auquel le pianiste, posé devant, préposé, impose au nom de tous les auditeurs sa volonté prépondérante. Le violoniste virtuose était un solitaire venu d'une autre planète sonore ; le pianiste virtuose a conquis, sur un terrain familier à presque tous, le sommet dominant. Cela le rend plus humain – et doublement prodigieux.

Franz Liszt joue. Il joue d'abord avec l'injouable. Il a modifié les études composées quelques années auparavant, elles sont plus symphoniques, il a fait éclater leur vélocité czernyenne, l'a enfouie, dressant des obstacles sur son chemin comme s'il voulait, maintenant qu'il n'a plus aucun rival, rivaliser avec lui-même, se mettre lui-même en jeu. Ces études n'ont pas encore de nom, mais au début des années 1840, il reprend la quatrième, la baptise *Mazeppa*, la dédie "à Victor Hugo", lui donne une nouvelle conclusion : elle sera la plus célèbre, la plus spectaculaire, et sans doute la plus difficile techniquement. Mazeppa – il s'agit de cet Ivan Stepanovitch Mazeppa qui, surpris avec la femme d'un gentilhomme polonais, est attaché nu sur un cheval, lâché dans la steppe et emporté au galop jusqu'au moment où (chez Hugo) il est sauvé et proclamé roi. Mazeppa – c'est aussi un protagoniste fantasmatique du romantisme européen : outre Victor Hugo, Byron

Franz Liszt : quelques accords avant la gloire…

Vingt et une heures… souvenir de la virtuosité.

lui a dédié un grand poème. Et du romantisme au music-hall, il n'y a qu'un pas : on le verra quelques années plus tard, quand Mazeppa sera devenu un "grand spectacle équestre". Des centaines de milliers de spectateurs pourront contempler l'actrice Adah Mencken, femme fatale[1] idolâtrée, paraissant presque nue dans son collant rose, attachée sur une jument blanche, lancée à fond de train sur une piste en forme de spirale. Le Mazeppa de Liszt figure toujours au programme de ses récitals.

Et, encore une fois, il modifiera ses études, atténuant même certaines difficultés ; il leur donnera des noms comme *Eroica*, *Chasse sauvage*, *Feux follets*, *Harmonies du soir*, *Ricordanza*, *Paysages* et autres ; mais, en outre, il leur attribue un titre qui, pour ainsi dire, les retire de la circulation, lui garantissant orgueilleusement l'exclusivité de cette virtuosité nouvelle qu'il a créée ; un titre qui les nimbe d'une aura d'inaccessibilité non seulement totale, mais définitive : elles s'appelleront désormais *Etudes d'exécution transcendante*.

Franz Liszt joue. A-t-il jamais joué du piano avec plus de virtuosité qu'il ne joue maintenant avec le mot "transcendance" ? Car il est évident que "d'exécution transcendante" veut dire plus que "dépassant les possibilités d'exécution". Le terme "transcendante" rayonne ici d'un éclat insoutenable, il transcende, et avec lui se lève, pourrait-on dire, le soleil même de la transcendance, il n'a plus aucun rapport avec l'exécution, avec la digitalité. "D'exécution transcendante" – on est emporté jusqu'à cette sphère où le son se fait vision, le jeu utopie, où ce qui est humainement impossible devient principe de plaisir, l'orage qui se déchaîne sur

1. En français dans le texte.

les touches touche à la musique de l'avenir. D'exécution transcendante – c'est le glissando qui mène de la virtuosité à la vérité. C'est en termes semblables que Liszt l'annonce dans une lettre : il veut maintenant dépouiller la chrysalide de la virtuosité pour laisser libre cours à ses idées.

Ce n'est pas seulement le concert qui est terminé : la décennie de la virtuosité se termine elle aussi. Nous savons où nous sommes : à Ielizavetgrad, Elisabethstadt, une petite ville de garnison russe, la dernière étape du virtuose Liszt. Et nous éprouvons le même sentiment que le musicien russe Alexandre Nicolaïevitch Serov, qui écrit dans son journal :

"Voici presque deux heures que j'ai quitté la salle de concert. Mais je suis encore tout à fait hors de moi. Où suis-je ? Où sommes-nous ? Est-ce la réalité, est-ce un songe ? Est-il vrai que j'aie pu entendre Liszt ?"

Franz Liszt a joué.

XII

LE PIANO DANS LA SATIRE

(Avec la collaboration
d'Hector Berlioz et de Wilhelm Busch)

LE PIANO DE CONCOURS DE BERLIOZ

Les concours du Conservatoire ont commencé la semaine. Le premier jour, M. Auber, décidé à attaquer le taureau par les cornes, a fait concourir les classes de piano. L'intrépide jury chargé d'entendre les candidats apprend sans émotion apparente qu'ils sont au nombre de trente et un, dix-huit femmes et treize hommes. Le morceau choisi pour le concours est le *Concerto en sol mineur* de Mendelssohn. A moins d'une attaque d'apoplexie foudroyant l'un des candidats pendant la séance, le concerto va donc être exécuté trente et une fois de suite ; on sait cela. Mais ce que vous ne savez peut-être pas encore, et ce que j'ignorais moi-même il y a quelques heures, n'ayant point eu la témérité d'assister à cette expérience, c'est ce que m'a raconté ce matin un des garçons de la classe du Conservatoire, au moment où, tout préoccupé de l'épithète de vieux dont m'avait gratifié l'Amaryllis de Montmorency, je traversais la cour de cet établissement.

"Ah ! ce pauvre monsieur Erard ! disait-il. Quel malheur !

— Erard, que lui est-il arrivé ?

— Comment ! vous n'étiez donc pas au concours de piano ?

— Non, certes – eh bien ! que s'y est-il passé ?

— Figurez-vous que M. Erard a eu l'obligeance de nous prêter, pour ce jour-là, un piano magnifique qu'il venait de terminer et qu'il comptait envoyer à Londres, pour l'Exposition universelle de 1891. C'est vous dire s'il en était content. Un son d'enfer, des basses comme on n'en entendit jamais, enfin un instrument extraordinaire. Le clavier était seulement un peu dur ; mais c'est pour cela qu'il nous l'avait envoyé.

M. Erard n'est pas maladroit, et il s'était dit : les trente et un élèves, à force de taper leur concerto, *égaieront* les touches de mon piano, et ça ne peut lui faire que du bien. Oui, oui, mais il ne prévoyait pas, le pauvre homme, que son clavier serait égayé d'une si terrible manière. Au fait, un concerto exécuté trente et une fois de suite dans la même journée ! qui pouvait calculer les suites d'une semblable répétition ? Le premier élève se présente donc et, trouvant le piano un peu dur, n'y va pas de main morte pour en tirer du son. Le second *idem.* Au troisième, l'instrument ne résiste plus autant ; il résiste encore moins au cinquième. Je ne sais pas comment l'a trouvé le sixième ; il m'a fallu, au moment où il se présentait, aller chercher un flacon d'éther pour un de ces messieurs du jury qui se trouvait mal. Le septième finissait quand je suis revenu, et je l'ai entendu dire en rentrant dans la coulisse :

— Ce piano n'est pas si dur qu'on le prétend ; je le trouve excellent au contraire.

Les dix ou douze autres concurrents ont été du même avis ; les derniers assuraient même qu'au lieu de trop dur au toucher il était trop doux.

Vers les trois heures moins un quart, nous étions arrivés au numéro 26 ; on avait commencé à 10 heures ; c'était le tour de Mlle Hermance Lévy, qui déteste les pianos durs. Rien ne pouvait lui être plus favorable, chacun se plaignait à cette heure qu'on ne pût toucher le clavier sans le faire parler ; aussi elle nous a enlevé le concerto si légèrement, qu'elle a obtenu net le premier prix. Quand je dis net, ce n'est pas tout à fait vrai ; elle l'a partagé avec Mlle Vidal et Mlle Roux. Ces deux demoiselles ont aussi profité de l'avantage que leur offrait la douceur du clavier ; douceur telle, qu'il commençait à se mouvoir rien qu'en soufflant dessus. A-t-on jamais vu un piano de cette espèce ? Au moment d'entendre le numéro 29, j'ai encore été obligé de sortir pour chercher un médecin ; un autre de nos messieurs du jury devenait très rouge, et il fallait le saigner absolument. Ah ! ça ne badine pas, le concours de piano ! et quand le médecin est arrivé, il n'était que temps. Comme je rentrais au foyer du théâtre, je vois revenir de la scène le numéro 29, le petit Planté, tout pâle, il tremblait de la tête aux pieds en disant :

— Je ne sais pas ce qu'a le piano, mais les touches remuent toutes seules. On dirait qu'il y a quelqu'un dedans qui pousse les marteaux. J'ai peur.

— Allons donc gamin, tu as la berlue, répondit le petit Cohen, de trois ans plus âgé que lui. Laissez-moi passer, je n'ai pas peur, moi.

Cohen entre ; il se met au piano sans regarder le clavier, et joue son concerto très bien, et, après le dernier accord, au moment où il se levait, ne voit-on pas le piano qui se met à recommencer tout seul le concerto ! Le pauvre jeune homme avait fait le brave ; mais, après être resté comme pétrifié un instant, il finit par se sauver à toutes jambes. A partir de ce moment, le piano, dont le son augmente de minute en minute, va son train, fait des gammes, des trilles, des arpèges. Le public, ne voyant personne auprès de l'instrument et l'entendant sonner dix fois plus fort qu'auparavant, s'agite dans toutes les parties de la salle ; les uns rient, les autres commencent à s'effrayer, tout le monde est dans un étonnement que vous pouvez comprendre. Un juré seulement, du fond de la loge, ne voyant pas la scène croyait que Cohen avait recommencé le concerto et s'époumonait :

— Assez ! assez ! assez ! taisez-vous donc ! Faites venir le numéro 31 et dernier.

Nous avons été obligés de lui crier du théâtre :

— Monsieur, personne ne joue, c'est le piano qui a pris l'habitude du concerto de Mendelssohn et qui l'exécute tout seul à son idée. Voyez plutôt.

— Ah ça ! mais c'est indécent ; appelez M. Erard. Dépêchez-vous ; il viendra peut-être à bout de dompter cet affreux instrument.

Nous cherchons M. Erard. Pendant ce temps-là, le brigand de piano, qui avait fini son concerto, n'a pas manqué de le recommencer encore, et tout de suite sans perdre une minute, et toujours, toujours avec plus de tapage ; on eût dit quatre douzaines de pianos à l'unisson. C'étaient des fusées de trémolos, des traits, en sixtes et tierces redoublées à l'octave, des accords de dix notes, des triples trilles, une averse de sons, la grande pédale, le diable et son train.

M. Erard arrive, il a beau faire, le piano, qui ne se connaît plus, ne le reconnaît pas davantage. Il fait apporter de l'eau bénite, il en asperge le clavier, rien n'y fait ; preuve qu'il n'y a point là de sortilège et que c'était un effet naturel de trente exécutions du même concerto. On démonte l'instrument, on ôte le clavier qui remue toujours, on le jette au milieu de la cour du garde-meuble, où M. Erard furieux le fait briser à coups de hache. Ah ! bien oui ! C'était pire encore ; chaque morceau dansait, sautait, frétillait de son côté, sur les pavés, à travers nos jambes, contre le mur, partout, et tant et tant que le serrurier du garde-meuble a ramassé en une brassée toute cette mécanique enragée et l'a jetée dans le feu de sa forge pour en finir.

Pauvre M. Erard ! Un si bel instrument ! Ça nous fendait le cœur à tous. Mais qu'y faire ? Il n'y avait que ce moyen de nous en délivrer ; aussi, un concerto exécuté trente fois de suite dans la même salle, le même jour, le moyen qu'un piano n'en prenne pas l'habitude ! Parbleu, M. Mendelssohn ne pourra pas se plaindre qu'on ne joue pas sa musique ! Mais voilà les suites que ça vous a."

Je n'ajoute rien au récit que l'on vient de lire et qui a tout à fait l'air d'un conte fantastique. Vous n'en croirez pas un mot, sans doute, vous irez jusqu'à dire : c'est absurde. Et c'est justement parce que c'est absurde que je le crois car jamais un garçon du Conservatoire n'eût inventé une telle extravagance.

WILHELM BUCH :
CONCERT DE NOUVEL AN

1. Silentium.

2. Intriduzione.

3. Scherzo.

4. Adagio.

5. Adagio con sentimento.

6. Piano.

7. Smorzando.

8. Maëstoso.

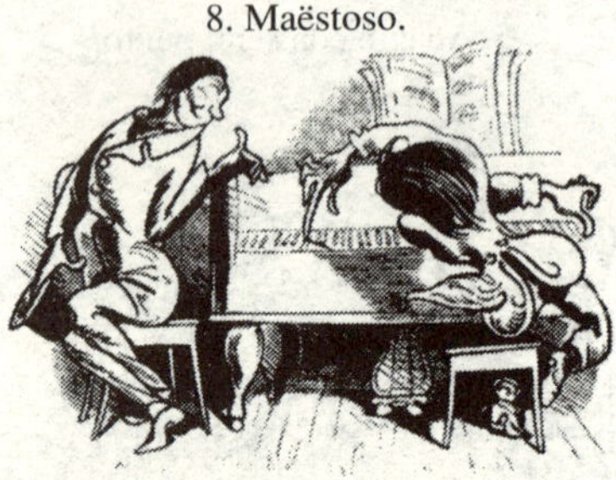

9. Capriccioso.

10. Passaggio chromatico.

11. Fuga del diavolo.

12. Forte vivace.

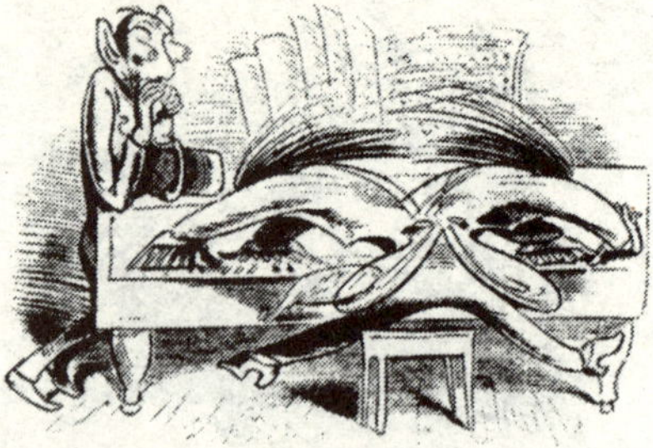

13. Fortissimo vivacissimo.

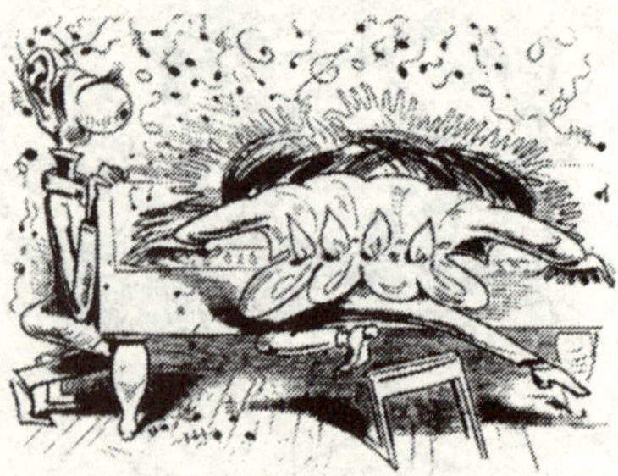

14. Finale furioso.

15. Bravo-bravissimo.

XIII

GUERRE CIVILE ET FAR WEST

Les aventures pianistiques de Gottschalk en Amérique

J'imagine l'enfer comme un vaste entrepôt de tous les pianos possibles : pianos carrés, pianos à queue, pianos droits, où un auditoire de damnés est condamné à écouter dans les siècles des siècles une éternelle Rêverie de Rosellen jouée par des pianistes qui sont les hôtes de ténèbres… Si Dante avait connu le piano, ne l'aurait-il pas ajouté à ses tourments infernaux ?

LOUIS MOREAU GOTTSCHALK

UN PIANO À QUEUE SUR UN VOLCAN

L'homme vit au bord d'un cratère, sur un volcan éteint de la Guadeloupe dans les îles Caraïbes ; las des hommes et surtout des femmes, il s'est retiré dans cette solitude et, depuis plusieurs mois, il vit comme un moine dans un abri de fortune. Sa cabane domine le monde de très haut ; cactées et bambous masquent l'effroi du ravin abrupt, et un garde-fou entoure la petite terrasse où une pierre blanche marque la tombe du dernier habitant, qui a souhaité être enterré ici. Et que fait notre homme dans ce désert tropical, avec quoi – outre les pensées, les réflexions écrites, les regards et la mélancolie – peuple-t-il sa solitude ? Il le dit lui-même :

"Chaque jour je poussais mon piano sur cette terrasse et là, devant la vue la plus extraordinaire du monde, je jouais pour moi-même tout ce que cette scène grandiose m'inspirait. Et quelle scène !

Imaginez un amphithéâtre gigantesque qu'une armée de Titans aurait taillé dans les montagnes, entouré à droite et à gauche par une forêt vierge remplie d'harmonies sauvages et assourdies qui étaient comme la voix du silence. Devant moi s'étendaient quatre-vingts kilomètres de terre dont la perspective magique était mise en valeur par la transparence de cette sereine et limpide atmosphère des tropiques ; au-dessus, un ciel d'azur, au-dessous les contreforts, dominés par les montagnes, descendaient progressivement vers la plaine ; plus loin, la savane verte et puis plus bas un point gris, la ville ; et plus loin encore l'immensité de l'océan dont la ligne d'un bleu profond constituait l'horizon. [...] Je laissais mes doigts courir sur le clavier, absorbé dans la contemplation de ces merveilles [...][1]."

Plus que par l'isolement de l'homme Louis Moreau Gottschalk, premier pianiste américain de renommée mondiale, plus que par l'attitude théâtrale de Liszt disant adieu au monde du concert, nous sommes fascinés par la monumentale solitude de l'instrument, ce piano suspendu entre ciel et terre, entre jungle et rocher. Mais la vue de l'instrument au bord du gouffre, sur la terrasse marquée d'un tombeau blanc, sous le ciel tendre du soir tropical, nous inspire encore une autre réflexion : le pianoforte, entre autres choses, décrit et métaphorise les alternances qui marquent l'existence humaine, les hauts et les bas d'une carrière d'artiste, le recueillement et la performance, la retraite et la foire, la méditation et l'ivresse des acclamations, la voix intérieure et les succès visibles, la concentration et les cris d'allégresse. Pianoforte – on dirait presque le nom d'une courbe biorythmique ; cela n'exprime pas le contraste, mais un balancement, un mouvement ondulatoire, une alternance biologique d'inspiration et d'expiration. Un artiste dont l'instrument est le pianoforte n'est-il

1. Serge Berthier (éd.), *Les Voyages extraordinaires de Louis Moreau Gottschalk, pianiste et aventurier*, Pierre-Marcel Favre, Lausanne, 1985, p. 79.

pas enclin par une sorte de prédestination à se détourner parfois des agitations du monde ? Pourrait-il ne pas succomber à la tentation de cette quiétude psychologique incluse dans le nom de piano – car cela ne signifie pas seulement “sans bruit”, mais aussi “avec douceur, avec lenteur” ; c’est consolation, détente, caresse, tendresse, apaisement.

Louis Moreau Gottschalk est né en 1829 à La Nouvelle-Orléans ; assis auprès de son piano soustrait au monde, il a un peu plus de trente ans, et il est le premier pianiste américain dont la réputation s’étende à l’Europe. Il doit à la musique créole de sa patrie des éléments essentiels de ses propres compositions. A quinze ans, il est allé en Europe, a étudié à Paris d’abord avec Charles Hallé, puis avec Camille Stamaty ; vers le milieu des années 1840, les salons parisiens lui faisaient bon accueil. Peu après son seizième anniversaire, en avril 1845, il a donné à la salle Pleyel son premier concert public ; outre Chopin, qui aurait salué en lui un futur “roi des pianistes”, Berlioz s’intéresse à lui et s’enthousiasme pour l’audace, le brillant et la spontanéité de son jeu.

On dirait presque qu’il marche sur les traces de Liszt, qu’il le suit dans les salles de concert de l’Europe occidentale. En Espagne, son succès est tel qu’il peut prolonger sa tournée pendant deux ans. A l’automne 1852, il s’embarque pour New York, et le 11 février 1853, pianiste désormais chevronné, il fait ses débuts américains dans la salle de bal de Niblos Garden. L’imprésario Pineas T. Barnum lui propose tout de suite un contrat pour une tournée spectaculaire d’un an, mais Gottschalk refuse et reste à New York où, au cours de l’hiver 1855-1856, il donne quatre-vingts concerts. Après quoi il se lasse de la métropole et se lance pour six ans dans l'aventure guadeloupéenne, dont le sommet mental sera la cabane sur le volcan :

"Je recommençai alors à vivre selon les coutumes de ces pays primitifs, coutumes qui si elles ne sont pas strictement vertueuses sont néanmoins terriblement attractives. [...] la vie des savanes sous les tropiques ne pouvait être celle d'un Londonien, d'un badaud parisien ou d'un presbytérien. J'entendais parfois une voix venant du tréfonds de ma conscience qui me commandait impérieusement de retourner à une vie saine et active, me rappelant qui j'étais, qui j'aurais dû être. Mais je m'étais permis de devenir moralement si engourdi par le farniente que l'idée d'apparaître à nouveau devant une audience brillante me semblait très honnêtement absurde[1]."

NE TIREZ PAS SUR LE PIANISTE !

La vie que va mener désormais Gottschalk est en effet active, mais, pour saine, elle ne l'est pas. Et, à proprement parler, c'est plutôt une façon de mourir qu'une façon de vivre, car la guerre civile fait rage en Amérique et, au cours de ses tournées, Moreau se trouve sans cesse entre deux feux. Si bien que ses cahiers sont un curieux mélange de communiqués militaires, de chroniques de société, de choses vécues au concert, d'aventures de voyage et de satire morale ; ils offrent en outre une épopée véritablement donquichottesque de la campagne victorieuse du piano en Amérique du Nord. Ce sont des épisodes tantôt dramatiques, tantôt comiques, tantôt mélancoliques de la saga du piano au

1. *Ibid.*, p. 80.

XIXe siècle, épisodes qui montrent l'instrument au cœur de la guerre, chez les chercheurs d'or et enfin sur le chemin de concerts monstres, de cet emploi massif qui a pu triompher encore dernièrement, quand lors de l'ouverture des Jeux olympiques de Los Angeles quatre-vingts pianistes firent déferler sur la foule une tonitruante *Rhapsody in Blue*.

A la mi-juin 1863, la petite troupe de Gottschalk effectue une tournée en Pennsylvanie. Elle se compose de son imprésario Max Strakosch avec sa femme, cantatrice qui se produit sous son nom de jeune fille d'Amalia Patti (sœur de la "célèbre" Patti), d'un chanteur occasionnel, et de son plus fidèle accompagnateur : l'accordeur de piano. A Williamstown, qui fait encore partie, mais tout juste, du territoire des confédérés, donc des troupes nordistes, on voit déjà les signes avant-coureurs d'une vaste mobilisation, d'un choc imminent avec les unionistes – les rebelles – du général Lee. Ce ne sont partout que mouvements de troupes, appels aux hommes aptes au service armé ; les gens s'agitent dans les rues ; en pleine nuit, des tambours appellent aux armes.

L'imprésario a arrangé pour le lendemain un concert à Harrisburg, capitale de la Pennsylvanie ; il ne veut pas le décommander, en dépit des pressants conseils de Gottschalk, car il semble que la ville doive être prise dans les prochain jours, ou du moins assiégée. Mais Strakosch voudrait respecter ses engagements, et la petite troupe prend le train du matin pour Harrisburg, sans savoir si la ville ne sera pas déjà conquise à l'arrivée. Soudain, peu avant la localité, le train s'arrête en pleine voie, bloqué qu'il est par des trains de marchandises, des wagons de toutes sortes, une masse énorme de denrées que l'on a sorties de la ville et stockées à proximité de la voie ferrée pour qu'elles ne tombent pas aux mains de l'ennemi.

"Le train s'arrête au milieu du pont de la Susquehanna. Pourquoi ? L'inquiétude augmente. Les confédérés sont-ils déjà dans la ville ? Connaissez-vous rien de plus pénible que l'attente d'un danger vague, inconnu ? Quelques passagers s'asseyent sur le plancher afin d'être à l'abri des balles dans le cas où on tirerait sur le convoi.

Une heure d'anxiété, pendant laquelle toutes les femmes, tout en prétendant qu'elles sont mortes de frayeur, ne cessent de parler et de faire les conjectures les plus absurdes. Je ne suis moi-même que médiocrement rassuré, et l'idée d'un voyage au sud en ce moment n'offre rien de réjouissant. Mais aussi ce train immobile au milieu du pont, le silence, l'inconnu, l'isolement qui nous entoure, la rivière dont les eaux profondes et tumultueuses grondent sous nos pieds et par-dessus tout l'ignorance dans laquelle nous sommes de ce qui se passe en avant et de ce qui nous attend au débarcadère, tout cela n'est-il pas fait pour nous inquiéter[1] ?"

Mais le courageux Louis Moreau Gottschalk, bien loin de soupirer "ne tirez pas sur le pianiste", amorce avec ses troupes une fuite en avant, au sens le plus strict du terme : il descend du train et se dirige vers la gare, distante d'une vingtaine de minutes. Amalia Patti trottine vaillamment à ses côtés. A l'entrée de la gare de marchandises, des piles, des montagnes entières de coffres, de malles-cabines et de caisses bloquent les voies. L'une des montagnes a été emboutie par une locomotive qui y a creusé un tunnel. Des valises éclatées vomissent leur contenu ; un pickpocket, élégamment

1. *Ibid.*, p. 155.

vêtu, les mains discrètes dans le dos, sillonne prestement ce territoire idéal. Spectacle réjouissant pour Moreau Gottschalk aussi :

"O bonheur ! je viens d'apercevoir, couchés sur le flanc et en bonne santé, les deux mastodontes que Chickering a fait expressément pour moi, et qui me suivent dans toutes mes pérégrinations. La queue de ces pianos monstres mesure trois pieds de largeur. Leur longueur est de dix pieds, ils ont sept octaves et demie d'envergure et, avec toute cette apparence formidable, sont d'une docilité charmante et obéissent au moindre mouvement de mes doigts[1]."

Au milieu du XIXe siècle, le Far West, encore qu'un peu apprivoisé, c'est tout ce qui se trouve à l'ouest de Washington, par exemple Chicago et Detroit, et *a fortiori* Saint Louis sur le Mississippi, toutes villes désenclavées depuis peu grâce à un chemin de fer posé vite et mal, si bien que les déraillements sont fréquents. Mais, pour un pianiste, l'Ouest commence à la sortie de New York, partout où la culture musicale est encore inexistante ou bien, pire encore, là où règne sans partage une inhibition puritaine. Où les retardataires estimeraient qu'un homme déchoit en ne pénétrant pas dans la salle d'un pas ferme et sonore, où, quand la salle est comble, le pianiste doit disputer son tabouret au squatter qui se l'est spontanément adjugé, où au cours d'un récital le silence ne se fait jamais, excepté au moment où il faudrait applaudir – car les gens ne peuvent comprendre pourquoi, en plus du dollar pour lequel ils auraient pu avoir un spectacle autrement excitant, on leur réclame encore des applaudissements.

1. *Ibid.*, p. 155 *sq*.

L'Ouest, c'est aussi Abraham Lincoln, qui, à Washington, assiste à un des concerts de Gottschalk : "Mrs Lincoln a une contenance modeste. Lincoln est remarquablement laid, mais a l'air intelligent et ses yeux ont une étonnante expression de bonté et de bienveillance. Il ne porte pas de gants[1]." L'Ouest, c'est les congères, la boue, les tempêtes de neige sibériennes, les bivouacs de fortune sur le plancher d'un quelconque "hôtel", et surtout des jours et des nuits de voyage en chemin de fer. Gottschalk est tenté d'imiter les armées françaises qui inscrivent leurs victoires sur leurs drapeaux, et d'écrire en tête de son programme : "G. a effectué trois tournées dans l'Ouest." A coup sûr, il détient un record : il est, de tous les pianistes du XIXe siècle, celui qui a parcouru le plus grand nombre de kilomètres. Il lui arrive de corriger ostensiblement une faute d'impression qui s'est glissée dans un de ses récits de voyage : ce n'est pas huit mille, mais quatre-vingt mille miles qu'il a parcouru en deux années passées à sillonner l'Amérique du Nord : il a fait en gros trois fois le tour de la terre.

CONCERT POUR LES CHERCHEURS D'OR

Mais les tournées dans l'Ouest sont une aimable formalité, une entreprise idyllique si on les compare à un concert dans l'Eldorado de la Californie, dans ces lieux où se rencontrent les chercheurs d'or et d'argent, dans ces "villes" qui, aujourd'hui, ont bien souvent disparu de la carte parce que, dès cette époque, elles n'étaient guère que le creuset des illusions, champs de bataille

1. *Ibid.*, p. 199.

et champs de ruines de la ruée vers l'or, colonies hâtives et fugitives de ceux qui veulent faire vite fortune et disparaître tout aussi rapidement. Gottschalk compare ces maisons de bois surgies entre les montagnes avec les superstructures des foires européennes, avec leurs stands, leurs baraques, leurs tentes. Dans l'une de ces bourgades nommée Virginia City, la seule véritable mine d'or s'avère être l'hôtel, où une petite chambre coûte trente-cinq dollars, où le portier réclame encore quinze dollars aux voyageurs qui s'en vont et répond, quand on lui demande ce que cela signifie : "Je vous ai dit de payer quinze dollars, ça suffit. Et si vous n'êtes pas contents, eh ! bien, vous en paierez soixante. Ça vous va ? Merde, alors !"

Récital dans une de ces colonies, à Dayton, près de Nevada City. Gottschalk, amateur de cigares, fume devant un salon en attendant d'entrer en scène. Soudain, le vacarme d'une grosse caisse. Quand il demande ce que c'est, on lui répond que c'est pour faire venir les gens à son concert. Quand il veut se rendre au "théâtre", deux tambours, plus la grosse caisse et "un galopin agitant une cloche[1]" prétendent l'escorter. Gottschalk, effarouché par le bruit, détale comme un lapin.

"Quelques femmes, dix ou douze garçons y compris les deux tambours, la grosse caisse et la cloche, et des mineurs en blouse de flanelle, le pantalon retroussé sur les bottes, constituent mon public. Les mineurs gardent leurs chapeaux de feutre gris à large bord. N'en concluez pas que tout cela chahute. Ils écoutent attentivement et leurs décentes et tranquilles manières feraient honte à bien des publics qui se prétendent plus raffinés.

1. *Ibid.*, p. 320.

[…] J'ai rarement vu une population si paisible. Il est vrai également que je joue un programme aussi simple que possible. Il serait aussi absurde de leur jouer des pièces difficiles à comprendre ou de la musique classique que de donner un beefsteak à un nouveau-né. Ils n'ont jamais entendu un piano et, de tous les instruments, ce dernier est le plus difficile à rendre accessible à un public n'ayant jamais ou presque entendu de musique. Chaque instrument qui, par sa nature même, embrasse une combinaison de sons, reste obscur à une oreille qui n'en a pas l'habitude.

Le concert à peine terminé, sortant de la foule, une jeune fille vient éteindre la seule lampe qui donnait encore une faible lueur sur ce côté de la scène. Ce doit être la fille du propriétaire[1] […]"

Mais après son retour à la civilisation de San Francisco, comme s'il voulait se payer des fatigues de cette expédition, de cette excursion dans un siècle prépianistique, il revient à l'idée d'organiser un concert monstre, une représentation avec une quantité de pianos. Cette masse sonore, cette accumulation de *grands* satisfait en quelque sorte le côté ludique de la mentalité américaine, cet esprit qui s'exprime aussi dans les paroles d'un général sudiste qui, interrogé sur les raisons de ses victoires, répondit dans l'Américain le plus pur *Get there firstest with the mostest*, ce qu'on pourrait traduire presque élégamment par "la qualité vient d'abord de la quantité".

L'idée d'un concert à plusieurs pianos trottait déjà dans les têtes américaines lorsque, quinze bonnes années auparavant, le pianiste parisien Henri Herz avait entrepris une tournée en Amérique – qu'il a d'ailleurs

1. *Ibid.*, p. 321.

évoquée sous le titre *Mes voyages en Amérique* –, au cours de laquelle il avait engagé comme imprésario et agent publicitaire un jeune homme du nom d'Ullman. Ce dernier avait eu l'idée d'un gigantesque "concert politique", d'une formidable mobilisation musicale, d'un véritable défilé de virtuoses. Il pensait à quarante pianos, dix-huit mille chanteurs, cinq orchestres. Il pensait à un "Hommage à Washington" chanté par ces phalanges, à un "Concerto de la Constitution", à une grande "Marche triomphale" confiée à ces quarante pianos et pour conclure, afin d'éviter que le soufflé ne retombe, à un grand finale "Hail Columbia" claironné par l'ensemble des fanfares militaires de Philadelphie et des environs. Mais alors qu'Ullman aurait sans nul doute eu gain de cause lors des Jeux olympiques de 1984, il dut accepter en 1848 que Herz domestiquât ses fantasmes sonores et ramenât le nombre des pianos de quarante à huit. "Votre refus montre que vous ne comprenez pas le caractère américain", déclara-t-il au pianiste franco-autrichien, dont la tournée lui permit cependant de réunir la somme nécessaire au rétablissement de sa manufacture parisienne.

En guise de répétition générale pour son concert monstre, Gottschalk avait arrangé pour un ensemble de quatorze pianos[1] la marche des pèlerins de *Tannhäuser* ; le succès l'incita à renouveler l'expérience – mais, l'un des autres pianistes étant tombé malade entre-temps, il dut lui chercher un remplaçant, introuvable parmi les professionnels de San Francisco. Décommander ? Non, ne jamais laisser tomber un concert annoncé. Se contenter de treize pianos ? Surtout pas,

1. *Ibid.*, p. 336 *sq*. D'après les cahiers de Gottschalk, il s'agit de dix pianos.

"Concert monstre" à Rio.

Louis Moreau Gottschalk.

le public se sentirait floué. Quand on a annoncé quatorze pianos, il veut voir quatorze pianos en action. Enfin, Gottschalk entend parler d'un enfant prodige, fils d'un riche habitant de la ville, dont le père lui conte monts et merveilles. Gottschalk, que les amateurs laissent sceptiques, l'auditionne et entend le thème de Wagner "misérablement ballotté au milieu d'un océan de fausses notes, dans une assourdissante tempête de pédale continue [...] détruisant complètement et la mesure et l'esprit du morceau[1]" – hors de question d'engager le garçon. Mais moins question encore de le rejeter : peut-être a-t-il déjà alerté ses amis, peut-être son père, homme influent, a-t-il déjà fièrement mis ses relations au courant. Que faire ?

L'accordeur, également convaincu qu'il ne faut à aucun prix entendre le jeune garçon, a une idée : il retire la mécanique du piano droit destiné à l'amateur, si bien que l'instrument est muet. Gottschalk décrit la scène :

"Avant d'entrer en scène, je fis remarquer à mes neuf acolytes que, dans le but de produire un effet maximum, il était indispensable de ne pas jouer de prélude, ainsi le public serait encore plus étonné d'entendre soudain dix pianos attaquant le thème des trompettes débutant la Marche.

Un, deux, trois. Nous attaquons. Tout va merveilleusement. Au milieu du morceau j'observe mon amateur. Il est superbe, suant à grosses gouttes, lançant négligemment un œil sur le public et jouant avec une facilité miraculeuse les passages apparemment les plus difficiles. Ses amis sont en extase et applaudissent à tout rompre. [...]

1. *Ibid.*, p. 337.

Il nous faut bisser la pièce. Mais, au moment de commencer, mon amateur oublie ma recommandation de ne pas jouer une introduction, et ne peut résister à la tentation de jouer une petite gamme chromatique. Stupeur ! Je le vois encore. L'étonnement qui apparut sur son visage était indescriptible. Il recommence sa gamme. Rien ! le piano est muet. Pendant un instant il pense que l'ardeur dont il fit preuve a brisé les cordes, mais jetant un coup d'œil à l'intérieur il constate qu'elles sont intactes. «Sans aucun doute c'est la pédale», se dit-il et après avoir pressé les pédales il recommence sa petite gamme. Rien à nouveau ! Alors persuadé que son piano est cassé il s'évertue à attirer mon attention pour me faire comprendre qu'il ne peut commencer. «Pstt, pstt», fait-il d'un air furieux, mais j'ai vu le danger et sans perdre une seconde je donne le signal et la Marche commence. Pour sauver les apparences devant son public, mon jeune homme se lance dans une grande pantomime, mais son visage que je regarde par en dessous vaut le coup d'œil, mélange de rage et de découragement. La furie avec laquelle il frappe le pauvre instrument impuissant est très drôle.

— C'était très bien, messieurs, dis-je en retournant dans la loge des artistes, mais la seconde fois l'effet n'était pas aussi bon.

— Bien entendu. Quelle malchance, mon piano a cassé tout d'un coup, me dit alors mon amateur.

[…] Morale : attention aux amateurs[1] !"

Quelques années plus tard, Gottschalk donne à Rio de Janeiro une série de concerts surdimensionnés : "Je viens de donner trois grands concerts avec trente et un pianistes et deux orchestres complets dans lesquels on

1. *Ibid.*, p. 338-339.

a exécuté ma fantaisie sur *Faust* et mon arrangement sur *Tannhäuser*. [...] Hier soir après mon troisième concert (une fantaisie sur l'hymne brésilien) la salle a été inondée de petits papiers de couleurs jetés du cintre sur lesquels étaient imprimés de fort jolis vers en mon honneur[1]."

Quelques jours seulement après le plus grandiose de ces concerts monstres, le 18 décembre 1969, Gottschalk est un homme mort. De ses nombreuses œuvres, une seule a survécu : les *Notes of a Pianist*, son journal.

1. *Ibid.*, p. 488.

XIV

LA PRIÈRE D'UNE VIERGE

ou La naissance de la jeune fille de bonne famille

Les jeunes personnes, on ne peut leur parler que du dernier sermon qu'elles ont entendu, du dernier morceau de piano qu'elles ont étudié, ou de la dernière robe qu'elles ont mise…

LES FRÈRES GONCOURT

Jouez moins de piano, apprenez quelque chose !

EDUARD HANSLICK

UNE CHANSON FAIT LE TOUR DU MONDE

Elle s'appelle Thekla von Badarzewska-Baranowska, vit à Varsovie, et dans le courant de sa brève existence (1834-1861) elle accomplit le plus grand prodige (le plus trivial aussi, il est vrai) de toute la littérature pianistique. Une composition unique, une mélodie qui n'est guère qu'une suite d'octaves sur des accords parfaits, une partition de deux pages lui acquiert un immense public en Europe, en Asie et dans les deux Amériques. Et ce public lui reste acquis pendant un bon demi-siècle après la date de la première édition – Varsovie, 1856 –, succès confirmé par la publication dans *La Revue et Gazette musicale* de 1859. C'est le cas ou jamais de dire qu'une chanson fait le tour du monde, voire que le monde entier tourne autour d'une chanson.

Je veux parler de *Molitwa dziwick*, *A Maiden's Prayer*, *Gebet einer Jungfrau*, *La Prière d'une vierge*. Je veux parler du miracle d'une niaiserie devenu l'événement du siècle pour avoir trouvé le ton de la niaiserie du siècle.

Cette musique inspire à Franzpeter Goebels des accents teintés d'ironie : “Une introduction éloquente, qui exhale avec insistance de profonds soupirs, incite à joindre les mains pour implorer le ciel d'une prière véhémente... Les deux éléments constitutifs du morceau, le virtuose élan mystique que l'on peut toucher du doigt dans les variations II et IV où il se déploie, et la retombée dans une ardente humilité, doivent être mis en valeur par les nuances toujours nouvelles qu'on leur arrache. [...] La surabondance du vrai sentiment se manifeste surtout dans la troisième variation, qui occupe la place centrale. Quand à la cinquième *(Piu allegro)*, elle représente le sommet de la ferveur, il faut la jouer avec un vibrato de l'âme et des doigts. Comme la main gauche ne se soucie de rien et continue à babiller paisiblement, l'attention peut se porter tout entière sur la main droite. A ne pas oublier : les arpèges, les trémolos d'octaves et les croisements de mains [...] font sur le spectateur une forte impression. Le tout peut être résumé par la formule : paraître plus que l'on n'est !" Mais la véritable astuce de la composition, ce n'est ni la musique, ni la virtuosité apparente, c'est son titre. Si l'éclat factice est évident, le titre est ambigu, pour ne pas dire équivoque. *La Prière d'une vierge* : de quoi peut-il bien s'agir ? Quelle est cette prière, à qui s'adresse-t-elle ? Ce ne saurait être un *Ave*, encore moins un *Pater*, pas besoin d'intuition pour s'en rendre compte, le rythme suffit. Que peut bien demander, implorer une vierge ? De le rester ? De ne plus avoir à le rester longtemps ? Nous n'en sommes qu'au début ; profitons d'un point d'orgue pour préciser que, à en juger par la musique, il ne saurait s'agir d'une vierge pragmatique et résolue, d'une prière profane. Cheval de selle, collier d'or, écharpe de soie, les œuvres complètes de Walter Scott, demi-queue Pleyel, robe de dentelle – rien de tout cela ne l'intéresse, ou alors elle le possède déjà.

La prière d'une vierge, de notre vierge, ne saurait avoir d'objet aussi banal.

Mais le rythme n'est-il pas celui d'une barcarolle, le thème ascendant suivi d'un sanglot n'a-t-il pas les accents belcantesques des pêcheurs de Capri ? Ne nous fait-il pas penser au Sud, à un superbe panorama, à la baie de Naples ? Ne tenons-nous pas, à une note près, la clé de l'énigme :

Je voudrais te revoir,
O Sorrente jolie,
Et mourir de désir
Si je ne puis te voir…

etc. Voilà, c'est cela : l'âme qui recherche les terres du Sud[1], nostalgie d'une mer étincelante au soleil, que l'on n'a jamais vue, Capri et la grotte bleue, Ischia et ses thermes, le Vésuve et Pompéi, les lointains admirables ? Un voyage en Italie avec papa et maman, le domestique, la femme de chambre et la gouvernante, et puis peut-être un grand d'Italie ou un lord anglais et puis et puis, il n'y a plus de limites à l'imagination…

Mer, eau, îles, pêcheurs et barques jouent, à côté de la forêt et de ses murmures, un rôle primordial dans les pièces de salon ; un titre comme *Vieni sul mar* est tout un programme. D'une façon générale, ces morceaux se distinguent par des titres éloquents, des suscriptions pleines de sensibilité et de sensiblerie ; on trouve par exemple *Ramène-moi mourir à la maison*, *Une vierge pâle attendait*, *La Tombe de ma mère*, *Le couchant embrase les bois*, *Le Moulin en ruine*, *Les Cloches du couvent*, *L'Eveil du lion*, ou encore, aussi kitsch que circonstancié : *Je veux, mon cœur, t'interroger : dis, ô dis-moi ce qu'est l'amour !*

1. Allusion à l'*Iphigénie* de Goethe.

Les musicologues font à ce genre de musique un procès sans ménagements. Hans Christoph Worbs note que la qualité de ces compositions avait de moins en moins d'importance, qu'on leur demandait de plus en plus d'être simplement vendables, d'avoir une valeur mercantile : "Un vaste commerce rabaissait l'œuvre d'art musicale à une simple marchandise, à un article industriel que certains compositeurs produisaient à partir de clichés bien précis…" et il parle d'une manifeste baisse du niveau vers le milieu du siècle, citant à l'appui de ses dires les réactions indignées des compositeurs et des critiques face à cette dégradation : "Obscénités produites par les compositeurs de salon", ou "populace musicale".

Et il faut au moins une sensibilité géniale comme celle de Marcel Proust pour dévoiler l'arrière-plan de ces compositions, qui n'est pas musical, mais hallucinatoire : "Détestez la mauvaise musique, ne la méprisez pas, écrit-il dans *Les Plaisirs et les Jours*. Comme on la chante bien plus, bien plus passionnément que la bonne, bien plus qu'elle elle s'est peu à peu remplie du rêve et des larmes des hommes. Qu'elle vous soit par là vénérable. Sa place, nulle dans l'histoire de l'Art, est immense dans l'histoire sentimentale des sociétés. Le respect, je ne dis pas l'amour, de la mauvaise musique n'est pas seulement une forme de ce qu'on pourrait appeler la charité du bon goût ou son scepticisme, c'est encore la conscience du rôle social de la musique. Combien de mélodies, de nul prix aux yeux d'un artiste, sont au nombre des confidents élus par la foule des jeunes gens romanesques et des amoureuses[1]."

1. Marcel Proust, "Eloge de la mauvaise musique", *Les Plaisirs et les Jours*, Gallimard, Paris, 1924, p. 201-202.

Le terme “musique de salon” avait été créé par Robert Schumann en 1838 ; au départ, il n’était pas péjoratif, il désignait simplement le lieu où s’exécutait la musique, soulignait l’intimité de la pièce de caractère. C’est seulement vers 1850 que l’expression se dégrade en même temps que ce qu’elle désigne, au moment même où les salons de l’aristocratie et de la grande bourgeoisie démissionnent de plus en plus pour céder la place à la “bonne salle”, ce saint des saints du petit-bourgeois nanti, où *La Prière d’une vierge* a son séjour attitré, mais aussi où un lied comme l’*Ode à la musique* de Schubert revendique la place de la pratique musicale dans un asile intemporel au cœur de la vie et du travail quotidiens.

La “bonne salle” – elle – ne s’oppose pas seulement à la cuisine et à l’atelier, au grenier et aux couloirs, à l’espace chichement mesuré de la petite salle à manger. Par la vertu même de son nom, elle est l’endroit où l’on se garde de toutes les contrariétés de l’extérieur, refuge opposé à la dureté des temps, aux circonstances pénibles, aux méchantes gens. La bonne salle, ce n’est rien d’autre qu’un petit coin de paradis, et quand Hans Salmen écrit : “Au contraire des logements misérables des ouvriers dans les arides quartiers populaires, on s’entourait ici d’une profusion de velours, de lithographies, de fleurs artificielles, de bibelots, de tableaux d’histoire, de lourdes portières et de bustes de Beethoven”, il ne voit pas combien cet amour éperdu de la décoration recèle d’angoisses et de refus des réalités.

Et d’autre part : pour les milliers de gens qui vont, vers le milieu du siècle, former une nouvelle génération de pianistes, l’expression “musique de salon” confère quelque chose comme des lettres de noblesse. En jouant ces balivernes, on croyait atteindre à un niveau supérieur ; la musique de salon a aussi pour tâche d'élever la bonne salle au rang d'un salon véritable.

Il faut attendre 1850 pour que se vérifie la formule lapidaire de Max Weber : "Le piano est par essence un instrument domestique bourgeois" – à condition d'entendre par "bourgeois", et dans une mesure croissante, la moyenne et la petite-bourgeoisie, artisans et fonctionnaires subalternes. En 1855 paraît le livre d'Adolph Bernhard Marx, *Musique et pratique musicale au XIXe siècle*, où l'auteur adopte une position critique : "Et en plus, la pratique domestique. C'est à peine si on peut encore demander qui est doué pour la musique, on demande qui ne l'est pas. Voici longtemps que, dans les milieux dits supérieurs ou cultivés, la musique passait pour un élément indispensable de l'éducation ; toutes les familles exigeaient, parfois de tous leurs membres, une pratique musicale, sans trop s'attacher au talent ni au plaisir ; [...] il n'est jusqu'aux petits commerçants et aux artisans qui ne soustraient, à force de ruses et d'efforts, un peu de temps à une journée de travail déjà nécessairement surchargée, un peu d'argent à un revenu modeste, pour procurer au moins à leurs filles un piano, des partitions, des professeurs, une éducation musicale, et cela surtout dans l'espoir de compter désormais au nombre des «gens cultivés»."

Au moins à leurs filles... Car il est clair que, si le piano est compris comme "un instrument domestique bourgeois" et la musique comme une pratique familiale, ce sont avant tout les femmes et les jeunes filles qui vont s'y asseoir, si bien que Walter Haacke peut écrire : "Si la femme préfère le piano aux autres instruments, ce n'est en aucune façon parce qu'il est plus facile d'en jouer, ni parce qu'il est possible d'adopter, assise au piano, un maintien modeste. C'est bien plutôt parce que le piano est lié à l'existence domestique, au sein de laquelle la femme s'épanouit plus que ne le fait l'homme." (Remarque liminaire : cet "épanouissement" est ambigu, car celle qui s'épanouit dans l'existence domestique ne manque pas, le plus souvent, de s'y flétrir.)

LE PIANO EN DOT

Piano et chant seront un véritable investissement en vue d'un bon parti : c'est une dot immatérielle, mais fort rentable. Quand il s'agit de gravir les échelons de l'échelle sociale, le piano représente à l'époque ce qu'est de nos jours la perche en fibre de verre pour les perchistes : il permet de viser plus haut. Vers 1850, les pensionnats et les institutions pour jeunes filles se multiplient, et on assiste, curieux pendant à la "bonne salle", à la naissance de la "jeune fille de bonne famille". Johanna Kinkel, l'une des femmes les plus intelligentes de son temps, correspondante de Jacob Burckhardt et elle-même professeur de musique, souhaiterait pour sa part en finir avec ces us et abus de la pratique familiale, avec les morceaux de salon, avec le pianotage devant les invités. La musique même lui paraît suspecte, d'une part à cause des privilèges injustes qu'elle procure, d'autre part en tant que bruit importun : "je ne comprends pas comment la musique, elle et rien d'autre, a pu devenir une telle mode mondaine. Une maison cultivée où il n'y aurait pas de piano passerait pour une impossibilité… Les gens qui aiment la musique et ceux qui ne l'aiment pas sont tout aussi affectés, quand ils pénètrent

Eugène Delacroix.

Paul Cézanne.

dans un salon pour se détendre, par la vue d'un piano ouvert garni de deux chandeliers. Cette musique au beau milieu de la conversation est un acide qui dissout la parole. Si on a eu la chance de trouver un interlocuteur intelligent, avec qui on peut parler de ce qui vous intéresse le plus, la réplique la plus passionnante se trouve soudain interrompue par un cri d'effroi : *Le cor a sonné sur l'Alpe*… Tu finis par perdre toute envie de prêter la moindre attention à un entretien aussi morcelé, et tu laisses tout venir à toi sans réagir, pianotage et bavardage, thé et gâteau, comme ça se trouve."

Mais même une femme émancipée comme Johanna Kinkel tient largement compte, dans sa méthode pédagogique, des exigences de la pratique domestique : elle prône une espèce d'ABC de l'harmonie pour que les jeunes filles puissent elles-mêmes bricoler un accompagnement ou des petits morceaux, et, à l'instar des plus conservateurs de ses collègues masculins, elle met en garde contre un entraînement trop intensif, car "[…] le professeur ne doit pas oublier que tous les apprentissages de la femme sont interrompus par le mariage. Cette seule considération nécessite de définir pour les amatrices des paliers sur lesquels il sera possible de demeurer de façon qu'elles n'oublient plus jamais, au cours de leur existence, ce qu'elles ont appris."

Quant à celles qui ont l'ambition de progresser sur le plan musical, de surmonter le stade de la "jeune fille de bonne famille" et peut-être de monter sur scène, elles finissent souvent dans la peau lamentable d'une maîtresse de piano. Comme, au XIXe siècle, il n'existe encore aucun examen officiel pour les professeurs de musique, il s'ouvre là une carrière aussi vaste que déprimante pour tous les cas imaginables, de la pianiste déçue jusqu'à la vierge abandonnée, de la veuve ruinée jusqu'à la beauté trop farouche. On voit éclore un prolétariat musical auprès duquel les couturières à la journée sont quasiment des dames d'atour. "On pourrait écrire tout un long et triste roman sur la misère des maîtresses de musique, dont les honoraires oscillent entre un repas chaud et quelques sous", écrit un observateur.

Le critique musical Gumprecht est encore plus brutal : "La ruée du sexe faible sur la virtuosité est une des maladies pernicieuses de notre époque. Tous les pères et toutes les mères devraient y regarder à deux ou trois fois avant de décider de faire de leurs filles des artistes ou même simplement des maîtresses de musique. [...] Les cuisinières, les couturières, les boutiquières sont infiniment plus gaies et infiniment plus utiles à la société que ces créatures pitoyables dont on a fait de force des pianistes alors qu'elles n'en ressentaient pas la moindre vocation, et qui seront toute leur vie un fardeau pour elles-mêmes et pour les autres. Et le piano, avec ses notes toutes prêtes qui empêchent de jouer faux, favorise de la façon la plus funeste ce fâcheux dressage de masse. Bon an mal an, familles et salons sont le théâtre de bien assez d'atrocités. Le devoir impérieux de la critique actuelle est de veiller à ce qu'elles ne se répandent pas dans le public."

Revenons à *La Prière d'une vierge*. Quelle que soit la raison profonde de son imploration, son désir véritable, sa plus intime convoitise – elle est exaucée. La Sainte Vierge a prêté à la nôtre une oreille attentive, elle a comblé ses vœux, réalisé son rêve : car parmi les vingt-quatre autres morceaux composés par Thekla von Bardarzewska l'un s'intitule *La Prière exaucée*. Le monde peut respirer.

XV

QUATRE ANS À ERRER DANS SON PROPRE LABYRINTHE
(Brahms)

Ça ne peut pas vous venir comme ça ! Croyez-vous qu'un seul de mes lieder convenables me soit tombé tout prêt du ciel ? Je me suis échiné, oui !

JOHANNES BRAHMS

… et de voir ainsi mes propres perplexités représentées sur ce parchemin me remplit à nouveau d'une grande inquiétude, et je compris que tous ces livres se moquaient de moi et me racontaient par dérision ma propre histoire.

UMBERTO ECO

“LES SIFFLETS, C’ÉTAIT QUAND MÊME TROP…”

Aimez-vous Brahms ? Les auditeurs du quatorzième concert par abonnement du Gewandhaus de Leipzig, ce 27 janvier 1859, ne l’aiment pas, ils sifflent le compositeur de vingt-cinq ans qui vient de jouer en soliste son concerto pour piano et orchestre n° 1 en *ré* mineur op. 15, huit jours après sa création à Hanovre. C’est à peine s’il parvient à saluer.

Dans une lettre à son ami, le violoniste Joseph Joachim, il s’oblige à une sorte d’humour :

“Le premier et le deuxième mouvement ne suscitèrent aucune réaction. A la fin, trois mains tentèrent de claquer lentement, sur quoi, venant d’un peu partout, des sifflets empêchèrent cette démonstration. [...] Cet échec ne me fit d’ailleurs absolument aucun effet, et le peu d’humeur que je pouvais ressentir s’est dissipé en écoutant une symphonie en *ut* majeur de Haydn et les *Ruines d’Athènes*.[...] Je crois que c’est ce qui peut arriver de mieux ; cela oblige les pensées à se discipliner et affermit le courage. J’en suis au stade des essais, je suis encore malhabile. Mais les sifflets, c’était quand même trop…”

Quelques jours plus tard, les sifflets sont mûrs pour l’impression. La première critique parue le 3 février dans la revue *Signale für die musikalische Welt*, “Repères du monde de la musique”, est un jugement aussi féroce qu’enjoué : “Le fiasco se porte à merveille… le quatorzième concert du Gewandhaus fut encore une fois de ceux où l’on porta en terre une nouvelle composition – le concerto de M. Johannes Brahms… Si on ôte le sérieux des efforts fournis et la solidité des principes musicaux, il reste une sécheresse et une aridité véritablement désolantes… Soit les motifs se traînent comme des malades exténués, soit ils se cabrent avec une agitation fiévreuse pour mieux s’effondrer, épuisés ; en un mot, toute la sensibilité, toute l’invention du morceau sont malades. Si ces spectres blêmes que ne colore que de loin en loin une rougeur fébrile offrent déjà un triste spectacle, la manière dont ils sont travaillés et exploités rend la chose encore plus navrante. Tantôt ils sont si violemment étirés qu’on entend craquer leurs malheureux membres, tantôt si étroitement corsetés qu’ils ne respirent plus qu’avec peine. […] Et ces convulsions, ces contorsions, ces étirements, ces tiraillements, ces découpages et raccommodages de clichés et de fioritures vous sont infligés pendant plus de trois quarts d’heure ! Il faut absorber cette masse indigeste et, par-dessus le marché, ingurgiter un dessert fait des dissonances les plus criardes et des sons les plus cacophoniques qui soient. […] Remarquons enfin que la technique de M. Brahms n’atteint pas le niveau que l’on est aujourd’hui en droit d’exiger d’un pianiste de concert.”

Est-il surprenant que, ainsi que l’écrit Hans Gal, le four de Leipzig demeure dans la mémoire de Brahms comme l’échec le plus retentissant de sa carrière ? Cela ne s’explique pas seulement par cet esquintage sarcastique (auquel s’opposera bientôt une critique plus raisonnable), mais aussi par la genèse de l'œuvre, qui lui avait pris un temps quasi monstrueux. Quatre années de labeur, Brahms ne pouvait voir les choses autrement, se trouvaient anéanties en une seule soirée ; quatre années d'expérimentations, de tortures, de désarroi, sombraient sous les sifflets de l'incompréhension ; quatre années d'un pénible travail d'instrumentation et de construction s'écroulaient en trois quarts d'heure sous ses propres doigts. Car bien peu de compositeurs ont lutté pour terminer une œuvre aussi longtemps que le fit Brahms pour son premier concerto.

Les débuts avaient été paisibles, c'était une promenade, un voyage à pied, un pèlerinage musical. Le jeune instrumentiste qui s'était produit pour la première fois à Hambourg à l'âge de dix ans, ce petit prodige qui avait failli être envoyé en Amérique pour y effectuer une tournée, ce pianiste surdoué veut naturellement faire la connaissance du plus grand membre vivant de sa corporation, il veut l'entendre jouer : il veut aller voir Franz Liszt à l'Altenburg près de Weimar. Celuici le reçoit, aimablement, et comme Brahms est trop intimidé pour se mettre au piano, Liszt lui-même joue à vue quelques-unes de ses compositions. Et pourtant, le jeune visiteur ne supporte pas longtemps cet environnement sacré : “J'eus vite fait de comprendre que je n'y étais pas à ma place. Il aurait fallu que je mente, et je ne le pouvais pas.” Et bientôt, il songe à un voyage vers les bords du Rhin, à pied aussi. Le fleuve est au sommet de sa gloire ; il a abondamment nourri les courants romantiques ; les curieux de toutes nationalités, assoiffés de visions mystiques, sont en marche vers lui, on ne parle pas encore, il s'en faut, de garde au Rhin. Et voilà que se produit un coup de chance : la vie de ce garçon de vingt ans au visage étroit et pâle, mais d'une beauté pleine de caractère, encadré de longs cheveux blonds, le destin de l'inconnu Johannes Brahms prend un tournant brusque qui l'amène sur la scène publique. On lui a donné une recommandation pour Robert et Clara Schumann à Düsseldorf, ce qui manifestement ne lui dit pas grand-chose : il aurait, dit-on, pris connaissance de la musique de Schumann peu de temps seulement avant de se rendre chez lui.

Quelle différence entre cette visite chez les Schumann et l'entrevue de Weimar ! C'est à peine si l'on peut encore parler de visite : les Schumann le gardent durant tout le mois d'octobre 1853. Brahms ne peut pas savoir ce que son hôte note dans son journal dès le deuxième jour : "Visite de Brahms (un génie !)", et l'on ne sait s'il a pu voir la lettre que Schumann écrit à l'éditeur leipzigois Breitkopf & Härtel : "Il est venu ici un jeune homme dont la musique superbe nous a profondément émus, et qui, j'en suis convaincu, fera sensation dans le monde musical." Mais ce que Schumann couche hâtivement sur le papier dans les jours qui suivent, Brahms le lira ; ces lignes le feront en peu de temps connaître dans toute l'Allemagne et l'accompagneront sa vie durant. Sous le titre "Voies nouvelles", son aîné écrit un article considéré aujourd'hui encore comme "la plus célèbre étude sur Brahms de tous les temps" pour la publication duquel il recourt une fois encore à son ancienne tribune, la *Neue Zeitschrift für Musik*, qui a depuis longtemps échappé à son influence pour faire allégeance au cénacle réuni par Liszt.

Il avait pressenti, écrit Schumann, que "quelqu'un allait soudainement apparaître, qui aurait pour vocation d'articuler idéalement l'expression suprême de notre temps, quelqu'un qui ne nous apporterait pas la maîtrise par degrés mais qui, telle Minerve, surgirait tout armé de la tête de Zeus. Et il est venu, ce tout jeune homme au berceau duquel ont veillé les Grâces et les Héros. Il s'appelle Johannes Brahms et arrive de Hambourg, où il a œuvré dans le silence et l'obscurité… Il portait, même dans son apparence, les signes annonciateurs de sa vocation. Assis au piano, il nous révéla des régions prodigieuses. Nous fûmes attirés dans des cercles de plus en plus magiques. Il s'y ajoutait un jeu génial, qui faisait du piano un orchestre de voix exultantes et désespérées. C'étaient des sonates, ou plutôt des symphonies déguisées…"

Brahms est évidemment ébloui, et heureux surtout pour ses parents, qu'une telle louange devait combler d'aise. Mais il a peur, aussi, car il comprend parfaitement les exigences qu'implique cet hymne largement diffusé. "Les compliments que vous m'avez officiellement prodigués, écrit-il à Schumann, auront suscité dans le public des attentes si exceptionnelles en ce qui concerne mon travail que je ne sais pas comment je pourrais si peu que ce soit les satisfaire."

Brahms est à Hanovre où il se laisse quand même un peu encenser par ses amis pour ses succès soudains, quand, début mars 1854, lui parvient la nouvelle de la catastrophe survenue à Düsseldorf : Robert Schumann s'est jeté dans le Rhin, et, sauvé de justesse, il a perdu la raison. Il se met aussitôt en route et arrive auprès de Clara et des enfants un jour avant que Robert ne soit emmené dans la clinique du Dr Richarz à Erdenich. Clara note avec reconnaissance : "Il a dit qu'il était venu uniquement pour m'égayer un peu grâce à la musique si je le souhaitais, qu'il voulait rester ici et se consacrer à Robert quand il serait assez remis pour voir des étrangers." Clara Schumann, la Clara du carrosse de verre, est maintenant âgée de trente-quatre ans ; mère de six enfants, elle en attend un septième, mais c'est encore – ou plus que jamais – une beauté.

La musique parvient à égayer Clara, si on veut bien ne pas prendre cette gaieté trop à la lettre. Le 24 mai, elle écrit dans son journal : "J'ai déchiffré avec Brahms, chez Klems, trois mouvements d'une sonate pour deux pianos qu'il a écrite. Cela m'a semblé être une œuvre puissante, grandiose, plus claire que ce qu'il a écrit auparavant. Nous l'avons jouée deux fois…" Et quatre jours plus tard, une autre mention : "Aujourd'hui, j'ai joué la sonate de Brahms devant lui avec Dietrich, puis une fois encore, avec Brahms. Je l'ai rejouée avec beaucoup d'intérêt et beaucoup de plaisir. C'est une œuvre superbe."

Ces lignes sont décisives : nous nous trouvons en quelque sorte à l'entrée du labyrinthe en train de se construire tout seul. Et c'est précisément le partenaire Albert Dietrich qui est le témoin capital en mesure d'affirmer que cette sonate en *ré* mineur est le prototype du concerto, écrit en effet dans la même tonalité. "Il n'avait jamais oublié le thème principal, écrit Max Kalbeck, biographe de Brahms, et il l'identifia plus tard dans le début du concerto en *ré* mineur." Dietrich rencontrera encore dans une œuvre ultérieure un autre thème de la sonate : le deuxième mouvement, un scherzo lent, serait à la base de la danse macabre du *Requiem allemand*. Dans le requiem, on chantera dessus les paroles : "Car toute chair est comme l'herbe, et toute sa gloire comme la fleur de l'herbe : l'herbe sèche et sa fleur tombe."

Johannes Brahms.

"Je me fous des médailles..."

Dès l'été 1854, Brahms soupçonne que cette composition sera longue et labyrinthique. Le 19 juin, il écrit à Joseph Joachim : "je voudrais bien pouvoir laisser reposer longtemps ma sonate en *ré* mineur. J'ai souvent joué (corrigé) les trois premiers mouvements avec Mme Schumann. En fait, même deux pianos ne me suffisent pas." Brahms commence à transformer le premier mouvement en œuvre symphonique. Comme il ne se sent encore nullement affermi en matière d'orchestration, il demande conseil à son ami Grimm, à qui il envoie sans cesse des brouillons en le priant de les corriger, et il rend compte à Joachim : "Je veux encore te dire qu'au début je voulais qu'on entende seulement le *ré* du bas, c'est pour cela que le *fa-si* bémol à la clarinette et au basson sont si faibles. En fait, j'ai toujours été content que tout soit bref et serré, mais je ne sais pas si cela est une bonne chose, surtout pour l'orchestre… M'encourages-tu à m'attaquer aux autres mouvements ? Je me sens très maladroit." Joachim le stimule : "Je serai fou de joie en recevant les mouvements suivants !" Mais Brahms se défend : "Il manque même bien des choses dans la composition ; et je suis encore moins versé dans l'instrumentation qu'il n'y paraît." Et, outre Julius Otto Grimm et Joachim, il a recours à son ancien professeur de Hambourg, Eduard Marxsen.

Cet incessant va-et-vient de brouillons complète et complique le labyrinthe où Brahms s'enferme lui-même. Mais son dilemme n'est pas seulement d'ordre individuel, c'est aussi celui du piano. Ce n'est pas seulement une question d'instrumentation (à quoi s'ajoute le problème de la succession des mouvements), mais une question d'instrument, qui se trouve de toute façon toujours en équilibre instable, car le pianoforte est à la fois instrument d'orchestre et petit orchestre à lui seul. Cette opinion de Berlioz cerne parfaitement le problème : les deux fonctions, chez le jeune Brahms, semblent se recouvrir. Si Brahms, comme Schumann l'avait remarqué, "faisait du piano un orchestre de voix exultantes et désespérées", s'il jouait "plutôt des symphonies déguisées", cela signifie aussi que, assis au piano, il ne pouvait qu'être écartelé entre la petite forme et la grande.

Mais, même à ce moment où il semble s'être décidé pour un concerto, Brahms ne peut sans doute pas imaginer les dédales et les errements qui vont suivre. A l'automne 1856, nous lisons sous la plume de Clara : "Johannes a terminé le premier mouvement d'un concerto, il est superbe. Nous l'avons plusieurs fois joué à deux pianos." Il est étonnant que Clara n'ait pas reconnu l'ancienne sonate en *ré* mineur, d'autant plus qu'elle a rencontré le concerto dans sa version intime pour deux pianos. Carl Dahlhaus en déduit que "le remaniement doit avoir été profond". Le 1er octobre, Clara tient le premier mouvement pour terminé. Mais le 1er décembre, Joseph Joachim, à qui Brahms a envoyé la partition, s'exprime avec prudence : "Je m'occupe de ton concerto, mais j'aurais – nonobstant le plaisir et l'admiration sincères qu'il m'inspire – quelques objections qu'on ne peut qu'imparfaitement formuler par écrit, tandis que discuter le pour et le contre pourrait être très stimulant pour nous deux. Ne pourrais-tu venir jusqu'à Noël et terminer ici ton concerto, puisque tu ne peux pas trouver à Hambourg le loisir nécessaire…"

En fait de travail suivi durant la période de l'avent, la composition du premier mouvement traîne en longueur.

Presque un an plus tard, le 9 novembre 1857, Brahms écrit à Clara : “J’ai réfléchi ces derniers jours au premier mouvement de mon concerto. Tu n’imagines pas ce qu’il me cause de tracas. Il est raté d’un bout à l’autre, c’est le sceau de l’amateurisme, comment dépasser enfin cela ? Je vais le refaire de fond en comble ; ce qui ne voudra pas marcher, j’y renoncerai, mais il faut en finir.” Et Joachim reçoit, un Noël tout juste après celui auquel il pensait, une épreuve de ce mouvement assortie d’une requête découragée, désespérée : Brahms le prie de lui écrire, “si sa peine n’a pas été tout à fait perdue”.

Durant la longue élaboration du premier mouvement, Brahms compose le deuxième, l’adagio. Encore une énigme : A-t-il quelque chose à voir avec le troisième mouvement de la sonate pour piano – ce que Max Kalbeck tient pour avéré – ou s’agit-il, après que Brahms se fut décidé pour un concerto, d’une composition nouvelle ? Cette dernière hypothèse est confortée par une lettre à Clara en date du 30 décembre 1856, dans laquelle Brahms écrit : “Je suis en train de peindre un tendre portrait de toi, dont je veux faire un adagio.” Un tendre portrait de celle qui fut pour Brahms la passion (inassouvie) de ces deux années ? A laquelle il s’est arraché, comme jadis Goethe à sa Charlotte, au moment où elle aurait pu entièrement lui “échoir” ?

Ce que la musicologie doit passer sous silence, on peut en parler ici. Brahms évoque la dernière visite qu’en compagnie de Clara il fit à Schumann mourant : “Je ne verrai sans doute jamais rien de plus bouleversant que les retrouvailles de Robert et de Klara.

Il demeura d’abord longtemps étendu, les yeux clos, et elle restait agenouillée devant lui, plus calme qu’on ne le croirait possible. Mais, ensuite, il la reconnut, et le jour suivant aussi.

Une fois, il demanda distinctement à l'enlacer, l'entoura largement d'un bras.

Il était depuis longtemps incapable de parler ; on ne pouvait comprendre, ou s'imaginer comprendre, que quelques mots isolés. Cela suffisait à la rendre heureuse. Il refusait souvent le vin, mais, parfois, il suçait avidement et longuement celui qu'elle lui tendait au bout de son doigt ; on savait bien alors qu'il reconnaissait ce doigt."

Cela restera pour Brahms une scène clé, un événement qui marquera toute sa vie. Tandis que Schumann meurt, il tue, lui aussi, quelque chose en lui, l'espoir d'assouvir un jour son amour pour Clara. Car l'homme et la femme qui vont voir le moribond au milieu de l'année 1856 ne sont pas amants, mais ils s'aiment, depuis longtemps, voyageant ensemble ou se poursuivant mutuellement, le ton de leurs lettres se fait de plus en plus tendre, et il a semblé deux ans durant que seule l'ombre du malade pesât comme un envoûtement sur leurs désirs. "Nous aurions pu respirer plus librement, car il était délivré, et nous ne pouvions pas le croire."

Ce ne sera pas une passion, ce sera une amitié, une amitié de toute une vie, une amitié de quarante ans. Brahms fuit une situation qu'il identifie lui-même comme étant celle de Werther : en guise d'illustration au dernier chapitre de l'histoire de l'homme en culottes jaunes et redingote bleue, il adressa, peu de temps après, un quatuor à Clara. Werther était vêtu de culottes jaunes et d'une redingote bleue lorsqu'il mit fin à ses jours d'un coup de fusil ; Goethe, qui avait lancé avec ce costume une mode suivie avec un quasi-fanatisme, se sauva lui-même dans l'œuvre. Le biographe de Brahms, Hans Gal, écrit : "La véritable énigme de Brahms, comme celle du jeune Goethe, c'est sa propension à la fuite."

Brahms a échappé au labyrinthe de la vie, et quand on entend le rondo conclusif de son concerto pour piano on pourrait avoir l'impression qu'il a voulu avec la même détermination dire adieu aussi à cette composition, la laisser derrière lui : le thème principal a quelque chose d'un "basta !" décidé, d'un robuste "ça suffit !". Joseph Joachim est frappé par "la hardiesse vigoureuse du premier thème" et même Carl Dahlhaus, qui d'ordinaire redoute les images, voit dans ce début de rondo "un caractère décidé, presque violemment conquérant".

Et pourtant, en fait d'indécision, de consultations écrites, d'expérimentations défaitistes, l'élaboration du rondo lui a coûté autant de peine que le premier mouvement : c'est presque comme un labyrinthe qui s'ouvrirait dans le labyrinthe. "Je t'envoie donc le finale, pour m'en débarrasser enfin", écrit Brahms à Joachim à la mi-décembre 1856, ajoutant toutefois : "Te satisfera-t-il ? J'en doute fort ! Je voulais que la fin soit réussie, mais maintenant je n'ai pas l'impression qu'elle le soit." Et comme Joachim semble hésiter à répondre, Brahms revient nerveusement à la charge : "J'attends en vain ton ouverture, depuis aussi longtemps que mon rondo. Quand m'enverras-tu enfin les deux ? N'aie pas peur d'annoter mon rondo à grands, à très grands traits. Je sais que c'est nécessaire."

A la mi-janvier 1857, il reçoit une longue lettre de Joachim ; d'abord approbatrice, elle contient de nombreux compliments pour la tendre ferveur du thème secondaire, parle d'un essor majestueux, d'une conclusion grandiose : "Tout cela est assez riche pour laisser une impression sublime si l'on s'imprègne bien des caractères essentiels…" Mais, tout de suite après, il semble se rétracter : “On a l’impression que les thèmes sont ressentis avec l’ardeur du créateur, mais que tu ne leur as pas laissé le temps de reposer pour former de vrais cristaux.” Et, avec une image aussi concrète que plastique : “[…] il arrive même parfois que se produisent, au lieu de développements, des reculades harmoniques, qui chez toi me navrent doublement. C’est ainsi que, par exemple, tu commences par poursuivre allégrement le mouvement en *ré* mineur – on est dans les meilleures dispositions pour te suivre en toute confiance vers un beau développement, je m’attendais aux brahmsiades les plus espiègles – et voilà que, d’un seul coup, tu jettes l’auditeur de *la* mineur et *fa* majeur sur le banc de sable de *ré* mineur…”

Et, à la fin, son ami suggère même à Brahms d’écrire “un autre dernier mouvement, car il est souvent plus pénible de modifier que d’écrire du nouveau. Mais ce serait quand même dommage pour toutes les choses intéressantes qu’il y a dans le rondo, et tu parviendras peut-être à trouver en toi assez de ressources fraîches pour le retravailler et réécrire ces quelques passages.”

Brahms ne perd pas patience, pourtant, il le pourrait. Il se décide à procéder à des changements. “J’y arriverai bien ; je pourrais te l’envoyer bientôt, mais il vaut mieux que j’y pense plus longuement.” Et, quelques mois plus tard : “Voici le rondo pour la deuxième fois. […] Certaines choses sont tout à fait différentes, meilleures j’espère, d’autres ont été juste modifiées.” Et les corrections se succèdent, y compris pour finir dans l’orchestration. Et comme si le destin s’acharnait sur l’œuvre, l’exécution est retardée de presque un an : celle qui était prévue à la société de musique de Hambourg le 25 mars 1858 ne peut avoir lieu parce que l’on refuse à Brahms un instrument utilisable.

Quand Brahms se produit à Leipzig, il a atteint tout ce qu'on peut, d'après ses propres termes, atteindre dans une composition : "l'organisation d'éléments disparates". Il n'a pu ni voulu sortir du labyrinthe : il tente d'y entraîner les auditeurs avec lui. Peut-on s'étonner qu'ils s'y perdent et se mettent à siffler de colère et de désarroi ? Cent vingt-cinq ans plus tard, le labyrinthe sera devenu un palais grandiose et fascinant, plus encore que Brahms ne pouvait le rêver en écrivant, dans cette première lettre qui sent la gueule de bois : "Et pourtant, le concerto finira bien par plaire."

Brahms, si renfermé, était-il vraiment avide des éloges de la postérité ? Son attitude sur ce point était sans doute aussi paradoxale qu'à l'égard des distinctions officielles, dont il disait : "Je me fous des médailles, mais je veux les avoir."

XVI

LA GUERRE EN SALLE (3)

Le combat des chefs

La grande question moderne, messieurs, c'est la réclame ; elle est le dieu du commerce et de l'industrie contemporains. Hors la réclame, pas de salut.

GUY DE MAUPASSANT, *Mont-Oriol.*

LA GRANDE ANNÉE

L'histoire du piano au XIXe siècle ne peut ignorer une lettre comme celle qu'un jeune homme prénommé Carl Christian Gottlieb, mais qui se fait appeler Charles, envoie de New York à son plus jeune frère Theodor, resté à Brunswick. Il déconseille à son cadet "de venir ici si tu es en mesure d'assurer ta subsistance à force de travail et d'économie, et c'est le conseil que je donne à tous quoi qu'il arrive, car il faut travailler ici plus qu'ailleurs et on s'habitue si bien à vivre mieux qu'on finit par croire que la soupe aux pommes de terre qu'on mangeait en Allemagne était meilleure qu'ici le rôti quotidien".

Carl (Charles) avait à peine vingt ans quand il avait pris part au mouvement révolutionnaire en Allemagne ; l'année suivante, fuyant les terribles représailles des réactionnaires revenus au pouvoir, il avait gagné l'Amérique. Un an plus tard encore, le reste de la famille, à l'exception de Theodor, l'avait rejoint, à bord du bateau d'émigrés *Helene Sloman* : son père, Heinrich Engelhard Steinweg, sa mère Juliane, trois autres frères et trois sœurs. On travaillait dur à New York, car on avait de grands projets : on voulait fonder une manufacture.

Trois ans plus tard, c'est chose faite : à New York, aux numéros 82-88, Walker Street, on ouvre un petit atelier. Le frère Johann Heinrich Engelhard est devenu Henry, Johann Heinrich Wilhelm, dix-huit ans, se fait appeler William, et l'entreprise porte un nom qui, de nos jours, s'étale en lettres d'or sur environ quatre-vingts pour cent des queues de concert du monde entier, et que la caméra montre à un moment ou l'autre au cours de presque toutes les émissions télévisées qui mettent en scène un piano : Steinway & Sons. La petite boîte familiale de 1853 est devenue un unisson planétaire : le son Steinway.

Mais nous ne sommes encore qu'au milieu du XIXe siècle ; les succès et les triomphes ne sont nullement garantis. Seule l'année 1853 s'inscrit déjà dans l'histoire de l'instrument : "S'il existe un *annus mirabilis* dans l'histoire du pianoforte, écrit le musicographe anglais Cyril Ehrlich, c'est sans conteste 1853, lorsque Steinway à New York, Bechstein à Berlin et Blüthner à Leipzig montèrent leur entreprise." Mais les grands crus viennent rarement tout seuls, ils doivent être produits, cultivés, en quelque sorte courtisés. Et s'il est certain que Bechstein, Blüthner et Steinway ne se sont pas le moins du monde concertés, il ne l'est pas moins que cette triple fondation n'était pas le simple fait du hasard. Et s'il est incontestable que cette unique année suscita trois des meilleures, sinon les meilleures marques de la seconde moitié du siècle, il ne l'est pas moins que ce genre de données ne peut être bien interprété que si on comprend que ces trois produits sont simplement ce qui s'est fait de mieux parmi les centaines de fabriques de pianos qui virent le jour à cette même époque.

Et le miracle devient tout à fait plausible si l'on considère les villes natales des trois fondateurs. Engelhard

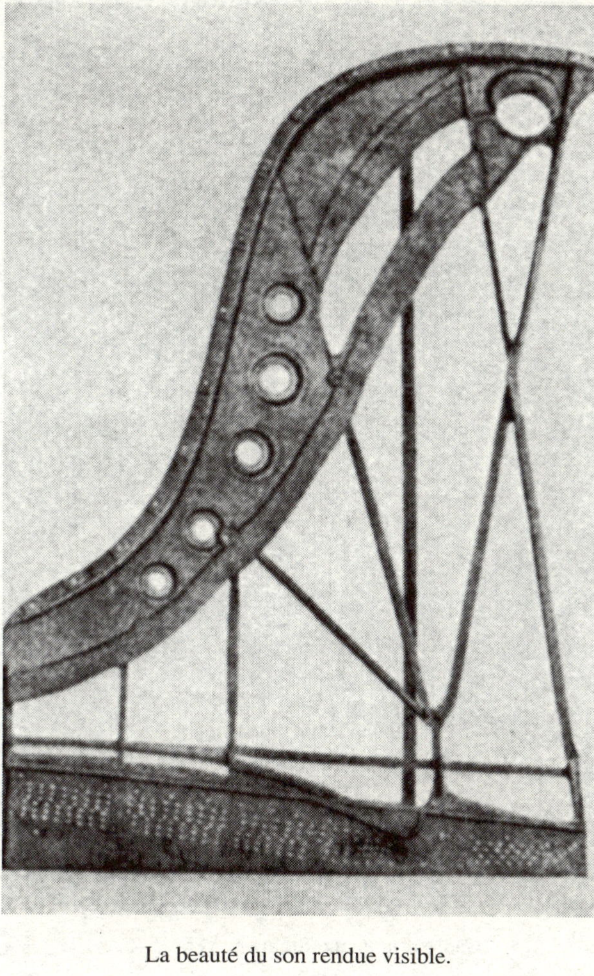

La beauté du son rendue visible.

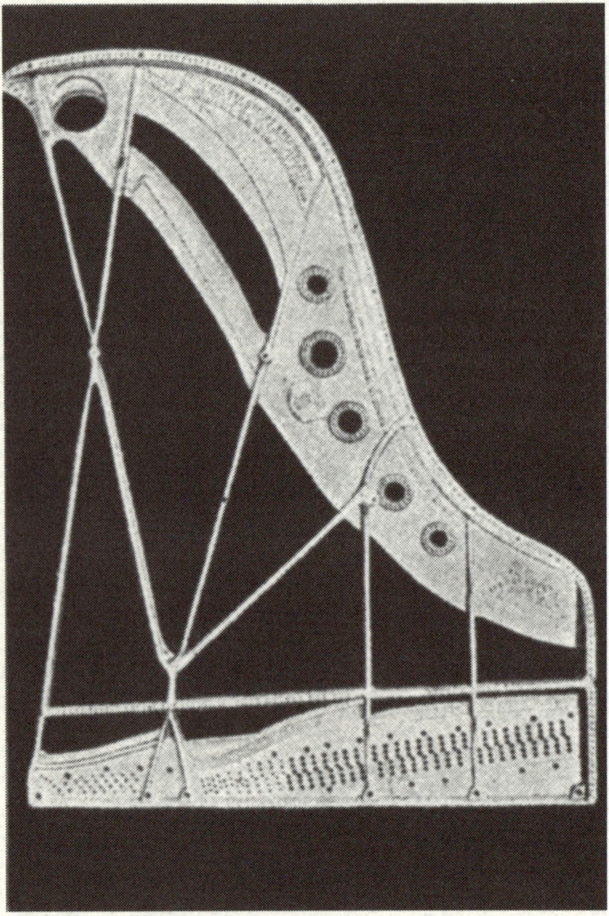

Cadre d'un piano Steinway vers 1875.

Steinweg était originaire de Wolfshagen dans le Harz ; c'était un excellent organiste quand il s'était lancé, avant même de quitter l'Allemagne, dans la facture de pianos. Friedrich Wilhelm Carl Bechstein était natif de Gotha et Julius Ferdinand Blüthner de Falkenhain près de Merseburg ; ils venaient donc tous les trois de cette région, aux confins de la Thuringe, de la Saxe et de la Basse-Saxe, où la fabrication des instruments relevait d'une si longue tradition que les jeunes gens l'avaient pour ainsi dire dans le sang. Et des hommes comme eux et d'autres jeunes fondateurs entreprenants représentent non seulement une nouvelle génération de facteurs capable de profiter de toutes les innovations techniques, mais aussi une nouvelle stratégie de vente, une réclame qui ne connaît presque plus rien d'autre que le fortissimo et une quantité de subtilités. Ce qui commence ici, on peut l'appeler sans exagération le combat des chefs.

Certes, au cours des décennies précédentes, les concurrences entre facteurs ne manquaient pas. Mendelssohn en cite un bon exemple quand il décrit la chasse aux médailles d'or pratiquée à l'occasion des foires et surtout des expositions universelles. Et, bien sûr, ces rivalités comportaient aussi la construction de salles de concert appartenant à la maison. L'une des plus anciennes était celle, à Vienne, de Streicher, qui avait eu l'idée pragmatique d'utiliser pour des concerts l'une des grandes salles de sa fabrique, où il exposait des instruments. Il y eut ensuite à Paris la salle Erard, la salle Pleyel, et Henri Herz construisit lui aussi un auditorium à son usage. Inutile de préciser que toutes ces salles n'abritaient pas les instruments des concurrents.

Mais les cris du marché n'étaient pas encore si perçants, la concurrence ressemblait encore à de la collégialité, les pianistes utilisaient les pianos et non l'inverse. C'est ainsi que Chopin, par exemple, écrit à propos de son dernier voyage à Londres en 1848 qu'il a en tout trois instruments à sa disposition, mais qui ne lui servent à rien, car il n'a pas le temps de jouer (c'est-à-dire de jouer pour lui).

Toutefois, lorsqu'il se produit en public, il a un contrat avec Broadwood. Les méthodes publicitaires de Broadwood relevaient de l'école classique : on vivait encore sur le coup de maître de 1817, le cadeau du piano à Beethoven et la lettre de remerciement de ce dernier. Cela paraissait (à juste titre d'ailleurs pendant quelques décennies) un titre de gloire, la garantie d'une qualité supérieure : Broadwood, c'était le piano de Beethoven ; tout acheteur pouvait avoir l'impression d'être un peu l'atrabilaire génie viennois. Mais les meilleurs coups de pub vieillissent et se transforment en leur contraire : dans la seconde moitié du siècle, l'allusion devait plutôt donner l'impression qu'on vous refilait des instruments démodés. (Précisons en passant que les prospectus de la maison reproduisent aujourd'hui encore la lettre de Beethoven.)

Les nouveaux facteurs parlaient un autre langage, par exemple dans cette lettre de Charles Steinway : après avoir mentionné les nouveaux pianos “surcordés” au son considérablement plus rond et plus intense, que les autres facteurs imitaient déjà, il se laisse aller à un accès de frénésie publicitaire : “Si tu lis les feuilles musicales, tu pourras bientôt lire dans la *Berliner Musik Zeitung* et dans les *Signale* de Leipzig un article enthousiaste sur nous et notre affaire, car nous avons maintenant l'intention de nous appliquer à faire connaître notre nom en Europe car cela est absolument indispensable pour faire connaître notre nom aux pianistes qui viennent ici afin que nous puissions nous assurer leur concours…"

Si ces accents venaient d'Amérique, ce n'était pas un hasard. Les Steinway prenaient notamment exemple sur les pratiques publicitaires efficaces de la grande firme bostonienne Chickering & Sons, qui avait un contrat avec Louis Moreau Gottschalk.

"JE NE SUIS QUAND MÊME PAS UNE RÉCLAME AMBULANTE !"

Après l'un de ses concerts, Louis Moreau Gottschalk avait eu à se défendre contre une fâcheuse attaque journalistique. Un critique déplorait que le pianiste ne jouât jamais que sur des pianos Chickering, et tenait pour parfaitement scandaleux que le nom du facteur s'étalât ostensiblement sur le côté de l'instrument tourné vers le public. Gottschalk se défendit pesamment. Si lui, Gottschalk, jouait sur des Chickering, ce n'était pas que tous les autres fussent mauvais, mais parce que leur son était subtil, délicat, poétique, et lui permettait de faire ressortir les nuances mieux que sur d'autres instruments.

La perplexité d'un pianiste européen confronté aux rudes procédés publicitaires des Américains apparaît bien dans une anecdote qui circule au sujet de Hans von Bülow, presque aussi célèbre pour son arrogance et sa causticité que comme pianiste et chef d'orchestre. Au cours de sa tournée en Amérique, Bülow, sous contrat avec la maison Chickering, découvrit à l'occasion d'une répétition à Baltimore qu'on avait accroché sur le côté de son piano une grande pancarte où s'inscrivait en lettres d'or CHICKERING. Il sauta rageusement sur ses pieds, arracha l'écriteau, le lança à terre et s'écria si fort que tous les musiciens l'entendirent : "Je ne suis quand même pas une réclame ambulante !"

Et pourtant, Hans von Bülow offre un exemple privilégié de l'étroitesse des relations susceptibles de s'établir entre un pianiste et un facteur : durant la première décennie d'existence de la maison Bechstein, son comportement frise le chauvinisme pianistique. En mars 1860, il écrit au facteur berlinois : "En vous proposant par l'intermédiaire de ma femme de me fournir un de vos beaux instruments pour me produire au concert philharmonique de Vienne du 25 mars, je n'étais pas tant motivé par l'espoir égoïste de produire un effet plus brillant avec un Bechstein qu'avec un Bösendorfer ou un Streicher. [...] Mon idée était de vous aider à conquérir dans toute l'Allemagne une réputation comparable à celle que possédait voici quelques décennies la maison Streicher, ou à celle de la maison Erard dans le monde entier. Mon projet était de démontrer de façon incontestable la suprématie de la Prusse au moins dans un domaine, celui de la facture de pianos..."

Mais même ce partisan inconditionnel de Bechstein se trouve pris dans le tourbillon des marques nouvelles. Trois ans après la lettre citée plus haut, von Bülow, sous le titre "Pour ma défense", publie ces lignes : "L'utilisation par le soussigné, lors du premier concert de la «Société des Amis de la musique» du 31 octobre, d'un queue de concert à maints égards excellent de la fabrique de Steinway & S... a fourni à certains amis par trop empressés de cette firme l'opportunité de se livrer à force réclames, lesquelles sont de nature à égarer l'opinion publique en ce qui concerne mon jugement personnel. [...] Lors de toutes les occasions où j'assure la totalité d'un concert exclusivement grâce à mes interprétations pianistiques, le «piano à nuances» de Bechstein – ainsi que je l'appellerais quelque peu improprement – m'est aussi nécessaire que mes dix doigts pour traduire de façon exhaustive mes intentions artistiques. Ce nonobstant, je tiens pour mon devoir de «pianiste engagé» de sacrifier mon goût personnel chaque fois qu'il s'agit d'encourager d'autres efforts industriels honorables et sérieux (par exemple les productions de M. Steinway). Je continuerai à mettre en pratique, chaque fois que faire se peut, ce principe de justice et d'équité." Et il signe de façon très formaliste : Pianiste de Sa Majesté le roi.

Une autre fois, von Bülow tente de circonvenir Bechstein avec un mélange de *fait accompli* [1] et de flatterie. Alors qu'il projette une tournée en Russie, le propriétaire d'une grande firme viennoise lui offre ses services ; c'est aujourd'hui une des plus grandes marques du monde à côté de Steinway : Bösendorfer. Bülow écrit à Bechstein : "j'ai été l'objet d'une autre tentative de séduction, peu banale. Notre brave Bösendorfer veut faire la tournée avec moi, à condition bien sûr que je joue ses pianos qui, honnêtement, ne sauraient faire sérieusement concurrence aux vôtres." Par égard pour son fournisseur berlinois, Bülow se laisse cependant convaincre d'entreprendre sa tournée avec les instruments et les agents de ce dernier. Mais, violemment contrarié par les désagréments d'une tournée mal préparée et des "pianos rebelles à la répétition", Bülow se brouille (provisoirement) avec Bechstein au moment où, préparant une tournée en Amérique, il se trouve une fois de plus coincé entre les concurrents.

1. En français dans le texte.

Seul un souverain comme Franz Liszt, maintenant à l'écart des concerts, est inaccessible à ces pressions et à ces séductions, très au-dessus d'une publicité qui se déchaîne de plus en plus. Il joue toutes les marques, parce qu'il croule sous les cadeaux des fabricants ; on lui fournit tout ce dont il a besoin, et ses appartements ressemblent à des entrepôts. En 1861, il écrit à l'historien de la musique C. F. Weitzmann : "En ce qui concerne les pianos qui m'appartiennent, voici ceux qui se trouvent à l'Altenburg (près de Weimar) : un Erard dans le grand salon du premier étage, un Bechstein dans le petit salon attenant, un Boisselot (Marseille) dans mon cabinet de travail. [...] Dans le salon de musique (au deuxième étage), il y a deux pianos viennois de Streicher et de Bösendorfer et dans l'autre chambre un piano hongrois de Beregszay..."

Ce que nous appellerions aujourd'hui "l'image de marque" prend rapidement de l'importance, témoin le grand nombre de labels qui usurpent par analogie un nom déjà célèbre ou en passe de le devenir. C'est ainsi qu'aux côtés de la marque originale Bechstein le marché est bientôt envahi par des instruments étiquetés par exemple "Beckstein" ou "Bachstein", on trouve même un "Brechstein", un "Eckstein" et un "C. Rechstein". En Amérique, des firmes comme "Steinmay", "Stannay", "Steinmetz", "Stanley & Sons" font concurrence à Steinway, et Chickering a un rival nommé "Pickering".

La percée, le triomphe des instruments Steinway sur le marché européen se manifeste de façon éclatante dans une caricature parue à l'occasion de l'Exposition universelle de Paris en 1867 : la foule se presse autour d'un piano à queue surmonté de la pancarte "Pianos Steinway" ; des gens coiffés d'un haut-de-forme ou d'un chapeau mou, d'une tignasse en désordre ou d'une calvitie, s'agenouillent devant l'instrument, le prennent d'assaut, se fraient un chemin à grand-peine, grimpent sur ceux qui les précèdent – mais tous tendent des bras véhéments, des doigts avides, tentent désespérément d'atteindre le clavier, d'enfoncer des touches pour éprouver la sensation fabuleuse de cette sonorité. La ruée vers le piano telle qu'elle s'observe à l'époque dans le monde entier est caractérisée ici de façon radicale.

Mais le plus souvent l'endroit impose l'utilisation d'un instrument autochtone. Témoins les plaintes exhalées par Clara Schumann à Londres : "Je ne pourrais pas me résoudre à offenser Broadwood en apportant un Steinweg (de Brunswick), et pourtant, comme je serais heureuse d'en avoir un au lieu de m'échiner sur un Broadwood."

LE REICHSGERICHT RACONTE UNE HISTOIRE

Avec le nom de Steinweg, Clara Schumann donne la clé de la guerre la plus curieuse et la plus longue qui ait jamais eu lieu dans l'histoire du piano, guerre qui ne s'est pas déroulée dans une salle de concert, mais, durant des décennies, devant les tribunaux et dans des cabinets d'avocats, et dont la fin, intervenue voici peu (en 1980), fut signalée par les journaux sous le titre : "Steinweg et Steinway réconciliés."

C'est une querelle de famille qui s'était traînée dans les années 1920 jusque devant le Reichsgericht[1]. En fait, ce n'était pas précisément une querelle de famille,

1. Instance juridique suprême.

il s'agissait plutôt d'un enchevêtrement de noms. La deuxième chambre du Reichsgericht, dans les attendus d'un jugement daté de 1926, retrace la genèse embrouillée de l'affaire, racontant un morceau de l'histoire du piano : "En 1865, Theodor Steinweg, dont entre-temps deux frères étaient morts à New York, s'y rendit à la demande des membres de sa famille établis là-bas, pour travailler dans la firme que son père y avait fondée... Avant d'émigrer en Amérique, il avait vendu par contrat en date du 30 septembre 1865 et au prix de 20 000 thalers sa manufacture de Brunswick à trois de ses employés, à savoir Wilh. Grotrian, Adolf Helfferich et H. O. W. Schulz, à charge pour eux de diriger la firme C. F. Th. Steinweg succrs. Le contrat concédait à la firme nouvelle le droit d'utiliser à l'avenir, sans toutefois les reproduire, les mesures, les gabarits et les modèles que Th. Steinweg avait reçus à ce même effet de la manufacture américaine. Celle-ci, de même que Theodor Steinweg, aurait le droit de réclamer quand bon lui semblerait la restitution de ces objets. En 1869, la firme C. F. Th. Steinweg succrs adopta la dénomination encore en vigueur aujourd'hui de Grotrian, Helfferich, Schulz, Th. Steinweg succrs.

Les relations commerciales entre l'entreprise de Brunswick et celle de New York cessèrent en 1872. Des dissensions personnelles s'ajoutèrent alors à une concurrence commerciale impitoyable. En 1874, Theodor Steinway rentra à Brunswick, reprit le nom de Theodor Steinweg et fonda une maison de commerce sous la raison sociale «C. F. Steinweg, dépôt général pour l'Europe de Steinway & Sons à New York». En 1875, la firme Steinway & Sons de New York établit un comptoir à Londres, tandis qu'en 1880 Theodor Steinway fondait à Hambourg une manufacture de pianos sous le nom «Manufacture de pianos Steinway»... En 1881, après la mort de Schulz, les deux propriétaires survivants de l'entreprise de Brunswick demandèrent que les noms Grotrian, Helfferich et Schulz soient retranchés de la raison sociale de leur firme, afin que celle-ci s'appelle à l'avenir Th. Steinweg succrs." Cette demande fut rejetée.

On le voit : moins Theodor(e) Steinway(weg) voulait avoir affaire à ceux de Brunswick, plus ceux-ci se cramponnaient à son nom. Et, cependant que les Steinway multipliaient protestations et procès, ils accumulaient les marques déposées : "Steinweg Nachf.", "Steinweg Nachf. Grotrian Braunschweig", "Grotrian-Steinweg Nachf"., "Grotrian, Steinweg", "Steinweg Successors", "Grotrian Steinweg" et "Grotrian-Steinweg" (avec un trait d'union). Vers 1919, les frères Grotrian, gérants de l'affaire, avaient même, comble de fidélité nominale au fondateur de la maison, fait changer leur nom en Grotrian Steinweg.

La décision du Reichsgericht fut largement favorable aux gens de Brunswick, stipulant qu'il n'existait ni risque de confusion pour l'acheteur, ni concurrence déloyale. Elle imposait simplement l'usage du trait d'union, afin que Grotrian ne pût passer pour un prénom. Les instruments devaient porter la marque Grotrian-Steinweg.

Mais le Reichsgericht n'aurait pas le dernier mot dans cette étrange affaire, qui rebondit après la Seconde Guerre mondiale. Les Steinway allèrent devant les tribunaux américains ; là encore, le conflit remonta jusqu'à l'instance suprême et cette fois la manufacture américaine obtint satisfaction – uniquement, il est vrai, pour ce qui relève de la juridiction américaine. C'est ainsi que, fin février 1980, un compromis fut négocié à Francfort : en Europe, les deux noms continuent à coexister, “Steinway & Sons” à côté de “Grotrian-Steinweg”. Hors d’Europe, et bien sûr en Amérique, les gens de Brunswick doivent vendre leurs instruments sous le seul nom de “Grotrian”.

XVII

ON L'A ENFIN DÉCOUVERTE

L'âme du piano

... l'habitude est une grande sourdine.

SAMUEL BECKETT, *En attendant Godot.*

La sourdine demande une grande habitude.

SAMUEL BECKETT

LA RÉVÉRENCE DU VIRTUOSE

Une révolution copernicienne se prépare : il faut s'attendre au pire – au renversement total de toutes les habitudes, de toutes les évidences. La Terre tourne autour du Soleil, et non le Soleil autour de la Terre : c'était la quintessence de l'ouvrage révolutionnaire et stupéfiant de Copernic, *De revolutionibus orbium caelestium*, qu'il eut la sagesse de ne faire paraître que l'année de sa mort, en 1543. Durant des siècles, l'Eglise eut beau jeu de s'en tenir à l'ancienne représentation du monde, surtout qu'elle se rangeait enfin à l'expérience quotidienne et à l'égocentrisme terrestre.

En ce qui concerne le pianoforte, on peut parler aussi d'une vraie coperniciade. Après tant de pages, il est grand temps de dire adieu à l'évidence et de rendre hommage à la vérité. Et la vérité, la voici : on ne joue pas vraiment du piano avec les doigts, ni avec les bras, ni avec le haut du corps, ni non plus, comme l'affirment Gieseking et quelques autres, avec l'oreille. On joue du piano avec les pieds. Il est temps de pénétrer au plus intime de la musique pour piano ; ce ne sont pas les touches, ni les cordes, ni le cadre, ni la table d'harmonie qui détiennent le vrai secret de l'instrument. Le moment est venu de présenter la phrase révolutionnaire d'Anton Rubinstein : "La pédale est l'âme du piano."

La *pédale* ? Et pour répéter la question avec un autre accent d'insistance : *la* pédale ? Mais, en règle générale, le piano en a deux, non ? Toutefois, même un profane n'aura guère de peine à identifier celle dont parle Rubinstein : la droite, car c'est précisément l'outil préféré de l'amateur, le plus familier, le plus salvateur – c'est précisément ce qu'il lui faut. Elle l'aide à se sortir de toutes les difficultés, elle est à la fois accélérateur et frein de secours, ça passe ou ça casse ! Cette pédale égalise les sons les plus cahoteux, transforme le martelage le plus ingrat en murmure enivrant, le doigté le plus malhabile en souple legato.

Bien sûr, ce n'est pas à cet usage que pense Rubinstein, bien que cet usage confirme sa définition : car les âmes sont particulièrement exposées ; elles sont en permanence poursuivies, persécutées, blessées, vendues, et par conséquent il faut en permanence les sauver, les mettre en garde contre un pacte avec le Malin ou les en délivrer : tous les enfants savent cela, pour peu qu'ils lisent des contes. On notera donc que là où intervient la pédale le danger menace. Là où il existe une âme le diable a envie de l'emporter.

La pédale est l'âme du piano – nulle autre phrase ne caractérise de façon aussi précise et complète l'ennoblissement dont ont bénéficié le piano et sa musique. Elle est la seule partie de l'instrument qui se soit soustraite à l'usage quotidien pour atteindre au raffinement suprême d'un univers sonore illuminé jusqu'au cœur. Car, avant de devenir une âme, la pédale était une illusionniste, une jeteuse de poudre aux yeux, et c'est elle qui manifesta le plus longtemps la parenté du piano avec les anciens instruments comme le clavecin et le clavicorde.

Si l'on veut comprendre ce que représentaient les pédales pour les anciens instruments, il faut imaginer un artiste de music-hall qui joue de six instruments à la fois, ou plutôt les utilise. La bouche souffle dans un harmonica fixé tant bien que mal ; entre le menton et l'épaule est coincé un violon dont les cordes à vides sont frottées de la main gauche tandis que la main droite gratte une cithare ; le va-et-vient des genoux actionne un accordéon, cependant qu'un des pieds met en branle une batterie et que l'autre frappe un triangle. Cette image n'a rien d'exagéré, car dans les décennies qui précèdent 1830 il n'était pas rare que les instruments fussent équipés de jusqu'à huit pédales, ou jeux.

"Les plus curieux qui furent ajoutés au pianoforte, écrit Rosamund T. Harding dans son ouvrage richement documenté sur l'évolution du pianoforte jusqu'en 1851, étaient le basson, la batterie, le triangle et les cymbales." La harpe et l'antique jeu de luth étaient encore, si l'on peut dire, en service. Mais l'effet principal des nouvelles pédales ou registres qui furent ajoutés en masse aux instruments à partir de 1800 était l'imitation de la fanfare turque avec ses instruments caractéristiques, imitatifs et rythmiques. On y trouvait des clochettes, des cymbales, des caisses claires, et même la grosse caisse, grâce à une baguette frappant la table d'harmonie : quasiment toute une armée de janissaires était cantonnée dans le piano.

La pédale est l'âme du piano : il faudra attendre la seconde moitié du XIXe siècle pour que cette assertion se vérifie, après la disparition définitive de toute cette chienlit turquisante et de ses divers boucans. La formule ne pouvait être valable qu'à partir du moment où le pianoforte, écartant tout attirail clinquant, se concentra sur sa propre sonorité, cette sonorité qui devenait toujours plus intense et plus ronde en même temps que plus métallique et plus abstraite : faire des expériences et composer avec cette sonorité seule, la nuancer et la balancer, c'était bien plus intéressant que les clameurs militaires de tous ces accessoires à la turque. Pour que l'expression soit plus qu'un simple aphorisme, il fallut attendre que le cadre en fonte et les cordes croisées eussent repoussé les limites sonores du piano, si bien que tout le monde pouvait entendre ce qu'est réellement la pédale. Car elle n'ajoute rien au son, elle ne sert pas non plus vraiment à l'amplifier, elle lui permet seulement de se déployer librement. Un formidable système d'étouffoirs pèse sur les cordes du piano comme la sourdine sur celles du violon ; c'est seulement au moment où la touche est frappée, et pour la durée de l'enfoncement, qu'un étouffoir se relève pour permettre à la corde de résonner. Mais la pédale relève l'ensemble des étouffoirs, rend leur liberté aux cordes, déchaîne une orgie de vibrations, fait danser les harmoniques ; les mathématiques et l'harmonie célèbrent la fête de leur résurrection, et les fréquences exultent.

L'un des premiers et des plus célèbres morceaux dans lesquels cette "pédale romantique", selon le mot de Charles Rosen, joue un rôle, est le premier mouvement de la sonate op. 27, n° 2 en *ut* dièse mineur de Beethoven, dite *Clair de lune*. Beethoven fut un des premiers, avec Daniel Steibelt, à introduire dans ses compositions le signe commandant l'emploi de la pédale. Il écrit au début de cet adagio *sostenuto : sempra pianissimo e senza sordini*. La didascalie était si révolutionnaire qu'elle fait souvent, de nos jours encore, l'objet d'un malentendu. Une édition anglaise (déjà ancienne) précise ainsi dans une note de bas de page que la pédale ne doit être employée que lorsque l'harmonie le demande, et l'opinion la plus répandue est sans doute qu'il faut continuellement tenir enfoncée la pédale de gauche – la pédale douce. Cet avis a au moins un point commun avec la prescription du compositeur : Beethoven demande effectivement une pédale perpétuelle, *senza sordini* signifie que les étouffoirs doivent être relevés, c'est le son total.

Chopin utilise la pédale avant tout pour jouer, à sa manière particulièrement subtile, avec les harmoniques, jeu dont le nocturne en *mi* bémol majeur est sans doute l'exemple le plus connu. Mais s'il fait dans ses morceaux un usage actif, précis et raffiné de la pédale, il ne l'autorise que parcimonieusement à ses élèves, ainsi que le rapporte Debussy qui avait pris des leçons avec l'une d'entre elles. A l'occasion, Chopin semble aussi utiliser la pédale à deux fins différentes. Ainsi dans le huitième prélude, où il met la pédale sur chaque groupe de petites doubles croches : cela permet non seulement d'obtenir une nébuleuse de sons, mais aussi de faciliter le jeu, car il est plus facile d'enfoncer les touches quand on tient la pédale.

Si Chopin a pu dire que l'utilisation correcte de la pédale était l'étude de toute une vie, Robert Schumann offre, à côté de son emploi classique, de nombreux exemples d'expérimentations ponctuelles. On a l'impression de voir quelqu'un ausculter son instrument à la recherche de chatoiements, de crépuscules sonores, d'harmoniques ; on le voit tout ouïe, s'efforçant de suivre les monologues du piano, voire de les susciter. Dès la fin des *Papillons*, on rencontre un de ces effets schumanniens : tandis que la pédale est tenue, les six notes d'un accord sont relevées l'une après l'autre sauf une, qui se trouve alors nimbée des harmoniques des autres. L'usage de la pédale à la fin du *Paganini* dans le *Carnaval* est tout aussi époustouflant ; Schumann y travaille aussi avec le *quasi niente*, le *ppp*. La pédale est renfoncée après un accord final muet. Le pianiste Charles Rosen a décrit le procédé : "Toutes les cordes du piano vibrent encore du fortissimo précédent, et le changement de pédale supprime toutes les vibrations à l'exception de celles des notes muettes. Tandis que les autres sons s'éteignent, il se produit une extraordinaire illusion acoustique : les notes de l'accord émergent dans un crescendo apparent…"

La pédale gauche semble avoir plus d'âme encore que la pédale de Rubinstein. L'effet qu'elle produit est aussi joli que son nom est laid : *Verschiebung*, "décalage". Sur le piano droit, c'est la pédale douce. Le son est moins fort, parce que la course du marteau est moins longue. Mais sur le piano à queue s'effectue bel et bien ce bizarre déplacement évoqué par le nom. Une pression sur la pédale soulève la mécanique tout entière, ce dispositif large d'un mètre vingt-cinq à l'intérieur de l'instrument, et la déplace d'un à deux millimètres sur le côté, si bien que dans le registre médian (où chaque son est produit par un chœur de trois cordes) le marteau n'en frappe plus que deux. Sur les instruments plus anciens, il n'en frappait qu'une seule, c'est pourquoi la pédale douce s'appelait *una corda*. Il est évident que cette pédale ne se contente pas d'étouffer le son, mais qu'elle change le timbre de l'instrument ; c'est en gros la même différence que celle qui existe entre un grand chœur et un chœur de chambre.

Quittant le terrain de l'esthétique, il reste un paradoxe remarquable : pour produire le son le plus ténu, celui qui fait du pianiste un pianissimiste, il faut que se produise à l'intérieur du piano un véritable travail de force, le déménagement du quart de l'instrument. C'est le lieu d'évoquer brièvement le miracle de la mécanique.

LE PRODIGE DU SILENCE

Car si le son du piano en est le plus grand prodige, le prodige qui vient immédiatement après est celui du mutisme. Chaque son est précédé en quelque sorte d'un complot long, mais secret et silencieux : le grand patron local (la touche) obéit à la pression de la centrale (le doigt, la main, le pianiste), mais se garde bien d'intervenir directement : il transmet l'ordre à un commando spécial (levier inférieur de chevalet) et veille en même temps à ce que l'expert (tige d'étouffoir) envoie son agent compétent (bascule ou cuillère d'étouffoir) éloigner provisoirement les importuns (le feutre) du lieu de l'action. Cependant, en fait de façon simultanée, le commando a mobilisé son sous-chef le plus entreprenant (bâton d'échappement), qui est couvert par un autre (levier supérieur d'échappement). Mais lui aussi n'est qu'indirectement impliqué dans l'affaire : sa mission est d'éveiller le dormeur (tige de marteau), lequel bien évidemment ne dort pas, mais a déjà sauté sur ses pieds pour faire donner son artillerie lourde (tête du marteau). Et la centrale apprend par un canal spécial (les oreilles) que l'opération a réussi.

Ce qui est résumé comme une saga mafieuse, c'est la façon dont le son est produit sur un piano à queue. Car le piano n'est pas seulement un corps sonore, c'est aussi une machine très sophistiquée. En jouant du piano, on mobilise littéralement tous les leviers. Nous n'avons pas pu résister à la tentation béotienne de calculer le nombre de "pas de progression" nécessaires dans quelques cas concrets. C'est ainsi que le huitième prélude de Chopin nécessite, dans la minute et demie que dure son exécution par Maurizio Pollini, huit mille mouvements ; la toccata op. 7 de Schumann en réclame quarante mille en à peine cinq minutes (jouée par Horowitz, qui ne répète pas la première partie), et une œuvre titanesque comme la sonate pour le *Hammerklavier* impose à l'instrument presque deux cent cinquante mille interventions.

Mais ce qu'il y a de fabuleux dans toute cette mécanique (quand elle fonctionne bien), c'est qu'en bondissant, poussant, tombant, se posant, soulevant, mobilisant, elle reste parfaitement silencieuse ; tout ce bois en mouvement, tout ce fil de fer qui sautille, toute cette armada de baguettes ne produisent pas un seul des bruits auxquels on pourrait à bon droit s'attendre : rien qui cliquette, grince, gémisse, couine, frotte, ronfle ou claque. Donnons pour une fois la parole à ces éléments qui veillent à la discrétion comme des serviteurs muets dans un grand château : mouche de balancier, olive de marteau, peau de garniture du levier supérieur sur la vis de chute, contre-sillet, coulisseaux d'étouffoir, ganse des ressorts de chevalets[1]…

La réalisation magistrale de cette mécanique montre encore une fois que le pianoforte est l'enfant du XVIIIe siècle et le héros du XIXe. Rosamund T. Harding a décompté plus de mille dépôts de brevets avant 1851. Un siècle et demi a érigé un monument à sa propre

1. Cette énumération n'est pas la traduction littérale de l'original, mais en reprend l'esprit : les termes techniques ont été choisispour leur pittoresque.

gloire sous les espèces du piano, et notamment de sa mécanique. Sur ce petit terrain se sont essayés rêveurs et bricoleurs, joueurs et utopistes, menuisiers et tanneurs, mécaniciens et musiciens. L'ingéniosité des ingénieurs du XIXe siècle côtoie dans le piano l'ingénuité du siècle, ou plutôt son génie.

DE L'IDÉOLOGIE DE LA PÉDALE

Encore une fois : la pédale est l'âme du piano. Si l'on veut donner de la phrase de Rubinstein une version plus sceptique, on dirait : l'idéologie du piano commence avec l'emploi de la pédale. Elle divise les opinions et les goûts, les habitudes des auditeurs et les pratiques des exécutants. La pédale nous permet par exemple d'identifier l'époque et l'école auxquelles appartient un pianiste. Les variations dans l'emploi des étouffoirs montrent que l'état d'âme du piano (alors que le texte reste inchangé) change plus souvent qu'on ne le croirait possible. Rien, dans les éléments constitutifs de l'instrument, ne renseigne autant sur la mentalité d'une époque que cette commande actionnée par le pied. Après quelques décennies d'usage intensif de la pédale (nonobstant les différences individuelles) intervient souvent une phase de réaction : Chopin sec, Tchaïkovski sans pathétique, Mozart brut. (Il y a des siècles et des mondes entre *Le Clavier bien tempéré* d'Edwin Fischer dans les années 1930 et les enregistrements de Glenn Gould datant des années 1970 : au lyrisme chantant de Fischer s'opposent la polyphonie quasi spatiale, le lumineux constructivisme sonore de Gould.)

Même Busoni est intervenu dans le conflit idéologique autour de la pédale, le soulignant du même coup : “Les effets de la pédale ne sont pas encore épuisés, parce qu’ils sont restés esclaves d’une théorie harmonique déraisonnable et étriquée : on en use comme si on voulait mettre l’air et l’eau en formes géométriques. La pédale a mauvaise réputation. La faute en incombe à des irrégularités absurdes. On devrait essayer un peu les irrégularités sensées.”

Bref : un changement de pédale correspond souvent à un changement de génération.

XVIII

LA NOUVELLE VIRTUOSITÉ

Jupiter des octaves, pape des gammes, chevaucheur de tierces, héros des trilles…

HANS VON BÜLOW,
sur quelques-uns de ses concurrents.

Que cette phrase subtile à propos de l'âme du piano eût été prononcée par Anton Rubinstein – tous ceux qui le voyaient et *a fortiori* l'entendaient devaient en être sidérés. C'était un homme massif au crâne puissant et à la crinière indomptée, un géant que Rellstab appelait "l'Hercule du clavier" et nombreux étaient ceux à qui il rappelait Beethoven. Pour Liszt, il est, avec une ironie lapidaire, "Van II".

Et de même que jadis, à la jointure des deux siècles, Beethoven était entré par effraction dans la bonne société viennoise, Rubinstein surgissait brutalement dans le monde musical européen, dans un certain consensus pianistique. Il suscita d'abord rien moins que du ravissement. Car, non content de venir de Russie, il sortait en quelque sorte du néant, d'un no man's land du piano. Sa mère lui avait donné ses premières leçons avant de le confier au professeur moscovite Alexander Villoing ; mais à l'époque Moscou était trop loin de l'Europe pour en être connu : quiconque venait de l'est aurait dû au moins être un élève de Henselt à Saint-Pétersbourg. Rubinstein lui-même : "Je pris mes premières leçons [avec Villoing] à l'âge de huit ans, et, à treize, ma formation musicale était terminée. Je n'eus pas d'autre professeur après Villoing."

Sans doute n'était-ce pas tout à fait de son plein gré. Car à l'âge de dix-sept ans Rubinstein avait fait antichambre chez Liszt à Vienne, où il avait été reçu avec fraîcheur et finalement gratifié d'une phrase glaciale : un homme doué devait tout obtenir par lui-même et ne compter sur l'aide de personne. "Cela me découragea pour longtemps." La vérité, sans doute, c'est que Rubinstein avait rencontré Liszt trop tôt, à une époque où ce dernier menait encore la vie errante du virtuose. Nous verrons plus tard Liszt tenir en quelque sorte une cour pédagogique, s'entourer avec délectation d'un cénacle de disciples au nombre desquels on trouvait souvent un Rubinstein sans rancune.

Rubinstein, comme Liszt, a parcouru plusieurs carrières successives : enfant prodige, puis pianiste prodigieux, virtuose suprême, enfin auguste vieillard à l'autorité sans appel. Comme Liszt, il a toujours accessoirement composé ; toutefois, de ses pièces pour clavier, il ne reste guère que la sirupeuse *Mélodie en fa*. Mais, comme Liszt, sa devise fut toujours "génie oblige" ; il croyait fermement à la responsabilité sociale de l'artiste arrivé : c'est ainsi qu'il fut un des fondateurs de la Société de musique de Saint-Pétersbourg, et qu'en 1862 il fonda dans cette même ville le conservatoire impérial, qu'il dirigea pendant cinq ans.

Ces initiatives conservent le souvenir sous-jacent d'un incident survenu à Moscou alors qu'il avait vingt ans, et qu'il narre dans une esquisse autobiographique : "C'était en 1850. Je voulais communier, et me rendis à la cathédrale Kasan pour me confesser. Quand je m'approche de la table du diacre qui inscrit les noms dans le registre, il me demande :

— Vos nom, état et profession ?

Anton Rubinstein.

Erstes Concert.

Byrd, William:
The carmous whistle.

Bull, J.
The king's hunting jig.

Couperin:
La Tenebreuse.

Couperin:
Le reveil matin.
La favorite.
Le bavolet flottant.
La bandoline.

Rameau:
Le rappel des oiseaux.
La poule.
Gavotte et variations.

Scarlatti:
Katzenfuge.
Sonate Adur.

Bach, J. S.:
Fantaisie cromatique.
Préludes et fugues.
Sarabande.
Gavotte.

Händel:
Fuge E moll.
Variationen: the harmonious blacksmith.
Sarabande.
Passacaille.
Gigue.
Airs et Variations.

Bach, Ph. E.:
Rondo.
La Xenophone.
Sibylle.
Les langueurs tendres.
La complaisante.

Haydn, Jos.:
Thême et Variations.

Mozart:
Fantasie Cmoll.
Rondo Amoll.
Gigue.
Alla turca.

Zweites Concert.

Beethoven, L. van:
Sonate Cismoll Op. 27.
Sonate Dmoll. Op. 31.
Sonate Cdur. Op. 53.
Sonate Fmoll. Op. 57.
Sonate Emoll. Op. 90.
Sonate Adur. Op. 101.
Sonate Edur. Op. 109.
Sonate Cmoll. Op. 111.

Drittes Concert.

Schubert, F.:
Wandererfantasie.
Moments musicales (1—6).
Menuet Hmoll.
Impromptus Cmoll, Esdur.

Weber, C. M. von:
Sonate Asdur.
Momento capriccioso.
Invitation à la valse.
Polacca Edur.

Mendelssohn:
Variations sérieuses.
Capriccio Emoll.
Elf Lieder ohne Worte.
Presto capriccio.

Viertes Concert.

Schumann, Robert:
Fantasie Cdur. Op. 17.
Kreisleriana (1—8).
Etudes symphoniques.
Sonate Fismoll.

Schumann, Robert:
Fantasiestücke (Abends, Nachts, Traumeswirren, Warum).
Vogel als Prophet.
Romanze Dmoll.
Carnaval.

Le programme d'un de ses concerts historiques.

Fünftes Concert.

Clementi, M.:
Sonate Bdur.

Field:
Nocturnes Esdur, Adur, Bdur.

Hummel, J. N.:
Rondo Hmoll.

Moscheles:
3 Etudes caractéristiques (Reconciliation, Junon, Conte d'enfant).

Henselt:
Poème d'amour.
Berceuse.
Liebeslied.
La fontaine.
Schmerz im Glück.
Si oiseau j'étais.

Thalberg:
Etude Amoll.
Fantasie über „Don Juan".

Liszt:
Etude Desdur.
Valse-Caprice.
Consolations (Edur, Desdur).

Liszt:
Au bord d'une source.
Rhapsodies hongr. (Nr. 6 und 12).
Soirées musicales Rossini (La gita in gondola. La regata venessiana. La serenata, La danza).
Lieder von Schubert transcribirt. (Auf dem Wasser zu singen. Ständchen. Erlkönig).
Soirées de Vienne Adur.
Fantaisie Robert le Diable.

Sechstes Concert.

Chopin, Fr.:
Fantaisie Fmoll.
Preludes (Emoll, Adur, Asdur, Bmoll, Desdur, Dmoll).
Barcarolle.
Valses (Asdur, Adur, Asdur).
Impromptus (Fis, Ges).
Scherzo (Hmoll).
Nocturnes (Des, Gdur, Hmoll).
Mazurkas (Hmoll, Fismoll, Cdur, Bmoll).
Ballades (Gmoll, Fdur, Asdur, Fmoll).
Sonate Bmoll.
Berceuse.
Polonaises

Siebentes Concert.

Chopin:
Etudes (Asdur, Fmoll, Edur, Cmoll, Esmoll, Esdur, Hmoll, Asdur, Amoll, Cismoll, Cmoll).

Rubinstein, Ant.:
Sonate Fdur.
Thême et variations.
Scherzo (Sonate Amoll).

Glinka, M.:
Tarantelle.
Barcarolle.
Souvenir de Mazourka.

Balakireff:
Scherzo.
Mazurka.
Islamé (fantaisie orientale).

Cui, César:
Scherzo.
Polonaise.

Tschaikowsky, P.:
Chant sans paroles.
Valse.
Romance.
Scherzo à la russe.

Rimsky-Korssakoff:
Etude.
Novelette.
Valse.

Liadoff:
Etude.
Intermezzo.

Rubinstein, Nicol.:
Feuillet d'Album.
Valse.

— Rubinstein, artiste.

— Quoi ? Vous servez sans doute au théâtre ?

— Non, je ne suis au service de personne.

— Alors, vous enseignez dans un institut ?

Nouvelle dénégation. Le diacre, embarrassé, se tait ; je ne sais non plus que faire. Silence de part et d'autre.

— Oui, je suis musicien, artiste.

— Bon, maintenant, je comprends ! Vous servez donc ?

— Non, je vous l'ai déjà dit.

— Mais enfin, qui êtes-vous ? Que voulez-vous que j'écrive dans le registre ?

Cela se prolongea quelques minutes, et qui sait comment cette scène se serait terminée si le malheureux diacre n'avait eu l'idée de me demander l'état de mon père.

— Il était marchand de la deuxième guilde, dis-je.

— Nous savons enfin qui vous êtes, s'écria joyeusement le diacre. Vous êtes le fils d'un marchand de la deuxième guilde, et c'est ainsi que nous allons vous inscrire."

Mais Rubinstein s'apercevra plus tard que les nouvelles fondations, l'assurance sociale du musicien, le pianiste diplômé marquent aussi la fin d'une époque : "[...] l'ardent amour de l'art qui nous embrasait n'existe plus." Lubie de vieillard, sans doute – mais il n'en est pas moins certain que le virtuose est en train de devenir un homme qui joue du piano dans un cadre officiel. Le professeur de conservatoire se profile à l'horizon. Et en 1885-1886, c'est presque comme l'adieu à toute une époque que Rubinstein célèbre la fin de sa carrière de virtuose par une série de "concerts historiques", rétrospective de la musique pour clavier.

Avec ces concerts, Rubinstein transcendait toutes les dimensions connues à ce jour ; il offrait le *nec plus ultra* d'une carrière débordante de superlatifs, marquait le début de l'ère musicale moderne, dominée par ces agents qui, ayant défini des programmes, les proposent au monde entier (alors synonyme d'Europe) de façon quasi simultanée. Il inaugura ce qu'on pourrait appeler le cycle de cycles : la présentation d'un répertoire gigantesque au cours d'une tournée marathonienne. Il écrit fièrement : "[...] Je parvins à exécuter ce projet point par point. J'ai donné sept concerts historiques à Saint-Pétersbourg, Moscou, Vienne, Berlin, Londres, Paris et Leipzig, trois à Dresde et à Bruxelles ; en outre, dans les premières villes, j'ai donné chaque concert deux fois, c'est-à-dire que je les ai répétés le jour suivant pour les étudiants en musique... Beaucoup des morceaux que j'ai joués, je les avais étudiés dans ma prime jeunesse. Ce que j'ai donné dans ces concerts pour la première fois, et ce n'était pas peu, je me l'étais approprié au cours d'un seul été. Je n'ai jamais eu de souffleur ; au piano, d'ailleurs, ce n'est guère possible."

L'ensemble de ces concerts était une entreprise pharaonique, et chaque soirée l'était tout autant, qui ne pouvait guère durer moins de quatre heures : le programme Beethoven, par exemple, comportait huit des grandes sonates ! (Aujourd'hui, ce serait déjà beaucoup d'en jouer quatre : la sonate *Waldstein*, l'*Appassionata*, l'opus 90 et l'opus 111.) A peu près à la même époque, d'ailleurs, Hans von Bülow donnait des récitals Beethoven d'une durée similaire, jouant en une seule soirée les cinq dernières sonates.

Cette titanesque entreprise a son prix : au cours d'un de ces concerts-marathon à Paris, Rubinstein s'écroule sans connaissance sur le clavier.

Rubinstein est la tête la plus chaude de ce qu'on peut appeler la troisième virtuosité du siècle, si l'on considère Kalkbrenner, Herz, Hummel et quelques autres comme faisant partie de la première et la décennie Liszt comme la deuxième. Et c'est aussi Franz Liszt qui montre à au moins deux générations comment faire marcher leurs doigts. Aujourd'hui, on appellerait sans doute *master class*, ou université d'été, ou atelier de piano, cet événement qui – durant trois décennies – réunit chaque année autour du maître des disciples dévots attentifs à surprendre les secrets du titan ; le désir avide de glorification qui s'est emparé de l'Europe crée une tradition qui, un demi-siècle durant, verra monter sur les scènes du monde entier ces pianistes qui peuvent dire (et ne s'en font pas faute) qu'ils ont été élèves de Liszt. Harald C. Schonberg les appelle, non sans ironie, "les enfants de l'abbé". Ils viennent de partout et se pressent autour de leur grand modèle : "Les élèves de Liszt sont français, turcs, polonais, russes, américains, hollandais ; quelques-uns sont allemands. Certains jouent très bien, d'autres très mal. J'apprends beaucoup de Liszt, cela est hors de doute. Même quand il corrige d'autres élèves, c'est très instructif, parce qu'il joue lui-même." L'auteur de ces lignes est un des derniers élèves de Liszt, et sera un des plus célèbres : Eugen d'Albert.

Ces festivals pédagogiques se tinrent d'abord à l'Altenburg près de Weimar, plus tard dans l'ancienne jardinerie du château. A l'Altenburg, Liszt est encore au faîte de la gloire vivante ; plus tard, il se présentera de plus en plus comme sa propre légende, figure culte du piano. Max Kalbeck (partial, il est vrai) décrit l'atmosphère qui régnait céans : “Les deux étages et les innombrables pièces de l’Altenburg unissaient l’église au boudoir, la salle d’apparat à la bibliothèque, le cabinet de curiosités à l’atelier. Le tout se présentait comme un vaste musée Liszt, dont l’objet le plus remarquable était le propriétaire lui-même, et qui, avec la collection de tous les hommages que Liszt avait reçus dans sa vie, flattait en permanence l’orgueil du maître de maison. Il pouvait s’y contempler de tous côtés comme dans un miroir, partout il venait à la rencontre de lui-même…”

Le plus célèbre des élèves de l’Altenburg était, à côté de Hans von Bülow, Carl Tausig, qui devait mourir précocement à l’âge de trente ans. Son père, Aloys Tausig, lui-même pianiste réputé, avait pris des leçons auprès de l’ancien adversaire de Liszt, Sigismund Thalberg. A en croire ceux qui ont entendu Tausig, il était celui des pianistes du XIXe siècle dont le jeu se rapprochait le plus de celui de Chopin. Lenz, qui avait bien connu Chopin, disait de lui : “Il jouait comme Chopin, il sentait comme Chopin ; au piano, il *était* Chopin.” Rubinstein, qui manifestement n’en était pas à une fausse note près, le surnommait “l’Infaillible”. En 1865, Tausig fonda à Berlin une “Ecole supérieure de piano”, qu’il dirigea pendant cinq ans. Il nota ses propres exercices dans une étude intitulée *Comment étudier le piano ?* qui connut de nombreuses rééditions. Prodigue de commentaires comme “Terrible ! Effroyable ! Epouvantable ! Mon Dieu, mon Dieu !”, il ne semble toutefois pas avoir été un excellent pédagogue.

Il possédait au demeurant une autre particularité chopinesque : une aversion grandissante pour les concerts publics. Amy Fay, élève américaine de Liszt et de Tausig, relate : “Bien avant qu’il fût malade, tout son système nerveux était ébranlé. L’hiver dernier, il dit que la seule idée de jouer en public lui était insupportable, et après avoir annoncé dans les journaux quatre concerts il les annula en arguant de sa mauvaise santé." Si C. F. Weitzmann a pu l'appeler "le dernier des virtuoses", c'est sans doute aussi parce que la subtilité de son jeu était liée chez lui à la menace qui pesait sur son naturel (ou sur sa nature) ; après sa mort survenue en 1871, une phalange de cinq techniciens géniaux et presque du même âge occupa la scène : Emil Sauer et Conrad Ansorge (1862), Alfred Reisenauer (1863), Eugen d'Albert (1864) et Frédéric Lamond (1868).

Ses élèves favoris, Liszt aimait à les emmener ou à les faire venir auprès de lui quand il voyageait entre ses différentes résidences, et il conserva cette habitude lorsque, avec une régularité touchante et ses gros sabots de patriarche, il se mit à fréquenter la villa *Wahnfried*, où il était plutôt toléré que bienvenu, et où il fut à peine toléré sitôt que ses élèves envahirent la maison. Eugen d'Albert y a été témoin d'une scène véhémente, qui sera évoquée ici – ne serait-ce que parce qu'elle présente accessoirement le seul compositeur du XIXe siècle pour qui le piano n'a joué pratiquement aucun rôle : Richard Wagner. Il n'utilise cet instrument que dans ses toutes premières œuvres : son opus 1 est une sonate en *si* bémol majeur, l'opus 2 une polonaise à quatre mains, puis on trouve une sonate en *la* majeur manifestement plus ancienne, et un peu plus tard une *Sonate pour l'album de Mme M. W.* (Mathilde Wesendonk) ; parmi les réductions pour clavier dues à Wagner, les plus remarquables sont celles de la *Neuvième Symphonie* de Beethoven, du *Don Giovanni* de Mozart et du *Stabat Mater* de Palestrina. A la villa *Wahnfried*, le piano est pour ainsi dire un corps étranger, et on comprendra qu'il le devienne d'autant plus quand des étrangers s'avisent de se défouler dessus. De tous les préceptes rigides qui procèdent de l'égocentrisme wagnérien, nul arrangement n'est peut-être aussi compréhensible que celui qu'il trouve avec son beau-père Franz Liszt : celui-ci n'aura le droit de recevoir ses élèves qu'en son absence et devra mettre fin à la leçon dès que lui, Wagner, entrera dans la maison. D'après le témoignage de d'Albert, cet accord provoquait chez le vieux Liszt une nervosité et une distraction permanentes, si bien qu'il se détournait constamment du piano pour guetter par la fenêtre la proximité éventuelle de l'implacable maître de maison. “Un beau jour, pourtant, Liszt, profondément plongé dans les explications qu'il donnait à d'Albert, en oublia d'y prendre garde. Soudain, la porte s'ouvrit, Wagner entra et s'emporta contre Liszt. D'Albert rapporta qu'il s'était enfui le plus vite possible, laissant Liszt à son destin…”

Mais Liszt ne serait pas Liszt s'il s'était contenté de réunir autour de lui un aréopage de jeunes gens aussi doués qu'enthousiastes. Sa vie était impensable sans une cour de jolies femmes passionnées, tendres, éperdues d'admiration, ce qui arracha à Nietzsche ce mot où la haine le dispute à l'envie : “Liszt, ou l'école de la virtuosité dans les conquêtes féminines.” Parmi ses élèves, on peut citer Martha Remmert, Anna Mehlig, Amy Fay, Adele aus der Ohe ; la plus connue est Sophie Menter.

Car un cours de piano n'est pas que dressage musical, leçon pleine de douceur ou de sévérité, dur entraînement – il est aussi situation romantique, rendez-vous galant. Bien souvent, l'Eros pédagogue ne reste pas simple métaphore. Personne n'en témoigne mieux que Theodor Leschetitzky, l'autre grand professeur avec Liszt, qui pendant un temps avait enseigné au conservatoire de Saint-Pétersbourg fondé par Rubinstein pour s'installer ensuite, à partir de 1878, comme professeur indépendant à Vienne où il avait été en son temps, tout comme Liszt, l'élève de Czerny. Rendez-vous galant : il ne s'agit pas là d'un secret croustillant, mais de l'incroyable constatation que Leschetitzky – et il avait déjà été marié une fois – a épousé successivement trois de ses élèves : Annette Essipoff, Eugenia Donnemourska et Marie-Gabrielle Roborska.

La méthode de Leschetitzky ne tarda pas à devenir légendaire. Une autre de ses élèves, Fanny Bloomfield Zeisler, l'a dépouillée de tout mystère en la décrivant : "Durant les cinq années où j'ai travaillé avec Leschetitzky, il a prouvé à l'évidence qu'il n'avait pas de méthode précise au sens traditionnel du terme. Comme tout bon professeur, il étudiait la personnalité de son élève afin d'y adapter son enseignement. On pourrait presque dire qu'il avait une méthode différente par élève, et j'ai souvent dit que la méthode de Leschetitzky consistait à n'en pas avoir…"

De ses élèves, celui qui connut la carrière la plus brillante fut Ignacy Paderewski ; mais, au cours de ses dernières années, cette carrière se déroula moins dans le domaine du piano que dans celui de la politique : en 1918, il fut nommé ambassadeur de Pologne à Washington, l'année suivante premier ministre et ministre des Affaires étrangères du tout nouvel Etat polonais (jusqu'à ce qu'il reprenne ses concerts en 1922) et en 1940, après l'invasion de la Pologne, il devint président du parlement polonais en exil. Durant ses jeunes années, *homme à femmes*[1] hors pair, il avait été presque étouffé par ses admiratrices lors d'une tournée en

1. En français dans le texte.

Amérique et avait gagné trois cent mille dollars en trois mois. Paderewski semble également avoir été le premier à faire assurer – pour cent mille dollars – ses mains. Parmi les élèves de Leschetitzky, citons également Artur Schnabel, dont l'importance au début de notre siècle est très grande.

Outre Liszt et Leschetitzky, il existe une autre enseignante célèbre : Clara Schumann, qui a trouvé dans ses vieux jours à employer ses talents de pédagogue au conservatoire Raffsch de Francfort, qui venait d'être créé. Mais, contrairement aux deux autres, son influence reste limitée ; elle ne fera pas véritablement école. Malgré tout, trois femmes parmi ses nombreux étudiants, sont devenues célèbres : Nathalie Janotha, Fanny Davies et Ilona Eibenschütz, de qui un critique écrivit : "[…] quand elle plaqua les premiers accords des *Etudes symphoniques* de Schumann, sa main reposait sur les touches avec une telle sensibilité et un tel abandon que je sus aussitôt qu'Ilona se jouerait des difficultés." L'insignifiance de ces lignes n'a d'égale que la notoriété postérieure de leur auteur : George Bernard Shaw.

Mais Clara ne s'est pas retirée des concerts ; nous prendrons congé d'elle avec une curieuse prestation donnée devant la reine Victoria, et qu'elle rapporte dans son journal :

"Ce fut un concert incroyable. […] Mme Neruda, Mlle Regan, quelques messieurs et moi-même y participions. La salle se prêtait bien à la musique mais n'était pas très grande – il y avait sept cents invités (de cinq à sept), à peu près cent personnes dans la salle et la plupart debout derrière des chaises vides. […] La reine ne nous salua pas ; elle était à demi tournée vers la salle, parlait sans arrêt, n'écoutant que les dernières mesures de chaque morceau et applaudissant toujours beaucoup. […] Et en plus, pendant la musique, on entendait bavarder les six cents autres personnes dans les pièces adjacentes. Le plus incroyable se produisit après la première partie : la reine se leva pour prendre son thé, et pendant l'entracte on entendit d'abord un pot-pourri joué par l'ensemble royal, puis deux *Backpipers* [joueurs de cornemuse] se mirent à jouer. […] Je ne savais que dire ; d'abord, je ne compris pas de quoi il s'agissait, jusqu'à ce que Mad. Neruda m'apprenne que c'était la musique préférée de la reine ! […] J'étais hors de moi, j'aurais voulu m'enfuir. Puis la deuxième partie commença, et la reine avait déjà pris place sur sa chaise quand elle parut se souvenir qu'il fallait qu'elle nous dise quelque chose. Elle vint donc, commença par me saluer d'une légère inclinaison en disant «très bien joué» […] tout en laissant ses yeux errer de côté et d'autre, puis elle se retira à sa place. […] Quand tout fut terminé, elle n'eut pas un mot de remerciement – cela ne m'était jamais arrivé de ma vie. Je suis sûre d'une chose, c'est que cette reine ne me reverra jamais chez elle !"

Et pourtant, Clara, la jolie petite Clara toute désorientée d'autrefois, est elle-même en passe de devenir une espèce de *queen Victoria* du piano. Il existe de troublantes coïncidences biographiques : née la même année que la reine d'Angleterre, en 1819, elle s'est mariée la même année, en 1840 ; durant sa brève existence conjugale, elle fut la plus célèbre du couple, celle qui gouvernait, et elle a, à l'instar de la monarque britannique, survécu quarante ans à son mari. Quant à l'héritage de son bien-aimé Robert Schumann, elle l'a administré, on ne peut le dire autrement, avec une rigueur toute victorienne.

CELUI QUI PORTA LE PIANO À SON POINT DE PERFECTION

Quelqu'un d'autre encore émerge de la grande armée, de ce pandémonium pianistique du XIXe siècle finissant, et sa tête parle pour lui : Ferruccio Busoni. Né en 1866 à Empoli près de Florence, il se produisit très tôt comme enfant prodige ; tout juste âgé de vingt ans, il enseigna aux conservatoires d'Helsinki, de Moscou et de Boston ; il n'était pas seulement un musicien itinérant, mais fut dès ses jeunes années citoyen du monde, cosmopolite. Sa vraie patrie d'élection fut Berlin, où il travailla trois fois durant des périodes assez longues : au tournant du siècle, avant la Première Guerre mondiale et au début des années 1920 jusqu'à sa mort (1924).

Au piano, Busoni est à la fois penseur, magicien et découvreur, et on rappellera la phrase sur laquelle s'ouvre ce livre : "Le piano est un excellent comédien." Il est un des seuls de sa génération à avoir le sentiment (et l'intelligence) de la plasticité de cet instrument protéiforme. On pourrait presque lui appliquer, de façon ambiguë, le mot de Nietzsche : il philosophait "à coups de marteau". A sa femme, il écrit : "Bach est le fondement du piano, Liszt en est le sommet. Les deux te permettront Beethoven." Ce genre de réflexion montre en Busoni un dialecticien du clavier.

Son style de pianiste et de compositeur se révèle de façon particulièrement frappante quand on compare sa transcription de la chaconne pour violon seul de Bach avec la version qu'en a donnée Brahms. Cette chaconne était en son temps quelque chose d'inouï ; la grandiloquence orchestrale et la polyphonie contrapuntique, le chant élégiaque et l'emphase de l'opéra, la méditation et l'envol chorégraphique étaient autant de

Ferruccio Busoni.

défis lancés au violon solitaire : une formidable expérimentation sur quatre cordes. Or, Brahms ressent l'entreprise de Bach comme une manifestation d'ascèse, comme une abstraction : il voit un orchestre, ou un chœur, ou les deux réduits et compressés sur l'étroit chevalet du petit instrument, et sa transposition pour clavier est elle-même une réduction, presque une amputation. Sa transcription est écrite pour la main gauche seule ; la solitude du violoniste, il veut en quelque sorte la débusquer, la mettre en évidence. Le pianiste qui se sert de la seule main gauche tandis que la droite ne fait rien (il pourrait, image un peu bizarre, la poser sur son genou) "représente" le violoniste réduit à lui-même et à son instrument. Chez Busoni, au contraire c'est un déploiement de faste, de force, de sonorités. Il se sert du piano comme Bach s'est servi du violon, de façon analogique : il le pousse à la limite de ses possibilités, tire tous les registres et écrit l'un des morceaux les plus difficiles, les plus colorés, les plus virtuoses de la littérature pour piano qui, pour un peu, semblerait aujourd'hui presque pompier sous les doigts de certains pianistes. Mais cette composition réunit vraiment Bach et Liszt dans une œuvre de Busoni. Les nombreuses transcriptions de ce dernier imprimèrent si profondément l'association "Bach-Busoni" dans la conscience de l'époque qu'un jeune pianiste, qui avait étudié avec Busoni, fut un jour présenté dans une critique comme un élève de Bach-Busoni.

Busoni n'a jamais étudié avec Liszt, mais ses contemporains le considéraient comme l'authentique successeur et continuateur de ce dernier. L'admiration qu'il portait à Liszt ne l'empêchait pas de se gausser de ceux qui l'imitaient et le singeaient sur scène. "La pose est à la mode. Il y a ici un pianiste nommé Friedheim, un élève de Liszt, au cheveu long et à la mine mi-austère, mi-ennuyée. Quand il entre en scène, il salue si bas que ses cheveux tombent sur son visage, puis il rejette la tête en arrière pour mettre de l'ordre dans sa crinière. Après quoi il s'assied au piano en faisant énormément de manières et attend que le public soit parfaitement silencieux ; enfin «il se jette sur le clavier comme une bête sauvage sur sa proie», pour citer Hanslick. Mais le plus beau, c'est de l'observer pendant les tutti de l'orchestre, qui lui laissent le loisir d'étaler toutes ses grimaces. Il inspecte ses ongles, regarde le public, se passe les mains dans les cheveux ou se livre à d'autres incongruités."

Busoni lui-même semble avoir été à l'abri de ce genre de tentations, ou bien c'est qu'il était trop vaniteux pour montrer de la vanité. Faisant ses débuts à Londres, il n'hésite pas à écrire à sa jeune femme suédoise qu'il joue devant des salles vides et que les critiques sont médiocres, et à citer les articles de presse qui soulignent son obscurité : "*A young pianist – a new pianist – a pianist simply named Busoni, yet unknown*[1] – ils commencent tous comme cela."

Dialectique, démonisme, discipline – ces trois D semblent caractériser le jeu de Busoni comme sa personnalité. A une époque où une gloire rapide n'accroissait pas seulement les revenus et l'assurance, mais bouleversait aussi les habitudes, Busoni se distingue par une discipline sévère, un extrême ascétisme. Le pianiste soviétique Alexander Goldenweiser rapporte un épisode qui ne vaut manifestement pas pour un seul jour, mais caractérise le travail de toute une vie : "Voici

1. "Un jeune pianiste– un nouveau pianiste– un pianiste encore inconnu du nom de Busoni."

ce qui m'arriva un jour. Je m'étais rendu par le train de nuit dans ce qui était à l'époque Saint-Pétersbourg ; ce jour-là, Busoni avait donné un récital à Moscou et, le jour suivant, un autre devait avoir lieu à Saint-Pétersbourg où il jouerait le même programme. En montant dans le wagon couchettes, je rencontrai Busoni. Le hasard voulut que, arrivés à Saint-Pétersbourg, nous descendions au même hôtel, l'*Astoria*, et que nos chambres se trouvassent au même étage. Au bout d'une demi-heure, j'entendis Busoni se mettre à jouer ; je sortis de ma chambre et m'assis dans le couloir pour l'écouter travailler ; il travailla trois heures et demie. Busoni était l'un des grands pianistes de son temps ; la veille, il avait joué son programme à Moscou ; à Saint-Pétersbourg, il n'aurait qu'à le répéter. De plus, il possédait une technique magistrale, avait déjà joué ces morceaux en public un millier de fois, et notamment le jour précédent. Au lieu de se contenter d'une demi-heure de mise en doigts et d'aller se promener, Busoni reprit minutieusement son programme de la première à la dernière note."

Il semble que Busoni ait fini non seulement par douter de sa propre présence pianistique, mais par se méfier des potentialités théâtrales de l'instrument et surtout de l'omniprésence de la virtuosité tonitruante qui le cernait. L'un de ses aphorismes les plus méchants : "Il est déjà (à première vue) bien surprenant qu'un autre soit capable de faire ce qui était auparavant à la portée d'un seul, mais sitôt que les «autres» se multiplient cela devient du darwinisme."

XIX

L'IMPRÉSARIO

ou Le piano comme branche commerciale

Nous autres artistes sommes un article de luxe de la bourgeoisie.

FRANK WEDEKIND

Que préférez-vous, la musique ou la charcuterie ?

ÉRIK SATIE

SPÉCULATION SUR LES JEUNES TALENTS

Les deux dernières décennies du XIXe siècle grouillent de pianistes dont chacun est “le plus grand”, l’enthousiasme du public touche à la frénésie. Le piano est au sommet de son évolution, de sa renommée, de sa sonorité, de sa distribution, et une bonne centaine de pianistes conquièrent d’un jour à l’autre la faveur du public, une célébrité internationale et souvent une fortune. Si on voulait citer ne serait-ce que presque tous les noms, cet ouvrage ne tarderait pas à prendre des allures d’annuaire téléphonique.

Le piano devient marché de l’art, le marché de l’art devient branche commerciale, et on voit entrer en scène un personnage jusqu’alors inconnu, du moins en Europe : l’agent de concert. Jadis serviteur muet, il est devenu entrepreneur ; l’imprésario itinérant s’est transformé en homme d’affaires établi qui, au lieu de spéculer à la bourse (ou simultanément), spécule avec les jeunes talents. La carrière d’un artiste dépend de plus en plus de cet artiste de la carrière.

Dans les années qui précèdent immédiatement le XXe siècle, l’agent le plus important et le plus malin, le plus intuitif et le plus lucide est le Berlinois Hermann

Wolff. Un dialogue éclair témoigne de son esprit de répartie, mais aussi des analogies existant entre le concert et le cirque. Liszt dit de lui à Hans von Bülow : "Tu vois, mon cher Hans, le grand propriétaire de ménagerie qui tient dans sa cage tous les lions que vous êtes", sur quoi Wolff réplique : "… à cette différence près que ce sont les lions qui me nourrissent, et non moi qui nourris les lions."

Il est vrai que Wolff reste aussi, à quelques exceptions près, l'homme qui se rue hors des coulisses pour faire sortir de scène un pianiste qui vient de s'écrouler sur le clavier, appelle le médecin, met le malade au lit, lui fait ingurgiter de la camomille, veille à son chevet, torturé d'angoisse à l'idée des prochaines dates de concert ; il sera aussi toujours l'homme qui reste à l'arrière-plan, mais quand il sort des coulisses, c'est sous les espèces d'un mécène, pour découvrir et encourager les talents.

A la différence des chasseurs de sensationnel américains comme Bernard Ullman ou Max Strakosch, Wolff possède une culture aussi solide qu'étendue. Né à Cologne en 1845, venu à Berlin à l'âge de dix ans, il y fréquenta le lycée Friedrich Werder avant de se tourner vers des études commerciales parallèlement auxquelles il apprenait le piano et la théorie musicale, si bien qu'il était capable de jouer des partitions à vue et d'accompagner des lieder. Commerçant et mélomane, il penchait aussi vers le journalisme. L'emploi du temps du jeune homme est époustouflant : "Le matin chez Bote & Bock, l'après-midi à la Bourse, dîner à quatre heures, retour chez Bote & Bock. Je regagne rarement notre villégiature avant dix heures et demie, et je ne puis guère m'accorder de repos avant minuit. Car j'ai accepté de rédiger pour nos revues spécialisées des notices à partir des informations musicales glanées dans tous les journaux possibles, anglais, allemands, français et italiens." Il ne tardera pas non plus à écrire lui-même des critiques.

De cet affairement incessant naît bientôt sa propre affaire ; en 1880, il fonde l'agence de concerts Hermann Wolff. Et, en 1882, il prend une part décisive à la fondation de l'Orchestre philharmonique de Berlin et de la Société philharmonique. Une ancienne piste de patins à roulettes, le "Skating Rink", est transformée en salle de concert, en "Philharmonie", et les concerts[1] de Benjamin Bilse se transforment sous la baguette de Hans von Bülow en événements culturels. Berlin devient, notamment grâce à l'initiative de Hermann Wolff, un centre musical.

Hermann Wolff ne cessait de prendre sous son aile de nouveaux virtuoses. Mais celui qui fait le commerce des artistes ne vend pas vraiment des lions, il vend des denrées fragiles. Plus encore qu'un pianiste, l'agent doit avoir du tact, tendre l'oreille aux dissonances et aux fausses notes. Si l'entreprise de Wolff est de plus en plus puissante, il reste l'esclave des virtuoses qu'il a faits lui-même. Si l'on se consacre plus particulièrement à l'un d'entre eux – par exemple en l'accompagnant lors d'une tournée –, on en vexe dix autres ; si on les traite tous de la même façon, ils se sentent tous abandonnés. L'agent est toujours sur la corde raide, et Hermann Wolff, qui allie le courage à la circonspection, y marche avec une grande assurance. Mais, parmi tous les démons qu'il a invoqués, il en est un qui

1. On avait surnommé ces événements mondains *Verlobungskonzerte*, "concerts-fiançailles", en raison du grand nombre d'idylles qui s'y nouaient…

parvient toujours à se faire obstacle à lui-même : Hans von Bülow.

ENCORE UNE FOIS : LA GUERRE EN SALLE

Vers la fin du XIXe siècle, Hans von Bülow incarne comme nul autre cette tendance des pianistes qui se manifeste de nos jours avec une vigueur accrue (qu'on pense à Barenboïm, Ashkenazy, Eschenbach, Pollini) : l'envie, l'ambition et le talent de diriger un orchestre. Certes, Mozart et Beethoven ont dirigé occasionnellement ; certes, Mendelssohn et Schumann étaient chefs d'orchestre, certes, Brahms a voulu prolonger sur le podium la composition de ses symphonies, mais c'est avec Bülow que naît le type du pianiste professionnel qui fera par là même profession de diriger. Est-ce dû au caractère de plus en plus orchestral de la musique pour piano ? A la frustration du soliste mal accompagné ? Ou simplement à cette surabondance de dispositions artistiques qui, après avoir épuisé toute la virtuosité et toutes les nuances du piano, veut commander à un instrument supérieur, l'orchestre ? Chez Hans von Bülow, c'est peut-être un mélange de tout cela, mais chez lui s'y ajoute encore autre chose : le rôle du précepteur, du rhéteur, du tribun.

Hermann Wolff avait lancé les livrets-programmes comportant des commentaires sur les œuvres ; Bülow est l'inventeur des concerts-conférences. Ses présentations n'étaient pas seulement informatives, elles étaient aussi féroces. Ce personnage sarcastique avait à Berlin de nombreux ennemis ; il avait l'art de s'en faire en quelques mots. Il surnommait Hülsen, intendant général du Théâtre royal de Berlin, "Son Excellence Roupie de Sansonnet" – pas en public, bien sûr, mais peu après une représentation ratée du *Prophète* de Meyerbeer, il joua la "Marche du couronnement" tirée de ce même opéra en l'annonçant à son public en ces termes : "Mesdames et messieurs, nous allons maintenant vous jouer ce morceau tel qu'il est écrit par le compositeur, et non comme il a été joué au cirque Hülsen." Quelque temps plus tard, il fut interdit d'Opéra royal. Il était tombé en disgrâce auprès de la droite nationaliste allemande et de sa "presse de laquais" en permettant qu'à Prague, où il était invité, son prénom fût changé en "Hanusch". Lui-même en parle dans une lettre : "Le dix octobre, je joue à Prague, en allemand, deux concertos de Beethoven. Comme le public est tchèque, il me semble normal que les journaux impriment mon nom en tchèque."

Le nom de Hans von Bülow est lié aussi à une dernière scène de la "guerre en salle". Elle se produit le 28 mars 1892, après son cinquantième concert philharmonique qui sera, jusqu'à nouvel ordre, son dernier. Il vient de diriger l'*Héroïque*, et le public attend un supplément rhétorique, les Berlinois ne veulent pas lâcher leur Bülow comme ça. Les applaudissements sont entrecoupés de cris : "Bülow, un discours !", qui deviennent un chœur, la voix du peuple : "Bülow, un discours !"

Et Bülow prononce un discours. Un discours détaillé et manifestement préparé, car le texte en est conservé : d'accord, il fera pour la dernière fois usage de l'article 27 de la constitution (liberté d'opinion), il parlera de Beethoven. Le sculpteur Hähnel, auteur du monument Beethoven à Bonn, a associé les neuf symphonies aux neuf muses. Mais lui, Bülow, voit encore un autre regroupement possible : les symphonies, rassemblées par trois, représenteraient les actes d'une pièce de théâtre et chacun de ces actes culminerait dans la célébration d'un idéal : celui du héros, celui de la nature, celui de l'humanité. "Regardons ces idéaux d'un peu plus près, en commençant par le deuxième. La nature, en fait, ce n'est pas un idéal, mais Dieu merci une réalité, dont nous profiterons bientôt, ne serait-ce que par contraste avec les miasmes de la grande ville." (!) Puis du plus pur Bülow : "L'humanité n'est rien d'autre qu'une abstraction, un fantasme. [...] Cette humanité, qu'est-ce que c'est au juste ? De quoi se compose-t-elle en fin de compte, si ce n'est de Jean et Jacques, Pierre et Paul, du père Tailleur et du père Tonnelier et du père Tout-le-monde ? Donc, l'humanité est un beau rêve, ou plutôt un cauchemar qui a porté ses mauvais fruits..."

Comme beaucoup de sceptiques, Hans von Bülow a la raillerie progressiste et la vénération plutôt conservatrice. Car voilà qu'il s'apprête à changer la dédicace de l'*Héroïque*, héroïne du drame symphonique en trois actes. Beethoven, "plein d'une indignation sacrée", aurait déchiré la dédicace à Napoléon après que celui-ci eut arboré le masque d'un "César fou", mais la dédicace au prince Lobkowitz ne pourrait pas convenir non plus : "Voici longtemps que nous l'avons compris, nous autres bateleurs..."

Et Hans von Bülow s'autorise une dédicace très personnelle, qui, de nos jours, n'est plus que comique, mais dont l'effet dans le Berlin de 1892 devait être dérangeant, spectaculaire, carrément provocant. Il y avait à peu près exactement deux ans que Guillaume II, jeune *imperator* entreprenant, avait contraint son chancelier à démissionner. Mais Berlin est encore déchiré entre le culte de Bismarck et la fidélité à l'empereur. Et c'est dans cette ambiance que tombent les mots du chef d'orchestre : "Nous autres, musiciens de cœur et de tête, de bouche et de main, nous consacrons et dédions aujourd'hui la *Symphonie héroïque* de Beethoven au plus grand héros de l'esprit qui ait vu le jour depuis Beethoven. Nous la dédions au frère de Beethoven, au Beethoven de la politique allemande, au prince de Bismarck ! Vive le prince de Bismarck !"

Et la salle se déchaîne, c'est-à-dire que deux fureurs s'affrontent : un déchaînement d'enthousiasme, et le déchaînement de colère de la clique courtisane et de ses partisans. Les cris de joie et les bravos se heurtent aux sifflets et aux huées, les partis adverses échangent insultes et lazzi. Bülow n'en finit pas de revenir se montrer, il semble apprécier le tapage. Et pour finir il ajoute une conclusion muette et railleuse : il s'avance jusqu'à la rampe, sort son mouchoir, se baisse et essuie sans rien dire ses bottines vernies, pantomime commentant la réflexion de l'empereur selon laquelle ceux qui ne se plaisaient pas dans son pays pouvaient secouer la poussière de leurs pieds et s'en aller.

STRINDBERG POUR DEUX PIANOS

La maison des Wolff devient le point de rencontre du monde musical. Le vieux Brahms s'y rend après un concert donné à Berlin et on lui sert son plat favori, ou ce que la maîtresse de maison tient pour tel : des haricots au lard ; son ami d'enfance et de toujours Joseph Joachim y est le bienvenu ; on y rencontre Saint-Saëns et Edvard Grieg, et les virtuoses y trouvent après leurs récitals une table garnie, tantôt somptueuse (Rubinstein), tantôt végétarienne (d'Albert).

C'est aussi chez les Wolff que d'Albert voit pour la première fois de près Teresa Carreño, célèbre pianiste sud-américaine. Il l'avait entendue peu auparavant, et avait dû être tellement enthousiasmé par son jeu et par son allure qu'il avait pensé aussitôt à une alliance, à un double concert de deux existences virtuoses. Son premier biographe Wilhelm Raupp, qui se réfère à des déclarations de d'Albert, décrit cette impression : "Cette femme s'élevait au-dessus de la moyenne. Comme lui ! Elle sortait du rang interminable des gens ordinaires. Comme lui ! Dans l'âme de d'Albert se leva rapidement la conviction que son art pourrait s'accomplir dans l'alliance avec cette femme surnaturelle qui lui ressemblait tant."

Qui est Teresa Carreño ? Née en 1853 à Caracas, elle y a joué pour la première fois en public en 1861. En 1862, ses parents l'emmenèrent à New York où elle devint l'élève de Gottschalk ; à l'âge de dix ans, elle se produisit à la Maison-Blanche devant le président Lincoln, lui joua la chanson qu'il préférait, assortie de variations improvisées ; l'adolescente, fêtée lors de plusieurs tournées en Europe, avait fait la connaissance de toute l'élite musicale européenne, et vers 1890, après l'échec de deux mariages, c'est une femme déçue qui se jette d'autant plus passionnément sur son piano, au sens littéral du terme. Les Allemands n'ont pas tardé à la surnommer "la Walkyrie".

Elle n'est pas particulièrement séduite par ce d'Albert lorsqu'elle le rencontre en avril 1891 dans la maison des Wolff. "La première impression produite sur Teresa par son concurrent fut plutôt déplaisante, écrit son compatriote Israël Pena, qui a raconté l'histoire de sa vie comme une sorte de légende sacrée. D'Albert lui apparut comme une espèce de nain moustachu, mal peigné, à la mise peu soignée. Teresa se montra très froide à son égard quand il la félicita avec transports pour son interprétation du concerto en *la* mineur de Grieg. Sa froideur et son détachement touchèrent d'Albert au plus vif de sa vanité masculine." Mais cette impression n'avait pas tardé à faire place au sentiment contraire lorsque, sur l'invitation de Mme Wolff, elle avait assisté à une répétition générale publique où d'Albert jouait le concerto en *sol* majeur de Beethoven. Quoi qu'il en fût, les deux se produisent bientôt dans des concertos pour deux pianos, et, environ un an après leur première rencontre, leur mariage est célébré à Londres.

Une note dans le journal de Louise Wolff évoque sans ménagement l'impression qu'ils produisaient lorsqu'ils jouaient ensemble : "[…] le couple le plus disparate du monde. Il a trente ans, elle quarante-trois. Lui calme, indécis, efféminé, elle hardie, entreprenante, débordant d'énergie, une nature fougueuse et indomptée. *Américaine du Sud*[1], comme elle le dit toujours. Une beauté déjà connue de plusieurs générations, supérieurement douée, mais un peu violente. D'Albert est son troisième mari, elle est sa deuxième femme."

Un premier enfant, puis un deuxième, puis la catastrophe : d'Albert n'aurait même pas attendu les relevailles pour annoncer à sa femme qu'il avait l'intention de divorcer et comptait sur son consentement. La femme épuisée se défend, pleure, ne comprend pas, et s'adresse finalement à Mme Wolff : l'imprésario dans le rôle du conseiller conjugal. Sa fille Edith Stargardt-Wolff rapporte : "Nous, les enfants, entendions jusque dans notre chambre les paroles et les diatribes passionnées de Mme Carreño au cours de ces conversations menées en français. Tandis qu'elle cherchait une consolation auprès de ma mère, mon père recevait d'Albert

1. En français dans le texte.

qui voulait lui parler, et il arrivait souvent que cela se produisît en même temps, dans des pièces voisines. Le point de vue de d'Albert, c'est qu'il devait recouvrer sa liberté ; il était largement le plus jeune des deux et avait encore la vie devant lui, tandis que les plus belles années de Teresa se trouvaient derrière elle…"

Mais même au moment où ils se disputent violemment à propos de séparation, de divorce, d'un arrangement possible, ils continuent à se produire ensemble, et la Carreño va jusqu'à créer un nouveau concerto pour piano de d'Albert, celui en *mi* majeur. Même un critique comme Eduard Hanslick se laisse abuser (au moins en partie ?) par tant de solidarité : "D'Albert a de la chance. Ses morceaux les plus difficiles, il peut à son gré soit les jouer lui-même, soit les faire jouer par sa jolie femme, dont la vigueur et le brio ne le cèdent en rien aux siens. Mme d'Albert, que nous avons déjà eu l'occasion d'admirer sous le nom de Teresa Carreño, nous a donné, avec l'interprétation du concerto pour piano à elle confiée, un échantillon de son étourdissante virtuosité. Ce concerto ne permet pas bien de juger si son jeu peut être aussi chaleureux qu'il est étincelant. L'interprétation de la Carreño ne m'a pas permis de sentir la «ferveur intime» prescrite par le compositeur pour l'unique mélodie solo que comporte ce concerto, au début de l'adagio."

Leurs chemins se séparent peu après, même sur scène. Ils se répartissent les divers enfants. La strindbergiade des deux pianistes est – vis-à-vis de l'extérieur – terminée, cet épisode si romanesque qu'il aurait presque sa place dans le chapitre suivant.

Mais Hermann Wolff, l'imprésario, continuera à s'occuper des deux.

XX

COMPLICE DES CATASTROPHES

Le piano dans le roman du XIXe siècle

Et pourtant, tout avait commencé de façon si innocente !

JANE AUSTEN

Il a les mains des Buddenbrook […]. Les Buddenbrook peuvent tous plaquer des neuvièmes et des dixièmes.

THOMAS MANN

UN CERTAIN RAPPROCHEMENT

C'est l'horreur absolue : l'homme retire ses bottes, se dirige en chaussettes vers le mur où sont accrochés ses armes à feu et ses poignards. Il décroche un poignard damasquiné qui n'a encore jamais servi et le sort de son fourreau (qui tombe derrière le canapé). Il se débarrasse du paletot qui, car il faut savoir qu'il vient de revenir précipitamment d'un voyage à Moscou, couvre encore ses épaules, et pénètre dans le salon dont il ouvre la porte avec brusquerie. L'effroi des deux personnes qu'il y surprend en plein médianoche excite encore davantage la fureur de cet homme. L'un des deux convives assure, en arborant un sourire ridicule, qu'on venait de s'adonner à la musique, tente de retenir le forcené, mais finit par prendre la poudre d'escampette devant son regard terrible. L'homme, alors, se tourne vers la femme, qui n'est autre que la sienne, lui donne un coup de coude en plein visage, si bien qu'elle pousse un cri en s'affaissant sur le canapé. Malgré la main dont elle couvre ses yeux douloureux, elle distingue le poignard (qu'il avait jusqu'alors tenu caché dans son dos) et balbutie : “Réveille-toi donc ! Que fais-tu là ? Que t'arrive-t-il ? Il ne s'est rien passé, rien, absolument rien ! Je te le jure !" Mais ces paroles sont pour l'homme un aveu définitif, et – "la rage, elle aussi, a ses lois" – il la saisit à la gorge de la main gauche et l'étrangle. Comme elle tente de repousser sa main, il enfonce de toutes ses forces le poignard sous son sein gauche, le retire tout aussitôt, si bien que la femme peut encore se dresser d'un bond et crier pour appeler la nourrice, mais, déjà, le sang jaillit sous son corset. La nourrice se précipite et s'écrie grand Dieu, l'homme attend que la blessée s'effondre et, alors seulement, se débarrasse du poignard.

Pozdnychev est à présent un assassin. Son mobile est classique : la jalousie, mais poussée au paroxysme. Il a tué sa femme – parce qu'elle jouait du piano. Mais c'est seulement des années plus tard, dans un train, après avoir purgé sa peine, qu'il expliquera à un voyageur ce que cela signifie pour lui : "Deux personnes s'adonnent au plus noble des arts – à la musique ; cela nécessite une certaine intimité, qui n'a rien de blâmable en soi, et seul un mari stupide et jaloux pourrait y trouver à redire. Et cependant nul n'ignore que c'est précisément à la faveur de ces occupations, et de la musique particulièrement, que se nouent, dans notre monde, la plupart des adultères[1]."

Ce Pozdnychev est en proie à l'idée fixe que jouer du piano ne sert qu'à échanger des baisers et des caresses sous couvert de musique ; que faire de la musique n'est pas simple tentation, mais véritable incitation à la passion, que sous le jeu se dissimule une gravité extrême : "Oh ! O-o-oh ! Quelle chose effroyable que cette sonate ! Et ce mouvement-là surtout. Et, en général, quelle chose effroyable que la musique !

1. Tolstoï, *La Sonate à Kreutzer*, traduit du russe par Véra Volmane.

[…] On dit que la musique élève l'âme. Son action n'est pas d'élever l'âme ni de l'abaisser, mais de l'exaspérer. […] une musique exécutée sans égard au lieu et au temps, une musique qui excite une énergie et des sensations qui ne doivent pas s'extérioriser, ne peut être que néfaste[1]."

Le morceau dont il parle est la *Sonate à Kreutzer* de Beethoven, et c'est elle qui a donné son nom au célèbre récit dont Pozdnychev est le terrifiant héros. En 1900 tout juste, il est publié pour la première fois sous forme de livre ; les drames de société que le piano n'a cessé, tout au long du siècle, de produire dans la littérature y trouvent leur expression la plus aboutie.

Au début du siècle, les choses sont encore autrement plus innocentes ; l'univers romanesque de Jane Austen est parfaitement policé, et le sinistre forcené Pozdnychev possède un contraire réconfortant : le jeune et fortuné Frank Churchill, qui envoie à sa (secrète) fiancée non des fleurs, des bonbons ou des bijoux, mais un Broadwood. Dans son roman intitulé *Emma*, l'auteur, et c'est une première en littérature, fait du piano un hommage galant, un présent de fiançailles.

Presque toutes les héroïnes du XIXe siècle ont joué du piano, d'Elizabeth Bennet dans *Orgueil et Préjugé* de Jane Austen à la Jane Eyre de Charlotte Brontë, de l'Ottilie des *Affinités électives* à Effi Briest, d'Emma Bovary à Renée Mauperin. Dans *La Foire aux vanités* de Thackeray, ce livre débordant de scènes mélodramatiques, cyniques, voire absurdement perfides, la pratique du piano n'est plus, comme chez Jane Austen, tout à fait innocente ; on la soupçonne d'être, tout comme un maquillage trop appuyé, un excès de jupons

1. *Ibid.*

ou un chapeau excentrique, au service de la coquetterie, de la frivolité, d'une conduite répréhensible. Thackeray cite à l'appui le comportement de ses deux héroïnes. La brave Amelia Sedley, l'héroïne positive, joue bien un peu de piano, mais, "étant donné le peu de chansons qu'elle connaît", pas plus que cela. En revanche, Becky Sharp, avec ses yeux verts, ses origines à demi françaises et ses artistes de parents est une excellente pianiste : rien de surprenant, donc, à ce qu'elle sombre dans l'immoralité. L'agilité digitale et la futilité, l'art de se produire et l'absence de modestie, la virtuosité et l'impudicité finissent par se confondre. Quelqu'un qui joue bien du piano est capable de tout. Caresser les touches est moralement injustifiable. Voilà où en est arrivé le pianoforte vers le milieu du XIXe siècle.

Quelques années plus tard, l'écrivain et journaliste anglais Wilkie Collins poussera jusqu'à la dimension criminelle cette scission entre le bon et le mauvais piano, le jeu innocent et le jeu pervers. Dans son livre *La Dame en blanc*, où T. S. Eliot voit "le premier et le meilleur des romans policiers anglais modernes", la jeune héroïne Laura Failie, jolie, fragile et menacée, sait notamment "restituer Mozart avec une infinie délicatesse de sentiment, avec un maximum de bon goût et de subtilité féminine". Contrainte à épouser Sir Percival, un homme qu'elle n'aime pas, non seulement ruiné, mais ruineux, elle dit, au cours de la dernière soirée passée avec son amoureux secret, adieu en même temps à ce dernier et à son piano. Mais quand le bon piano a fini de servir, quand la partition de Mozart a sombré dans l'oubli, le principe du mal s'empare du clavier, l'impénétrable et sournois *Conte* Fosco à l'amabilité affectée. Inutile de dire que celui-là ne joue pas

Mozart, mais des ouvertures d'opéras italiens et des chansons napolitaines. Et tout aussi superflu de préciser que ce n'est pas pour charmer, mais pour berner le sage ange gardien Marion Halcombe qu'il s'assied au piano dans un moment décisif : en jouant, il la retire de la circulation pour une demi-heure, cependant que sa femme met une sombre intrigue à exécution. Le piano devient l'instrument d'un chantage mondain tel qu'il nous arrive encore d'en rencontrer aujourd'hui.

EMMA BOVARY ET QUELQUES AUTRES

Flaubert est le premier à avoir su discerner les ressources dramatiques et mélodramatiques du piano, découvrir ses possibilités et les utiliser dans une intrigue. Dans *Madame Bovary*, le piano devient le sismographe de l'âme, l'indicateur d'une certaine forme de vie qui est en réalité transformation de la vie. Le piano sera pour Emma Bovary le complice de ses illusions et de ses envies, de ses rêves et de ses désirs.

Elle "savait [...] toucher du piano", nous l'apprenons dès le début. Cela fait partie de son éducation dans un couvent pour jeunes filles sinon riches, du moins aisées, et, au cours des premières semaines de son mariage, l'agilité de ses doigts pouvait faire la joie du médecin de campagne Charles Bovary. Et Flaubert use à nouveau du piano pour orchestrer l'échec encore invisible de ce mariage – par un silence général : "Elle abandonna la musique. Pourquoi jouer ? Qui l'entendrait ? Puisqu'elle ne pourrait jamais, en robe de velours à manches courtes, sur un piano d'Erard, dans un concert, battant de ses doigts légers les touches d'ivoire, sentir, comme une brise, circuler autour d'elle un murmure d'extase, ce n'était pas la peine de s'ennuyer à étudier."

Ce piano muet dans le foyer Bovary est l'accusation la plus criante contre l'autosatisfaction béate de ce Charles, contre le vide des nuits qu'elle partage avec lui, contre la morosité de ce mariage, contre le village, le destin et le carcan social.

Mais qu'est-il arrivé à Emma Bovary, qu'est-il arrivé à son piano pour qu'elle se remette à jouer au bout de quelques années, pour qu'elle se remette à l'étude avec ardeur ? Pour qu'au début d'un certain hiver elle soit prise d'une véritable frénésie de piano ? Pour qu'elle travaille le même morceau quatre fois de suite en se plaignant obstinément que ses doigts sont tout rouillés ? Voit-elle à nouveau se lever à l'horizon le mirage de la salle de concert quand, à force de fausses notes, elle s'interrompt au milieu d'un morceau en soupirant : "Ah ! c'est fini ! il faudrait que je prisse des leçons…"

Mais quand Bovary, ce brave homme, lui propose les services de quelque rustique professeur local, il se fait rabrouer avec un soupir déchirant : "Ah, mon pauvre piano", et avec le commentaire sarcastique et résigné que, s'il en est ainsi, on peut tout aussi bien le vendre. Que signifie ce brusque retour au piano ? Est-ce une vieille ambition, ou une ambition toute nouvelle qui la conduira à tomber de trop haut ? Verrons-nous vraiment Emma Bovary entamer une grande carrière après que son mari aura enfin consenti à lui offrir les prestigieuses et dispendieuses leçons prodiguées par Mlle Lempereur dans la grande ville de Rouen ?

Las, toute cette ardeur frénétique n'est qu'une feinte, et la passion d'Emma est d'une tout autre espèce, l'instrument ne lui sert que de couverture. Ce ne sont pas des leçons de piano qu'Emma prend de cinq à sept, et au lieu de trouver le ton juste chez Mlle Lempereur elle retrouve son amant, le clerc de notaire Léon, dans le large lit d'acajou de l'hôtel de Boulogne sur le port de Rouen. Emma peut bien s'oublier ; de toute façon, son sort est arrêté – mais que dire du rôle joué par le piano ? Verrons-nous en lui l'instrument de l'intrigue, le complice de la dégénérescence des mœurs ou seulement la victime de la passion, tout aussi berné que Charles Bovary ? Quoi qu'il en soit, une chose est sûre : si le médecin de campagne avait la moindre trace d'âme tolstoïenne, il ne se conduirait guère autrement que Pozdnychev.

Mais pour Flaubert le piano reste un objet où se rencontrent la tendresse et le drame, la passion et l'effondrement. Il meuble de pianos le Paris de son *Education sentimentale* ; même le héros Frédéric Moreau "loua un piano et composa des valses allemandes".

Mais à part le fait que Frédéric composait des valses allemandes, Flaubert se garde de parler de la musique qui est jouée sur ses pianos ; à part le fait que Mme Bovary "frappait sur les touches avec aplomb", il s'abstient de pénétrer dans l'intimité de cette pratique musicale. Ce sont les frères Edmond et Jules de Goncourt qui, dans leur roman *Renée Mauperin*, livrent un tableau fascinant d'une pianiste absorbée dans son jeu : "Penchée sur la musique qu'elle faisait, elle semblait battre les notes ou les caresser, leur parler, les gronder, leur sourire, les bercer, les endormir. Elle appuyait sur le tapage ; elle jouait avec la mélodie ; elle avait de petits mouvements tendres et de petits gestes passionnés ; elle se baissait et se relevait, et le haut de son peigne d'écaille à tout moment entrait dans la lumière, puis aussitôt s'éteignait dans le noir de ses cheveux. Les deux bougies du piano, frémissantes au

Un piano comme celui dont parle Jane Austen.

Mand-Odbrich-Flügel (1900).

bruit, jetaient un éclair sur son profil ou bien croisaient leurs flammes sur son front, ses joues, son menton. L'ombre de ses deux boucles d'oreilles, deux boules de corail, tremblait sans cesse sur la peau de son cou, et les doigts de la jeune fille couraient si vite sur le piano qu'on voyait seulement je ne sais quoi de rose qui volait.

Et c'est d'elle… dit M. Mauperin […]."

Mauperin donne cette information en toute fierté paternelle, mais, en fait, il annonce une mauvaise nouvelle. Une jeune fille qui se consacre de la sorte au piano, qui se livre avec lui à un dialogue intime d'une telle intensité incantatoire, qui se laisse aller à esquisser des gestes passionnés et qui, en plus de tout cela, s'est mise à composer – cette jeune fille est en danger de se perdre. Car le clavier n'est pas un terrain neutre noir et blanc, c'est un terrain dangereux, un paysage mental extrêmement compliqué, et parmi les auditeurs cachés on trouve toujours la mort. Quiconque joue du piano comme Renée Mauperin, quiconque se risque dans l'enfer de l'harmonie, est – le lecteur ne peut en douter – marqué, stigmatisé, et cela se terminera mal.

Même Fontane use une fois de ce symbolisme. Dans la plupart de ses œuvres, on ne joue que modérément du piano ; il semble que ce fléau social qu'était le piano mondain obligé l'ait incité à ne pas en remettre dans ses œuvres. C'est surtout le cinéma qui nous a appris qu'Effi Briest jouait du piano, mais, dans un passage décisif du roman, Fontane fait figurer un piano à queue – non pas comme acteur, mais comme mise en garde à l'arrière-plan du décor. Juste avant qu'intervienne le grand coup du sort qui va frapper Effi, il meuble la scène avec un instrument :

"Dans le salon commun qui séparait leurs deux chambres et donnait sur le jardin se trouvait un piano à queue de palissandre sur lequel Effi jouait de temps à autre une sonate, la conseillère Zwicker de temps à autre une valse..." Mais ce n'est pas le moment de parler de sonates et de valses, ce n'est pas le moment de parler musique, le pianoforte de l'hôtel de Bad Ems n'est rien d'autre que l'accessoire de la catastrophe. Et quand Effi a lu la lettre de sa mère qui lui signifie, sans l'exprimer, la découverte de son adultère et la rupture avec la maison paternelle qui scelle la mort sociale, Fontane la décrit comme "... visiblement heureuse de trouver un appui et de pouvoir suivre le bord du piano", et il est certain qu'il pense au bord incurvé de l'instrument, car, sinon, n'importe quel autre meuble pourrait faire l'affaire. Courbe du destin ! Inflexion de toute une existence !

DÉLIQUESCENCE MORTELLE

Autre épisode digne de mémoire. Deux frères, assis dans leur petit logement romain au 34 de la via Argentina, se livrent à une étrange activité parallèle : ils rivalisent d'écriture. L'aîné, à vingt-six ans, est déjà un écrivain connu ; le plus jeune, vingt-deux ans, n'a encore réussi à produire que de petits récits, mais il prépare maintenant un ouvrage plus important. Pour lui, la rivalité s'est exacerbée jusqu'à la haine fratricide. Le voilà qui improvise au piano, s'interrompt brusquement, tourne la tête et dit à l'aîné : *"In inimicos !"*, cela signifie qu'il ouvre les hostilités. Cette scène n'est pas tirée d'un roman, mais de la vie de deux auteurs – elle se produit entre Heinrich et Thomas Mann. Vingt-cinq ans plus tard, Heinrich rappellera cette exclamation à son frère.

Nous ne sommes pas surpris de trouver Thomas Mann au piano, ni de le voir prendre son courage à deux mains pour déclarer la guerre, à l'abri de l'instrument, protégé par le clavier. Car c'est à peu près à la même époque que prend forme dans son imagination le petit Hanno Buddenbrook, fragile, sensible, entièrement livré à la musique, qui devait d'abord être à la façon de Renée Mauperin le héros unique de ce roman qui prit ensuite les dimensions de la chronique familiale des Buddenbrook. Quand le roman paraît en 1900, la grande scène du huitième anniversaire de Hanno est à la fois le résumé et le point culminant de tous les épisodes pianistiques qu'on trouve dans la littérature du siècle écoulé, et si même les Goncourt ont présenté à leurs lecteurs un tableau plutôt externe des compositions de la jeune Renée, en insistant sur son profil lumineux et l'ombre tremblante des pendants d'oreilles, Thomas Mann évoque avec un grand raffinement de psychologie musicale le jeu de son petit rhapsode.

"Et puis ce fut la conclusion, cette conclusion que Hanno aimait tant, dont la grandeur élémentaire et sublime couronnait tout l'ensemble. Enrubanné, emperlé par les chuchotantes arabesques du violon, l'accord de *mi* mineur s'arpégea pianissimo… Il grandit, enfla crescendo lentement, lentement ; quand il culmina *forte*, Hanno ajouta le *do* dièse dissonant qui ramènerait à la tonalité principale, et tandis que les vaguelettes et les clochettes du stradivarius nimbaient ce *do* dièse d'une aura sonore, il appuya de toutes ses forces sur la dissonance jusqu'au fortissimo. Il retardait la résolution, il se la refusait, à lui et à ses auditeurs. Que serait-elle, cette résolution, cette chute enivrante, imminente, en *si* majeur ? Un bonheur sans pareil, un plaisir d'une ineffable douceur. La paix ! La félicité ! Le paradis ! Pas encore… pas encore… Encore un moment d'attente, d'hésitation, d'une tension qui devait se faire intolérable pour que la jouissance soit d'autant plus délicieuse…"

La consonance se fait volupté, le refus de l'harmonie devient orgasme musical différé, le retardement exprime un mal de vivre et la pratique pianistique est une excursion dangereuse aux confins de l'existence. Le piano de Hanno n'est plus l'instrument studieux d'Elizabeth Bennet, de Jane Eyre ou de l'Ottilie de Goethe, il n'est plus l'intrigant d'Emma Bovary ou du *Conte* Fosco, mais on n'a plus besoin non plus de l'intervention d'un Pozdnychev et de son poignard pour mettre un terme à cette séduction musicale. Le piano n'est plus le complice de la catastrophe ; il se fait métaphore de la catastrophe même, et le soupir "La paix ! La félicité ! Le paradis !" trahit la proximité de la mort, si bien que plus tard, au lycée, le robuste petit comte Kai Mölln mettra son ami Hanno en garde : "Ne te désespère pas… Et il vaut mieux que tu ne joues pas."

Mais Hanno s'assied quand même au piano, et sa fin proche est programmée dans le texte littéraire comme dans le texte musical : "Il y avait quelque chose d'impitoyable et de stupide, et en même temps quelque chose de religieux, une sorte de foi confiante, dans le culte fanatique de ce néant, de cette bribe de mélodie, de cette invention harmonique brève, puérile, longue d'une mesure et demie… Il y avait quelque chose de vicieux dans l'âpreté insatiable et démesurée avec laquelle elle était exploitée et savourée, et comme un désespoir cynique, comme une volonté de jouissance et d'anéantissement dans l'avidité qui en exprimait la douceur ultime." Et revoilà le mot clé de "résolution".

Mais seulement trois heures plus tard, la "résolution", concept de la science harmonique, a changé de préfixe. Le médecin qui tente de soigner Hanno victime d'une fièvre typhoïde se demande si cette maladie n'est pas "tout simplement une dissolution, le masque de la mort elle-même, qui aurait pu tout aussi bien se manifester sous une autre forme, et contre laquelle il n'existe pas de remède". Une autre forme : par exemple le génie séducteur de la musique, avatar dans lequel le clavier apparaît comme le rictus menaçant de la mort.

REPRÉSENTATION D'ADIEU

Où faut-il prendre le piano ?

... si j'ai décidé depuis de nombreuses années (1908) de dire adieu au piano, c'est avant tout parce que je trouvais insensé de renoncer aux faveurs de la déesse de l'intelligence...

ALBERTO SAVINIO

Un matin d'avril, je ne sais plus quand, en m'éveillant je me suis dit, plus de piano. Et je n'ai plus touché à l'instrument.

THOMAS BERNHARD

Vers 1900, le monde est aussi plein de pianos qu'il est aujourd'hui plein d'autos. Le marché est saturé ; celui qui achète un instrument ne le fait que parce que le piano du voisin lui est devenu intolérable et qu'il préfère produire son propre bruit. A certains endroits, une ordonnance de police stipule qu'il faut fermer les fenêtres pour faire de la musique. La question des déménageurs demandant où il faut prendre le piano a remplacé toutes les citations de Schiller et les compositeurs – à l'exception de Debussy – ne jouent plus le jeu. Le pianoforte est devenu l'instrument de sa propre disparition. *Les jeux sont faits, rien ne va plus*[1].

Nous sommes dans un siècle où le piano tel qu'il était utilisé jusqu'alors ne suffit plus, à qui il est suspect en tant que support de la tonalité, en tant que béquille du demi-ton, Grosse Bertha de l'accord tonitruant. C'est le début d'une époque où on expérimente les quarts de ton à deux pianos (Scriabine), où on s'aide du couvercle pour un *sforzato* final (Stravinski), où on travaille avec des lambeaux de son (Boulez et autres), où on passe par-dessus le clavier pour pincer directement les cordes comme un harpiste. Et, à la

1. En français dans le texte.

pointe de l'avant-garde, John Cage considère que l'instrument n'est pas complet, et il le garnit comme un arbre de Noël : il pose entre les cordes et dessus des vis, des gommes, des petites cuillers, des morceaux de bois et d'autres choses encore, et il en fait un *prepared piano* – à la fois outrage au XIXe siècle et exploration de sonorités nouvelles, et pourtant aussi sans doute poursuite du bricolage expérimental que cet instrument entre tous a toujours suscité.

Mais qui est le vainqueur, aujourd'hui encore, aujourd'hui plus que jamais ? Les partisans de l'épreuve de force, ceux qui referment brutalement le piano ? N'est-ce pas le piano lui-même, notre vieux héros, qui s'est remis debout comme don Quichotte, n'est-ce pas le piano à queue avec sa prodigieuse sonorité, son charme mondain, son penchant pour le jeu, son clavier diabolique, la formule magique de ses quatre-vingt-huit touches ? Car il est manifeste que sa victoire est presque aussi éclatante qu'il y a un siècle, la ruée générale sur le piano ressemble à un marathon ouvert, les grands pianistes sont fêtés comme des stars. Le choc qui s'amorçait au début de ce siècle, la crainte qu'il n'y ait plus rien à ajouter semblent avoir disparu.

Deux chiffres : la traction – ce qui *tire* – supportée par le cadre d'un queue de concert moderne est de vingt tonnes. Vingt tonnes *poussent* en l'air un avion à réaction actuel. Le queue de concert est donc un jet inversé. Même s'il ne vole pas, il peut transporter un public. Et on peut dire aujourd'hui du monde entier ce que le jeune Mozart disait de Vienne : “C'est ici bien sûrement le pays du piano.”

"Vœux du siècle" d'Erik Satie.

Seconde partie

PIANO PIANO

LE ROMAN DU PIANO AU XXe SIÈCLE

PRÉLUDE

Play it again !

Au cours du XX*e siècle, le piano a été tiraillé, déformé, rendu muet, griffé, écrasé, vidé, enterré, proscrit, pendu… et joué normalement. Nul autre instrument n'a autant suscité l'attention en tant qu'objet et en tant que symbole, nul autre instrument n'a suscité autant d'amour et autant de colère.*

MARGARET ELLEN ROSE

Arrêt sur image : une femme muette est déposée sur une plage avec sa petite fille et leurs bagages. Ceux-ci se composent de valises et de plusieurs grandes caisses. La dot destinée au mariage que cette jeune veuve va conclure en Nouvelle-Zélande, dans un pays qu'elle n'a jamais vu, avec un homme qu'elle ne connaît pas. C'est ici, sur la plage, que sa vie nouvelle va commencer, que le rendez-vous aveugle va ouvrir les yeux, c'est ici que son futur époux va venir la chercher avec ses porteurs pour l'emmener dans la forêt vierge mener une existence aventureuse. Une fois arrivé, il demande d'un ton rogue ce que contiennent toutes ces malles et sanctionne d'un hochement de tête l'utilité du contenu : vaisselle, oui ; vêtements, oui. Et dans cette grande caisse ? Un lit ? "C'est le piano de ma mère", dit l'enfant. L'homme est abasourdi. Les chemins qui mènent chez lui à travers la jungle n'en sont pas, ce sont des sentiers, boueux, encombrés de lianes, une lutte à chaque pas. Pas question de transporter un piano. La femme insiste pour l'emporter, avec des gestes véhéments : elle n'a aucune chance. Lorsque les hommes, y compris les porteurs indigènes et le futur rival du mari, ont quitté la scène, l'instrument, encore à demi bardé de planches, reste seul sur la vaste plage vide. Epave de la civilisation, musique échouée.

Cette scène cinématographique inscrit le piano dans un cadre d'absurdité. Ce piano-là, sorti de l'Angleterre du XIXe siècle, est abandonné au bout du monde, dans un endroit où il ne signifie rien. Mais en réalité le piano du film symbolise la situation de l'instrument en général : reliquat d'un autre temps, vestige demeuré dans un siècle où nous ne sommes déjà plus et où il fait l'effet d'un bloc erratique. Le piano, enfermé dans sa caisse dans une grandiose solitude culturelle, érige un monument au piano du XIXe siècle. Sera-t-il jamais transporté dans l'avenir ? A-t-il encore une chance, après trois cents années de jeu ?

Arrêt sur image : une salle haute et vaste, sept mètres sous plafond, éclairée de gigantesques baies de verre. Et du haut du plafond blanc tombe un piano à queue, le clavier en bas, les pieds, la lyre et les pédales dirigés vers le firmament architectural. Mais, comme dans un cauchemar alpestre, la chute est freinée, gelée, stoppée. Décalage grotesque, dégringolade éternisée. L'instrument renversé plane, dramatique et menaçant, au-dessus des spectateurs. Et puis l'événement : avec la fulgurance d'une explosion, le couvercle bascule sur ses charnières, en même temps que le clavier a un haut-le-cœur, vomit ses touches, les blanches comme les noires, les quatre-vingt-huit touches de ce vieux Bechstein, les dégueule comme une nausée accumulée durant un siècle, dents jaunes et démesurées, affreusement pourries, chicots sombres, venimeux, écœurants – mais ils ne se libèrent pas dans leur descente béante, ils restent suspendus comme des franges sales, comme pour dire : plus personne ne nous frappera, plus personne ne nous tapera dessus, nous en avons assez vu, nous quittons le royaume des sons, nous échappons au régime de terreur de ces millions de notes, nous nous jetons nous-mêmes dans la poubelle de l'histoire du piano.

Moralité de *Concert for Anarchy*, cette installation de Rebecca Horn accrochée dans la nouvelle Nationalgalerie de Berlin : le piano descend aux enfers. Finale. Mais ensuite les touches rentrent dans l'ordre, le couvercle, défiant la pesanteur, se referme docilement et l'instrument, suspendu au gibet de la mode artistique, semble avoir retrouvé son intégrité. Jusqu'à l'explosion suivante, dix minutes plus tard. *Da capo al fine*.

Arrêt sur image : voici les plus beaux, les plus précieux pianos à queue du monde, en rangs serrés, côte à côte, bord à bord, les Steinway et les Bösendorfer, les Fazioli et les Grotrian, les Blüthner et les Bechstein, les Steingräber et les Schimmel, les Kawai et les Seiler et beaucoup d'autres encore, des centaines de pianos, noirs et marron, blancs et transparents, multicolores et métalliques, marquetés, chromés, chantournés, de style ; toutes les sonorités sont en libre service, toutes les variantes de toucher, tous les volumes, toutes les nuances tintantes ou chantantes, percussives ou perlées. L'œil embrasse un festival de la facture instrumentale, de l'esthétique des lignes, du génie artisanal – et pourtant c'est l'enfer, l'enfer des notes, tohu-bohu sonore, purgatoire de la cacophonie, supplice tonitruant à casser les oreilles, à ébranler le cerveau, la grande salle tout entière est une chambre des tortures. Car devant tous ces instruments, devant ces centaines de claviers, il y a des gens, non seulement *live*, non seulement vivants, mais en chair et en os, et ils jouent tant qu'ils peuvent, non : ils tapent, côte à côte, dans le désordre, les uns contre les autres, tapent de plus en plus fort parce que le bruit d'à côté les empêche de s'entendre, si tu me fracasses mon Schumann je te fracasse ton Chopin, *Islamey* contre l'*Allegro barbaro*, ragtime contre *Wanderer Fantasie*, Scarlatti agace les *Rêves d'amour*, Rachmaninov lutte contre l'*Appassionata*, Goldberg se faufile sous la *Grande Porte de Kiev*, Diabelli abuse d'*Elise* – les pianofortes hystériques se sont depuis longtemps transformés en canon à fortissimo, en machine à boucan, *master crash* de destruction de la musique par la musique, de l'anéantissement de l'instrument par ses adorateurs. Nous sommes dans le hall du piano au Salon de la musique de Francfort, en 2000. Nous sommes au cœur d'un véritable *inferno* pianistique.

L'histoire du piano au XIXe siècle, on pouvait la raconter en présentant les grands compositeurs, presque tous d'excellents pianistes qui (à l'exception de Robert Schumann au doigt paralysé) jouaient presque toujours leurs œuvres eux-mêmes, les “mettaient en scène”, non seulement concrètement dans un salon ou une salle de concert, mais aussi dans l'espace imaginaire de l'histoire de la musique. La virtuosité ne s'était pas encore découplée de la production, la performance publique de l'acte créateur, et ce n'était pas seulement l'exécution, mais aussi la perfection (ou la supposée imperfection) de l'œuvre qui était récompensée par les applaudissements ou sanctionnée par les sifflets. Mais si le piano fut le héros clandestin du XIXe siècle, qu'en est-il au XXe ? Si on voulait, encore une fois, le personnifier – quel rôle pourrait-on lui attribuer ? Car il faut bien admettre, et même présupposer, qu'il n'était plus capable d'être un héros, plus capable d'un exploit culturel héroïque représentatif du siècle. L'instrument par excellence du XXe siècle avait un autre clavier : dans la première moitié du siècle, c'était la machine à écrire, dans la seconde, l'ordinateur.

Une première réponse : le piano était sans cesse à la recherche de nouveaux jobs. Il offrait au siècle ses services occasionnels de factotum affairé, disponible et pratique. Bien que difficile à transporter, il répondait presque toujours présent là où se tramait quelque chose de nouveau. Le piano apprit non seulement à accompagner instruments et chanteurs, il assimila aussi de nouvelles techniques, de nouvelles tendances. Il fut, selon le mot juste de Peter Rummenhöller, "le sismographe de la modernité".

Pourtant, le héros de jadis essayait toujours spontanément de jouer le rôle d'un consolateur, voire d'une espèce de gourou universel. Retiré dans la pénombre distinguée des bars, il jouait pour les cœurs solitaires. Sa méthode thérapeutique, c'était de consoler les gens en les faisant jouer à reconnaître un air, et tout un chacun pouvait, même en dansant, accomplir l'anamnèse. Par exemple la casserole du *Rick's*, "café américain" de *Casablanca*. Un piano droit tout simple, situé au centre de la salle et au centre de l'action. Un piano où la tension n'est pas simplement celle des cordes, mais où se concentrent tous les fils de l'intrigue : cachette pour faux passeports, lieu des retrouvailles. Machine à remonter le temps qui trompe l'avenir avec le passé et confère au présent un caractère accessoire. *A kiss is just a kiss*[1]. Justement. Jamais aucun piano de bar n'a connu plus grand moment que celui où Sam joue et chante *As Time Goes by*, faisant d'Ingrid Bergman et de Humphrey Bogart des figures mythiques.

Revenons à la scène du début, au piano sur la plage. Ce piano de cinéma, héros du film *La Leçon de piano* tourné en 1993, a bel et bien connu un destin. Cette

1. "Un baiser n'est qu'un baiser."

épave apparemment inamovible a bel et bien fini par être traînée dans la jungle (dans la maison de l'autre homme – qui s'avère être le bon – et qui lui restitue ses touches en échange d'attouchements, de caresses achetées une à une) ; mais tout à fait à la fin on retrouve la plage, le piano vacillant est chargé sur un petit bateau. Quelques coups de rame suffisent, et il bascule pour toujours par-dessus bord. Seulement voilà : cette immersion n'est rien d'autre que l'amorce d'une résurrection. Cette catastrophe de cinéma se fait épiphanie. Ce plongeon se fait ascension pathétique.

Moralité : le piano reste un trésor enfoui qu'il faut sans cesse redécouvrir.

I

TROIS PIANOS VERS 1900

ou La question du siècle

Le monde devint pour lui un piano. Il pensait en tierces, en quintes et en octaves. Son cœur battait en majeur et en mineur.

CARL STERNHEIM

TOLSTOÏ CHOQUE RACHMANINOV

Le premier piano que nous rencontrons se trouve à Chamovniki, banlieue sud de Moscou, dans une grande demeure élégante. C'est le 9 janvier 1900, le siècle est encore neuf, l'hiver glacial. Un jeune homme de vingt-six ans rend visite à un vieil homme de soixante et onze ans, un compositeur débutant et ambitieux va voir un sage connu dans le monde entier. Sergueï Rachmaninov cherche conseil et réconfort auprès du patriarche Léon Tolstoï. La scène vaut d'être évoquée, car elle est tout un programme, elle est presque prophétique.

Tolstoï vers 1900 – pour la Russie, voire pour le monde entier, c'est plus qu'un écrivain ; c'est un personnage étrange tout droit sorti de l'Ancien Testament, un vieux sage, une autorité à côté du tsar, conscience et contre-gouvernement moral de son pays. D'innombrables pèlerins viennent prendre conseil auprès de Tolstoï, les admirateurs dévots affluent de l'Europe entière, les malheureux l'appellent à l'aide. Mais le mythe de Tolstoï a presque étouffé l'homme en lui ; sa seule défense est la brutalité, qui aurait plutôt tendance à renforcer encore sa légende. Depuis longtemps déjà, la gloire pèse sur son existence, mais le génie de l'écriture, qui, comme dans un ultime sursaut, s'érige en moraliste, devient pitoyable au regard de ses propres exigences.

Il n'est donc pas sans danger de se rendre chez Tolstoï. Rachmaninov sait-il à quoi il s'engage ? Il est accompagné de son ami Chaliapine, qui n'est encore qu'un débutant prometteur, mais sera bientôt, avec Caruso, le chanteur le plus célèbre du premier tiers du siècle. Chaliapine, en dépit de sa vénération mêlée de crainte, est assez observateur pour s'apercevoir que Tolstoï parle d'une voix légèrement chevrotante et que l'absence manifeste de plusieurs dents provoque chez lui un fort zézaiement. D'une voix zézayante et légèrement chevrotante, l'auguste vieillard prie bel et bien le jeune Rachmaninov de s'asseoir au piano. Ce que ce dernier ignore sans doute – malgré les ragots du conservatoire de Moscou –, c'est que Tolstoï a les pianistes en abomination. Quand ils viennent chez lui, ils provoquent un sentiment de jalousie semblable à celui qu'il a décrit dans sa *Sonate à Kreutzer*. Même à soixante-dix ans, il se conduit en Othello quand par exemple Sergueï Taneïev vient jouer pour sa femme. Dans ces cas-là, il disjoncte carrément, comme le fameux Pozdnychev de sa terrifiante nouvelle, qui poignarde une épouse coupable d'avoir accompagné un violoniste au piano avec trop de passion.

Sergueï Rachmaninov s'est déjà rendu une fois chez Tolstoï, malheureusement en pleine catastrophe domestique de 1896. A l'époque, c'était une démarche désespérée, l'appel au secours d'un artiste encore inachevé à un artiste hors norme. Rachmaninov, dont tout Moscou parle comme d'un compositeur plein d'avenir, vient de vivre son premier grand drame, l'échec de sa première symphonie lors de sa création à Saint-Pétersbourg ; il a dû avaler des jugements comme “immature, morbide et dégénéré”, il a vu sa grande œuvre raillée comme “monstre vomi par un conservatoire infernal”. Et ce fiasco a été pour lui l’occasion de faire la connaissance d’une compagne qui s’attachera définitivement à sa brillante carrière : la dépression. Des semaines durant, le compositeur s’efforce de surmonter ce qu’il ressent comme un désastre.

C’est dans cette situation que sa mère avait eu l’idée de l’envoyer voir Tolstoï. Comme il est presque plus difficile d’être admis dans sa maison que d’obtenir une audience du tsar, elle a fait donner le ban et l’arrière-ban de ses relations. Mais le premier contact n’amène pas le soulagement espéré. Rachmaninov lui-même en a parlé deux fois, et la divergence de ses souvenirs reflète sans doute les sentiments ambivalents que lui a inspirés cette rencontre :

“Dans la période la plus difficile et la plus critique de ma vie, comme je pensais que tout était perdu et que tout était inutile, j’ai rencontré un homme qui s’est donné la peine de parler avec moi. Cet homme était le comte Tolstoï. J’avais vingt-quatre ans quand je lui fus présenté. «Jeune homme, me dit-il, croyez-vous que tout va tout seul dans ma vie ? Pensez-vous que je n’aie jamais de soucis, jamais de doutes, que je ne perde jamais confiance en moi ? Nous avons tous nos moments difficiles, mais c’est la vie. Gardez la tête haute et tenez-vous-en fermement au chemin que vous avez choisi.»”

Dans un récit postérieur, Rachmaninov évoque cette entrevue de façon beaucoup plus critique : “Tout se termina fort mal. Quand j’allai le voir pour la première fois, il jouait aux échecs avec Goldenweiser. A l’époque, je vénérais Tolstoï. En m’approchant de lui, j’avais les jambes flageolantes. Il me fit asseoir près de lui et me caressa le genou. Il voyait combien j'étais nerveux. Et à table, il me dit : «Vous devez travailler. Pensez-vous que je sois content de moi ? Travailler. Je travaille chaque jour», et autres sentences creuses."

Et nous revoilà à jour, le 9 janvier 1900, un jour de l'hiver moscovite, à l'aube du siècle. Les deux jeunes gens, le pianiste et le chanteur, n'ont pas encore exaucé la prière de Tolstoï, c'était d'ailleurs plutôt un ordre bourru, de lui faire entendre quelque chose. Mais enfin, l'un d'eux se poste devant le piano, l'autre s'assied. Et plus tard, Rachmaninov, profondément déçu, écrira :

"Nous avions tous deux vingt-six ans, nous jouâmes pour lui mon lied *Le Destin*. Nous avions l'impression que tout le monde était enchanté. Puis les applaudissements enthousiastes cessèrent brusquement – silence total. Tolstoï, assis dans le fond sur un fauteuil, avait l'air sombre et mécontent. Dans l'heure suivante, je l'évitai, mais, soudain, il vint à moi et me dit, très agité : «Il faut que je vous parle ! Il faut que je vous dise combien je déteste tout cela !» [...] C'était terrible. Sofia Andreïevna était debout derrière moi. Elle me toucha l'épaule en chuchotant : «Ne vous en faites pas, ne le contredisez pas. Il ne faut pas que Liovochka s'agite – c'est mauvais pour lui.» Quelque temps plus tard, Tolstoï vint encore une fois me trouver : «Excusez-moi, je vous prie. Je suis un vieil homme. Je ne voulais pas vous blesser.» Je répondis : «Pourquoi me sentirais-je personnellement concerné ? Je n'ai même pas été froissé quand vous avez refusé Beethoven.» Je ne suis jamais retourné chez lui."

Mais il manque encore à cet épisode la phrase décisive qui fait de la visite de Rachmaninov chez Léon

Tolstoï un événement prophétique. On attend encore la réflexion impertinente du vieux poète, coup d'envoi d'un débat musical qui dure encore. Tolstoï posa une question qui n'a rien perdu de son actualité brûlante. C'est Chaliapine, le chanteur, et non Rachmaninov qui la rapporte dans ses Mémoires : "Quelle musique est la plus importante pour l'humanité ? La musique classique, ou la musique populaire ?" On peut prendre "populaire" dans les deux sens du terme.

C'est devenu la question du siècle.

ENTRÉE D'UN ENFANT PRODIGE

Rien que le nom est éloquent. "Il s'appelle Bibi Saccellaphylaccas." C'est un nom de fantaisie comme l'étaient jadis ceux des sorciers et des bateleurs, des mages et des alchimistes, des magnétiseurs et des prestidigitateurs, un nom comme ceux des Cagliostro et des Philadelphia. Ce nom-là n'est pas né de la dernière pluie ; il a bourlingué sur toutes les mers de la rouerie, il vient de loin, ce nom ; il vient du royaume de l'ironie, aux confins de la niaiserie et des régions de la sottise supérieure. Bibi Saccellaphylaccas, on ne s'appelle pas comme ça, surtout quand on est pianiste, et encore bien moins quand on est un enfant prodige qui fait sensation. Et son âge non plus, ce n'est pas si simple : "Il paraît neuf ans, mais n'en compte que huit, et on le présente comme s'il en avait sept. Les gens ne savent pas eux-mêmes s'ils le croient vraiment. Peut-être qu'ils ne sont pas dupes et qu'ils y croient quand même, comme ils le font si souvent. Un peu de mensonge, pensent-ils, ajoute au charme."

Bibi Saccellaphylaccas est pianiste, mais il ne figure dans aucune encyclopédie de la musique, ni dans *Les*

Grands Pianistes de notre temps de Joachim Kaiser, ni dans *Les Grands Pianistes* de Harald C. Schonberg, ni dans *Men, Women and Pianos* d'Arthur Loesser. Le seul qui l'ait remarqué voici cent ans est Thomas Mann. *L'Enfant prodige*, tel est le titre du bref récit satirique paru à Vienne dans la *Neue Freie Presse* en 1903, l'année où Debussy et Schönberg signent chacun un *Pelléas et Mélisande*. Un morceau de prose délirant, mais qui vérifie largement la prophétie de Tolstoï, parce que le siècle lui-même a consacré ce Bibi comme le type qui n'occupe la scène, cela dit sans la moindre ironie, qu'en notre présence : le personnage du musicien exhibitionniste, soucieux de ses effets, flagorneur et enjôleur. Toutes les exagérations du jeune Thomas Mann anticipent en quelque sorte sur les outrances qui sont de nos jours partie intégrante du marketing musical. Ce qui semblait grotesque à l'époque est aujourd'hui routine.

L'enfant prodige de Thomas Mann joue déjà de tous les registres de l'exhibition, comme le font maintenant un Ivo Pogorelitch ou un Justus Franz : "Comme il sait bien prolonger les applaudissements, ce petit malin ! Il se fait attendre derrière le rideau, s'attarde un peu sur les marches de l'estrade, contemple avec une satisfaction puérile les rubans de satin qui ornent les couronnes, bien qu'il soit blasé depuis longtemps, salue avec une hésitation pleine de charme et laisse aux gens le temps de se déchaîner, pour ne rien perdre de ce bruit délicieux qu'ils font avec leurs mains."

Aux environs de 1900, le piano, c'est-à-dire le message mélancolique sous-jacent au texte, le piano seul ne suffit plus : si magistralement qu'on en joue, il faut lui ajouter un élément hétérogène. Presque en même temps que Thomas Mann, Claude Debussy décrit l'attirance du public pour le virtuose : “L’attrait qu’exerce le virtuose sur le public paraît assez semblable à celui qui attire les foules vers les jeux du cirque. On espère toujours qu’il va se passer quelque chose : M. Ysaye va jouer du violon en prenant M. Colonne sur ses épaules, ou bien M. Pugno terminera son morceau en saisissant le piano entre les dents[1]…”

Et ce n’est pas Bibi Saccellaphylaccas, mais Thomas Mann qui définit le piano, son pouvoir de séduction, l’attrait qu’il exerce : “Voici qu’à nouveau le clavier s’offre à lui, ces sept octaves noires et blanches qui l’ont si souvent englouti dans des aventures et des destinées bouleversantes, et qui pourtant semblent redevenues aussi propres et intactes qu’une ardoise effacée. C’est la musique, toute la musique qui s’étale devant lui ! Elle s’étend sous ses yeux comme une mer fascinante, il peut s’y plonger et nager dans le bonheur, se laisser porter et emporter et sombrer tout à fait dans la tempête, et pourtant garder la main, gouverner, décider…”

Non, l’auteur ne se moque pas du piano, ni des pianistes, ni du petit Bibi : il se moque du public, du public mêlé de cette ère nouvelle, avide de sensations fortes. Il se moque des gens. “Un formidable déploiement publicitaire a ouvert la voie à l’enfant prodige, et les gens sont déjà séduits, même s’ils n’en savent rien.”

Avec sa nouvelle, Thomas Mann a livré la première description de ce qui allait devenir le show-business. C’est seulement quand le piano se tait que commence véritablement le culte. C’est après la musique que se produit l’inouï : “L’enfant prodige a terminé, et une

1. Extrait d’un article de *La Revue blanche*, 1er mai 1901. Cité dans Claude Debussy, *Monsieur Croche*, Gallimard, 1971, p. 33.

vraie tempête se lève dans la salle. L'homme aux boutons brillants [...] suspend une couronne de lauriers au cou de Bibi et caresse ses cheveux noirs. Et soudain, comme sous l'effet d'une irrépressible impulsion, il se baisse et donne un baiser à l'enfant prodige, en plein sur la bouche. Alors, la tempête s'enfle jusqu'à devenir ouragan. Ce baiser frappe la salle comme un choc électrique, traverse la foule comme un frisson nerveux. Les gens pris de folie ont besoin de vacarme. Mais le critique pense : Bien sûr, le baiser de l'imprésario. Impossible d'y couper. Un vieux truc qui marche toujours. Eh ! oui, messieurs, mais on n'est pas dupe !"

"UN BAISER AU PIANO"

Revoilà un enfant assis au piano, un piano à queue de marque Becker, et il joue. Mais c'est tout le contraire. C'est une petite fille de l'âge de Bibi qui se révolte contre les exigences de l'instrument, de sa mère, de la discipline musicale et contre les espoirs des grands qui attendent d'elle, qui sait ? une brillante carrière. La poétesse russe Marina Tsvetaïeva compose dans un récit autobiographique une sorte de contre-chant au glissando narquois de Thomas Mann, décrit la profonde souffrance d'une enfant au piano, souffrance double, parce qu'elle ne veut pas décevoir sa mère, mais sent déjà distinctement qu'elle ne serait jamais capable des grimaces d'un Bibi que, bien sûr, elle ne connaît pas. Cette étude qui lui déchire le cœur, la torture de cette "condamnation au piano" (selon la formule polémique de Grete Wehmeyer), la confrontation avec une musique encore étrangère à son âme : tout cela n'est pas le sujet d'une démonstration, mais narré avec une sensibilité qui le rend sensible au lecteur. Cela s'appelle *Ma Mère et la musique*, mais c'est en vérité une évocation unique en son genre, une fascinante mythologie du piano, le plus bel hommage à l'instrument qu'on puisse imaginer – et mettre en mots.

Comme la petite Marina, à la même époque, des milliers d'enfants russes sont assis au piano, surtout les fils et les filles des familles aisées de Moscou, Saint-Pétersbourg et Kiev, villes où sont les grands conservatoires. Auparavant, Scriabine et Siloti, Taneïev et Glazounov, Lhévinne et Godowsky se sont échinés comme elle, et au même moment s'échinent Samuel Feinberg, Benno Moisevitch, Sergueï Prokofiev et beaucoup d'autres célébrités. La jeunesse musicienne d'un empire gigantesque est assise au clavier, élite ambitieuse qui ne rêve pas de révolution, mais de gloire au piano et par le piano. Une foule de virtuoses potentiels, qui ne réclament pas un monde nouveau, mais seulement "le monde". Comme la petite fille qui pétrit son instrument en pesant de tout son poids, en appuyant de tous ses doigts, la Russie tout entière travaille son piano comme l'instrument de sa vraie libération.

Marina Tsvetaïeva parle selon le cœur de bien des enfants, rappelle les souvenirs de bien des adultes quand elle évoque un piano du troisième type : non celui auquel on est assis, non celui dont joue la mère qu'on regarde, mais celui sous lequel on joue à se faire peur pendant que maman fait de la musique : "Le piano vu d'en dessous, tout ce monde sous-marin, sous-pianistique. Monde sous-marin, pas seulement à cause de la musique qui se déversait sur ma tête : derrière notre piano, entre lui et les fenêtres, barrés par son ébène colossal, rehaussés et reflétés par lui comme par un lac sombre, il y avait des palmiers et des philodendrons qui transformaient le parquet sous le piano en un vrai fond marin où une faible lumière glauque baignait les visages et les mains, où l'on pouvait toucher du doigt de vraies racines et où se mouvaient sans bruit, comme de vrais monstres, les pieds de maman et les pédales… Les pieds de maman étaient des créatures autonomes, sans aucun lien avec l'ourlet de sa longue robe noire. Je les revois, l'un surtout, sur la pédale, étroit, mais grand, dans une chaussure plate, noire, ornée de ces boutons que nous appelions des yeux de chien…" Et la mère indignée qui finit au bout d'une heure par découvrir sa fille sous le piano peste contre ce jeu de cache-cache : "Encore une preuve que tu n'es pas musicienne ! Une oreille musicale ne peut pas supporter un pareil vacarme !"

La découverte du piano comme monde abyssal n'est pas encore le terme du voyage. Il existe un quatrième piano, le royaume inquiétant et pourtant gratifiant d'une Alice de l'autre côté du miroir. La laque noire de l'instrument sert l'aventure d'une introspection initiatique : "Tu regardes et, en regardant, tu plonges […] Tu regarde et, en regardant, tu te découvres, en trempant peu à peu d'abord le bout du nez, puis la bouche, puis le front dans sa froideur noire et dure. Mais je n'essayais pas seulement de plonger mon visage dans le piano, je me laissais aussi aller à un enfantillage : souffler comme sur une vitre, pour imprimer rapidement bouche et nez sur le léger ovale de buée qui s'envolait déjà […] et, parfois, je donnais tout simplement un baiser au piano, pour rafraîchir mes lèvres. Et voilà que, depuis un fond d'une noirceur extrême, s'avance vers moi un rond visage de cinq ans, un visage curieux qui ne sourit pas, rose même sous le noir – comme un nègre environné d'aurore ou comme une rose plongeant dans une mare d'encre. Le piano fut mon premier miroir."

Et la poétesse décrit encore un cinquième piano, "le piano de l'intérieur, l'intérieur du piano, l'intérieur qui joue de ses cordes, secret comme tout intérieur, le piano de Pandore". Comme le fera plus tard John Cage, elle se penche sur la caisse, la touche du doigt, ne lui associe pas encore des objets concrets – cuillers, cubes de plastique, vis – mais des réminiscences de contes et d'histoires de revenants. Les cordes la font frissonner, ces cordes "tendues de main de maître et qu'on peut toucher de la main, dont on peut suivre la course, des vis d'argent jusqu'aux petits marteaux chaussés de velours rouge, gnomes sortis d'un conte de Grimm, petit marteau dans sa chambrette".

Chants des jeunes années : création du piano par l'esprit de renoncement, évocation d'une boîte magique en scènes d'enfants. Mémento onirique ? Ou plutôt, peut-être, une façon poétique de montrer qu'avec le piano cette époque nouvelle qu'était alors le XXe siècle héritait non seulement d'un instrument, mais d'un mythe, confié à des mains que l'on espérait pieuses.

II

RAGTIME

ou Un rythme fait époque

Nous jouons du ragtime parce que Dieu – quand personne ne le regarde – danse sur cette musique. Si Dieu est noir, il danse dessus.

ALESSANDRO BARICCO

L'ÉLECTRISATION DES JAMBES

Au début de l'année 1903, le musicologue allemand Gustav Kühl fait une passionnante découverte lors d'un séjour en Amérique. Visitant une des petites îles situées au large de la Géorgie, il assiste à une fête costumée où se produisent, entre autres, deux musiciens noirs. Il entend une musique qu'il n'a encore jamais entendue, et qui tout à la fois l'irrite et le fascine. Et qu'il décrit peu après pour la revue *Melos* :

"Mais, en dépit de ma volonté, mes sens furent captivés par une musique qui semblait produite par une petite armée de diables à ma gauche. Je ne pus d'abord du tout comprendre comment qui que ce soit pouvait danser ne serait-ce qu'un pas sur cette accumulation de sons bruyants et irréguliers, et il m'était encore plus difficile de saisir comment on pouvait produire un bruit si compliqué, qui à mon avis n'avait absolument rien de musical. […] Un nègre musclé aux cheveux courts, jouant des bras et des coudes, tirait des doubles croches d'un piano totalement déglingué, avec une facilité et une adresse que tous les pianistes voudraient posséder. Et, en fait, il produisait cette musique tout seul, accompagné d'un unique collègue qui, à force de coups d'archet énergiques et bourdonnants, renforçait les basses sur sa contrebasse à laquelle manquait une corde…”

Il arrive aux oreilles européennes quelque chose de véritablement inouï : elles deviennent des organes de second plan. L’homme perçoit la nouvelle musique avec son corps tout entier : “Les accents qui reviennent et se succèdent sans cesse sur les temps faibles, ainsi que leur prolongation contre nature, imposent au corps une sorte de contrainte rythmique absolument irrésistible et qui se fait sentir avant même que les oreilles aient identifié la mesure et la structure rythmique. […] Je sentis soudain que mes jambes étaient dans un état de grande agitation. Elles se croisaient comme si elles étaient chargées d’électricité et montraient une forte et fâcheuse tendance à m’arracher de ma chaise. Ce n’était pas cette légèreté des pieds que suscite une valse de Strauss, non, c’était beaucoup plus énergique, plus physique, plus indépendant, comme si on avait affaire à un cheval rétif absolument impossible à maîtriser.”

La musique qui, au début du siècle, arrache les gens de leur chaise au sens propre du terme, c’est le rag, le ragtime. Ce n’est pas une quelconque ficelle pour fabriquer un tube, ni une mode qui exerce une fascination éphémère, c’est quelque chose comme un choc causé par la puissance de la syncope. C’est l’électrisation des membres, sans le concours du corps et presque contre sa volonté. A cause d’un rythme encore jamais entendu, les gens bondissent sur leurs pieds et sautillent comme des marionnettes.

Ragtime – cela signifie littéralement : temps déchiré. Le temps en lambeaux. La mesure qui passe la mesure. Le battement du cœur qui s’arrête. Un hop là ! mis en musique. Le ragtime, c’est comme un clown qui ne cesse de chanceler, de vaciller, de trébucher sur un objet quelconque pour finir toujours par se rattraper avec une suprême aisance.

Et le ragtime, c'est en même temps de la musique pour piano. Non, c'est plus que cela : c'est une toute nouvelle sorte de musique pour piano au début du XXe siècle. Le ragtime repêche le piano en lui attribuant une fonction inédite. Le ragtime transforme le "clavier à marteaux" en clavier qui martèle. Ce qu'il exige de lui reste dans ses cordes, mais elles produisent un son tout différent. Avant même ce que Schönberg appellera "l'émancipation de la dissonance", il joue l'émancipation de la syncope. Le ragtime est une forte décharge d'adrénaline pour le piano fatigué et, vingt ans durant, il occupera même les compositeurs européens.

SCOTT JOPLIN, GÉNIE DE LA SYNCOPE

Le ragtime compte plusieurs grandes figures – James Scott, Henry Lodge, Maxwell Gordon, Harry P. Guy, Charles Mullen – mais Scott Joplin les dépasse tous. Sa musique a été redécouverte dans les années 1970, et quiconque a vu le plus passionnant de tous les films policiers, *L'Arnaque*, tourné en 1974, a encore dans l'oreille l'un de ses rags les plus célèbres, *The Entertainer*.

Ragtime, temps déchiré, temps de la déchirure… Triste époque que cette année 1868 qui vit naître Scott Joplin. Ses parents étaient enfants d'esclaves et, bien qu'on les eût affranchis après la guerre de Sécession, leur avenir n'en était pas plus brillant. La seule richesse qui leur était restée de leur jeunesse, c'était d'avoir appris la musique. Ils étaient quelque chose comme les *entertainers* de leurs maîtres blancs (dont ils avaient d'ailleurs, conformément à la tradition, pris le nom de famille). Le père, Jiles, jouait du violon ; la mère, Florence, du banjo. La musique était le fétu auquel les Américains de couleur se cramponnaient de plus en plus : d'abord remède au désespoir, puis moyen de faire la fête ensemble, gagne-pain occasionnel et, dans les cas d'exception, chemin menant à la gloire.

Le lieu de naissance de Scott Joplin ressemblait sans doute plus à un camp de réfugiés qu'à ces villes de l'Ouest telles que nous les montre le cinéma. Cette cité jaillie du sol s'appelait Texarkana : on dirait l'acronyme d'un trust, un slogan publicitaire, un label percutant sorti de notre civilisation du marketing. Mais il était seulement censé désigner le point de jonction de trois Etats – *Tex*as, *Ark*ansas, Louisi*ana* – où des hommes s'étaient établis parce que deux lignes de chemin de fer, la Texas & Pacific et la Cairo & Fulton, allaient s'y croiser. C'est le nouveau moyen de transport qui suscite d'abord une gare, puis une ville de pionniers.

C'est ainsi que l'une des premières compositions du jeune Joplin sera inspirée par le chemin de fer, une marche intitulée *Great Crust Collision March* et dédiée à la Missouri, Kansas & Texas Railway sur le réseau de laquelle une collision s'était produite près de la ville de Temple. La composition à programme comporte des indications qui semblent sorties d'un reportage : *The noise of the train while running at the rate of sixty miles per hour*, ou *Whistling for the crossing*, *Noise of the trains*, *Whistle before collision*[1], et enfin, tandis que les dissonances se font de plus en plus criardes, *The*

1. "Bruit du train roulant à la vitesse de soixante miles à l'heure ; sifflet avant le croisement ; bruit des trains ; sifflet avant la collision."

collision, le télescopage, avec le vacarme d'un cluster plaqué fortissimo. Dans ce morceau, du moins sous la forme où le jouait Joplin lui-même, on rencontre les premiers éléments syncopés du ragtime.

Mais comment un garçon comme lui apprend-il à jouer du piano comme ça ? Où l'apprend-il ? Comment imaginer une situation dans laquelle un petit-fils d'esclaves, enfant d'affranchis misérables, peut avoir accès à un instrument ? Il ne commence pas par le piano, il commence par la musique, et la musique, on en joue à l'église. Pour la population noire de ces années-là, l'église – ce n'est bien souvent qu'une salle de réunion rudimentaire – est moins un lieu de rassemblement cultuel que l'occasion d'entrer en extase. Bible et musique, superstition et mouvements rythmés, chant et communauté font de l'église noire une institution unique en son genre.

L'une des formes de cette communion est le *ring shout*, sorte de ronde avec chantre et répons, que décrit un récit contemporain : "Tous les assistants prennent place au milieu de la salle et, quand on entonne le *sperichil* (spiritual), ils commencent à se mouvoir en cercle, d'abord en marchant, puis en se balançant de plus en plus fort. Ce faisant, ils lèvent à peine les pieds ; ils progressent par saccades raides et gauches, le mouvement s'empare également du chantre, et la sueur ne tarde pas à couler à flots. Tantôt le chantre danse et se tait, tantôt il chante le refrain du spiritual tout en glissant vers l'avant, tantôt les autres danseurs font chorus. Mais, le plus souvent, une chorale composée des meilleurs chanteurs et des *shouters* fatigués, placée sur le côté de la salle, soutient les autres qui chantent la première voix du *song* en frappant leurs genoux des mains. Chant et danse sont également chargés d'énergie."

Dès sa jeunesse, Scott Joplin prit part à ces *ring shouts*, et il apprit que la musique ne commence pas dans la tête, mais dans les pieds. Que les formes musicales ne sont pas simples formalités, mais un vivant va-et-vient, appel et réponse, voix soliste alternant avec une communauté, et qu'elles vous portent, vous transportent, qu'elles veulent elles-mêmes avancer. Que la musique qui veut émouvoir doit d'abord se mouvoir.

Même l'extrême dénuement de la famille profita au garçon, un dénuement qui touchait à la misère absolue depuis que le père avait abandonné la mère avec ses cinq enfants. Florence Joplin se fit bonne à tout faire ; elle faisait des ménages, lavait le linge des autres, accomplissait toutes les tâches possibles. L'une des familles qui l'employaient, les Cooks de la Hazelstreet, possédait un piano, et Florence, l'une de ces mères qui savent unir l'énergie aux rêves d'avenir, obtint pour son fils la permission de jouer sur le piano des Cooks pendant qu'elle faisait le ménage. Et de répéter ce que son professeur lui avait donné à travailler. Car elle avait aussi trouvé le moyen de lui procurer quelque chose comme des leçons de piano. Il y avait à Texarkana un "professeur" du nom de J. C. Johnson qui, parallèlement à ses métiers de barbier et de marchand de biens, donnait des leçons de cor, de violon et de piano. Johnson apprit au jeune Joplin à lire la musique, et sans doute aussi quelques morceaux et quelques structures "classiques".

Car Scott Joplin savait lire et écrire la musique, ce qui sera décisif pour sa carrière, voire pour le succès du ragtime. En effet, à la différence du blues et d'autres formes primitives du jazz, c'est de la *sheet music*, de la musique composée, écrite, notée avec précision, et non improvisée. De la musique à partition.

Après plusieurs années d'une carrière de pianiste itinérant, Scott Joplin récolte son premier grand succès dans une autre de ces villes ferroviaires de l'Ouest américain. La fondation de ces cités suivait toujours le même schéma : un homme riche (qui venait juste de faire fortune) entend parler d'un quelconque projet ferroviaire, achète une grande quantité de terrain le long de la future voie, délimite le pourtour d'une ville, puis il attend les rails, l'arrivée du premier train, et enfin l'affaire de sa vie. Il arrive que les projets de voie ferrée soient abandonnés, peut-être parce que autre part un concurrent a mis encore plus d'argent dans le désert et dans les poches qu'il fallait : tout l'investissement est foutu. Mais il arrive qu'un de ces types ait de la chance, auquel cas c'est un homme arrivé. Le général George R. Smith eut cette chance-là quand, faisant confiance aux projets de la Missouri & Pacific Railroad, il fonda à proximité de Saint Louis une ville qu'il baptisa Sedalia, du nom de sa fille Sarah, qu'il appelait Sed. Vers le début du siècle, Sedalia est une ville prospère d'environ quinze mille habitants ; à présent s'y croisent les voies de chemin de fer qui mènent vers la côte ouest et celles qui mènent au Texas. Sedalia a non seulement un *college* pour les enfants de couleur, on y trouve également de quoi s'amuser, avec plus de trente saloons. Dans chacun, il y a au moins un piano, et beaucoup de ces instruments ont Scott Joplin pour pianiste.

L'un de ces établissements est le *Maple Leaf Club* fondé en 1898, qui s'est fixé pour objectif "d'être un lieu de rencontre où ses membres peuvent se retrouver souvent, en bonne compagnie" ; on y trouve également bibliothèque, billard et autres commodités. Que l'on y exploite aussi un bordel, cela apparaît à la lecture des protestations des pasteurs noirs, qui réclamèrent aussitôt la fermeture de l'établissement, considéré par eux comme un lieu de perdition.

Le morceau destiné à être le tube du siècle à venir, le rag par excellence, le fétiche acoustique d'une nouvelle musique américaine s'appelle *Maple Leaf Rag* et a été composé en 1899. Il n'est pas sûr que le nom, qui jouait avec la réputation sulfureuse de ce club mal famé, y ait contribué ; on ne sait même pas si Scott Joplin a voulu évoquer cet établissement et non une nouvelle fois le chemin de fer : car une voie de la Chicago Great Western Railroad, reliant Chicago, Kansas City, Minneapolis et Saint Paul se présentait sur la carte sous la forme d'une feuille d'érable. Dès 1895, un autre compositeur avait expressément dédié un *Maple Leaf Two Step* à cette configuration ferroviaire.

Quoi qu'il en soit, le *Maple Leaf Rag* de Joplin fut imprimé. Le petit éditeur John Stark concéda au compositeur, au rebours de la pratique habituelle de l'époque, non pas une modeste somme payée en une seule fois, mais un minuscule pourcentage : un pour cent sur chaque exemplaire vendu. C'était le début d'une collaboration qui allait durer dix ans et qui assura aux deux, sinon la fortune, du moins de quoi vivre largement. Et pourtant, le succès avait été long à venir. La première année, Joplin ne gagna que quatre dollars environ, avant que son morceau ne fasse fureur au point de se frayer un chemin jusqu'à New York.

Mais il ne suffisait pas d'acheter une partition de ragtime pour pouvoir la jouer. Les syncopes à la main droite opposées à la régularité provocante de la gauche réclamaient non seulement du swing, mais aussi de la précision. Un entrefilet signé John Stark rapporte l'histoire de cette pianiste qui avait mis à son répertoire le

Maple Leaf, l'*Entertainer* et l'*Elite Syncopations* et les dévidait à sa manière sans rien pouvoir en tirer. Un beau jour, elle pénètre dans un bar où Scott Joplin en personne joue un de ces rags. Immédiatement fascinée, elle s'enquiert : "Qu'est-ce qu'il joue ?" Des semaines durant, elle s'était escrimée dessus et ne l'avait pas reconnu.

En arrivant à New York, le ragtime ne pénètre pas seulement dans le monde des riches et des puissants, ne tombe pas seulement entre les mains des compositeurs blancs, il lui faut également en passer par le flux des voies commerciales, qui le rendent de plus en plus fluide, de plus en plus conforme, moins fruste. Le rag devient pour ainsi dire un suffixe ajouté à tout ce que la métropole offre de nouveautés sensationnelles. Scott Joplin s'y conforme et produit avec le *Wall Street Rag* l'un de ses titres les plus impertinents, dont les différentes parties se lisent comme un reportage : panique à Wall Street ; les brokers ruinés se mettent à hurler ; une ère de prospérité s'annonce ; la prospérité est là ; les brokers oublient leurs soucis au son du rag.

Toutefois, New York n'est pas le terminus, mais une rampe de lancement qui va permettre au ragtime de franchir l'océan. En 1903, le compositeur américain polyvalent et chef d'orchestre John Philipp Souza avait entrepris une tournée en Europe au cours de laquelle il avait pour la première fois joué du ragtime. L'effet de cette tournée dut être spectaculaire ; toutefois, il y eut dans le vieux monde un certain retard à l'allumage avant que l'étincelle de cette musique syncopée ne finisse par faire son effet.

La réaction de Claude Debussy, dont le *Golliwog's Cake-Walk* passe pour le premier morceau européen influencé par le rythme du rag américain, ne fut nullement immédiate. Après le concert donné par Souza à Paris, il fait montre d'une certaine réserve dans le *Gil Blas* du 20 avril : "Si la musique américaine est unique à rythmer d'indicibles «cake-walks», j'avoue que pour l'instant cela me paraît sa seule supériorité sur l'autre musique… et M. Souza en est incontestablement le roi."

C'est seulement quatre ans plus tard que Debussy commence à intégrer à ses compositions des rythmes américains, les introduisant avec un clin d'œil ironique dans les œuvres pour piano de la période suivante sous forme de touches exotiques. Cela commence par le *Golliwog*, dernière pièce du recueil *Children's Corner* composé pour sa fille Chouchou, se poursuit avec les *Minstrels*, qui constituent également l'aboutissement du premier cahier des *Préludes*, puis dans le deuxième cahier avec le *General Lavine – eccentric*, un morceau à jouer "dans le Style et le Mouvement d'un Cake-Walk", et se termine en 1913 avec *Le Petit Nègre* de *La Boîte à joujoux*. On a tenté d'analyser si le *Golliwog's Cake-Walk*, si les accents de ragtime des premières mesures sont expression d'une fascination, ou bien ironie musicale. On voit alors, à l'instar de Peter W. Schatt, le caractère musical de ce morceau "plutôt dans le domaine du ridicule et du grotesque", on met en avant le caractère ludique du cycle tout entier et on souligne que cette même composition comporte une autre facétie : l'ironisation du début de *Tristan*. Mais quand l'indication de Debussy "très net et très sec" est invoquée comme preuve que Debussy n'aurait pas saisi ou pas suivi, ou du moins aurait tenu pour négligeable l'“attaque décontractée et la légère imprécision dans l'exécution des syncopes” caractéristiques de la musique américaine, on se met à douter globalement de l'interprétation. Car le “net et sec” de Debussy recouvre exactement les règles dont Scott Joplin exigeait le respect, proscrivant expressément la “légère imprécision”. Bilan : Golliwog, les *minstrels*, l'excentrique Lavine et le petit nègre ont pu être à leurs début des personnages bizarres. A la fin du siècle, on reconnaît qu'ils sont porteurs d'un message important, annonciateurs d'un rythme nouveau qui fonde peut-être le principe même du rythme.

Une dizaine d'années plus tard, à côté d'Erik Satie (*Parade*, 1917), Arthur Honegger (*Sonatine pour clarinette et piano*, 1921-1922) et Paul Hindemith (ragtime à la fin de la *Suite pour piano*, 1922), c'est surtout Igor Stravinski qui se consacrera au ragtime. Non seulement, après la Première Guerre mondiale, il se fait apporter de New York par Ernest Ansermet une pile de partitions de ragtimes ; jeune homme, il avait fait à Saint-Pétersbourg une rencontre précoce et quelque peu traumatisante avec ces syncopes sautillantes.

Dans la maison de son professeur de composition et père spirituel Rimski-Korsakov où se donnaient souvent des concerts lors de soirées amicales au cours desquels ses élèves pouvaient jouer leurs propres compositions ou d'autres œuvres d'avant-garde, le pianiste Nicolas Richter – c'était le 17 février 1904 – s'installa au piano et se mit, au grand scandale de la maîtresse de maison, à jouer un cake-walk. Stravinski a manifestement saisi aussitôt ce nouveau rythme. Lui et son ami Stefan Mitousov montrèrent à l'assemblée consternée comment on danse sur cette musique.

III

LE PIANO RÉPUDIE LE PIANISTE

ou Le triomphe du player piano

> *Mais pour mon pianola, je laisse personne y toucher.*
>
> MARLÈNE DIETRICH, dans *L'Ange bleu*.

VIRÉ DU TABOURET

C'était inévitable : le piano finit par en avoir marre de l'homme. A la fin des fins, il se dégoûte de ces pianistes qui, jour et nuit, portent la main sur lui. Il veut enfin échapper à la torture que lui infligent pianoteurs et tapoteurs, saboteurs et chipoteurs, grands sentimentaux et hommes de bonne volonté. Il en a assez des jeunes filles de bonne famille comme des stakhanovistes dévorés d'ambition, assez de ces mines revêches ou extasiées, il ne peut plus voir ni poitrines opulentes ni moustaches cirées, ni plastrons empesés ni tabliers de cuisine. Les ongles rongés lui répugnent autant que les longues griffes vernies, les chaussures sales sur ses pédales autant que les chopes de bière posées sur son couvercle. Les menottes jamais lavées des enfants l'écœurent moins que les pattes suantes des accompagnateurs, qui aimeraient mieux tripoter les seins de la chanteuse que les touches, et il a en horreur le souffle fétide des amateurs éclairés dont le chant exhale des vapeurs d'alcool. Le piano ne veut plus entendre parler de toute cette comédie humaine qui se déroule devant lui et dont il est le prétexte, déclarations ampoulées, épanchements amoureux, drames de la jalousie, passions d'amateurs, il ne veut plus les entendre rugir ni exulter, il en a marre de l'art sublime, des ballades sempiternelles et des ritournelles imbéciles.

Il arrive un jour où le piano ne peut plus supporter toutes ces Emma Bovary, Effi Briest ou Gabriele Klöterjahn, un jour où les extases d'un Hanno Buddenbrook ou d'une Renée Mauperin, les valses composées par un Frédéric Moreau lui sont aussi intolérables que les airs d'opéra d'un *Conte* Fosco et les tapisseries musicales d'une Elizabeth Bennet. Et, enfin, il n'éprouve que répulsion à l'égard d'un romancier comme Emile Zola qui ne recule devant aucun effet facile en écrivant ce genre de dialogue : "Pourquoi donc met-il du champagne dans le piano ? – [...] Il n'y a rien de bon comme le champagne pour les pianos. Ça leur donne du son[1]."

Un beau jour… C'est un bien triste épisode de l'histoire du piano, mais on ne peut le passer sous silence. Vers 1900, le piano – dans un premier temps – en a assez d'un pianiste devenu son adversaire ; il le vire de son tabouret et le met à la porte. Le piano veut exister par lui-même et envoie promener tous ses accessoires humains. Le piano s'émancipe en devenant autonome et pour ainsi dire autiste. Il rentre en lui-même.

Le pianiste n'est pas banni d'un seul coup, mais la transition est particulièrement grotesque. Car les premiers pianos mécaniques comportent un pianiste sous les espèces d'un automate fort laid. Le *piano player* est une grosse boîte informe qu'on approche du *player piano* et qui possède de hideux doigts artificiels recouverts de feutre et adaptés aux touches de l'instrument – d'abord soixante-cinq, puis les quatre-vingt-huit d'un

1. *Nana*, chapitre 4.

clavier normal. Cet engin, cette pesante mécanique, c'est en quelque sorte tout ce qui reste des centaines de milliers de pianistes mâles et femelles du XIXe siècle – vestige macabre, monument réduit à un socle disgracieux.

A l'intérieur de cette machine, de ce pianiste cloné, se trouvait un rouleau métallique percé d'ouvertures dont chacune correspondait à une touche, et sur lequel passait une bande de papier fort semblable à une carte perforée ; chacune de ces perforations représentait une note. La partition était donc traduite en une sorte de code : les perforations longues correspondaient à des valeurs longues, les courtes à des valeurs brèves, et un morceau de musique pouvait ainsi se dévider mécaniquement. Le rouleau était traversé par une colonne d'air générée, comme dans un harmonium, par deux pédales. Quand (et aussi longtemps que) la perforation du papier coïncidait avec l'ouverture du rouleau, la colonne d'air ouvrait des soupapes qui toutefois (au contraire de l'harmonium) ne produisaient pas directement le son, mais actionnaient le mécanisme des touches.

Parmi les leviers que comportait le "pianiste", certains permettaient de déterminer le tempo, d'autres l'intensité – différente pour la partie basse et la partie haute ; certains modèles comportaient un pied automatique qui enfonçait la pédale sourde du piano.

Mais le *piano player* fut bientôt intégré au *player piano*, ce qui eut pour conséquence de rendre l'appareil encore plus lourd que ne le sont les pianos normaux. Les pédales des soufflets se trouvaient en bas de l'instrument et les divers boutons de réglage, comme les registres d'un orgue, au-dessus du clavier. En réglant le tempo et l'intensité et en actionnant la pédale sourde, un utilisateur habile pouvait transformer le déroulement purement mécanique en jeu relativement libre, et atténuer l'impression qu'il s'agissait d'un simple débobinage musical. De nombreux rouleaux étaient pourvus d'indications concernant le tempo, la dynamique et les nuances. Mais comme le pianola était acheté par les gens qui ne connaissaient rien au piano ni à la musique, ces effets spéciaux restèrent le plus souvent lettre morte, jusqu'au jour où les fabricants se mirent à les intégrer au rouleau lui-même. Le sommet de ce dépassement de la technique par elle-même fut le "pianola expressif" dans le genre du "Themodist" de l'Aeolian Company.

Vingt ans durant, de 1900 à 1919, l'industrie du pianola eut le vent en poupe, surtout aux Etats-Unis où le ragtime devint le logiciel par excellence du *player piano*.

LE CINÉMATOGRAPHE DU PIANO

Et une fois de plus, comme si souvent dans l'histoire du piano, se produit le miracle d'un paradoxe fructueux. La contradiction féconde inhérente au pianoforte se manifeste à nouveau. Le piano s'est à peine débarrassé de son pianiste qu'il contribue à le sauver pour la postérité. Le piano automatique immortalise celui qu'il avait rendu superflu. Car, soudain, le *player piano* ne sert pas seulement à dévider des rouleaux estampés mécaniquement, mais à conserver le jeu de compositeurs et de pianistes fameux. Vers 1905 se produit le miracle des premiers enregistrements, et le rigide rouleau perforé est promu "rouleau musical".

Fribourg-en-Brisgau devient un lieu de pèlerinage pour les plus grands musiciens d'Europe : Claude

Debussy, Ferruccio Busoni, Max Reger, Edvard Grieg, Gabriel Fauré, Ignacy Paderewski, Frédéric Lamont et bien d'autres encore se rendent en Forêt-Noire pour voir un prodige, s'en ébahir, s'en servir. Leur étonnement s'exprime par des mots dont "admirable" est le plus faible ; on y voit "l'idéal inaccessible de tous les instruments de musique" (Reger), "le plus grand miracle de notre époque". Gabriel Fauré s'enthousiasme pour une invention capable de reproduire non seulement, avec une pureté merveilleuse, l'ensorcelante délicatesse du son, mais aussi les nuances dans toute leur diversité. Et Ferruccio Busoni, l'intellectuel des fanatiques du piano, d'exprimer sa stupéfaction dans une métaphore stupéfiante : "Cinématographe du piano."

Ce qui attire les artistes, ce qui provoque leur enthousiasme, c'est le piano reproducteur de Welte-Mignon.

Mais, comme dans toute histoire de piano, le miracle ne se produit pas en une nuit, la nouveauté résulte d'une longue tradition. Depuis le XVIIIe siècle, le piano est resté le cobaye favori des bricoleurs qui s'en donnent à cœur joie, et, dans le cas du piano reproducteur, le facteur ne construit pas d'un coup un nouvel instrument : il l'élabore en se fondant sur une longue expérience. La différence, c'est qu'il y ajoute le savoir d'un autre métier.

Car Michael Welte, le fondateur de la firme, ne sortait pas d'une école de piano ; il avait appris le métier d'horloger, en se spécialisant dans une branche spécifique à la Souabe : il fabriquait des boîtes à musique. En 1832, il avait ouvert un atelier à Vöhrenbach et s'était fait une spécialité d'instruments d'une grande beauté et d'une grande précision, qui lui avaient bientôt valu une réputation aussi large que flatteuse. Un orchestrion à onze cents tuyaux était parti pour Odessa, où, paraît-il, il se trouve encore.

En 1872, la maison s'était installée à Fribourg, ville plus grande et mieux placée où, après la mort de leur père en 1880, les fils Edwin, Berthold et Emil Welte s'étaient penchés sur l'automatisation du piano. En 1904, ils parvinrent à insuffler une âme à l'automate. Au lieu d'être chiffrés avec une précision de métronome, leurs rouleaux recevaient directement les ordres d'un piano enregistreur spécialement conçu.

Voici la description du procédé d'enregistrement telle que nous l'a laissée un technicien : "Chaque son produit par le pianiste sur un piano normal spécialement aménagé est reporté au moyen d'une pointe sur un rouleau de papier animé d'un mouvement de rotation régulier. Chaque note a une place déterminée sur ce rouleau, ce qui permet de définir exactement la hauteur du son. Sa durée est fixée avec précision par la longueur du trait, car la pointe ne reste en contact avec le rouleau en mouvement que pendant la durée exacte de la tenue de la note. Un système très complexe permet de noter sur les bords du rouleau – tant à gauche pour les basses du clavier qu'à droite pour les aigus – toutes les nuances : crescendos et decrescendos, intensité, pédales et ainsi de suite. Le rouleau, où sont désormais fixées avec précision toutes les indications nécessaires concernant l'interprétation, est alors reporté sur un papier spécial, qui reçoit des perforations rapprochées à l'endroit des traits inscrits dans le sens de rotation du rouleau. Cette opération achève définitivement le rouleau destiné au piano reproducteur, qui peut être dupliqué à volonté sur une perforatrice autonome."

Au cours de cette quinzaine d'années, environ six mille rouleaux auraient été enregistrés ; il s'en est conservé un peu plus de cinq mille dans une centaine de collections. Et, durant ces dernières années, nombre des enregistrements les plus intéressants – dont Grieg, Reger, Fauré – ont été reportés sur disque ou CD à l'aide d'un piano reproducteur restauré, ce qui a permis en quelque sorte de les ressusciter pour l'oreille. Réconciliation tardive de deux générations de supports sonores. Certes, le phonographe d'Edison existait depuis le début du siècle, mais la reproduction de la musique était dans un premier temps si défectueuse que le disque n'avait aucune chance face au "rouleau musical". C'est seulement vers 1920 que le commerce des rouleaux, de même que celui du *player piano*, s'effondra totalement.

Dorénavant le monde (de la musique) serait un disque plat.

EXPÉRIMENTATIONS D'UN SOLITAIRE

Après avoir fait son temps de machine à ambiance musicale et d'appareil de reproduction sonore, le *player piano* connut une dernière épreuve de vérité : il devint un assistant à la composition, avec ses lois et ses moyens propres. Au moment précis où le boom touchait à sa fin, alors que ces monstres présents dans des dizaines de milliers de foyers finissaient aux objets encombrants – vers 1919 –, un compositeur constamment à l'affût et curieux de tout, Igor Stravinski, composa son *Etude pour pianola*, sorte de pastiche jazzy des sonorités métalliques de l'instrument, sans toutefois s'enthousiasmer vraiment pour la précision qu'il permettait.

En Allemagne, ce fut Paul Hindemith qui – vers le milieu des années 1920 – suivit les traces de Stravinski dans sa *Toccata op. 40*, stimulant à son tour des compositeurs tels Ernst Toch, Hans Haas et Nikolai Lopatnikoff.

A l'été 1926, Donaueschingen, ville d'avant-garde, consacra toute une soirée à la musique mécanique dont Hindemith espérait "qu'elle contribuerait à purger de tous ses excès pompiers la «musique sentimentale» telle qu'on la joue communément de nos jours".

Hans Haas, qui avait composé pour cette soirée un *Capriccio-Fugue*, réfléchissait aux potentialités que recelait pour un compositeur cet instrument apparemment obsolète : "Ce rythme d'une rapidité inouïe découvre des possibilités encore inexploitées qui sont du plus grand intérêt. Le compositeur y trouvera une totale liberté de mouvement, cela lui permettra d'atteindre à un mouvement rythmique absolument inédit."

Ces réflexions furent ensuite reprises par le compositeur américain Henry Cowell lors de ses séjours en Europe à la fin des années 1920, et il les développa en 1930 dans un article consacré aux "nouvelles ressources musicales". Il s'intéressait avant tout aux nouvelles dimensions du rythme. Curieusement, Cowell, qui procédait lui-même à des expérimentations au piano (nous le retrouverons quand nous parlerons de John Cage), ne poursuivit pas dans cette direction. Il n'a laissé aucune composition pour pianola.

Mais, dix ans plus tard, un jeune Américain tomba sur ces lignes qui firent bien plus que le stimuler vaguement ; il se sentit investi par elles d'une véritable mission, dont résulta l'œuvre personnelle de toute une vie. C'est un cas unique dans la musique pianistique du XXe siècle : Conlon Nancarrow. Ce nom n'apparaîtra que vers 1977 dans les dictionnaires de musique, les anthologies et les essais sur l'histoire de la musique moderne, alors que le compositeur avait déjà soixante-cinq ans. Que Nancarrow devienne d'emblée le compositeur le plus original du XXe siècle compense en quelque sorte cette gloire tardive, à la limite de la gloire posthume.

Nancarrow est né le 27 octobre 1912 dans une ville qui venait tout juste d'écrire une page célèbre de l'histoire de la musique : à Texarkana, tout comme Scott Joplin. Y naître signifiait être tout naturellement aspiré par le ragtime et le jazz des premières années. Jeune homme, il joua de la trompette dans divers groupes, étudia la composition auprès de Walter Piston et Roger Sessions tout en militant, en raison de la grande dépression américaine, dans les rangs des socialistes. De 1937 à 1939, il participa à la guerre d'Espagne dans la brigade "Abraham Lincoln". Quand au retour il se vit refuser un passeport américain, il émigra au Mexique en 1940, prit la nationalité mexicaine en 1956 et fit construire à Mexico une retraite musicale, un studio d'enregistrement comportant deux *player piano*, où au cours des quarante-cinq années à venir il allait composer une cinquantaine de *Studies* pour ces instruments.

Le piano mécanique était pour Nancarrow l'outil idéal et ce pour plusieurs raisons : dans la solitude de sa cellule, loin des bruits du monde de la musique, il lui offrait à la fois un domaine d'interprétation et un espace de liberté pour son goût de l'expérimentation. En outre, il allait parfaitement avec son caractère buté et renfermé. Le *player piano* avait "répudié" le pianiste, et Nancarrow lui était apparenté de tout son être : lui non plus "n'y arrivait pas" pas avec d'autres musiciens. "Dès que je me suis mis à composer, j'ai rêvé de me débarrasser des interprètes." Pour l'ermite, cet instrument mécanique était l'accomplissement de son désir de liberté totale. Deux compositeurs seulement, des modèles, partageaient cette solitude mexicaine : "[…] Stravinski est un de mes compositeurs préférés.

Pas seulement *Le Sacre du printemps*, également *L'Histoire du soldat*, *Noces* et quelques autres. C'est mon compositeur préféré. Lui et Bach."

Conlon Nancarrow ouvre aux possibilités de composition du *player piano* des horizons tout à fait nouveaux : l'instrument devient un *composer's piano*. Dans un premier temps, le musicien américain s'occupa de son outil. Pour toutes ses premières *Studies*, il avait poinçonné les rouleaux à la main après avoir au préalable noté ses œuvres au crayon (tout en les fixant à l'aide du système de notation traditionnel). Ce travail manuel explique l'usage excessif du staccato dans ses premières pièces comme par exemple le morceau jazzy n° 2. Un staccato ne requérait en effet qu'une seule perforation du rouleau alors qu'un son plus long exigeait quatre poinçonnements successifs. Quand ce procédé devint trop laborieux pour le compositeur dont il restreignait les possibilités, ce dernier se rendit à New York, à la recherche d'une machine à perforer, qu'il fit fabriquer d'après une maquette de sorte qu'il put dorénavant perforer ses rouleaux automatiquement. Mais une autre difficulté surgit : le rouleau, tel celui d'une machine à écrire, n'avançait que par saccades si bien que les écarts de perforation étaient en quelque sorte dictés par la machine. Une fois de plus, Nancarrow dut avoir recours à un mécanicien qui y intégra un régulateur, rendant ainsi possible, dans un espace minimal, c'est-à-dire dans les temps les plus brefs, un travail sans limites rythmiques ni thématiques.

Si endiablées que soient ses pièces, Conlon Nancarrow a redonné une âme au *player piano*.

IV

DISSONANCES ET TUMULTES

ou L'adieu à la tonalité

Dans cinquante ans, on jouera cette musique partout !

ARNOLD SCHÖNBERG, 1907
(à propos de sa *Symphonie de chambre*).

Mais alors, monsieur le chef d'orchestre, pourquoi la jouer dès maintenant ?

Question lancée par
un des musiciens de l'orchestre.

LA SALLE DE CONCERT COMME CHAMP DE BATAILLE

L'enfer se déchaînait dans les salles de concert. Vers 1909, les scandales se succédaient d'une année à l'autre. Une nouvelle musique tentait de se faire entendre, mais, bien souvent, elle était engloutie par les clameurs des protestataires ou tout simplement par le tumulte ; à l'occasion, on en venait même aux mains ou à d'autres voies de fait. La gifle, remise en déshonneur, en fut en quelque sorte le résonateur : cette claque sur l'oreille, occasionnellement infligée à l'auteur des nouvelles sonorités, s'en prenait à l'organe offusqué, signifiant par là, quelque grossier que fût le geste, que l'on cesserait d'être tout ouïe.

Ainsi le 5 janvier 1907 pour la première du quatuor à cordes d'Arnold Schönberg dans la salle Bösendorfer à Vienne, donné sous les huées du public. Gustav Mahler, à l'époque directeur du Hofoper de Vienne, était lui aussi au nombre des invités. Un ami de Schönberg raconte : “Alors que même après la fin du morceau, l'on pouvait encore entendre des sifflets, Gustav Mahler, qui était au nombre des auditeurs, se dirigea vivement vers l'un de ces mécontents et, d'une voix ardente qui témoignait de sa très vive émotion et prenait en quelque sorte la défense des droits de l'artiste, il dit : Vous n'avez pas à siffler ! Alors l'inconnu, plein d'arrogance devant les princes de l'esprit (devant son concierge, il serait rentré sous terre) : Je siffle aussi vos symphonies !"

Six ans plus tard, rien encore dans l'attitude du public viennois n'avait changé. Le 31 mars 1913, Arnold Schönberg dirigeait dans la grande salle du Musikverein un concert avec des œuvres de ses élèves Anton von Webern (*Six pièces pour orchestre*, op. 6) et Alban Berg *(Deux chants pour orchestre d'après des textes de cartes illustrées de Peter Altenberg)*, avec les *Kindertotenlieder*, les "Chants pour des enfants morts", de Mahler et quatre chants pour orchestre (d'après Maeterlinck) d'Alexander von Zemlinsky, à quoi venait s'ajouter l'unique mouvement de sa *Symphonie de chambre*, op. 9. Cette fois, le public fut sens dessus dessous.

Pourtant le choc que cela représentait pour le public de ces années-là n'était nullement le fruit d'une réalité subite survenue du jour au lendemain. Ce n'était que la conséquence logique d'un processus aussi long que complexe. Le public des salles de concert s'était assoupi, ratant un épisode de l'évolution musicale, et le réveil était brutal.

Faisons appel, pour décrire cette évolution, à l'un des meilleurs experts en la matière, Arnold Schönberg lui-même : "Au cours de ces cent dernières années, l'évolution du chromatisme a profondément bouleversé la notion d'harmonie. L'idée qu'une note fondamentale, la tonique, déterminait la disposition et la suite des accords – la notion de tonalité – évolua d'abord vers la notion de tonalité élargie. On ne tarda pas à se demander si une telle tonique restait le pivot autour duquel devait tourner toute harmonie et tout enchaînement harmonique. La pratique de Richard Wagner avait préparé une mutation dans la logique et le rôle structurel de l'harmonie. L'une de ses conséquences fut l'usage dit impressionniste des harmonies, tel que le pratiquait notamment Debussy. [...] De cette façon, l'harmonie était déjà destituée en pratique, sinon en théorie. Et cette mutation devint inévitable quand s'amorça simultanément une évolution que je nomme l'émancipation de la dissonance."

Jusque-là, la musique occidentale n'avait fait que jouer avec coquetterie de la dissonance, procédant à des expérimentations de plus en plus sophistiquées ; mais le résultat final était toujours la résolution, la résolution salvatrice, pôle d'attraction, repos et harmonie. Mais ce jeu avec les dissonances avait été si loin que l'oreille ne craignait plus son effet "destructeur de sens". "On n'attendait plus une préparation de la dissonance à la Wagner, ni une résolution d'accords dissonants à la Strauss ; les harmonies non fonctionnelles de Debussy ou encore le contrepoint raboteux de compositeurs ultérieurs ne constituaient plus un problème." Schönberg cherche à trouver un style nouveau qui renonce totalement à l'axe tonal.

Le caractère phénoménal, dans les deux sens du terme, de "l'atonalité" – terme qui d'ailleurs était au départ une insulte, un vocable polémique –, ou plutôt sa cohérence immanente, apparaît clairement si l'on songe que ce nouveau principe sans principes fut utilisé, sans coordination ni influence réciproque entre les intéressés, presque simultanément à Moscou et en Amérique, à Vienne, Budapest et Paris. A force de se rapprocher de ses limites, la tonalité avait fini par basculer au-delà. Pour dire les choses autrement : les compositeurs avaient œuvré si longtemps aux confins de cette zone d'attraction qu'ils l'avaient finalement tirée, étirée jusqu'au retrait. Par association, une image actuelle s'impose : la tonalité ressemblait à une sorte de programme pour ordinateur rédigé au cours des siècles qui, parce que les programmateurs ont procédé à des expériences de plus en plus sophistiquées, a fini par s'effondrer brusquement.

Où peut-on situer le début de cet effondrement ? Peut-être dès le second prélude de Frédéric Chopin, cette mélodie funèbre d'une insipide imprécision, presque sans tonalité, qui ne retrouve le *la* mineur que tout à la fin, avec une sorte de cadence ajoutée dans un souci d'apaisement ? Ou bien dans la *Bagatelle sans tonalité* des dernières années de Liszt ? Ou bien dans la recherche sophistiquée de l'accord de *Tristan*, que les musicologues ne pouvaient plus expliquer selon la théorie classique ?

L'abandon de la tierce fut l'une des principales caractéristiques de l'atonalité, qui s'affranchissait ainsi d'un système harmonique reposant sur trois notes, entraînant dans une même chute tous ses satrapes, vizirs et autres organes exécutifs. Pour remplacer ce monde de la tierce, on (re)découvrit la quarte, intervalle étrange et insolite que l'on avait jusque-là soigneusement évité. Il est stupéfiant de voir à quel point Schönberg, Scriabine et Ives sont d'accord à ce sujet. Schönberg : “Lors de leur première utilisation musicale, les accords de quarte apparaissent, comme tous les moyens techniques dont l'usage se généralisera plus tard, comme un procédé impressionniste” (*Traité d'harmonie*, 1911). Scriabine : “Autrefois, l'harmonie résultait de la superposition de tierces ou, ce qui revient au même, de sixtes. Quant à moi, je décidai de la fonder sur des quartes ou, ce qui revient au même, des quintes." Et Charles Ives se souvient de ces paroles de son père : "Si l'on peut utiliser convenablement des accords de tierce, pourquoi ne pourrait-on le faire des accords de quarte ?"

A la même époque que celle où le père d'Ives exprime ses idées sur la musique de l'avenir, vers 1905, Béla Bartók visite les villages hongrois, plus tard s'y ajouteront les villages roumains, où il recueille chants populaires et danses, soit qu'il les enregistre directement avec son phonographe, soit qu'il les transcrive sur du papier réglé. Mais son but n'est pas tant de recueillir les éléments du folklore que d'échapper à la rigidité de la tonalité, aux instructions des traités d'harmonie.

Mais Claude Debussy lui-même, en qui Schönberg voit davantage un homme de tradition qui se met au goût du jour et dont l'œuvre, selon Klaus Billing, est "un dernier reflet de ces recueils pianistiques qui de Bach jusqu'à la fin du romantisme ont fait du piano le centre de la formation musicale" – même Debussy, donc, adopte à l'occasion une pose franchement révolutionnaire. Dans une lettre adressée à son ancien professeur de composition, Ernest Guiraud, sa plume prend des accents très radicaux : "Je ne crois plus [...] à l'omnipotence de votre sempiternel *do*, *ré*, *mi*, *fa*, *sol*, *la*, *si*, *do*. Il ne faut pas l'exclure, mais lui donner de la compagnie, depuis la gamme à six tons jusqu'à la gamme à vingt et un degrés. [...] La musique n'est ni majeure, ni mineure... C'est un compromis entre tierces majeures et tierces mineures : du coup les modulations réputées les plus lointaines deviennent simples. Avec les 24 demi-tons contenus dans l'octave, on a toujours à sa disposition des accords ambigus, qui appartiennent à 36 tons à la fois. A plus forte raison dispose-t-on d'accords incomplets, d'intervalles indéterminés, encore plus flottants. De telle sorte que, en noyant le ton, on peut toujours sans tortuosités, aboutir où l'on veut, sortir et rentrer par telle porte qu'on préfère[1]."

LE CLAVIER DÉSORIENTÉ

L'atonalité n'est pas seulement un défi pour le piano, c'est une catastrophe. L'abandon du système en majeur et mineur non seulement confronte l'instrument à un nouveau problème, mais elle le remet aussi en question. Car le piano – telle est notre ancienne thèse – a été pendant deux siècles non seulement un "classeur-archiveur pour sons", il était aussi le "socle de la tonalité". Malgré toutes les extases que le XIXe siècle n'avait pas hésité à lui faire exprimer, il n'en était pas moins, plus que nul autre instrument, la puissance organisatrice de la musique, le gardien de ses principes et son agent de réassurance.

Le clavier était une sorte de monument de la conscience traditionnelle de la tonalité, dans un ordonnancement parfait, avec des petites cases bien définies, et on pouvait avoir l'impression que majeur et mineur constituaient une sorte de marqueterie montée d'origine dans l'appareil. Car malgré l'intensité ravageuse d'un Beethoven, les lueurs évanescentes d'un Chopin, l'impétuosité volcanique d'un Schumann, malgré le tonnerre orchestral d'un Franz Liszt, le piano n'en offrait pas moins toujours un gîte sûr, un refuge, une tonalité première, la tonique et l'apaisement, coda et codification.

Et c'est justement le piano qui dévoile les possibilités élargies offertes par la nouvelle atonalité et

1. Cité dans Jean Barraqué, *Debussy*, "Solfèges", Seuil, Paris, 1994.

l'émancipation de la dissonance. Cela va bien au-delà de la renonciation au happy end harmonique et au plaisir des consonances qui réjouissent l'oreille. Schönberg, prenons le coupable pour témoin principal, en a décrit les conséquences : "En évitant de figer une tonalité, on exclut la modulation, car moduler, c'est renoncer à une forme figée de la tonalité pour figer une autre tonalité." L'emploi du terme "figer" et l'annonce que quelque chose touche à sa fin rappellent ce que nous entendons aujourd'hui par déconstruction. A cet instant de l'histoire, cela signifie la ruine d'une forme totalement liée au piano, voire qui est née avec lui : la sonate pour piano. "La dissolution de la tonalité harmonique retirait au principe formel de la sonate, qui avait largement dominé l'histoire de la musique à l'époque classique et romantique, les conditions nécessaires à son existence", selon les mots de Dietrich Kämper.

L'abandon de la tonalité signait la mort, du moins la mort apparente de la sonate. Dans la sonate, la tension entre tonique et dominante avait été dramatisée à l'extrême et les tonalités elles-mêmes exprimaient des mondes et des réalités spatiotemporelles totalement différents. Pour employer une image : la sonate avait créé avec les pierres du système tonal une architecture qui lui était propre, une construction gigantesque dont les joints recouvraient les imbrications complexes, mais qui devait nécessairement s'effondrer si la pierre même se délitait. Que vienne à manquer la force de cohérence que constitue l'harmonie tonale, et il ne peut plus y avoir de structure de modulation de l'ensemble qui assure la cohésion de la sonate.

Plus de sonates donc ? Pourtant durant les quinze premières années du siècle, il s'en compose encore presque autant qu'à l'époque de Schumann, Chopin et Liszt. Scriabine n'a-t-il pas, à partir du début du siècle, composé sept sonates, depuis la quatrième en *fa* dièse majeur jusqu'à la dixième en 1912-1913 ? Le répertoire des œuvres de Charles Ives ne comporte-t-il pas trois sonates ? Les deux premières sonates du jeune Prokofiev ne voient-elles pas le jour vers 1910, lui qui à l'instar de Sergueï Rachmaninov achève ses deux seules œuvres du genre juste au moment de "la mort de la sonate" ? L'opus 1 d'Alban Berg n'est-il pas une sonate pour piano composée en 1908, alors que l'harmonie, depuis longtemps déjà, était bien mal en point ?

Et pourtant, presque toutes ces œuvres ne sont plus assujetties à la forme sonate classique ; même le principe de la multiplicité des mouvements semble carrément imploser. Chez Scriabine, notamment, la sonate apparaît comme une étoile éteinte qui se concentre en une énorme masse d'énergie. Les titres même sont éloquents : il intitule *Messe blanche* et *Messe noire* ses sonates n° 6 et 9, qui ne sont plus organisées selon des structures tonales ou modales, mais groupées autour d'un "centre sonore".

Charles Ives entre dans la danse avec une œuvre au titre polémique : *Three-Page-Sonata*, pour travailler ensuite huit années durant à une œuvre connue sous le nom de *Première Sonate* avant d'entreprendre avec la *Concord Sonata* (1911-1912) une expédition dans l'univers des transcendentalistes américains Ralph Waldo Emerson, Henry David Thoreau, Nathaniel Hawthorne et Amos Bronson Alcott, qui ont donné leurs noms aux quatre mouvements. Mais Ives souligne expressément que, s'il a appelé "sonate" ces quatre morceaux très différents, c'est seulement faute d'un terme plus précis, "car la forme – et peut-être aussi le contenu – ne justifie pas ce nom". Et l'œuvre comporte aussi quatre grands essais – ainsi qu'un bref mode d'emploi ironique : "Ces essais introductifs ont été écrits par le compositeur pour ceux qui détestent sa musique – et la musique pour ceux qui détestent ses essais. Quant à ceux qui détestent les deux, l'ensemble leur est respectueusement dédié."

Et la sonate op. 1 d'Alban Berg, l'une des plus belles œuvres pour piano du siècle, qui fait depuis longtemps partie de son répertoire classique, reflète le funambulisme d'un compositeur aux confins de la tonalité ainsi que son impuissance à aller au-delà du premier mouvement.

Dans la première décennie du siècle, la tendance est donc à la forme brève, de plus en plus brève, celle que Bartók appellera plus tard *Mikrokosmos*. Car après la perte de ce système de navigation qu'est la tonalité, après la décomposition de la forme sonate, toute composition nouvelle peut devenir le départ d'une odyssée musicale. Le royaume des sons n'a plus de frontières, s'y mouvoir revient à explorer. Cela engendre des œuvres brèves qui se définissent elles-mêmes dans une sorte de transe. La suppression de la tonalité ne signifie nullement que tout marche, mais qu'il faut réapprendre à marcher.

Arnold Schönberg compose en 1909 les trois *Klavierstücke* op. 11 qui attestent très précisément l'assertion de Stravinski : "L'année 1909 est synonyme d'atonalité." Schönberg, né le 13 septembre 1874 à Vienne, incapable d'effectuer un stage dans une banque ("il me barbouille tous mes papiers avec ses notes de musique", s'était plaint le directeur), qui avait appris dans son enfance le violon et le violoncelle mais n'était venu au piano que sur le tard, n'avait que vingt ans quand il avait composé trois pièces pour piano qui dénotent l'influence d'un Brahms déjà âgé, mais rien moins que conservateur. Les trois *Klavierstücke* de 1909 tournent le dos non seulement à ces essais de jeunesse, mais aussi à toutes les habitudes pianistiques. C'est l'extravagance faite musique, un "paroxysme" musical, selon le mot d'Alfred Brendel. "Ils sont, écrit Klaus Billing, l'éclair qui déchire la tension accumulée par une époque figée, et ouvre le chemin de l'inconnu, de l'inouï."

BUSONI S'ENIVRE DE SCHÖNBERG

Au cours de l'été 1909, Arnold Schönberg envoie les deux premiers de ses trois *Klavierstücke* à Busoni qui les lui avait demandés. Les deux hommes, qui avaient pourtant au début du siècle été presque voisins dans l'Augsburger Strasse du récent quartier bavarois à Berlin, ne se connaissaient que par lettres.

Six ans plus tard, à peine Ferruccio Busoni a-t-il en main les deux premières pièces brèves – la première, à 3/4, *Modéré*, comporte soixante-quatre mesures ; la deuxième (également *Modéré*, mais à 12/8) en compte soixante-six –, qu'il adresse à Schönberg une lettre circonstanciée, très éclairante pour l'histoire du piano : "Cher monsieur Schönberg, j'ai reçu vos morceaux et la lettre qui les accompagnait. Les deux vous montrent comme l'homme intelligent et sensible que j'avais déjà cru discerner en vous. De vous, je connaissais un quatuor, des lieder, et j'ai eu en son temps la partition de *Pelléas et Mélisande* entre les mains. [...] Partant de là, vos pièces pour piano ne m'ont pas surpris, c'est-à-dire que je savais à peu près à quoi m'attendre. Il allait de soi que je me trouverais devant un art subjectif, original, plein de sensibilité, que vous me présenteriez des produits artistiques raffinés. Tout cela s'est vérifié, et ces œuvres me procurent une joie sincère."

Mais ensuite viennent les objections que l'on est en droit d'attendre de cet apôtre du piano monumental et de la pleine puissance sonore, paraphraseur de Bach aux allures d'organiste. Car Busoni s'inscrit dans la tradition de tous ceux qui, quand ils écrivent pour le piano, n'aiment pas rester les mains vides. Et il sermonne Schönberg au sujet de l'harmonisation aride, parcimonieuse, spartiate de ses deux compositions : "Mon impression de pianiste, dont – soit en raison de mon éducation, soit à cause de la perspective unilatérale du spécialiste – je ne puis faire abstraction, est différente. Ce qui m'a inspiré les premières réticences à l'égard de votre musique en tant que «pièces pour piano», c'est que l'harmonisation en est restreinte dans le temps et dans l'espace." La phrase suivante explique pourquoi Busoni a non seulement transcrit les œuvres pour orgue de Bach avec de formidables traits à la basse, mais encore ajouté une foule d'ornementations à ses sveltes toccatas : "Le piano a le souffle court, et on ne saurait trop en remettre. Mais je vais travailler ces morceaux jusqu'à les avoir dans le sang, et je changerai peut-être d'avis. Cela ne se veut ni un jugement, ni une critique – je ne me permettrais jamais ni l'une ni l'autre devant une autorité telle que la vôtre –, mais seulement un témoignage de mon impression et mon opinion de pianiste."

Mais la lettre de Busoni du 16 juillet 1909 n'est pas encore terminée, il y a encore un post-scriptum : "Voici maintenant cinq jours que vos morceaux sont chez moi et que je les étudie quotidiennement. Je crois que je comprends vos intentions et je me fais fort, après un peu d'exercice, d'en restituer à votre idée les sonorités et l'ambiance." Et pour montrer qu'il s'efforce de "transposer au piano la matière orchestrale", il lui envoie un court exemple noté, assorti bien sûr de la remarque prudente : "Mais peut-être cela ne correspond-il pas du tout à ce que vous désirez."

Le commentaire de Schönberg est d'abord purement musical : après avoir reçu les lettres édifiantes en provenance de Berlin, il écrit le troisième morceau, encore plus ramassé que les deux premiers avec ses trente-cinq mesures à jouer en environ deux minutes et demie, et dont "l'harmonisation pianistique", selon Wolfgang Rogge, est "quasiment impensable".

Cette curieuse affaire se prolongea encore pendant plus d'un an, et la correspondance ne cessa pas. Pour finir, Schönberg laisse libre cours à son humeur et écrit que Busoni ne comprend tout simplement pas ses morceaux. Celui-ci le prend de haut, affirme qu'à la lecture des lettres de Schönberg il s'est mis à pleurer, pleurer de rire, et répète son verdict : "Votre mode d'expression est nouveau, mais pas votre harmonisation, elle n'est que plus pauvre encore. Je crois que vous maîtrisez par exemple bien mieux l'orchestre." Conclusion pacifique et banale : quand fin 1910, l'opus 11 de Schönberg paraît enfin à Vienne chez Universal Edition, la même maison publie en même temps l'"interprétation concertante" du deuxième morceau par Busoni.

Ellipse.

Mais ensuite, Arnold Schönberg lui-même est le premier qui tente résolument d'échapper au vaste océan de l'atonalité et au danger du naufrage. Un peu plus de dix ans après l'opus 11, entre 1921 et 1923, il travaille à sa *Suite pour piano* op. 25, dans laquelle il introduit

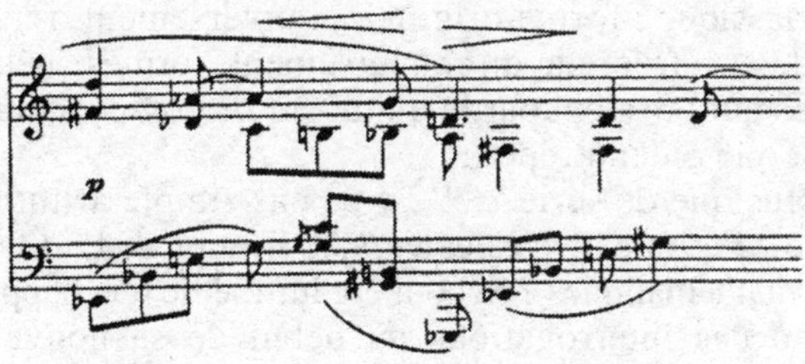

Schönberg

Paraphrase de Busoni.

un nouveau principe d'ordre, la série dodécaphonique, système qui unit au chromatisme absolu l'exigence des relations de note à note. Tous les morceaux de la suite – prélude, gavotte, musette, intermezzo, menuet, trio du menuet et gigue – sont construits à partir d'une série unique : *mi*, *fa*, *sol*, *ré* bémol, *sol* bémol, *mi* bémol, *la* bémol, *ré*, *si*, *ut*, *la*, *si* bémol. La règle du jeu stipule qu'aucune note ne doit revenir avant que la série ne soit terminée. Le choix de la série est décisif : c'est un élément important du processus de composition. Les transformations se produisent selon un schéma préclassique : forme originale, renversement, rétrograde et rétrograde du renversement, formes spéculaires qui faisaient partie du métier de compositeur à l'époque du contrepoint.

Musique de série ? N'est-ce pas simple arithmétique ? Ecriture bien calculée ? Abdication de l'art face aux mathématiques ? Schönberg lui-même n'échappait pas à ces interrogations au début de sa nouvelle période. "Lorsque je composais mes premières œuvres selon cette méthode, je n'étais pas encore convaincu que l'usage exclusif d'une série n'aboutirait pas à la monotonie. Permettrait-elle de produire un nombre suffisant de thèmes, de phrases, de motifs, de sujets et autres formes nettement différenciées ? [...] Mais je découvris bientôt que mes craintes n'étaient pas fondées ; j'ai même pu écrire tout un opéra, *Moïse et Aaron*, sur une série unique [...]. Il suffit de suivre la série fondamentale et le compositeur est alors aussi libre qu'auparavant."

Un demi-siècle durant, il ralliera à son nouveau principe les compositeurs du monde entier ; un principe dont lui-même pense qu'il est en fait très ancien : il découvre triomphalement la première série dodécaphonique dès la fugue en *si* mineur de Jean-Sébastien Bach, la dernière du premier livre du *Clavier bien tempéré*.

V

TRAVERSÉES, NAUFRAGES

ou Entrée en scène du pianiste océanique

La nuit, je pense souvent à mon piano dans son tombeau marin. Et parfois, je pense à moi qui dérive dessus. Dans ces profondeurs, tout est tellement calme et silencieux que cela me berce et je m'endors. C'est une étrange berceuse, et pourquoi pas, puisque c'est la mienne. Tout se tait là où il ne peut jamais y avoir de bruit. Dans la tombe froide, au fond de la mer profonde.

Ada, dans le film *La Leçon de piano*.

RUBINSTEIN TOMBE DE SA CHAISE

Lorsque, dans la nuit du 14 au 15 avril 1912, le *Titanic* coula après avoir heurté un iceberg près de Cap Race au large de la pointe sud de Terre-Neuve, le naufrage engloutit mille quatre cent quatre-vingt-dix personnes et trois pianos : un piano à queue dans le salon des premières, un piano droit en deuxième classe et un autre en troisième. On en ignore les marques, même pour la première.

Car le piano est devenu l'instrument de luxe des premiers paquebots de rêve du début du siècle, en même temps qu'une sorte de sédatif. Durant la traversée de l'Atlantique, délicate et souvent agitée, il jouait devant les passagers : il jouait l'assurance, l'insouciance, la normalité détendue. "Nous jouions parce que l'océan était d'une immensité angoissante", écrit Alessandro Baricco dans sa légende du pianiste sur l'océan. Car, là où joue un piano, il n'y a pas de risque, excepté pour les pianistes. Là où perlent les notes, on ne craint pas le naufrage. On n'est pas en pleine mer, on est en pleine possession de ses moyens.

Arthur Rubinstein a décrit dans le détail sa première traversée vers l'Amérique, fin 1905-début 1906. Le salon de la *Touraine*, transatlantique relativement modeste, sert à la fois de foyer, de bibliothèque et de lieu de rencontre ; il s'y trouve un Pleyel, ce n'est donc pas le premier demi-queue venu. Rubinstein connaît le sort de la plupart des passagers dont le bateau, au cours d'une traversée de l'Atlantique, quitte l'abri des îles Britanniques pour gagner le large : il attrape le mal de mer. Car, même quand le temps est calme, les vagues sont hautes dans le secteur, le paquebot se met à tanguer, à gîter, voire à rouler, et les passagers commencent à remarquer qu'il est le jouet des flots. Et Rubinstein, qui ne connaît la tempête que par l'étude de Chopin, devient la proie des éléments déchaînés et se voit confronté à un passage des plus délicats.

"Au bout de deux interminables nuits sans sommeil, pendant lesquelles je souffris affreusement du mal de mer, j'étais incapable de supporter l'air confiné de la cabine une minute de plus. Après m'être sommairement habillé, je montai tant bien que mal au foyer et tentai une sortie en vue de marcher un peu sur le pont promenade ; mais je trouvai toutes les portes verrouillées. Il était dangereux de sortir, me dit-on. Si bien que, à la place, je décidai de me risquer à jouer du piano. La chose la plus difficile, découvris-je, était de demeurer sur le tabouret, mais je parvins à jouer parfaitement bien. Au bout d'un certain temps, je fis même une brillante découverte : quand je jouais un morceau fortement rythmé, je respirais à ce même rythme, et non plus selon les lourds mouvements irréguliers du tangage (ce qui ne tarde pas à rendre n'importe qui malade). Et comme ma théorie sembla se confirmer au fur et à mesure d'expériences successives, je résolus de ne plus quitter le foyer, afin d'avoir le piano sous la main en cas de situation critique. Un brave steward accepta de m'y apporter à manger – il aimait la musique[1]."

Le malheur se produit alors qu'on fête la Saint-Sylvestre à bord. Soit effet de la houle, soit effet du champagne auquel le jeune pianiste a fait largement honneur, assis au piano, il tombe du tabouret. "Après que je fus parvenu à me remettre debout, le capitaine donna l'ordre à deux marins de m'attacher les jambes, avec des sangles de cuir, aux pieds du tabouret, eux-mêmes fixés au sol par des crochets, tout comme le piano. J'ai poursuivi mon récital sans autre incident, ravi à l'idée d'être «enchaîné à mon art»[2]."

Mais l'Atlantique nord est sillonné par un si grand nombre de pianistes qu'au cours de la traversée qui le ramène en Europe Arthur Rubinstein – qui n'a aucun lien de parenté avec Anton Rubinstein – ne joue plus en solo. Dès le premier jour, il découvre à bord de la *Touraine* deux célèbres collègues, le Français Raoul Pugno et le Russe Joseph Lhévinne, qui avait fait ses débuts à New York presque en même temps que lui. Les deux hommes invitent Rubinstein à leur table, et il prend autant de plaisir à la compagnie du petit Français débonnaire et râblé qu'à la "sensibilité très juive" du jeune Russe, qui porte une perruque artistiquement bouclée pour couvrir sa calvitie. Mais, outre les trois virtuoses, la *Touraine* transporte une victime du piano.

"Le matin du second jour de notre traversée, comme j'avais décidé d'aller marcher sur le pont promenade pour combattre un malaise possible, je tombai sur un

1. Arthur Rubinstein, *Les Jours de ma jeunesse*, traduit de l'américain par Georges Belmont et Hortense Chabrier, Robert Laffont, Paris, 1973, p. 235.
2. *Ibid.*, p. 236.

homme en cape et béret, se livrant à la même activité. Nous marchions tous deux en sens inverse, quand, me croisant, soudain il m'arrêta.

— N'êtes-vous pas Rubinstein, le pianiste ? me demanda-t-il.

— Oui, dis-je en continuant à marcher. (J'avais des vagues plein la tête.)

Mais il ne me permit pas de poursuivre.

— Que pensez-vous de Pugno ? me questionna-t-il.

— Très bon.

— Et de Lhévinne ?

— Superbe.

— Et de Paderewski ?

— Magnifique, colossal, un grand, dis-je, l'air malheureux, car je ne me sentais pas très bien.

— Et que dites-vous de Josef Hofmann ? insista l'homme.

C'en était trop. J'étais au bord du mal de mer, et je perdis patience.

— Hofmann ? explosai-je. Hofmann doit être complètement fou, pour avoir ainsi enlevé une femme vieille et laide, et avec tous ces enfants !

L'homme rétorqua tranquillement :

— Comme vous avez raison ! Voyez-vous, c'est moi le mari de la dame.

Imaginez ma tête[1] !"

AVENTURES ET SCÈNES D'ADIEU

Ce Josef Hofmann, qui n'était pas à bord et n'intervient ici que comme le héros équivoque d'une aventure

1. *Ibid.*, p. 260-261.

triangulaire, était un vieil habitué de la route transatlantique. Presque vingt ans plus tôt, à l'âge de onze ans et demi, il avait pour la première fois traversé l'océan en compagnie de son père Casimir pour triompher le 29 novembre 1886 au Metropolitan Opera avec un récital comportant des œuvres de Beethoven, Chopin, Rameau et Weber ainsi que des improvisations personnelles. A ce concert avaient succédé, au cours des trois mois suivants, un si grand nombre d'autres, qu'aux acclamations s'étaient soudain mêlées des protestations inquiètes, telle celle du pianiste américain Ernst Perabo écrivant à un journal :

"Parce qu'il ne fait pas de simagrées et ne se livre devant son public à aucune contorsion, les gens croient qu'il a la tâche facile. Mais moins il a de peine à retenir, exécuter et interpréter, plus il a besoin de force ; l'excellence du travail épuise la meilleure fibre, et une fois le système nerveux ravagé il ne se remet plus. On nous dit qu'il a été examiné par le maire Hewitt et plusieurs médecins. Malgré tout le respect que nous devons à leur science, nous demandons ce que ces messieurs peuvent savoir du fardeau qu'est pour l'esprit une mémoire aussi chargée, des difficultés scientifiques abstraites et complexes que représente un répertoire de huit cents à mille pages ? [...] Si sa carrière se poursuit ainsi, il sera spolié de son enfance."

Comme pour répondre à cet appel, le père avait décommandé le 21 février 1887 tous les concerts prévus. La vraie raison, d'abord niée : le millionnaire américain Alfred Corning Clark avait offert cinquante mille dollars à Casimir Hofmann pour retirer son fils de la circulation musicale jusqu'à l'âge de dix-huit ans. Et les choses se passèrent ainsi : le 14 mars 1894, Josef Hofmann donna à Hambourg son deuxième "premier concert", avant de devenir un de ces pianistes itinérants qui ne cessaient de sillonner l'Atlantique dans les deux sens. Hofmann finit par s'installer en Amérique, obtint en 1926 la nationalité américaine et fut nommé la même année directeur du Curtis Institut of Music de Philadelphie, fonction à laquelle il resterait fidèle pendant neuf ans.

Mais le plus jeune de tous les pianistes navigateurs fut Isaac Albéniz, et il trouvera place dans ce chapitre, même si sa première aventure atlantique date du XIXe siècle. Comme Josef Hofmann, c'était un enfant prodige que ses parents avaient présenté très tôt en Espagne ; il se pavanait sur scène en costume de mousquetaire français auquel ne manquait même pas le sabre. Faute de philanthrope américain pour l'arracher à son triste sort, il s'en arrachait tout seul en multipliant les fugues. Une fois, après avoir lu Jules Verne, le petit garçon monta dans un train où il tomba sur l'alcade de l'Escurial, qui l'emmena avec lui au mess des officiers où le petit Albéniz fut invité à jouer quelques morceaux pour le public avant d'être remis dans le train qui le ramènerait chez lui.

Mais la grande aventure survint le jour où il eut à donner un concert dans une station balnéaire voisine d'un grand port. Il se faufila à bord d'un bateau qui devait appareiller pour Puerto Rico. C'est seulement quand le paquebot fut en pleine mer qu'il se montra dans toute sa splendeur – il avait tout juste douze ans. Il joua pour les passagers, et ceux-ci réunirent de l'argent pour lui. Même quand le bateau toucha l'Amérique du Sud, loin d'être aussitôt rembarqué et renvoyé chez lui, il se débrouilla pour gagner Buenos Aires en dormant dans les églises et en mendiant dans les rues – du moins à ce que prétend sa légende. Mais la rumeur publique fit bientôt connaître son talent époustouflant ; il donna des concerts, se remit à gagner de l'argent et poursuivit sa route jusqu'à Cuba. C'est là seulement que les autorités alertées par ses parents retrouvèrent sa trace et l'emmenèrent à La Havane où il fut accueilli par son père. Mais celui-ci ne le remmena pas chez lui : Albéniz, qui avait eu treize ans entre-temps, obtint l'autorisation de continuer son voyage. En direction de New York. Et seul.

GRANADOS ET L'OR MAUDIT

A la mi-mars 1916, le pianiste et compositeur Enrique Granados s'embarque en compagnie de sa femme sur le *Sussex* à New York. En fait, il avait retenu son passage sur un bateau qui partait plus tôt, mais un honneur tout particulier l'avait empêché de le prendre : le président Wilson avait invité à la Maison-Blanche le célèbre visiteur européen.

C'était le couronnement d'un bref séjour en Amérique au beau milieu d'une guerre qui n'était encore qu'européenne. Granados s'était rendu dans le Nouveau Monde à l'invitation du Metropolitan Opera pour assister à la première de son ballet *Goyescas*. New York s'était assuré le privilège de la création, après que l'Opéra de Paris, commanditaire de l'œuvre, se fut désisté en raison de la guerre. Et Granados avait accepté l'invitation américaine avec un empressement d'autant plus grand qu'il était heureux d'échapper pour quelques semaines à l'autodestruction de l'Europe ; il était également attiré par un cachet considérable.

L'opéra lui-même n'était qu'une version remaniée d'une œuvre pour piano exceptionnelle, qui, avec les

Danzas españolas, allait assurer au compositeur Granados une gloire durable (et à l'œuvre elle-même la crainte respectueuse des pianistes devant ses immenses difficultés) ; il s'agissait d'une suite, également intitulée *Goyescas*, d'après des tableaux du peintre et dessinateur espagnol Francisco de Goya. Granados ne s'était pas inspiré des *Caprichos* à l'effrayante causticité, mais de ces tableaux dans lesquels l'artiste a rendu le culte espagnol de la virilité ainsi que son corollaire, ce désir virginal mi-effarouché, mi-révolté. La composition a pour sous-titre *Los majos enamorados*, et les pièces portent des suscriptions comme *Entretien par la fenêtre grillée*, *Fandango à la lueur des cierges*, *L'amour et la mort*.

Il a voulu, écrit le compositeur, "parvenir à un mélange d'amertume et de grâce, peindre des sentiments qui peuvent être tout aussi soudainement amoureux et passionnés que dramatiques et tragiques". Cette tension est surtout perceptible dans la dernière pièce, *La Sérénade du spectre*, où le macho tué par son rival se montre encore une fois pour donner la sérénade à sa bien-aimée. "La citation des motifs de la passion et de la grâce, apparus dans les mouvements précédents, rend un son déconcertant au contact des accents liturgiques. A la fin, on entend le spectre s'éloigner en effleurant une dernière fois les cordes à vide de sa guitare", écrit Peter Rummenhöller.

Granados ne repart pas seulement chargé d'honneurs et de succès : en raison de l'incertitude qui pèse en ces temps troublés sur les chèques et les virements bancaires, il a prié le Met de lui payer ses pourcentages non seulement en liquide, mais en pièces d'or qu'il porte sur lui cousues dans une ceinture. La traversée du *Sussex* est presque terminée, le port de Southampton est en vue – quand, le 24 mars, le bateau sombre dans la Manche, touché par une torpille tirée d'un sous-marin allemand. De nombreux passagers peuvent être sauvés.

Enrique Granados, ainsi le veut sa légende, est emporté au fond par le poids de son or.

VI

LE PIANO À L'ÉPOQUE DE LA RÉVOLUTION

ou Le corps sonore devient machine

Percevez la révolution, percevez-la avec tout votre cœur et toute votre conscience. […] Tout artiste a pour devoir et pour mission de voir ce qui se prépare, d'entendre cette musique où s'agite "l'air fouetté par la tempête".

ALEXANDER BLOK

L'"ÉTUDE RÉVOLUTIONNAIRE" D'ARTUR SCHNABEL

Comment se comporte un pianiste quand éclate la révolution ? Va-t-il se mettre à couvert sous le piano ? Se mettre à jouer contre les événements ? Passer dessus avec un glissando brillant ? Va-t-il quitter l'estrade pour se ruer sur les barricades ? Comment réagit-il quand son monde familier se transforme d'un seul coup ? Les Rachmaninov et les Prokofiev, les Horowitz et les Rubinstein, les Cortot et les Gieseking, les Kempff et les Fischer – ont-il tous subi les bouleversements de l'Europe en 1917-1918 sans que leur carrière en souffre ?

Tenons-nous-en à Artur Schnabel, ce grand anti-virtuose autrichien subtil et original : il est l'un des rares à fournir des renseignements détaillés, et, même, il a organisé les thèmes de son récit postérieur, il les a développés à la manière d'une composition ironique, si bien que ce n'est pas seulement pour faire un mot d'esprit que nous parlons d'une petite étude révolutionnaire. Schnabel a environ trente-cinq ans quand la révolution lui est pour ainsi dire servie sur un plateau d'argent.

"Le 7 novembre, [...] je donnais un concert en trio avec mes collègues Flesch et Becker. La soirée s'était très bien passée, et le souper qui suivit, dans un bon hôtel où l'on nous servit un vin excellent, se passait encore mieux. A minuit, le maître d'hôtel s'approcha de notre table et dit que l'on venait de recevoir un appel téléphonique de Cologne : une révolution aurait éclaté. Vous voyez comment les choses peuvent se passer quand on voit une révolution éclater – un maître d'hôtel vient vous annoncer un coup de téléphone."

On reconnaît tout de suite l'esprit musical du récit : "une révolution" annoncée par le maître d'hôtel, ce n'est pas un événement, c'est à peine un concept, c'est tout au plus un motif, une mélodie verbale que l'on peut travailler. En pleine réunion civilisée, en quelque sorte pour le dessert, un tournant historique est non pas vécu, mais perçu auditivement : une révolution aurait éclaté.

Le matin suivant, premier développement du thème : placements, déplacements. Rien ne va plus. Chaos, turbulences, confusion. Le pianiste échoue avec son volumineux bagage à la gare de Cologne, en compagnie de milliers d'autres passagers désemparés. Plus aucun train ne circule. La première pensée de Schnabel n'est pas pour les êtres chers qu'il a laissés à Berlin, mais pour un public encore incertain qu'il doit retrouver à Kassel le lendemain. Et pour ce que l'on peut qualifier littéralement de handicap du virtuose : "Impossible de porter seul tous mes bagages. Car j'étais pianiste, et comme tous les pianistes, toujours soucieux de préserver mes mains. [...] Enfin, un vieux cheminot qui devait avoir pitié de moi m'aborda : «Avez-vous besoin d'un porteur ? Voulez-vous déposer vos bagages ?... Je les surveillerai. Vous n'avez qu'à venir toutes les heures demander s'il y a un train qui part de Cologne.»"

A Kassel, le lendemain, date désormais incertaine du concert, les événements prennent enfin une dimension grandiose. Le pianiste se risque à sortir en ville par une journée de novembre sombre et pluvieuse, on lui colle de force un tract et il se retrouve aussitôt au beau milieu d'une gigantesque manifestation : "Je trouvai en arrivant un rassemblement de vingt à trente mille personnes qui attendaient quelque chose. [...] Peu après midi, une voiture chargée de cinq matelots arriva à toute allure sur la place. [...] Le sixième occupant de la voiture était un civil. Il se dressa et proclama : «L'empereur a abdiqué.» [...] D'un seul coup les visages des manifestants s'éclairèrent : ils semblaient convaincus qu'ils connaîtraient dorénavant une vie de bonheur et qu'ils n'auraient plus jamais de problèmes." Et Artur Schnabel conclut son morceau avec un réalisme ironique : "C'était le 9 novembre. Mon concert eut lieu à guichets fermés. Ce fut une très belle soirée."

Mais Artur Schnabel s'était réjoui trop tôt. Après cette coda optimiste, la révolution rattrapera tout de même notre imperturbable pianiste, avec un retard d'un quart de siècle, mais une violence démultipliée. En effet, il présentera son morceau de bravoure en Amérique, où il a émigré en 1939, à un public exigeant : les étudiants de l'université de Chicago. Le récit de la révolution fait partie d'une série de douze conférences données en 1945 – à son corps défendant – et qui étaient suivies de discussions avec les jeunes Américains. Et un beau jour, vingt-sept ans après les événements de novembre 1918, lui qui est âgé à présent de soixante-trois ans se retrouve devant un tribunal révolutionnaire en effervescence. Pourquoi avait-il, lui, Artur Schnabel, continué à donner des concerts pendant la guerre et en pleine révolution ?

Même un demi-siècle plus tard, au début du XXIe siècle, il n'est pas facile de trouver une réponse à cette inquisition juvénile. D'un seul coup, les questions dépassent le cadre rhétorique : a-t-on le droit de jouer du piano en période de révolution ? Les pianos doivent-ils impérativement rester muets quand tous les rouages sont arrêtés ? Le virtuose doit-il abandonner son instrument pour faire cause commune avec les insurgés ? L'art, honteux et respectueux, doit-il se taire quand la rue devient une scène ou s'érige en tribunal ?

Sans doute les étudiants de Chicago auraient-ils été mieux servis par Vladimir Horowitz qui a fait de ce qu'il a vécu pendant la révolution un récit beaucoup plus dramatique, mais guère plus convaincant : "En l'espace de vingt-quatre heures, ma famille avait tout perdu. J'ai vu de mes propres yeux notre piano qui, jeté par la fenêtre, tomba dans la rue. Les communistes appliquaient la devise «volez les voleurs» ! Et ils volaient absolument tout : les vêtements dans les armoires, les livres, mes partitions, les meubles, enfin tout. Des centaines de personnes furent tuées, les rues étaient pleines de sang et de balles. Moi aussi, j'aurais pu être tué..." Ajoutons quand même que Horowitz, au beau milieu de ces troubles, passa son concours de sortie – le plus éblouissant qu'ait connu depuis bien longtemps le conservatoire de Kiev.

COUP POUR COUP

Mais c'est le piano lui-même qui, dans les années qui suivirent la Grande Guerre, fait sa révolution. "Il a des marteaux, pourquoi changerions-nous sa nature ?" demande Stravinski sur le ton de la provocation, et

Paul Hindemith assortit la dernière pièce de sa *Suite 1922*, un rag, d'un "mode d'emploi" que l'on a beaucoup cité depuis en le faisant suivre de deux points d'exclamation : "A jouer fougueusement, mais avec une régularité implacable, comme une machine. Considérer le piano comme un intéressant instrument à percussion, et agir en conséquence."

Le roulement de tambour qui vers 1920 s'empare du piano était une révolution à retardement. Le bruit de bataille de cette première guerre totalement mécanisée avait couvert le bruit des explosions pianistiques quatre années durant. L'ère du motorisme, du *martellato*, de la musique mécanique, qui s'ouvrait à présent, avait commencé bien plus tôt, vers 1911 et 1912. Quand le piano, pour la première fois, fut réduit en morceaux par ses propres marteaux, deux œuvres étaient en cause : l'*Allegro barbaro* de Béla Bartók et la *Toccata* de Sergueï Prokofiev. Chacun dure environ deux minutes et demie. Chacun a duré plus que son propre siècle. Ces cinq minutes de musique donnèrent le coup de grâce définitif au romantisme et firent du piano le nouvel instrument à percussion.

Béla Bartók a trente ans lorsqu'il écrit cette pièce, provocation consciente dont le titre à lui seul rend compte : *Allegro barbaro*, ce n'est pas seulement une déclaration de guerre, c'est aussi un sarcasme qui tourne en dérision ces critiques parisiens qui, après un concert donné au printemps 1911, l'avaient traité de barbare, lui et son ami Zoltán Kodály. L'*Allegro barbaro* est à l'image d'une brève et violente éruption volcanique qui laisse derrière elle un paysage musical métamorphosé.

Klaus Billing a qualifié ce morceau d'"apothéose de la violence rythmique", mais Mathias Walz fait remarquer que cette explosion est le résultat d'un rigoureux travail de composition : "En dépit de tous les éléments volontairement barbares – accentuation brutale, répétitions incessantes, motifs réduits à leur plus simple expression –, la construction de l'allegro est loin d'être aussi simple qu'il y paraît à l'écoute : en fait, la forme combine plusieurs techniques de composition ; c'est l'équilibre entre le travail thématique et les *ostinati* athématiques figés qui confère à sa dynamique une inquiétante asymétrie."

L'allegro est marqué d'un bout à l'autre par le *martellato*, le martèlement du piano. C'est pour le pianiste une des techniques les plus difficiles ; l'amateur, même en tapant de toutes ses forces, n'y saurait atteindre. Le *martellato* suppose un travail acharné sur les accords ; l'attaque doit avoir la puissance et l'élasticité d'un ressort pour qu'on entende, en même temps que la note elle-même, le timbre métallique de la corde, du matériau sollicité. Le *martellato* n'est plus un jeu, et cela ne concerne pas seulement l'impression auditive, mais aussi la "performance" visible : c'est de l'agressivité, un corps à corps avec l'instrument. En se contentant de cogner, on obtiendrait juste un bruit de casserole fortissimo. Dans le *martellato*, le piano célèbre sa propre vigueur primitive.

Dans un premier temps, toutefois, l'explosion de l'*Allegro* ne se produisit que dans le cabinet de travail de Bartók. En 1913, il le joua au cours d'un concert dans une province hongroise, mais ce n'est qu'en 1918 qu'il fut imprimé, qu'il vint au monde pour le transformer. Et alors, il devint en quelque sorte la marque de fabrique de Bartók, au point que celui-ci finit par se refuser à être considéré comme le synonyme, voire le symbole de ce barbare qu'il avait une fois brandi comme un drapeau provocateur. Cet homme frêle souffrait d'entendre toute sa musique martelée à la *barbaro*, dans un style percussif. Si bien qu'un beau jour il eut pour faire taire un musicien, qui lui assénait les nombreux effets de chocs et autres bruitages de sa sonate composée en 1926, cette phrase paradoxale : "S'il vous plaît, jouez ça un peu moins comme du Bartók."

FASCINATION DU MOTORISME

Quel est le trait acoustique distinctif du motorisme ? Le bruit ? La régularité ? La continuité ? La répétition ? Le retour des mêmes schémas ? La fuite en avant ? L'impersonnalité ? La stupidité ? La précipitation ? Quand Sergueï Prokofiev écrit sa *Toccata*, on a l'impression qu'il veut à la fois faire marcher la machine piano et la démonter, éprouver ses possibilités et les pousser jusqu'à l'absurde.

L'originalité de l'œuvre se reflète dans les termes employés pour la caractériser. "Jamais plus Prokofiev ne composera un morceau d'une telle cruauté, qui touche aux frontières de la musique. [...] La *Toccata* est l'unique pièce pour piano que nous connaissions à relever du motorisme pur. La machine piano travaille sur sa lancée. Elle commence à cogner sur le *ré* grave, y ajoute bruyamment les notes voisines, les fait tourner sur elles-mêmes comme des pistons et des rouages jusqu'à entraîner tout le clavier. La symétrie est aussi rigoureuse que les quatre temps d'un moteur. Elle ne s'interrompt qu'une seule fois : avant le sommet dynamique, une noire supplémentaire casse la période et prend des allures de catastrophe. Après cet incident, la force du moteur décroît ; il ralentit sur le *ré* monotone du début et se ressaisit avec peine pour faire exploser la fin", écrit Klaus Billing.

A l'instar de l'*Allegro barbaro* et de la *Toccata*, les *Trois Mouvements de Petrouchka*, de Stravinski, sont déjà composés depuis quelques années quand en 1921, à la demande du commanditaire Arthur Rubinstein, ils sont transcrits pour piano seul. Ces trois pièces sont une des œuvres les plus indomptables, les plus difficiles et en même temps les plus gratifiantes de la littérature pour clavier composée en ce premier tiers du XXe siècle, une œuvre qui martèle tous les effets possibles du piano en les menant au paroxysme, qui les met en scène avec une emphase quasi parodique. Plus que la transcription d'une musique de ballet, c'est un ballet sur le clavier, une chorégraphie époustouflante pour doigts, mains, bras tourbillonnants, où l'œil trouve également son compte.

Dans sa version originale, *Petrouchka* était aussi une œuvre de l'année 1911, une musique que Stravinski avait écrite pour le chorégraphe russe Serge Diaghilev. Le piano y avait déjà sa place, mais dans le groupe des percussions, de même que célesta, cymbales, tambours de basque, triangle, tam-tam, grosse caisse et cinq timbales. Et pourtant, il y était aussi instrument autonome, car pour les répétitions du ballet le compositeur – qui aimait travailler au piano – avait écrit une version pour deux pianos, qui put ensuite être réduite pour piano solo.

Et de même que Stravinski réclamait que les marteaux du piano fussent rétablis dans leurs droits, il tente de sauver l'honneur des marteaux humains, les doigts, en commentant sa *Piano Ragtime Music* composée en 1919 : "J'avais pensé à Arthur Rubinstein, à ses doigts agiles, à la fois adroits et vigoureux [...] tout en utilisant à fond les possibilités percussives du piano. Le plus exaltant, c'est que les divers épisodes rythmiques du morceau m'étaient pour ainsi dire dictés par les doigts eux-mêmes, et mes doigts éprouvaient un tel plaisir que j'ai écrit le morceau. Il ne faut pas mépriser les doigts, ils sont très stimulants ; au contact de l'instrument qui sonne, ils éveillent des idées qui sommeillent dans l'inconscient et qui, sans eux, resteraient cachées."

VII

LA FISSION ATOMIQUE DU SON

ou La recherche du piano à quarts de ton

En 1920, quand on parlait de quarts de ton, on passait pour un esprit légèrement dérangé. En fait, on me prenait pour un fou.

IVAN WYSCHNEGRADSKI

ASSIS ENTRE DEUX PIANOS

Dans la petite chambre meublée de Berlin, près de l'Alexanderplatz, il y a deux pianos tout près l'un de l'autre. Le jeune homme à qui ils appartiennent, debout, se penchant de côté et d'autre, les joue tous les deux en même temps. Ici un passage de la main droite, là un passage de la main gauche, et il tire des accords nourris des deux instruments à la fois. Un visiteur naïf pourrait avoir l'impression que ces pianos devraient être accordés d'urgence. Mais ils sont accordés, et même avec une extrême précision : l'un est exactement un quart de ton plus haut que l'autre. Car le jeune homme teste les quarts de ton.

Il s'appelle Alois Hába. Né en 1893 à Wisowitz en Moravie, il a étudié à Vienne avec Franz Schrecker qu'il a suivi à Berlin en 1920, où il ne tarde pas à s'émanciper pour s'adonner, avec un acharnement très personnel, à des projets de composition microtonale. Il veut ainsi poursuivre et approfondir des expériences commencées et décrites pendant la guerre par Jörg Mager et Willi Moellendorf : Mager dans son essai sur les quarts de ton et Moellendorf dans un ouvrage paru en 1918 et intitulé *Vierteltonmusik*, "Musique quart de tonale". En 1918, Alois Hába a déjà écrit sa première sonate (en *ré* mineur) pour piano quart de tonal et, durant les trois années berlinoises, pièces pour piano, suites et fantaisies se succèdent rapidement.

Changement de décor : la Nouvelle-Angleterre. Le jeune Charles Ives, né en 1874 à Danbury, Connecticut, est fasciné par les étranges expériences de son père, qui dirige un orchestre militaire. Il fait des expériences avec des verres plus ou moins remplis, qu'il accorde par quarts de ton, huitièmes de ton, par intervalles encore plus petits. Ives senior a l'oreille absolue, et il adore tirer du piano les sons les plus choquants. A un ami qui trouve cela épouvantable, il déclare : "Que veux-tu, j'ai peut-être l'oreille absolue, mais le piano ne l'a sûrement pas."

Charles Ives est marqué par ces impressions ; à cause d'elles, il sera ouvert aux sonorités nouvelles. Fréquentant l'école du dimanche à l'Eglise presbytérienne de New York, il trouve dans la salle de classe deux pianos qui, comme les deux instruments de Hába, mais par l'effet du hasard, sont accordés à peu près à un quart de ton d'intervalle. "C'est ainsi que j'ai commencé [...] à faire des expériences avec différentes gammes, inspiré par ces deux pianos et par l'accord microtonal des verres de mon père. Mais, avant que mon oreille ait entièrement saisi ces échelles sonores, l'un des deux pianos fut enlevé, si bien que je poursuivis l'essentiel de mes recherches assis à mon bureau. [...] Je procédai ainsi : *ut* comme note fondamentale, cinq quarts de ton au-dessus = un ton entier ; celui-ci était coupé au milieu par un verre = deux quarts de ton et demi. (Ce faisant, je jouais plusieurs fois de suite la gamme étendue et la gamme traditionnelle, ce qui produit une différence sonore très intéressante et présente une vraie signification musicale.)"

Changement de décor : Paris. Un jeune compositeur russe, Ivan Wyschnegradski, né en 1893, arrive dans la capitale de la France avec de grands projets et quelques petites compositions, pour y réaliser ses idées de nouvelle musique faite de quarts de tons. Il a dans ses bagages, entre autres choses, *Cinq fragments pour piano*, "une sorte de sésame, une œuvre énigmatique qui m'a ouvert la voie". Ce sont des pièces brèves, qui partent de demi-tons, mais travaillent de plus en plus avec des quarts de tons.

Changement de décor : à Mexico aussi, un jeune compositeur tente précocement de dépasser le chromatisme classique. Julian Carrillo-Trujullo, né en 1875, est violoniste ; au début du siècle, il se rend en Europe pour étudier aux conservatoires de Gand et de Leipzig. Il essaie d'appliquer un système de treize tons qu'il appelle *sonido trece*, mais teste aussi d'autres possibilités, avec des intervalles qui vont du tiers au seizième de ton. En 1930, il fonde un orchestre qui utilise exclusivement des instruments capables de produire des micro-intervalles.

COMMUNISME ET CONTINUUM

L'expérimentation et la composition quart de tonales ne sont ni l'effet d'une concertation, ni une lubie. Que la même scène se joue presque simultanément en Russie comme en Amérique, en Allemagne comme au Mexique, montre combien "le temps en est venu", combien ces essais sont liés à la recherche de voies nouvelles au début du XXe siècle. Cela révèle aussi que l'abandon de la tonalité ne s'en tient pas à l'atonalité libre des années 1910, mais que la fraction de la gamme, l'atomisation de l'intervalle, la liquéfaction du chromatisme se poursuivent. Wyschnegradski a décrit le processus en ce qui le concerne : "Je voulais conquérir l'univers des quarts de tons, puis des sixièmes de tons – et jusqu'à la synthèse des douzièmes de tons qui sont à la limite des facultés de perception humaines."

Mais d'où viennent les incitations ? Chez Wyschnegradski, c'est un curieux mélange de mobiles qu'il résume de façon percutante : "Après avoir eu la révélation de l'ultrachromatisme, du communisme et du futurisme, j'ai acquis un nouveau style sans renoncer à l'ancien." Ce cocktail bizarre devient plausible si l'on considère les trois phénomènes sous l'angle de la nouveauté radicale, leur caractère révolutionnaire, leur implacable différence. Si bien que, vers 1918, tout se confond pour Wyschnegradski : "[…] le communisme fut pour moi une révélation. En même temps, il y avait l'ultrachromatisme, cette vision du continuum, et, là aussi, j'ai senti la force qu'il y a dans le communisme. Ces «coups de marteau» ont trouvé un écho en moi."

Communisme et continuum – ce ne sont à l'évidence que deux termes différents pour désigner une commune utopie : l'abrogation de la société de classes et l'abrogation du rigide système tonal occidental. Dans le premier enthousiasme de ces années révolutionnaires, le jeune homme de vingt-cinq ans compose un Evangile rouge pour baryton basse et deux pianos à quart de ton.

La fascination d'Alois Hába a une tout autre origine. Dans un de ses ouvrages théoriques, il écrit dans le chapitre intitulé "Fondements mélodiques et harmoniques du système quart de tonal" que – à l'instar de Béla Bartók – il doit l'impulsion décisive à la musique populaire, et d'abord aux chansons et aux airs de sa Moravie natale. Hába met au point un procédé de composition qui lui permet d'utiliser à l'intérieur d'une octave vingt-quatre quarts de tons égaux et d'en faire la base de structures athématiques. Jaroslaw Smolka a décrit l'effet produit sur l'auditeur : "Les quarts de ton renforcent avant tout cette impression de coïncidence que l'on connaît depuis toujours grâce aux demi-tons. L'emploi systématique de sixièmes de ton produit un effet totalement différent. Les intervalles sont déjà si petits qu'ils semblent fusionner." Hába rencontre ici Wyschnegradski : car la fusion, ce n'est pas autre chose que le continuum. Mais ils allaient aussi se rencontrer dans la vie, à la recherche d'un piano sur lequel on pourrait jouer des quarts de ton ; les deux pianos accordés différemment n'étaient qu'une solution de fortune.

L'OBJET INTROUVABLE

Si Wyschnegradski s'était rendu à Paris, c'était avant tout pour sonder les célèbres facteurs quant à la possibilité de construire un piano qui lui permettrait non seulement de composer ses œuvres, mais aussi de les jouer en public. "Quand je suis arrivé à Paris en 1920, je me suis d'abord adressé aux maisons françaises Erard, Gaveau et Pleyel. Ni chez Erard, ni chez Gaveau on ne voulut m'écouter. En 1920, quand on parlait de quarts de ton, on passait pour un esprit légèrement dérangé. En fait, on me prenait pour un fou." Il trouve chez Pleyel un interlocuteur plus compréhensif, Gustave Lyon, qui est non seulement homme d'affaires, mais aussi ingénieur et architecte. "Je vais y réfléchir, dit-il, on peut peut-être faire quelque chose."

Pleyel construit un instrument comportant deux claviers et deux systèmes de cordes accordés à l'intervalle d'un quart de ton. Toutefois, le passage du deuxième manuel aux marteaux pose un problème que Lyon résout d'après le principe du "Pleyela" : il construit un piano pneumatique, comme le *player piano*. Mais le résultat est décevant : "Pour finir, tout cela n'avait servi à rien. Il y avait bien deux claviers, mais le deuxième n'était pas assez doux, il ne pouvait pas exprimer de nuances. C'était une sonorité morte."

La recherche d'un instrument adéquat mène Wyschnegradski à Berlin, où il rencontre Hába et commence par faire cause commune avec lui. En Allemagne, remarque le jeune Russe, la musique quart de tonale est tout à fait en vogue. Mais les difficultés, les dissensions commencent dès qu'on recherche le meilleur clavier possible. Le Russe tient à trois manuels, mais construit selon les mesures habituelles, car "le pianiste a besoin d'un clavier qui lui soit familier". (Wyschnegradski pense toujours que sa musique est faite pour être jouée en public.) Pour Hába, qui – comme Carrillo-Trujullo – est d'abord violoniste, le critère du concert semble moins contraignant. Quant au troisième larron, Willi Moellendorf, il a des idées bien à lui. Il a déjà construit un harmonium à quart de ton en introduisant entre les touches blanches et les touches noires des touches marron, ce qui a d'ailleurs pour conséquence que les noires et les marron sont extrêmement étroites. Wyschnegradski conteste cette disposition : selon lui, elle peut convenir au legato de l'harmonium, mais pas aux morceaux rapides, à la virtuosité pianistique. Wyschnegradski devant retourner prématurément à Paris, c'est l'idée de Moellendorf qui l'emporte, et il la fait réaliser à Brunswick chez Grotrian-Steinweg.

Vers la fin des années 1920, le Russe convainc la manufacture de pianos August Förster de construire un instrument à deux manuels qu'il garde comme une relique dans son appartement parisien où il devient de plus en plus un monument d'inutilité : "Bien que cet instrument fît beaucoup d'effet, je ne trouvais aucun pianiste qui voulût jouer ma musique." Et à la même époque, l'esprit inventif de Carrillo-Trujullo parvient à son but : La maison Sauter, en Forêt-Noire, construit l'Octaviana, un piano microtonal capable de produire tous les intervalles entre le tiers et le seizième de ton.

Il existe de nombreuses raisons à l'échec de la musique quart de tonale. L'une d'elles, la plus élémentaire, est la conformation de notre oreille. Quand les intervalles sont trop petits, elle est tout simplement dépassée, ou elle a des difficultés à suivre. Dans *Le Cerveau bien tempéré*, Robert Jourdain écrit : "On s'est livré à de nombreuses expériences sur les quarts de ton et les gammes quart de tonales. [...] Tant les essais en laboratoire que les leçons de la salle de concert ont montré que notre cerveau peine à opérer ce fractionnement de l'espace sonore. Le quart de ton représente manifestement la limite supérieure. On a trouvé au Moyen-Orient des gammes à vingt-quatre degrés, en Inde des gammes à vingt-deux degrés. Aucune culture au monde n'a encore livré de gradations plus fines."

Une autre raison importante, c'est que le piano n'a pas vraiment joué le jeu. On a bien, nous l'avons vu, construit des instruments, mais, outre que leur sonorité laissait à désirer, ils étaient mal bâtis, monstrueux, laids. On peut voir clairement à cette occasion que le piano, qu'il soit droit ou à queue, répugne à être déformé. L'histoire séculaire du piano, cette stratification qui associe génie et artisanat, musicalité et connaissance des matériaux, plaisir digital et ingéniosité, instinct ludique et spécialisation, design et mécanique, ébénisterie et fonte, qui unit une tension de plusieurs tonnes à l'abstraction la plus ténue, cette ambitieuse synthèse de *piano* et de *forte* – c'est comme l'aboutissement d'une évolution naturelle dans le domaine des objets : le résultat est doué d'une vigueur suffisante pour refuser tout caprice, résister à toute mutation. Le piano est un corps sonore qui ne se laisse pas arbitrairement désarticuler, et nul ne peut espérer attenter avec succès à ce que Scherer appelle l'intelligente "logique du clavier".

Et c'est ainsi qu'un compositeur comme Ivan Wyschnegradski ne finit pas dans les salles de concert à la fin de son siècle, mais dans le monument que lui a élevé un des grands écrivains de notre temps, l'Américain Paul Auster, dans sa *Trilogie new-yorkaise* : "[...] nous découvrons un vieux compositeur russe du nom d'Ivan Wyschnegradski ; il a près de quatre-vingts ans, il est veuf, tombé dans la pauvreté, et il habite seul un appartement minable de la rue Mademoiselle", et nous voyons un "piano quart de ton dans l'appartement, avec son énorme encombrement et ses claviers multiples (construit pour Wyschnegradski à Prague près de cinquante ans auparavant, c'est un des trois seuls pianos quart de ton existant en Europe[1])".

1. Paul Auster, *La Chambre dérobée* (*Trilogie new-yorkaise*, t. 3), traduit de l'américain par Pierre Furlan, Actes Sud, Arles, 1988, p. 111-112.

VIII

HUIT PIANOS ET UNE HÉLICE

ou Un Américain à Paris (George Antheil)

Au cours de mes concerts, les scandales devinrent presque quotidiens.

GEORGE ANTHEIL

LE PISTOLET SUR LE PIANO

Non sans coquetterie, George Antheil se voit lui-même comme un *enfant terrible*[1] de la musique. *Bad Boy of Music*, tel est le titre original de son autobiographie, dans laquelle il transforme les premières étapes de sa vie de compositeur en thriller bourré d'autodérision. Mais, en réalité, George Antheil n'était ni un enfant terrible ni un *bad boy*, mais un spécimen précoce d'un type caractéristique du siècle : le jeune homme animé d'une volonté absolue de réussir, résolu à arriver à tout prix, même celui du ridicule. Il avait vu plus tôt que les autres venir l'âge des médias ; il savait que pour acquérir la notoriété, la gloire, une réputation fût-elle suspecte, il faut se servir de mises en scène tapageuses, ne pas reculer devant le scandale. L'art de faire sensation est aussi développé en eux que les facultés créatrices proprement dites. Et Antheil se complaît dans des anecdotes comme celle qui narre son spectacle à Budapest :

"Début 1923, je me produisis à Budapest pour la deuxième fois. [...] J'avais déjà joué quelques semaines auparavant dans un concert de la philharmonie de

1. En français dans le texte.

Budapest, et des scènes bruyantes s'étaient produites dans le public. Cela me gênait moins que le fait que ce tohu-bohu avait empêché les gens d'entendre la musique. C'est pourquoi, après l'entracte, je suis allé à la rampe, face au public, j'ai salué et dit distinctement : «Huissier, fermez les portes et bouclez tout.» Quand ce fut fait, je saisis, à la façon éprouvée des gangsters américains, l'affreux petit pistolet qui se trouvait sous mon aisselle gauche. Sans un mot de plus, je le posai sur le Steinway et me mis à jouer. On pouvait entendre chaque note."

Longtemps avant *Tirez sur le pianiste !*, il existait donc la situation presque inverse. Et en fait, pour les stratégies mercantiles du siècle, il importe peu que ce revolver posé sur le piano ait réellement existé ; label d'Antheil, il contribue à façonner son image : celle d'un cerveau brûlé.

BALLET OU BALAI ?

Mais le nom de George Antheil est surtout associé à une œuvre qui donne au piano de tout nouveaux compagnons de jeu : toutes sortes d'engins techniques, notamment une hélice d'avion. Antheil : "L'expression «ballet mécanique» était brutale, moderne, froide ; c'était le symbole de l'épuisement de l'âme, la marque d'une période hyperesthétique qui refusait toute sentimentalité..." Et bien qu'il affirme que sa composition n'a rien à voir avec la représentation d'une usine ou d'une salle des machines et qu'il se défende de cette interprétation, il concède : "Il faut dire qu'à l'époque je trouvais les machines très belles. [...] A mon avis, mon ballet mécanique, joué correctement, avait un éclat aérodynamique, il était froid, rempli de silence musical autant que l'espace intersidéral, et brûlant autant qu'un four électrique."

La création sera un événement mondain réservé à une élite. Une Américaine jeune, belle et riche, qui cherche à se rapprocher de l'avant-garde parisienne, prête occasionnellement sa villa à des novateurs. Ce jour-là, on célèbre la rencontre entre la musique la plus nouvelle, la noblesse la plus ancienne et le snobisme intemporel. Mais James Joyce et Ezra Pound sont eux aussi de la partie. Joyce, surtout, était dans ces années-là toujours à l'affût de ces réceptions privées, auxquelles il se débrouillait parfois pour avoir accès même quand il n'était pas invité.

La villa devait avoir des proportions imposantes, car le plateau d'Antheil prenait de la place : huit pianos, enclumes, klaxons, sirènes, xylophones, cloches, scies et un moteur d'avion en action. Tandis que les pianos occupaient la pièce principale, les autres "instruments" durent être casés dans les pièces adjacentes et sur l'escalier. Le chef d'orchestre Wladimir Goschmann s'était posté au centre sur un piano. Antheil décrit un décor surréaliste :

"Et maintenant, imaginez encore deux cents invités dans cette maison déjà débordante ! Des invités dans tous les coins, dans tous les interstices entre les pianos. Je crois bien que plusieurs personnes étaient accrochées au lustre, dont, selon toute vraisemblance, la duchesse de Clermont-Tonnerre, fanatique d'art comme elle était. [...] Le premier accord du ballet mécanique a failli faire envoler le toit ! L'ébranlement était si formidable que plusieurs auditeurs tombèrent à la renverse ! Les autres invités se tortillaient comme des sardines vivantes dans une boîte ; les pianos qui se trouvaient en dessous, au-dessus ou à côté de leurs oreilles grondaient avec une synchronisation déconcertante.

A la fin de ce concert qui avait fait transpirer tout le monde à pleins seaux, on servit du champagne en quantité ; les gens étaient assoiffés, pour ne pas dire secoués et bouleversés. [...] Résultat : la représentation mondaine la plus congéniale que l'on puisse imaginer ; et la dernière chose que nous vîmes ce jour-là de notre jeune et jolie hôtesse : couchée dans une couverture tenue par deux princesses, une duchesse et trois *marchesas* italiennes qui la lançaient au plafond encore et encore."

Les glorieux échos (ou n'est-ce qu'une rumeur ?) de cette manifestation sensationnelle parviennent jusqu'à New York. Que serait la musique d'un Américain si elle ne recevait la consécration du Carnegie Hall ? La représentation a lieu le 10 avril 1927, et elle tourne au fiasco. On a doublé le nombre de pianos – mais les seize instruments qui claquettent sur la scène, loin de renforcer le son, se gâchent mutuellement leurs effets. Quoi qu'il en soit, ce four donne au compositeur l'occasion de réfléchir à son instrumentation :

"Ce que je déplore le plus, c'est la supersensation produite par l'hélice placée en vue sur la scène. [...] Ce bruit se veut une pédale d'orgue (pour employer le jargon des musiciens) contribuant à construire une gradation progressive jusqu'au sommet ; Bach, par exemple, utilise ce procédé dans la plupart de ses grandes fugues. Mais cette particularité de ma partition a inspiré à notre génial agent publicitaire une idée sensationnelle : il fallait que le public croie entendre le bruit de la véritable hélice. Et les responsables espéraient fermement que les auditeurs redouteraient d'être éjectés de leurs sièges par le vent de l'hélice, surtout aux premiers rangs..."

IX

TARTES À LA CRÈME AVEC ACCOMPAGNEMENT

ou Le piano de cinéma

Mais, pour l'essentiel, le cinéma a élevé au rang d'un art légitime les improvisations auxquelles se livrent sur leur piano les braves instituteurs de campagne pour se remettre des fatigues et des tracas du jour.

ERNST BLOCH

Par exemple Willy Sommerfeld, né à Dantzig en 1904, enfant doué pour la musique, trois frères et sœurs. A huit ans, on lui offre un violon et les leçons qui vont avec, dix ans plus tard, il passe son examen de professeur de violon. Mais il aime bien mieux jouer du piano. Et son rêve, c'est de devenir chef d'orchestre, maître de chapelle comme on dit encore à l'époque. C'est pour réaliser ce projet ambitieux qu'il se rend, à l'âge de dix-sept ans, à Berlin. Où il ne peut pas se contenter d'étudier ; il doit jouer pour gagner sa vie, pour ne pas mourir de faim. Il se retrouve, comme nombre de ses semblables, au cinéma. Tous ses condisciples cherchent à travailler dans un cinéma. "Au conservatoire Stern, on ne parlait évidemment que de cela. Où ça ? C'était là ! Tu peux y aller, ils ont quelque chose ! Chaque rue avait son cinéma, imaginez un peu !"

Selon Sommerfeld, les qualités fondamentales du pianiste de cinéma sont une solide mémoire, un répertoire étendu, un don pour l'improvisation et des réflexes rapides. "L'œil perçoit une scène, ça passe dans le cerveau, l'idée de la musique appropriée file dans les doigts, et comme je suis tout petit cela va très vite."

Le film muet est pour le piano une épreuve initiatique importante et tout à fait inédite. Le piano doit fournir à lui seul tous les éléments sensuels, physiques, tangibles que l'action qui se déroule sur l'écran est impuissante à offrir. En regard de la virtualité du nouveau média, le piano est un inébranlable socle de réalité ; Ernst Bloch a tenté de décrire le phénomène : "Quand nous sommes au cinéma, nous en sommes d'abord réduits exclusivement à l'œil. [...] La photographie nous prive de tout ce qui – pression, chaleur, parfum, bruit, immersion sensible – confère d'habitude à la vue des choses son entière réalité. Peau, nez, ouïe, tous les autres sens sont en sommeil, tandis que l'œil est sur-sollicité. [...] Mais la musique de cinéma se charge d'une fonction très particulière : elle prend le relais de tous les autres sens. [...] cet art [est capable] d'endosser toute la diversité de la réalité vécue et d'assumer en quelque sorte le rôle de tous les autres sens, globalement, sans jamais entrer dans le détail."

Disons-le plus simplement : quand les images apprennent à marcher, elles apprennent en même temps à courir. Avec le cinéma muet, tous les mouvements vont se précipiter. Naissance d'un homme artificiellement accéléré. Le cinéma à ses débuts génère une race d'agités. Dont les mouvements de bras sont si nerveux qu'ils en viennent, de façon purement fortuite, à se transformer en coups. Le cinéma muet, c'est un monde saccadé. La malice des objets suffit à remplir une soirée. L'homme ne peut jamais marcher sans trébucher. Une échelle ne peut jamais tenir debout sans tomber, on ne la porte jamais sans heurter de front les autres gens. Les gâteaux ne sont pas faits pour être mangés : le lancer de tartes à la crème est un des premiers sports cinématographiques. Il faut que le public se torde de rire devant ces scènes tordues. Et pourtant, le nouveau média est rien moins que prolétarien : en règle générale, le gag porte l'habit. Ces premiers films ne sont pas tournés, ils sont contournés.

Et l'on exige du piano le même paroxysme parodique. Tandis que les acteurs de ces scènes burlesques se bombardent à coups de tartes et autres objets, le piano bombarde le public des pièces décoratives de son répertoire. Non seulement, comme le dit Ernst Bloch, "Waldteufel, Czibulka et Eilenberg [...] sont envoyés sur le chemin de la *Neuvième Symphonie* et de *Tristan*, si bien que les pièces de salon alignées, disloquées, refondues et recomposées accèdent à leur pitoyable existence", mais tout est permis, tout est bon, tout peut devenir décor sonore.

Pas difficile d'imaginer les airs qui retentissaient inlassablement dans tous les cinémas du pays : la *Marche funèbre* de Chopin, le *Murmure du printemps* de Sinding, la "Chevauchée héroïque" de l'ouverture du *Guillaume Tell* de Rossini, le "Chœur des fiançailles" de *Lohengrin*. "La recherche de morceaux nouveaux et complémentaires s'avérait souvent difficile, surtout dans les petites villes et à la campagne, où les magasins de musique bien fournis étaient rares. Il faut dire aussi que les émoluments du pianiste lui imposaient des limites financières", écrit Karl-Heinz Dettke.

Il arrivait qu'un morceau classique convînt mieux qu'une quelconque romance sirupeuse. Willy Sommerfeld, parlant par expérience, dit qu'il entendait souvent le public glousser et ricaner quand il accompagnait une scène d'amour d'une rengaine bêlante et populaire. Un beau jour, comme il jouait pour lui sur le piano maison un adagio de Beethoven, sa femme avait aussitôt affirmé qu'il devrait jouer ce morceau pendant les scènes scabreuses. Aussitôt dit, aussitôt fait : subjugués par la magie de Beethoven, les spectateurs se tinrent tranquilles ; le silence régnait dans la boutique, suivant l'expression de Sommerfeld.

Certains pianistes, non contents d'avoir de la présence d'esprit quand ils improvisaient, se montraient inventifs, frayant la voie au piano préparé. Lorsque Anthony Burgess, dans son livre *The Piano Players*, décrit un de ces touche-à-tout en pleine action, ce n'est certainement pas pure fiction : "Mon père avait ôté tout le bois du piano, si bien qu'il pouvait frapper directement les touches avec un marteau qu'il avait fauché, ce qui produisait un effet de cloches et de cithare. [...] En matière de cinéma, il était plus qu'un simple pianiste, il était bruiteur. Sa fierté, c'était d'avoir toujours sous la main toutes sortes de petits objets qu'il avait piqués ou pris quelque part, afin, comme il disait, de donner plus de réalité à la chose. Il avait un petit réveil au cas où sur l'écran quelqu'un aurait sonné à la porte. Quand un berger au pâturage jouait de la flûte pour son troupeau, il avait recours à un petit pipeau. Quand il pleuvait, il secouait une boîte à biscuits pleine de pois secs. Une fois, il se procura une tôle d'aluminium pour imiter le tonnerre..."

CHOSTAKOVITCH SE FAIT LA MAIN

Au début des années 1920, "l'homme au piano" de Burgess, Willy Sommerfeld et les centaines d'autres pianistes de cinéma avaient un jeune collègue qui allait devenir célèbre : Dmitri Chostakovitch. Il a quinze ans quand la mort de son père laisse sa famille dans le besoin. Un an plus tard, atteint de tuberculose bronchique et ganglionnaire, il doit interrompre la préparation du concours de piano au conservatoire de Leningrad pour aller se soigner en Crimée. Une fois guéri, il est sans ressources. Il tente de travailler dans un cinéma. Mais, dans le jeune Etat socialiste, même ce travail est soumis à une réglementation très stricte :

"Pour obtenir le poste, je devais passer une épreuve de qualification auprès du syndicat RABIS. Cette épreuve ressemblait fort à ma première visite chez Bruni [professeur d'improvisation]. J'ai dû jouer d'abord une «valse bleue», puis une pièce orientale. [...] Le résultat fut positif, et en novembre je commençai à travailler au cinéma *Le Ruban d'or*. Le travail était très dur, mais comme nous étions deux pianistes je pus me débrouiller pour concilier avec mon service l'assistance à des manifestations musicales et théâtrales. Comme *Le Ruban d'or* ne me régla qu'une seule fois mon salaire au cours de mes deux mois d'activité, je dus le quitter, aller au tribunal pour me faire payer, et chercher un autre gagne-pain."

Ce sont les années de la révolution futuriste ; l'Union soviétique fascine les artistes et les intellectuels du monde entier, et on se donne l'air cosmopolite jusque dans les noms des cinémas. L'étape suivante de l'accompagnateur Chostakovitch s'appelle *Splendid Palace*, mais il n'y reste guère non plus et atterrit en février 1925 au cinéma *Piccadilly*. Le récit de Chostakovitch laisse paraître le surmenage entraîné par cette activité :

"A cette époque, la direction du cinéma décida que les deux pianistes devaient se présenter au début du service et ne partir qu'à la fin de la représentation, après s'être relayés à chaque entracte. Cette sage disposition était dictée par la vie elle-même. L'un des pianistes tomba malade. Il n'y en avait pas d'autres, et cela posa un problème. Cette décision fit que je ne pouvais plus aller au concert ni au théâtre. [...] Mon service au cinéma m'empêchait de créer. Je ne pouvais absolument plus composer..."

Un beau jour, le jeune Chostakovitch, rapporte Victor Chklovski, accomplit une prouesse héroïque. Alors qu'il joue du piano et que le film se déroule, le feu prend au parquet juste sous lui. Au lieu de bondir épouvanté au risque de déclencher la panique, il continue vaillamment à jouer – tout de même pas, on peut le supposer, jusqu'à ce que le cinéma tout entier soit la proie des flammes. Quoi qu'il en soit, son maître Glazounov fait l'éloge de son endurance.

Il est d'ailleurs avéré, d'après les musicologues, que le cinéma lui a enseigné quelque chose et influencé sa technique de composition : "Le déroulement de ses symphonies ressemblait de plus en plus à une suite de scènes, son contrepoint à un montage cinématographique", écrit Gojowy.

L'homme solitaire assis à un piano le plus souvent exécrable placé en biais sous l'écran est un personnage tourmenté, voire pathétique. C'est une espèce de don Quichotte des Temps modernes : avec son vieil instrument, il s'aventure sur le terrain virtuel d'un média qui a ses propres lois. Il lutte avec ses quatre-vingt-huit touches contre la frénésie d'un montage qui impose un rythme nouveau. Le piano et le cinéma muet – en fait, ce n'est pas un partenariat, c'est un paradoxe. Cet instrument domestique bourgeois qui se risque dans une ère nouvelle et technicisée, qui se jette à ses pieds – ce n'est pas seulement de la bizarrerie, c'est de la grandeur.

Quand, vers la fin des années 1920, le cinéma parlant donne le ton, rien qu'en Allemagne quatre mille pianistes se retrouvent au chômage.

X

LE PIANO PAR LA FENÊTRE

ou Glissando pour George Gershwin

J'avais beaucoup de maisons ; mais c'était au piano que je me sentais chez moi.

GEORGE GERSHWIN

"CE GARÇON EST UN GÉNIE !"

Un beau jour de l'année 1910, on livre un piano dans la Deuxième Avenue, dans le quartier juif de New York. La détermination d'une mère a décidé de cet achat, obtenu gain de cause en dépit d'un budget serré : il faut que le fils aîné apprenne enfin à jouer.

Première surprise (qui attend aujourd'hui encore de nombreux déménageurs) : le truc ne veut ni franchir la porte ni monter l'escalier, les transporteurs refusent de se coincer à mort. Il faut, coûteuse plaisanterie, hisser le piano par la fenêtre. A New York, même avant qu'on ait inventé des grues pratiques, tout est possible.

Deuxième surprise : ce n'est pas le fils aîné qui s'empare aussitôt de l'instrument, c'est le plus petit. Le plus grand se souviendra plus tard : "Le piano était à peine entré par la fenêtre dans le salon, que George s'y installait pour jouer une mélodie à la mode. Je me souviens que sa main gauche, surtout, me fit grande impression. Je ne soupçonnais pas qu'il savait jouer. Puis j'ai fini par apprendre que malgré ses patins à roulettes, les fêtes enfantines auxquelles il participait et les virées dans la rue (qui se soldaient parfois par un nez sanguinolent), il avait trouvé le temps de pianoter chez un ami dans la 7e Rue."

Comme la famille resta fidèle au même instrument durant des décennies, on peut bien dire que c'est le piano le plus triomphant du siècle. Ses touches vite jaunies envoyèrent les airs basiques, les standards du siècle, d'abord dans toute la ville, puis dans toute l'Amérique, enfin dans le monde entier. Et il a certainement rapporté plus d'argent que n'importe quel queue de concert ou autre instrument prestigieux. Le petit garçon qui en joue dans le New York de l'année 1910 s'appelle George Gershwin.

Il s'exerce dessus alors qu'il prend des leçons, d'abord chez une certaine Miss Green, puis avec Mr Goldfarb, qui arbore une moustache imposante, joue du piano avec de grands gestes et sert à ses élèves surtout des paraphrases d'opéras. "Au bout de six semaines, j'en étais déjà à l'ouverture de *Guillaume Tell* !" Mais qu'est-ce que Goldfarb auprès de Hambitzer, dont George fait la connaissance à l'automne 1912, Hambitzer, membre du Waldorf-Astoria-Orchester et directeur d'un *Teaching Studio* près de l'université Columbia, Hambitzer, première incarnation de ce succès dont rêvent George et son frère Ira. Et c'est devant ce Hambitzer que l'adolescent est invité à jouer :

"Je me frottai les doigts et me lançai dans l'ouverture de *Guillaume Tell*. Hambitzer ne dit pas un seul mot avant que j'aie terminé. Puis il demanda qui était mon professeur." Et la phrase désormais légendaire de Hambitzer : "Il faudrait retrouver la piste de ce Mr Goldfarb et lui tirer dessus – mais pas avec une pomme sur la tête." Mais il existe de lui des phrases plus intéressantes encore, tel ce jugement qu'il porte bientôt sur son nouvel élève : "Si l'un de mes élèves doit un jour se faire un nom dans la musique, ce sera le nouveau. Ce garçon est un génie, sans aucun doute. Il est fou de musique et peut à peine attendre le début de la leçon. [...] Il voudrait que je lui fasse jouer tous ces trucs nouveaux, le jazz et je ne sais quoi."

Et l'élève est transporté par son maître : "Grâce à Hambitzer, j'ai pris l'habitude d'écouter intensément. J'écoutais sans me laisser distraire, je me plongeais tout entier dans la musique. Puis je rentrais chez moi et je réécoutais tout de mémoire, je m'asseyais au piano et je rejouais les thèmes."

LE *PIANO POUNDER*

Au cours des deux années qui suivent les leçons de Hambitzer, le piano familial ne se fatigue pas beaucoup. Car George a atteint un premier stade de pratique pianistique et joue maintenant sur un instrument placé dans une cabine exiguë des locaux de la maison d'édition Jerome H. Remick & Company dans la 28e Rue ouest. Il a interrompu ses études à la *high school* (avec l'accord de son père ; sa mère, qui veut toujours faire de lui un comptable, est plus réticente) et c'est maintenant ce qu'on appelle en Amérique un *piano pounder*, un tape-touches.

Cette profession qui existe depuis le début du siècle procure au piano commun, à la vulgaire commode à cordes, une énorme recrudescence de popularité, au prix toutefois d'une certaine déchéance : il est devenu un outil, un meuble utilitaire. Le *piano pounder* est le galérien qui rame dans le premier bateau du show-biz, un bateau de rêve construit à la va-vite. Il doit assumer le rôle que joueront bientôt la radio et le disque, plus tard le CD, les cassettes audio et vidéo. Il est devenu un média sonore. Et les sons qu'il transmet, qu'il transporte et supporte, ce sont ces milliers de rengaines qui chaque semaine, activement griffonnées par des croque-notes, rimées par des paroliers, sont ensuite imprimées par des éditeurs comme Remick qui en inondent le marché. L'édition est une loterie : beaucoup de mauvais numéros, mais on gagnera peut-être une fois le gros lot, un *hit*.

Il y a beaucoup de cabines dans les locaux de Mr Remick, et beaucoup d'éditeurs de musique dans la 28e Rue, avec beaucoup plus de cabines encore ; même si toutes les fenêtres étaient fermées, on aurait du dehors l'impression de traverser la classe de piano d'un conservatoire : ça tape et ça frappe, cogne et grogne, cliquette et claquette, ferraille et déraille : le passant croit entendre, non de la musique, mais un concours de rétameurs déchaînés. Si bien que le surnom de la rue s'impose de lui-même : Tin Pan Alley[1]. Mais le sobriquet se transforme bientôt en label, en culte, en légende. Voici bien longtemps que Tin Pan Alley fait partie des mythes musicaux du XXe siècle. Enfer pianistique monté au ciel.

Qu'on se représente la boutique un peu comme un bordel. Dans le magasin de la maison d'édition, les *pounders*, qui s'appellent officiellement *song traders*, "vendeurs de chansons", attendent leurs clients, huit heures par jour. George Gershwin ne garde pas un très bon souvenir de cette époque : "Chaque jour, à neuf heures, j'étais assis au piano et je jouais à tous ceux qui se présentaient les airs en vogue. Des nègres réclamaient que je leur joue *God Send You Back to Me* en sept tonalités différentes. Des choristes venaient, et je sentais leur haleine sur ma nuque. Certains clients me

1. "Avenue des Pots-de-Fer."

traitaient comme de la boue. D'autres étaient absolument charmants."

Et c'était une vraie délivrance de pouvoir quitter ce boulot de galérien, quitter la cabine et se rendre dans des parcs d'attractions comme Coney Island ou Atlantic City pour y présenter les nouveaux succès (sans encore les interpréter sur scène). Mais ces excursions n'étaient parfois que de simples enquêtes : on s'asseyait dans la salle pour débusquer ceux qui joueraient "au noir" les morceaux édités par son employeur.

Dans la Tin Pan Alley, Gershwin n'apprit peut-être pas à "mieux" jouer du piano. Mais il apprit le business, et il apprit ce qu'il ne faut pas faire. Les mélodies débiles, l'accompagnement étique, les rythmes abrutissants – il ne tarda pas à s'en dégoûter, même s'il essayait de dépasser la routine grâce à un jeu personnel.

Chez lui, assis devant le piano du salon, il tentait de lutter par sa musique contre l'inanité des jours. Il faisait des expériences, écrivait des morceaux bien à lui. Quand il joua ses premiers essais à son éditeur, celuici réagit brutalement : "Je vous emploie comme *piano pounder*, pas comme compositeur." Ce fut le signal de la rupture. Gershwin quitta "la cabine étriquée au double sens du terme qu'il occupait chez Remick", écrit Wolfram Schwinger[1].

ÉLABORATION PROGRESSIVE D'UN SUCCÈS

Les premiers émoluments que le simple piano des Gershwin rapporta à son propriétaire furent plutôt modestes. En collaboration avec un parolier nommé Murray

1. Wolfram Schwinger, George Gershwin, Munich/Mayence, 1987.

Roth, Gershwin avait écrit une chanson affublée d'un de ces titres imprononçables en grande vogue à l'époque : *When You Want 'em, You Can't Get 'em, When You've Got 'em, You Don't Want 'em*[1]. L'éditeur Harry von Tilzer, voisin de Remick dans la Tin Pan Alley, l'avait pris sous contrat. "Quelque temps plus tard, se souvient Gershwin, je suis allé voir von Tilzer et je lui ai demandé des nouvelles de mes honoraires. Il a haussé les épaules en me tendant cinq dollars. Il ne m'a jamais rien donné de plus."

C'est seulement trois ans plus tard que le piano se transforma en tirelire à fortune avec *Swanee*, sur des paroles d'Irving Caesar. *Swanee* fit tout d'abord partie d'un show monté le 24 octobre 1919 pour l'inauguration du *Capitol Theater*, le plus grand cinéma de New York. La chanson fit l'ouverture, mais pas très grosse impression. Applaudissements et ventes de partitions furent maigres. Le titre semblait être encore un de ces bides dont George Gershwin était coutumier depuis trois ans. Puis le miracle qu'il attendait se produisit : lors d'une réception en l'honneur du chanteur confirmé Al Jolson, que l'on fêtait comme une star, George fut prié de se mettre au piano et joua sa nouvelle composition – à peu près comme on peut l'entendre encore aujourd'hui sur un disque enregistré en 1921.

Le grand variétiste prit aussitôt feu et flamme, accepta le soir même de faire figurer la chanson dans le show où il se produisait au Winter Garden, et quelques petites semaines plus tard il le sortait en disque. Ce que la revue *Variety* encensa comme "la plus superbe chanson d'Al Jolson" fut en réalité le sésame qui ouvrit

1. "Quand vous les voulez, vous ne pouvez pas les avoir, quand vous les avez, vous ne les voulez pas."

à George Gershwin le monde du succès, de la célébrité, fut le premier indice d'une musique très personnelle qui ne tarderait pas à émerger.

Le *New York Herald Tribune* du 24 janvier 1924 publia à la une un entrefilet, bref, mais qui allait avoir une influence durable sur l'histoire du piano au XXe siècle : "Qu'est-ce que la musique américaine ? Le comité qui décidera de cette question à l'occasion du concert de Paul Whiteman qui aura lieu le 12 février à l'Aeolian Hall compte parmi ses membres Sergueï Rachmaninov, Jascha Heifetz, Efrem Zimbalist et Selma Gluck. Il est présidé par Leonard Liebling, éditeur du *Musical Courier*. George Gershwin est en train de travailler à un concerto jazzique, Irving Berlin écrit un poème musical très syncopé et Victor Herbert compose une suite américaine."

La légende de Gershwin raconte une histoire haletante : le 3 janvier, tard dans la nuit, George est en train de jouer au billard avec un de ses amis du milieu musical, Buddy da Silva, quand son frère Ira fait soudain irruption dans la salle en brandissant une feuille encore fraîche. Et George tombe des nues, parce qu'il a déjà entendu parler à mots couverts du projet, mais sans aucun détail concret, et encore moins de ce délai qui lui laisse à peine six semaines. En si peu de temps, créer une musique américaine jamais entendue, une musique inouïe ! Et aussitôt, il quitte le billard pour son vieux clavier, pose la queue pour saisir un crayon : l'Amérique a besoin d'une musique inédite !

En fait, le concert était préparé de longue date et les participants étaient au moins avertis. A l'origine, Paul Whiteman, chef d'un orchestre de jazz, avait eu l'idée d'organiser un concert qui serait en quelque sorte pour l'Amérique une déclaration d'indépendance musicale, qui devrait d'une part adopter le rythme de la métropole New York, d'autre part se faire l'écho du vaste pays.

QUELLE COULEUR POUR LA RHAPSODIE ?

Quoi qu'il en soit, George Gershwin était censé écrire en six semaines un "concerto jazzique". Mais le vrai problème, ce n'était pas le délai, c'était l'union paradoxale du jazz et du concerto. Qu'est-ce qu'un concerto jazzique ?

"Je n'avais pas de projet arrêté, pas de structure à laquelle devait se plier ma musique. Voyez-vous, la *Rhapsody*, c'était d'abord une intention, pas un plan. J'ai développé quelques thèmes, mais juste à ce moment critique il a fallu que j'aille à Boston pour assister à la première de *Sweet Little Devil*. C'est le train, avec son rythme d'acier, le fracas de ses roues, si souvent stimulant pour un compositeur (j'entends toujours la musique qui est au centre du bruit), qui m'a fait entendre d'un coup la construction entière de la *Rhapsody* – je la voyais même devant moi sur papier réglé –, du début jusqu'à la fin."

Ce que George tentait, c'était effectivement une expérience. A une époque où les musiciens européens essayaient d'intégrer à leurs compositions des éléments tirés du jazz, Gershwin allait donner au jazz une macrostructure "classique". En trois semaines, la première ébauche de sa musique est prête.

Mais elle n'a toujours pas de titre. Car le titre doit, comme la composition, être électrisant ; il faut qu'il soit tout un programme. Ces semaines-là, une exposition des toiles du peintre américain John Whistler a justement lieu à New York ; Ira, le frère de George, la visite. Un tableau intitulé *Nocturne in Blue and Green* le fascine tout particulièrement, et le titre y est pour quelque chose. Si on donnait un titre de ce genre au concerto, *Harmony in Grey and Green* ? Une autre suggestion, *American Rahpsody*, semble vouloir faire oublier Whistler, quand une touche de couleur s'en mêle : *Rhapsody in Blue*. Mais bien sûr, ce n'est plus une touche de pinceau, c'est une atmosphère ; ce n'est plus une couleur, c'est une humeur. Car *blue*, c'est un paysage mental, un univers en soi.

Rhapsody in Blue – c'est un titre très subtil, car il joue avec une foule d'associations, où le bleu choc des expressionnistes, la *Tour des chevaux bleus* de Franz Marc qui avait fait scandale en son temps, ne joue certainement aucun rôle. Mais on peut évoquer l'idée du ciel, de la mer et du *bluegrass* des vastes prairies américaines, peut-être aussi le bleu acier du monde mécanique, ce bleu métallique dont l'écrivain Scott Fitzgerald écrit : "Il aimait l'acier, et dans ses rêves il était environné d'acier, acier liquide, acier en barres, en blocs, en poutres, en masses informes et dociles qui attendaient sa main comme la couleur et la toile…"

Rhapsody in Blue – ce n'est pas le manifeste d'un optimisme triomphant, mais une invocation assombrie, car en américain *blue* est d'abord synonyme de mélancolique, triste, oppressé, déprimé, et *blues* est le substantif correspondant : tristesse, mélancolie, prostration dépressive. Ambiance crépusculaire. *To have the blues*, cela veut dire : se complaire dans sa morosité, trouver la vie invivable. Cette humeur (noire) est à l'origine de la musique fondatrice du jazz : le blues.

Le titre de Gershwin se greffe sur la partition comme une proclamation ambivalente ; il contredit en quelque sorte la voix affairée des rythmes, il jette d'emblée une ombre sur l'apothéose d'une nouvelle musique américaine. Toutefois, l'oreille discerne sans difficulté que la mélancolie intégrée par Gershwin à sa composition n'est pas vraiment celle du blues, mais celle de son ascendance judéo-slave. La partie centrale, lente, est remplie de cette même nostalgie communicative qui a fait du deuxième concerto de Rachmaninov un des succès du XXe siècle. Dans la musique de Gershwin, on perçoit plus la palpitation de l'âme russe que le dynamisme de l'Américain. Mais le morceau n'est pas encore fini, et toutes les personnes concernées sont pressées par le temps. Ferdie Grofé, qui se charge de l'orchestration (parce que Gershwin n'a aucune expérience dans ce domaine), se souvient : "Au cours de ces semaines, je vivais pratiquement avec les Gershwin, car je passais chaque jour chercher les dernières pages du chef-d'œuvre de George. Le piano sur lequel la *Rhapsody* prenait forme se trouvait dans une petite pièce à l'arrière." Nous le retrouvons, ce piano qui voici presque quinze ans fut hissé par la fenêtre, et qui est en train d'écrire une page de l'histoire de la musique.

Un détail, surtout, reste à régler : la toute première entrée, un départ unique en son genre, inouï, un alléluia oblique montant vers le firmament, mince gratte-ciel de musique. Cela aussi, un simple glissando de dix-sept notes, Gershwin le trouve dans un de ses carnets. (Mais soyons sérieux : qui diable s'aviserait de noter un glissando ?) Il est hors de doute que le compositeur a destiné au pianiste cette première fusée incendiaire, mais Grofé confie le solo d'entrée à une clarinette. Est-il possible de le produire avec cet instrument, et, qui plus est, crescendo ? Ross Gorman, premier clarinettiste de Paul Whiteman, est sceptique, essaie, est sur le point de renoncer, réussit au bout de quelques jours.

La création a lieu dans l'après-midi du 12 février 1924. Le programme du concert de l'Aeolian Hall comporte d'abord des arrangements symphoniques de chansons d'Irving Berlin, la *Suite of Serenades* de Victor Herbert et des arrangements de danses diverses. L'ambiance est décrite comme plutôt morne. Puis ce fut la *Rhapsody*. Le chef Paul Whiteman est le premier piégé : "Quelque part vers le milieu de la partition, je me suis mis à pleurer. Quand je suis revenu à moi, j'étais douze pages plus loin, et je ne puis dire jusqu'à aujourd'hui comment j'ai dirigé entre les deux." Et le chef d'orchestre Sergueï Kussewitzky, qui se trouvait dans l'auditoire, s'enthousiasme : "Quand on a entendu Gershwin jouer sa *Rhapsody in Blue*, on n'oubliera jamais cette impression. Son étincelante virtuosité à la fois aérienne et fougueuse, la précision rythmique de son jeu étaient incroyables ; sa parfaite légèreté, son égalité n'avaient pas leurs pareilles ; l'ascendant dynamique qu'il exerçait sur l'orchestre et le public les électrisait."

Le piano américain avait son premier héros, et en plus c'était un jeune homme affable et apparemment heureux. Un ami dit de lui : "Au piano, George était comme un joyeux magicien qui fête le dimanche."

XI

QUAND LES PIANISTES DEVINRENT NOIRS

ou L'insoutenable légèreté du swing

I could no more compose like Brahms than he could beat out the jive in 52nd Street night spot. So let's forget about comparison and leave each man to his trade, huh[1] *?*

DUKE ELLINGTON

1. "Je ne pourrais pas plus composer comme Brahms que lui ne pourrait swinguer dans une boîte sur la 52e Rue.Donc trêve de comparaisons et laissons à chacun son métier, d'accord ?"

NEW YORK, PARADIS DES PIANISTES

Max Weber avait raison, mais il se trompait. Au moment où il affirmait que “le piano est par essence un instrument domestique bourgeois”, ce n’était déjà plus vrai. Tandis que dans son étude sur *Les Bases rationnelles et sociologiques de la musique*, il assignait à l’instrument sa place attitrée dans un intérieur cossu, le piano devenait un sans-abri, parce que c’en était fini de la bourgeoisie, et même de la petite-bourgeoisie. La civilisation nouvelle était celle des employés ; la tendance s’était déplacée “du piano vers la machine à écrire”, comme l’écrit de façon percutante une récente étude sociologique.

Et revoilà un paradoxe pianistique. Le piano enterré par les sociologues européens fête en Amérique sa résurrection, comme il le fit trente ans plus tôt à l’époque du ragtime. Le piano lui-même, faisant fi de toute résignation intellectuelle, envoie promener d’une pichenette les théories poussiéreuses et les sombres prophéties, se dresse d’un bond contre la tradition classique et se démarque même de la routine de la Tin Pan Alley. Vers 1930, le piano est réinventé – c’est le piano jazz, le piano swing.

Ce ne fut pas une naissance facile, et l'ascendance est rien moins qu'évidente à déterminer. Au cours des décennies du ragtime, le piano avait certes joué le rôle principal, il l'avait joué aussi sur les rouleaux du pianola, mais le rag était de la *sheet music*, de la musique notée, tandis que les racines du jazz se trouvaient dans le chant alterné et l'improvisation. Le rag était soliste, le premier jazz (dans la mesure où il venait du gospel et du *ring shout*) une musique de groupe selon le schéma couplet/répons. Ses origines chantées expliquent pourquoi, dans les premières décennies et surtout dans le blues, les instruments à vent menaient le jeu : ils s'inscrivaient dans la continuité des anciens *songs*, avec une intensité nouvelle et des sonorités plus incisives, des triturations stridentes et des cadences inédites, tout ce qu'on appelait le style *hot*.

Et le piano présentait encore un autre handicap : ces premiers ensembles venaient, comme les saints du célèbre spiritual, *marching in* ; ils sillonnaient La Nouvelle-Orléans en emplissant les rues de leur vacarme, attirant les gens sur le pas de leur porte et à la fenêtre. Rien de plus grotesque que l'idée, et *a fortiori* la tentative, de traîner avec eux un piano juché sur un chariot. Le poids de l'instrument suffisait à l'exclure de ces parades exaltées. C'est seulement quand les musiciens eux-mêmes furent devenus sédentaires et eurent quitté La Nouvelle-Orléans pour s'installer à Chicago et à New York dans le quartier de Harlem que le piano fut accepté dans les cercles fermés du jazz – non toutefois comme instrument soliste, mais comme percussion, comme membre de la section rythmique.

Si le piano s'est adapté au jazz, c'est grâce au travail de la main gauche. Elle ne se contentait plus de “faire la pompe” comme dans le ragtime ; l'accompagnement *(humptydump)* perdit sa rigidité pour donner naissance au *piano stride*, qui remplaçait les basses sur les temps pairs par des octaves vigoureuses ou des dixièmes roulées, augmentant l'amplitude du balancement (*stride* signifie en effet "enjambée").

A côté du *piano stride*, on trouvait encore un autre style (ou plutôt une autre sorte de musique) qui faisait la part belle aux basses de l'instrument. C'était l'indestructible boogie-woogie, encore en faveur aujourd'hui. Apparenté au blues, il présente la même structure et lui a servi d'accompagnement. Il oppose au balancement du *stride* une basse roulée, moteur régulier, mais virtuose – l'*ostinato* du boogie. Joachim Ernst Berendt y voit "le rythme primitif de la musique noire" et on le reconnaît encore dans le *rhythm and blues* et dans le soul.

LE PIANO TROMPETTE

Tandis que la main gauche s'associe à la section rythmique, la droite essaie de s'adapter au son des instruments à vent. On voit naître le *horn piano*, qui veut imiter les improvisations du saxophone et de la clarinette, les effets du *hot*, les sonorités dévoyées, les lignes mélodiques baroques. Mais ce style, dont la popularité s'affirme dans les années 1920, montre une fois de plus que le piano n'est pas d'entrée de jeu un véritable instrument jazzique.

Au cours de ces mêmes années, Harlem devient le centre d'un piano jazz à ses débuts, encore balbutiant. Mais le terme "centre" est trop emphatique : en réalité, la musique se joue sur de petites scènes et de petites estrades, dans les clubs et les caboulots, les vestibules et les vestiaires, et souvent dans les maisons privées.

Ce ne sont pas des concerts, mais des *rent parties* et des *cuttin' contests*. Les *rent parties* tirent leur nom de l'argent qu'on demandait aux auditeurs pour payer un loyer le plus souvent en retard, et les *cuttin' contests* poursuivaient la tradition des concours de vitesse des premiers temps du ragtime : les as du clavier jouaient à qui mieux mieux jusqu'à ce que l'un d'entre eux ait viré tous les autres de leur tabouret.

Le plus célèbre pianiste du milieu et de l'époque est Fats Waller (1904-1943). A quinze ans déjà, il jouait de l'orgue de cinéma et accompagnait des chanteuses de blues. C'était aussi un compositeur précoce : ses *Honeysuckle Rose* et *Ain't Misbehavin'* sont de petits morceaux d'immortalité. Waller fut un des premiers jazzmen virtuoses, mais ses dons d'amuseur oblitéraient souvent ses qualités de pianiste.

C'est avec Earl Hines (1905-1983) que le piano jazz commence à s'émanciper vraiment. Les enregistrements qu'il poursuivit jusqu'à un âge avancé retracent en quelque sorte l'histoire sonore du piano jazz. Finalement à l'aise dans presque tous les styles, il n'en conservait pas moins son enjouement spécifique, toujours identifiable. Il avait cependant commencé par le style *horn*, plus exactement le *trumpet style piano*. Son modèle était Louis Armstrong, dont il tentait d'adapter au piano les soli de trompette. De même que, cent ans plus tôt, Robert Schumann et Franz Liszt avaient voulu imiter au piano le timbre du violon, Hines se rapproche du son de la trompette. Mais la nuance sonore n'est pas seule en cause ; il imite aussi les contours de l'improvisation, les lignes vigoureuses, saillantes, brillantes de la trompette. Bien que Hines veuille ainsi se rapprocher des sonorités cuivrées de l'orchestre, il ne tarde pas à devenir un des meilleurs solistes, parce que sa frénésie d'improvisation ne s'épuise pas en plagiat : elle exploite les ressources de son propre instrument avec une légèreté nouvelle, en swinguant.

ELLINGTON, EXPÉRIMENTATEUR ET AMUSEUR

Car la véritable formule magique des années 1930 – et qui n'a rien perdu de sa magie aujourd'hui – c'est le swing. Le swing permet enfin l'émancipation du piano jazz. C'est comme un *stride* qui se serait mis à sauter, l'enjambée qui s'enlève comme sur un trampoline, le rythme élastique qui donne de l'élan aux basses, défi à la pesanteur et à la balourdise, adieu définitif aux cahots du rag et aux roulements du boogie – et pour le pianiste une danse au-dessus des touches. Le swing, même s'il est d'abord la marque des *big bands* et des petites formations en devenir, offre au piano son premier espace de liberté. Certes, l'instrument fait toujours partie de la section rythmique de l'orchestre, mais, au sein de l'arrangement, chacun des instruments se fait entendre en soliste : il joue son chorus, sa cadence. Et le piano n'est désormais plus exclu de ces mini-monologues.

Le nom qui contient tout – swing, *big band*, piano et un équilibre audacieux entre l'expérimentation et la variété – est celui de Duke Ellington (1899-1974). On pourrait l'appeler le jazzman du siècle – et l'une de ses nombreuses biographies s'intitule *Genius of Jazz* –, s'il n'avait pas refusé le mot jazz sa vie durant. Il l'évitait même dans la désignation de ses ensembles : ils s'appelaient Washingtonians, Kentucky Club Orchestra, Cotton Club Orchestra, plus tard tout simplement Duke Ellington and his Orchestra. En 1932, son titre *It Don't*

Mean a Thing if you Ain't Got That Swing[1] consacra et précisa la nouvelle tendance.

Il avait passé sa jeunesse dans la capitale, où son père faisait partie du personnel noir de la Maison-Blanche. Il y fonda son premier ensemble, partit pour New York où il joua à partir de 1927 dans le night-club le plus célèbre, le *Cotton Club*, et se fit entendre de toute l'Amérique grâce avant tout aux émissions radiodiffusées. Dans les années 1930, il partit en tournée à la suite de la radio, sillonnant les Etats-Unis et se montrant un précurseur même dans le domaine logistique, car il louait pour lui et ses (quatorze à seize) musiciens un wagon de chemin de fer qui leur servait à se loger, dormir, manger et répéter. Cet arrangement pratique était d'ailleurs aussi une conséquence de la discrimination raciale. Car si célèbres que fussent ces musiciens, dans les Etats du Sud qui étaient le berceau du jazz, les gens de couleur étaient encore des humains de second ordre. Ils ne trouvaient pas de chambre dans les bons hôtels, et dans la plupart des restaurants on refusait de les servir.

Ellington était le pianiste de son orchestre, mais il disait : "Mon instrument, ce n'est pas le piano ; mon instrument, c'est l'orchestre." Il ne se comportait donc pas comme un chef qui attend avec impatience l'occasion d'éblouir ses troupes en brillant par sa virtuosité. Il faisait du piano un usage minimaliste. Il cultivait une certaine concision instrumentale, se bornant à des interventions brèves, sèches, calculées avec précision, *music on the rocks*. Ses accords ramassés, bourrés d'explosif, n'enflammaient pas seulement le son du *big band* : ils allaient exercer une grande influence sur les pianistes à venir.

1. "Ça vaut rien du tout si tu sais pas swinguer."

Un autre chef rivalise avec lui dans cet usage du piano laconique ou du laconisme pianistique : Count Basie (1904-1984). En 1934, il avait fondé à Kansas City un ensemble qu'il dirigeait du piano : quelques accords de la main droite suffisaient à insuffler un dynamisme puissant ; ces quelques sons éperonnaient l'orchestre, provoquant l'effet paradoxal d'une tension décontractée. Berendt écrit de lui : "Count Basie fut un des pianistes les plus économes de l'histoire du jazz, et sa façon de créer une tension entre des notes souvent très espacées est incomparable." Même ses silences, selon lui, "ne sont pas des silences, mais des moyens d'expression tout aussi importants que chacune des notes qu'il joue". On dirait qu'une étincelle de ce style lapidaire, pointilliste, parvient jusqu'à la musique européenne contemporaine, celle d'un Anton Webern.

Mais dans les années 1930 Ellington et Basie sont des exceptions. Le piano jazz prenait de plus en plus le chemin habituel du piano : il se faisait virtuose, brillant, terriblement véloce. Le piano devenait d'une telle outrecuidance qu'il ne parvenait presque plus à se ressaisir. Il se perfectionna au point que salles de danse et halls d'hôtel n'étaient plus dignes de lui, et qu'il monta sur l'estrade des salles de concert. Le piano swing touchait à sa période Chopin-Liszt.

UN RUBINSTEIN DU JAZZ

Le plus grand de ses virtuoses, pianiste avant d'être jazzman, est Art Tatum (1909-1956). On l'a comparé à Rubinstein et à Cherkassky, et Svjatoslav Richter aurait dit de lui : "Je voudrais pouvoir jouer du piano comme cela." Tatum savait comme nul autre traiter le piano en orchestre.

Art Tatum avait fréquenté une école pour aveugles dans l'Ohio (il était tout à fait aveugle d'un œil et malvoyant de l'autre), et avait appris le violon avant de commencer à jouer du piano à l'âge de treize ans. Peu de temps après, il se produisit en public et à la radio. Accompagnateur de la chanteuse Adelaide Hall, il se rendit en 1932 à New York où il se fit bientôt remarquer à l'*Onyx Club* par sa technique époustouflante et la légèreté de son jeu. Soliste-né, il évitait les *big bands* ; après une tournée en Europe en 1938, il fonda en 1943 son propre trio. Traitant d'Art Tatum, même les dictionnaires se font lyriques : "le plus grand des pianistes de jazz, un virtuose d'une pointure inégalée".

La comparaison de Tatum avec des pianistes classiques vient de ce que son jeu a repris de nombreux traits propres à la virtuosité du romantisme triomphant ; il a été manifestement à l'école des études de Chopin et du pianisme exubérant de Liszt, et rien de ce qui est piano ne lui est étranger, qu'il s'agisse d'enchaînements de tierces, de gammes ou du glissando le plus raffiné. Et pourtant, Art Tatum joue aussi du *piano stride* et, même, il se réclame expressément de Fats Waller : "*Grand old man*. C'est de lui que je viens."

Les puristes reprochent à Tatum d'avoir occasionnellement utilisé des pièces de salon comme modèles, par exemple l'*Elégie* de Massenet et l'*Humoresque* de Dvořák. Mais justement : la paraphrase d'un morceau prêt à servir dans un salon de thé, comme l'*Humoresque*, ne trahit pas (ainsi que le dit Berendt) la proximité du style de Tatum avec ce genre de musique, mais bien au contraire l'envie de lui opposer un démenti pianistique ; quand Tatum, après l'exposition du thème doucereux, se met à improviser, à swinguer, le décor poussiéreux de la composition explose littéralement, le rythme fait danser poupées et bibelots, l'espace musical se fait clair et transparent. C'est non seulement une parfaite démonstration de ce qu'est le swing et de l'élan qu'il donne à l'auditeur – mais on assiste surtout à un changement d'époque. Car même si Tatum emploie de vieux moyens, le résultat est neuf : mélange de plaisir ludique et d'ironie, d'humour et de virtuosité, d'exaltation et d'excitation.

Si Art Tatum s'est dès le début produit seul, la carrière de soliste de Teddy Wilson (1912-1986) s'est construite progressivement. Après des débuts dans un *big band* de Louis Armstrong, il joue à partir de 1935 avec Benny Goodman, d'abord en trio, puis dans son légendaire quartette, et fut ainsi le premier pianiste de couleur à se produire avec une formation blanche. Plus tard, il eut ses propres trios. D'abord fortement influencé par Earl Hines, ses soli ultérieurs donnent à l'auditeur l'impression qu'il a décidé de rivaliser avec Tatum en matière de technique, de décontraction et d'effets virtuoses. La vélocité de son *jeu perlé*[1] frise parfois la précipitation, et rappelle de célèbres poursuites en voiture cinématographiques. Le charme de son swing lui a valu le surnom de *Gentleman of the Keyboard*, “aristocrate du clavier”, mais aussi, selon Berendt, la réputation ironique “que, quarante ans plus tard, un pianiste mondain sur deux donne l'impression qu'on entend Teddy Wilson”.

Mais c'est Oscar Peterson qui, au cours du XXe siècle, a fait parcourir au swing le plus long chemin : excellent accompagnateur (notamment de Louis Armstrong et d'Ella Fitzgerald), pianiste de petites sections

1. En français dans le texte.

rythmiques, et pour finir improvisateur solitaire au piano, ce qui est la forme la plus difficile du piano jazz. Peterson est canadien, né en 1925 à Montréal, donc d'une génération plus jeune que Hines, Tatum et Wilson. A vingt-quatre ans, il démarre une grande carrière au Carnegie Hall, et il passe "pour le pianiste le plus brillant de l'histoire du jazz" après Tatum. Pour ce qui est de la popularité, Oscar Peterson aura bientôt un concurrent de la même génération en la personne d'Erroll Garner (1921-1977). Celui-ci reste fidèle au swing, mais crée un style personnel, déconcertant. Avec ses introductions abruptes, martelées à la manière des clusters, dont la compacité privée d'orientation harmonique présente en quelque sorte la sonorité brute du piano, il ajourne sardoniquement thème et swing pour bander les nerfs des spectateurs avant que l'improvisation se lève sur le clavier telle une aurore. Mais comme s'il devait exploiter le filon que représentent les accords fragmentaires de l'introduction, la main gauche plaque de formidables blocs d'accompagnement sur un rythme égal, régulier, mais aussi légèrement traînant, sans se laisser le moins du monde émouvoir par les improvisations de la main droite. Le *Garner beat* rend ce musicien reconnaissable entre tous ; le plaisir ludique et la bonne humeur qu'il irradie au piano rappellent Fats Waller. "Je veux aujourd'hui encore ce que j'ai toujours voulu. Je ne veux ni élargir votre conscience, ni la changer. Je veux vous faire plaisir."

LE DROIT AU RIRE

C'est peut-être un des traits qui a très tôt distingué le jazz des autres musiques : c'est une musique de l'émancipation, d'abord en cours, puis réussie, enfin évidente ; une musique de la libération qui implique entre autres choses le rire libérateur et libéré. Le jazz fait comprendre que si la musique sérieuse s'appelle ainsi, c'est peut-être aussi parce que ceux qui l'exécutent ont toujours un air terriblement sérieux. Un grand pianiste qui rit au piano, cela ne s'est jamais vu, dans aucune salle de concert au monde. Il y a bien le sourire d'entrée en scène et la mine rayonnante de gratitude et de soulagement après un récital réussi salué par de vifs applaudissements, mais qui a jamais vu un virtuose sourire, ou *a fortiori* rire bruyamment, quand il joue par exemple la première des *Variations sur un thème de Diabelli*, marche dont la hargne est tout à fait injustifiée, ou l'évanescente valse minute de Chopin, ou le tohu-bohu de la "Pause" du *Carnaval* de Schumann, ou la "Sérénade interrompue" des *Préludes* de Debussy ?

Dans cette musique qui ne cesse de se renouveler, il en va tout autrement. Au piano jazz, on peut rire, et même on doit. Le pianiste – comme les autres musiciens – veut s'amuser, et il veut communiquer son plaisir non seulement à ses collègues, mais au public. Et cela est particulièrement vrai pour le swing : sa décontraction, son dynamisme, ses cadences et son extrême vivacité sortent d'un piano qui est là pour le *fun*.

Pas toujours. Bud Powell (1924-1966) fait partie de la même génération que Garner et Peterson, mais son caractère et sa biographie contredisent tout ce qu'on vient de dire de la gaieté du jazz. Après une brillante période au milieu des années 1940, il traîna de longues années, miné par les drogues et l'alcool, de cliniques en maisons de santé, fit de la prison, se sauva à Paris à la fin des années 1950 et mourut à quarante-deux ans d'une pneumonie, dans des circonstances misérables. Sa musique trahit son existence : elle est plus dure, plus déchirée, plus âpre que presque tout ce que l'on pouvait jusqu'alors entendre en fait de piano jazz. Et il ne s'inscrit pas dans la ligne du style orchestral léger et brillant, mais renouvelle le *horn piano*. Son modèle (et son partenaire) sera le saxophoniste Charlie Parker, qui vers 1945 avait créé le be-bop en réaction contre un swing de plus en plus commercial.

L'HOMME AU MANTEAU

En revanche, Thelonious Monk (1917-1982) ne devait jamais faire école. Sa phrase "c'est toujours l'hiver devant le piano" n'explique pas seulement pourquoi il jouait toujours enveloppé dans un manteau bien chaud. Même dans un monde peuplé d'originaux et d'individualistes, de drôles de types aux mœurs relâchées, il faisait figure d'outsider, de cinglé, de fou ; on l'appelait Mad Monk, il fallait le traîner devant le piano, et il s'en servait ensuite de telle façon que non seulement les spectateurs, mais aussi ses partenaires du *Minton's Playhouse* de New York pensaient qu'il ne savait pas du tout jouer. Ce n'était plus du blues ni des accords comme ça, c'étaient des chorus tout en fausses notes ; à l'oreille, on aurait dit un piano bon à jeter. Pas étonnant que ce type se soit rebellé même contre ceux qui se rebellaient contre les *swing sessions* impeccables de Benny Goodman, comme Charlie Parker, Dizzy Gillepsie et Kenny Clark, les précurseurs du be-bop (lequel est, comme "dada", un mot absurde).

En raison de diverses affaires de drogue, Monk fut longtemps interdit de concert à New York, ce qui explique partiellement l'accueil tardif du public ; il commença d'être connu dans les années 1950. Son style abrupt (mais qui ne reniait ni le *stride*, ni le swing), l'abandon des formes et des formules traditionnelles identifiables par les partenaires, l'adieu au système fonctionnel de l'harmonie – tout cela apparaissait aux contemporains spécialistes du jazz comme une musique de zombie, et l'aspect de l'homme lui-même, vêtu de son vieux manteau noir râpé, ne le rendait pas plus engageant.

Thelonious Monk ne jouait pas à proprement parler du piano jazz, mais du *composer's piano*, estime Berendt, et de fait : ce ne sont pas les standards qui dominent chez lui, mais des compositions personnelles qui portent parfois son nom, des morceaux comme *Monk's Dream* ou *Blue Monk*.

Monk ne s'est pas contenté de jouer, il a fait école. Il avait comme nul autre le rayonnement d'un mage, un mage de l'inquiétante étrangeté. Julio Cortázar a donné d'un de ses concerts à Genève un instantané paroxystique, choisissant avec un sûr instinct un moment où il ne joue pas (pendant le chorus du saxophoniste Charles Rouse), mais se promène lourdement au bord du piano :

"[…] et l'ours se lève en titubant, rassasié de miel ou à la recherche d'un coin tapissé de mousse pour accueillir sa grande fatigue, quittant le tabouret, il s'appuie au bord du piano, bat la mesure d'un pied et de la casquette tandis que ses doigts glissent sur l'instrument, d'abord le long des touches, où pourraient se trouver un cendrier et une bière, mais où il n'y a rien d'autre que Steinway & Sons, puis les doigts se lancent sur la caisse de l'instrument dans un safari imperceptible tandis que l'ours se balance, car Rouse et le contrebassiste et le percussionniste sont enlacés dans le mystère de leur trinité, et Thelonious se trouve en plein voyage vertigineux, sans se mouvoir, centimètre par centimètre, en direction de la caisse de résonance, où il ne parviendra pas, on sait qu'il n'y parviendra pas, car pour y parvenir il lui faudrait plus de temps qu'à Philéas Fogg…"

Le voyage autour du piano que Cortázar attribue à Thelonious Monk est l'expédition du piano jazz par excellence : tournant sans cesse autour de lui-même, ne reculant devant aucune aventure, faisant confiance à la présence d'esprit des sons ; mais toujours tout au début, et pas vraiment pressé d'arriver.

XII

LE CRISTAL PIANISTIQUE D'ANTON WEBERN

ou La canonisation du silence

Cette musique n'est audible que pour celui qui la comprend. Les sons arrivent de lointains mystérieux, s'ordonnent imperceptiblement en apparaissant, se cristallisent en quelque sorte et disparaissent.

DIETER SCHNEBEL

Sa musique est d'une perfection cristalline qui ne se révèle qu'à un regard aimant et prolongé.

ERNST KRENEK

Les directions qui semblent s'ordonner dans l'espace ont quelque chose d'un cristal, que renforce encore la rigueur de la construction dans le style tardif de Webern.

GYÖRGY LIGETI

MAIS OÙ EST LE THÈME ?

Au premier regard, on est frappé par la rareté des notes – et par la prédominance des pauses. Rien qu'à l'œil, on a l'impression que c'est moins le jeu qui compte que le non-jeu, que les sons ont été arrachés à l'envoûtement du silence. L'idée s'impose que Webern, avec cette composition, a voulu donner un pendant musical à deux sentences du siècle. A la sommation cinglante de Karl Kraus : "Celui qui a quelque chose à dire, qu'il s'avance et qu'il se taise !", et au commandement de Ludwig Wittgenstein : "Quand on ne peut pas parler d'une chose, il faut s'en taire." La variante webernienne serait : quand les notes sont usées à force de pianotage, elles ne peuvent que cerner le silence. Les silences deviennent chez Webern ce "un temps" énigmatique qui quinze ans plus tard rythmera les pièces de Beckett. "Le silence de la musique se met à bouger. Il y a le silence qui coule paisiblement, qui nous porte, et celui qui nous menace. C'est ce que ressentait Webern. Mais on ne peut plus donner forme au silence. On peut commander à des sons d'accélérer ou de ralentir – face aux silences, c'est impossible, c'est le silence lui-même qui doit décider. C'est pourquoi cette musique ne se révèle qu'aux oreilles attentives."

Celui qui écrit ces lignes en 1952 est un jeune compositeur allemand, Dieter Schnebel. Comme si le silence concentré par Webern dans ce bref morceau s'était déchargé en une explosion, ce musicien de vingt-deux ans écrit une analyse longue et minutieuse, ajoute aux neuf pages de la partition une centaine de pages dactylographiées où la reconnaissance se mêle aux connaissances. Sans oublier sa propre perplexité : "Comme sa musique est d'une richesse et d'une variété inouïes, il a dû concentrer l'irrationnel dans ces signes, ce qui embarrasse fortement quiconque veut les déchiffrer. L'intuition de l'interprète de Webern doit être d'une sensibilité quasi inconcevable…" Et Schnebel met le pianiste en garde contre des difficultés insoupçonnées en dépit du petit nombre de notes : "On exige du pianiste une sonorité sans égale. En aucun cas le son ne doit être sec ou haché. […] Dans la musique de Webern, chaque note contient un univers, son univers est contenu dans chaque son. Ce monde se ferme à la vanité du virtuose."

Mais quelle est la structure musicale de ce cristal pianistique ? Klaus Billing appelle à la rescousse le vocabulaire de la physique nucléaire et parle de "la fission d'une sonorité imaginée en petites unités ponctuelles et de son assemblage moléculaire en structures dépourvues d'émotion et d'expression". Le point de départ, c'est dans le premier mouvement ("très modéré") une série de six notes qui, divisée, conduit "à une longue chaîne de petites cellules refermées sur elles-mêmes, dans lesquelles les deux moitiés des séries sont jouées simultanément en mouvement contraire" (Ernst Krenek). Le canon en écrevisse confère au caractère lyrique sa structure décisive. Le deuxième mouvement ("très vite") est emphatique, avec de grands intervalles, et son "thème" construit sur cinq notes est contrepointé par son renversement. Le mouvement à variations proprement dit ("fluide et tranquille"), le plus long de l'œuvre, repose sur un modèle de quatre notes seulement (qui forme à l'intérieur du thème de onze mesures une sorte de cellule thématique primitive), et cinq variations, qui combinent le lyrisme du premier mouvement avec l'agitation du deuxième, conduisent à un minimalisme sonore sans cesse accru – au processus de cristallisation. "Ainsi, le premier mouvement est composé à partir d'une figure de six notes, le deuxième à partir d'une figure de cinq notes, tandis que la mission du troisième est de réduire un motif ou thème de quatre notes à deux notes et pour finir à une seule."

"C'EST MON CHEF-D'ŒUVRE"

Plus de quarante ans plus tard, en 1979, une lumière nouvelle tombe sur ce morceau cristallin, une lumière qui nimbe son éclat aveuglant, sa dureté de rayon laser, d'une auréole presque romantique, d'un halo d'expressivité. Ce travail contrapuntique resserré à l'extrême, cette canonisation du silence, apparaît soudain comme la concentration ultime de l'expressionnisme. L'arithmétique se révèle extase quand Peter Stadlen, le pianiste qui avait créé le morceau en 1937, édite la partition avec les indications qu'Anton Webern lui avait données oralement pendant les semaines de répétition, et décrit dans des interviews le caractère de ces séances.

Grâce à Stadlen, on sait maintenant à quoi ressemblait ce travail. Le pianiste "se souvient parfaitement de la façon dont il se comportait, s'agitant, chantant, dirigeant ; il ressentait ces quelques notes presque comme un opéra ; il fallait les comprendre pour ainsi dire comme les points de départ et d'arrivée de formidables éruptions mélodiques – ça, c'était Webern. [...] Il réduisait tout à des renversements et à des canons rétrogrades, mais il ne faisait tout cela que pour mieux s'exprimer. L'expression lui importait au moins autant qu'à un romantique ou à un classique."

Anton Webern savait parfaitement ce qu'il avait fait avec ce morceau hyperconcentré : "C'est mon chef-d'œuvre", disait-il à Peter Stadlen. Vers 1950, après la catastrophe mondiale, les *Variations* allaient devenir un des textes clés de l'avant-garde musicale, "être un stimulant et une substance active pour une génération de jeunes compositeurs d'après la Seconde Guerre mondiale". Il était passionnant pour eux que Webern eût étendu le principe de la série schönbergienne à d'autres paramètres – rythme et intensité. Il se montrait ainsi le précurseur d'Olivier Messiaen, qui dans son œuvre fondatrice *Modes de valeur et d'intensité* allait réunir en un concept unique les quatre éléments de la musique – hauteur, durée, attaque, intensité. Mais la brève pièce de Webern contient déjà en germe ce qui, sous le nom de musique sérielle, fera fureur au début des années 1950.

Webern n'eut pas le temps de voir briller son cristal. Il avait péniblement survécu à la guerre ; le 15 septembre 1945, dans son refuge de Mittersill dans la province de Salzbourg, bravant l'interdiction de sortir, il fumait une cigarette devant sa porte quand il fut abattu par un soldat américain.

XIII

LE CLAVIER BIEN PRÉPARÉ

ou John Cage bricole le son

> *Cage est l'esprit combinatoire le plus dément que j'aie rencontré ; il est moins un inventeur – nom qu'on lui donne habituellement – qu'un trouveur ; il possède en outre cette indifférence devant les choses connues et éprouvées qui est nécessaire au chercheur ; en revanche, il lui manque cette imagination sonore inéluctable, le côté visionnaire qui ne vous laisse pas en repos.*
>
> KARLHEINZ STOCKHAUSEN

> *You don't have to call it music, if that expression hurts you*[1].
>
> JOHN CAGE

1. "Vous n'avez pas besoin d'appeler cela de la musique si cette expression vous choque."

"L'AVANT-GARDISTE PAR EXCELLENCE"

Est-il exact que John Cage ait marqué une des coupures les plus importantes dans l'histoire du piano au XXe siècle en étant le premier à utiliser un *prepared piano* pour composer sa *Bacchanale* ? En principe, oui. Seulement ce n'était pas en 1938, comme beaucoup de dictionnaires et d'exégètes de Cage le prétendent encore, mais au printemps 1940 ; le premier à préparer un piano ne fut pas John Cage, mais Henry Cowell, et ce n'était pas n'importe quel instrument, mais un piano à queue.

Nul n'a jamais souligné les mérites de son prédécesseur avec plus d'emphase que John Cage : "Henry Cowell fut le sésame qui m'ouvrit une nouvelle musique américaine, reconnaît-il. [...] Le travail de Henry Cowell avec le *string piano* a précédé mon piano préparé."

String piano, cela veut dire que l'on pince ou gratte directement les cordes. En 1923, Henry Cowell avait été le premier à composer pour l'intérieur de l'instrument avec *Aeolian Harp* : une main appuyait silencieusement sur les touches, tandis que l'autre pinçait les cordes correspondantes tout près des chevilles. Et

Cowell ne s'en était pas tenu à la poignée de main. Dans la pièce instrumentale *Synchrony* (1930) figure un piano dont il faut frapper les cinq cordes les plus graves avec un maillet de gong. Aucun doute donc, les expériences de Cowell représentent le premier pas sur le chemin qui conduit au monde intérieur du piano, et sur lequel le jeune John Cage va s'engager.

John Cage, né le 5 septembre 1912 à Los Angeles, était le fils d'un technicien et inventeur, et il avait manifestement hérité du talent de son père pour le bricolage et l'expérimentation. Ce qu'il a lui-même décrit comme les caractères typiques de l'Américain – "la faculté de rompre facilement avec la tradition, [...] la faculté de s'adapter à l'inattendu, la faculté de faire des expériences" –, cela le caractérise d'abord lui-même. Pour Dieter Schnebel, Cage est "le père de la musique expérimentale moderne", voire "l'avant-gardiste par excellence".

Son tempérament fureteur ne le porta pas tout de suite vers la musique. S'il prend très tôt des leçons de piano, il s'intéresse à beaucoup de choses. Il écrit des poèmes, peint, se passionne pour l'architecture. En 1930, il va à Paris, fait des études d'architecte, apprend le piano avec Lazare Lévy, joue Bach, Scriabine, Hindemith, Stravinski. Visite l'Europe, notamment Berlin (où, dix ans plus tôt, Henry Cowell avait étudié la musique extrême-orientale).

De retour en Amérique, il travaille d'abord avec Richard Buhlig, puis, à partir de 1933, avec Henry Cowell à New York, où il étudie en même temps l'harmonie et le contrepoint avec Adolphe Weiss pour se préparer à suivre, comme le lui a recommandé Henry Cowell, les leçons que Schönberg acceptera de donner gratuitement à l'étudiant désargenté. La condition posée par Schönberg pour renoncer à ses honoraires : Cage doit lui promettre “de consacrer sa vie à la musique”. John Cage est fasciné par Schönberg, “moins pour des questions de goût qu’à cause de sa façon de composer avec douze notes, ou, c’est comme cela que je le comprends, à cause de l’égale valeur des douze notes dont aucune n’a plus d’importance que les autres”. Ce mode de composition devait convenir à la nature d’un musicien qui, comme Cage l’avoue, n’avait pas le sens de l’harmonie – *no feeling for harmony*.

A l’University of California de Los Angeles, où Schönberg occupait une chaire à l’époque, Cage trouve un travail comme accompagnateur d’une troupe de danse moderne, apprend la reliure, fonde avec d’autres relieurs un quartette de percussions et écrit une musique de film pour le metteur en scène d’avant-garde Fischinger, dont la théorie selon laquelle “le son est l’âme d’un objet inanimé” exercera une influence décisive sur la pensée musicale de Cage.

A la fin des années 1930, il se rend à Seattle, où il est engagé comme compositeur et accompagnateur de la classe de danse de Bonnie Bird à la Cornish School. C’est pour cette troupe et pour un numéro de la danseuse noire Syvilla Fort qu’il écrit sa *Bacchanale*. S’il se décide à adjoindre au piano des matériaux variés, c’est moins pour le “préparer” qu’en raison du manque de place. “La nécessité de modifier la sonorité de l’instrument venait du désir d’obtenir un accompagnement sans utiliser de percussions”, écrit le compositeur. Pour la tournée prévue, il fallait économiser sur le matériel et sur le personnel.

Dix ans durant, cette solution de fortune sera l'idée fixe de John Cage, un mode de composition qu'il perfectionnera sans cesse. En 1943, il compose, cette fois sous l'influence de la pensée orientale, ses *Amores*, dont les premier et quatrième mouvements sont écrits pour piano préparé. Quand le morceau est créé au Museum of Modern Art avec d'autres pièces d'avant-garde, la réputation de John Cage est faite : il est *the most active percussion musician in the US* – le percussionniste le plus remuant des USA.

C'est aussi la tradition indienne qui constitue l'arrière-plan affectif et expressif de la plus importante de ses œuvres pour piano préparé, les *Sonates et Interludes*. Cette fois, Cage vise un spectre émotionnel plus étendu encore. Sa musique veut exprimer "les «émotions permanentes» de la tradition indienne : héroïsme, érotisme, joie, angoisse, crainte, colère, dégoût, et leur but commun qui est le silence".

Pour aucun de ses autres morceaux, Cage n'a fourni d'instructions aussi abondantes, diverses et détaillées. La préparation destinée aux cordes correspondant à quarante-cinq notes demande environ trois heures. La première recommandation, non dénuée d'ironie, de John Cage, c'est de procéder avec ordre : il faut commencer par se procurer quarante-cinq enveloppes pour y placer les divers objets destinés à la préparation, deux règles de six et huit pouces, une clé à accorder ou un tournevis et, pour finir, un queue de concert Steinway. Au cours de la préparation, il faut veiller à ce que les écrous ne soient pas en contact avec les cordes voisines, et éviter les grondements parasites que pourraient causer les vis.

Les parties métalliques, vis et chevilles (dont les spires sont plus serrées et moins profilées) sont placées entre les cordes : dans les chœurs de trois cordes de la partie médiane, on les glisse, selon les instructions du compositeur, soit entre les deux premières cordes, soit entre les deux dernières ; dans les chœurs de deux cordes, elles trouvent place entre les deux. La longueur des pièces peut aller de un à quatre centimètres, mais devrait être calculée de façon que celles-ci ne touchent pas la table d'harmonie. Quand Cage prescrit l'usage d'écrous, il ne faut pas les visser, mais les laisser jouer librement sur les cordes, dont la vibration doit en quelque sorte les faire danser. Les pièces de monnaie sont utilisées exclusivement pour les chœurs triples, posées sur la corde médiane et coincées sous ses deux voisines.

D'autres matériaux sont les *rubbers* (bracelets élastiques) et les *rubber wedges* (coins de caoutchouc) ; ces derniers sont utilisés aussi par les accordeurs pour immobiliser les cordes latérales. Il y a aussi des pièces de bois, tout simplement désignées par *wood*, par *bamboo* (bambou) ou *slit bamboo* (bambou fendu). On trouve parfois une combinaison de deux matériaux qu'il faut alors placer à deux endroits différents d'une corde, ou sur deux cordes différentes d'un chœur. Il est rare que Cage utilise deux accessoires au même endroit : "S'il s'agit d'une vis ou d'une cheville et d'un matériau élastique comme du caoutchouc ou du feutre, il faut envelopper le métal avant de le placer dans les cordes."

Sur les photographies du piano préparé, on distingue, outre les pièces mentionnées, des cuillers en plastique. Le tout fait penser à une fabuleuse vitrine pour marchand d'outillage, à une petite forêt d'ustensiles, aux noces de la boîte à outils avec un instrument de musique.

Essayons de préparer chez nous l'exécution de la *Bacchanale*. Ce morceau se prête plus que d'autres à une expérience domestique, parce qu'il ne comporte que douze notes – qu'il faut, il est vrai, toutes modifier. Cette dodécaphonie est d'une part un hommage à Schönberg, mais d'autre part aussi une façon de s'émanciper, parce que Cage ne travaille pas seulement sur les notes, mais sur les sons et les bruits, et parce que la série ne joue plus aucun rôle structurant.

Cette tentative de préparation nous confronte à un matériau énigmatique : le *weather-stripping*, qui joue un rôle important dans toutes les compositions du jeune Cage. Le dictionnaire traduit *weather-stripping* par "joint d'étanchéité". De nos jours, les joints d'étanchéité sont le plus souvent en mousse ou en plastique, mais ce ne pouvait être le cas en 1940, époque où ces produits synthétiques n'existaient pas encore. Cage le décrivant comme un matériau fibreux, il pensait sans doute à une bande de feutre. Il n'est pas difficile de s'en procurer une, et nous pouvons nous mettre à l'œuvre d'un cœur d'autant plus léger que ce type de préparation n'abîme pas l'instrument.

Nous commençons par une pièce métallique pour la note la plus aiguë, le *fa*^{4}, en vissant une petite cheville entre la deuxième et la troisième corde à environ six centimètres des étouffoirs. Nous descendons alors d'une quarte pour glisser une première bande de feutre entre la première et la deuxième corde du *do*^{4}. Le *si* bémol^4 (seconde majeure descendante) demande du doigté : il faut coincer entre la première et la deuxième corde une vis sur laquelle joue un écrou, et un peu plus loin une bande de feutre entre la première et la deuxième.

Toutes les autres notes jusqu'au *la*^{1} sont munies, entre la première et la deuxième corde, de feutres dont le pianiste doit lui-même déterminer la place par tâtonnements.

L'impression que produisent sur l'oreille les notes ainsi préparées est difficile à décrire. Empruntons-la une fois de plus à Monika Fürst-Heidtmann : "La préparation à l'aide de feutres provoque deux résultats selon l'intensité : entre le *f* et le *fff* le timbre du piano et la hauteur notée sont largement inchangés ; le son est simplement plus étouffé et légèrement modifié. En revanche, entre le *p* et le *ppp*, on entend divers «sons de tambours» dont la hauteur ne peut être déterminée qu'approximativement. Leur couleur sonore change avec le registre. [...] Les chevilles produisent un son creux, qui évoque un gong. [...] La double préparation avec écrous engendre un bruit de ferraille environ une quinte plus haut que le son noté, et qui rappelle un peu le tambour de basque. Tous les timbres font un effet de percussions."

Il est intéressant d'apprendre que la première partie du morceau, rapide, avec ses indications de forte et de fortissimo, jouée exclusivement sur les cordes feutrées, produit malgré l'intensité une impression très assourdie, celle d'un morceau de piano sur pattes de velours. Il en va tout autrement de la deuxième partie, qui prescrit un pianissimo extrême *(ppp)* et un mouvement très lent : le timbre du piano se métamorphose ici en accompagnement de tambour et de gong, où se détache la stridence métallique de l'unique écrou (sur le *si* bémol^3 doublement préparé). Une troisième partie reprend le tempo rapide et le balancement *ostinato* de la figure d'accompagnement. Monika Fürst-Heidtmann voit dans la *Bacchanale* moins la percée vers une musique nouvelle que l'épigone d'œuvres percussives antérieures. Cette œuvre lui rappelle Bartók, Stravinski, Edgar Varèse et, plus généralement, "le style motoriste des années 1920 et 1930".

Mais, avec le recul, on voit qu'il y a plus important que la préparation du piano (qui reste accrochée à la réputation du compositeur comme une couronne de lauriers qui se serait transformée en boulet) : la façon dont John Cage allait bientôt intervenir dans le monde musical, bousculant (le plus souvent avec un sourire) l'auréole du compositeur, une conception de l'œuvre héritée de l'époque classique, la gravité du créateur, la liturgie du processus créatif lui-même. Dix bonnes années après la *Bacchanale*, il allait tomber comme la foudre dans l'ensemble de règles et de séries qui codifiaient la musique occidentale, en parvenant "à s'émanciper de ses propres intentions et de sa volonté propre", prouvant ainsi, selon le jugement de Heinz-Klaus Metzger, "que le règne méthodique du hasard peut créer un niveau d'innovation infiniment plus élevé et des phénomènes esthétiques beaucoup plus complexes qu'une composition «ordonnée», si ingénieuse fût-elle".

Mais, là encore, Cage reste fidèle au piano : dans sa *Music of Changes*, dans ses pièces pour piano total de 1954 et dans son *Concerto pour piano et orchestre* des années 1957-1958. Et c'est lui aussi l'auteur de la première composition qui gratifie le piano d'un point d'orgue parfait. Le 29 août 1952, David Tudor exécute sa *silent piece 4'33"*, un morceau sans notes. Le début du mouvement était marqué par l'ouverture du couvercle, la fin par sa fermeture. Vers le milieu du siècle, John Cage avait, pour cinq petites minutes, préparé le piano à se taire.

Mais bien que le piano préparé de John Cage ait fait sensation dans le monde musical, bien qu'il ait à la fois inspiré et choqué une nouvelle génération de jeunes compositeurs européens après la Seconde Guerre mondiale, l'idée de transformer le piano en instrument à tout faire n'était pas nouvelle. Il est singulier qu'aucune des études publiées sur Cage ne mentionne que cent cinquante ans avant lui, au début du XIXe siècle, des instruments furent préparés en vue d'en obtenir les sons les plus variés. Seulement, à l'époque, on n'intervenait pas directement sur les touches pour y coincer des outils : on ajoutait au piano des pédales qui produisaient des sonorités de triangle et de cymbales, frappaient des cloches, des bassins et toutes sortes de tambours. La table d'harmonie faisait office de grosse caisse. Toute cette quincaillerie servait à imiter la musique des janissaires à l'époque où la mode était aux turqueries.

Epilogue : le piano préparé était inventé depuis toujours.

XIV

LE PIANO DANS L'ANTICHAMBRE DE L'ENFER

ou Musique et "fin du temps"

J'ai chez moi un piano tout bleu
Et ne sais lire la musique.

Debout dans l'ombre de la cave
Car le monde est peuplé de brutes.

Il joue à quatre mains d'étoiles
– la lune chantait dans la barque –
Les rats dansent au son des touches.

Il est en pièces, le clavier…
Et je pleure la morte bleue.

Anges aimés ô ouvrez-moi
– car j'ai mangé le pain amer –
Vivante la porte des cieux
Fût-ce en bravant les interdits.

ELSE LASKER-SCHÜLER,
Mon piano bleu.

MESSIAEN AU STALAG VIII A

Le *Quatuor pour la fin du temps*, écrit en captivité, fut créé le 15 janvier 1941 au stalag VIII A de Görlitz, par Jean Le Boulaire (violon), Henri Akoka (clarinette), Etienne Pasquier (violoncelle) et le compositeur au piano.

Voici pratiquement le seul renseignement qu'Olivier Messiaen ait fourni lui-même sur les conditions les plus étranges dans lesquelles fut jamais créée œuvre musicale au XXe siècle. Il s'est par la suite toujours refusé à donner dans des interviews des précisions sur cette situation, et il n'en a presque jamais parlé dans le privé. Lorsque, dix ans plus tard, il retrouve des compagnons de captivité, il évacue les années passées au camp en les traitant d'"épisode fâcheux". La seule chose qu'il ait livrée à la postérité, c'est qu'il y avait ce soir-là quatre mille auditeurs et que le violoncelliste n'avait que trois cordes à son instrument. Nous retraçons l'histoire, car il est probable que jamais piano en détresse ne connut apothéose si durable et si lourde de conséquences.

Un piano dans un camp de prisonniers, dans des conditions misérables, en pleine guerre, en pleine terreur

– cette situation d'exception fut une de mes premières visions quand je projetai ce livre. Y compris la question : comment cela se passe-t-il concrètement ? La présence de l'instrument annonce-t-elle déjà la fin de l'alerte, est-ce un symptôme de civilisation ? Puisqu'on avait un piano et la possibilité de s'en servir pour composer et faire de la musique, les conditions étaient-elles plutôt moins dures que ne le fait craindre l'abréviation stalag ? A quoi ressemblait le stalag VIII A, le camp de prisonniers de Görlitz ? Quelles étaient les conditions de vie, de survie, pour qu'une œuvre y naisse qui ferait date dans l'histoire de la composition au XXe siècle ? Comment pouvait-on y trouver l'espace de liberté nécessaire à la composition, et l'espace nécessaire à l'exécution d'un quatuor ambitieux, difficile, aux thèmes provocateurs ?

Et voici qu'apparut une bonne fée, l'écrivain Hannelore Lauerwald, qui vit à Görlitz ; durant de longues années, elle s'est livrée à un minutieux travail de recherche dont elle a publié les résultats dans deux articles : un rapport sur les conditions de vie au camp et une interview que le violoncelliste de la première audition, Etienne Pasquier, eut le temps de donner peu avant sa mort survenue en 1997.

En 1939, à l'âge de trente et un ans, Olivier Messiaen est mobilisé. Il n'est plus tout à fait inconnu : musicien récompensé par de nombreux prix, organiste virtuose de la Sainte-Trinité de Paris, élève de Paul Dukas et fondateur du groupe "Jeune France" (avec Yves Baudrier, André Jolivet et Daniel-Lesur), il a déjà fait parler de lui grâce à une série de compositions dont les huit *Préludes* (1929), la *Fantaisie burlesque en fa* et un hommage à son maître, la *Pièce pour le tombeau de Paul Dukas* (1935). La mobilisation l'arrache au poste qu'il occupait à l'Ecole normale de musique.

Lorsque les troupes allemandes entrent en France en mai 1940, Messiaen, simple soldat, est enrôlé comme ambulancier. Le 23 juin, deux jours avant l'entrée en vigueur de l'armistice, la compagnie à laquelle il appartient est encerclée à Verdun. Une marche épuisante conduit les prisonniers à Nancy où ils sont retenus dans une cour de caserne. Messiaen fauche un vélo et tente de s'enfuir, mais il est rattrapé dans une forêt voisine par une patrouille allemande et emmené dans un autre camp de trois mille prisonniers.

Parmi les objets personnels que contient la musette de Messiaen se trouvent quelques partitions de poche : les *Concertos brandebourgeois* de Bach, les *Noces* de Stravinski et la *Suite lyrique* d'Alban Berg. C'est dès ce camp de transit (et non à Görlitz, comme le veut la version jusqu'ici admise) qu'il rencontre deux des musiciens qui tiendront plus tard leur partie dans le quatuor : Etienne Pasquier et Henri Akoka. Et pour Akoka, qui a manifestement sa clarinette avec lui, Messiaen compose un morceau qui contient en germe un trio ultérieur, l'intermezzo de la *Fin du temps*.

APOCALYPSE AU CAMP

Au cours de l'été 1940, les prisonniers français traversent l'Allemagne pour être transférés à Görlitz. Sur un terrain de cinq hectares, ancien champ de manœuvres, s'alignent environ cinquante baraquements dans lesquels s'entassent par moments plus de vingt mille prisonniers, dont la plupart travaillent à proximité dans l'agriculture, les mines, l'artisanat et l'industrie. Environ sept cents sont employés dans le camp lui-même : à l'infirmerie, la cuisine, la cantine, la laverie et d'autres services. Olivier Messiaen est envoyé dans une des deux infirmeries, dont le personnel, médecins compris, se compose entièrement de prisonniers français et belges. Seul le commandant est un médecin militaire allemand.

Le bruit semble se répandre bientôt que Messiaen est artiste, compositeur, musicien connu en France. Un capitaine allemand lui procure crayons et papier réglé ; il peut désormais composer à ses moments de liberté. Mais où ? Chaque demi-baraque est occupée par environ deux cents prisonniers. La seule retraite possible, c'est la couchette du lit à trois étages. Mais, d'après le récit de Pasquier, le compositeur était aussi autorisé à se retirer dans un coin de la baraque qui servait d'église pour y travailler sans être dérangé.

On n'avait pas attendu l'arrivée de Messiaen au camp pour y organiser des activités culturelles. Les premiers prisonniers, arrivés à l'automne 1939, étaient des soldats polonais qui s'étaient organisés en petits groupes pour offrir, sous une forme ou une autre, des distractions à leurs compagnons. Cette forme de "vie culturelle" bénéficia, en été et à l'automne 1940, du renfort de nombreux soldats belges et français : le commandement du camp mit la baraque 27 comme théâtre à la disposition des prisonniers ; les lits furent remplacés par des bancs de bois, les sanitaires transformés en scène, et une pièce plus petite servait d'atelier et de remise pour les décors.

L'entreprise inouïe que représente le *Quatuor pour la fin du temps* est donc replacée dans un contexte qui la rend plausible ; ce n'est pas l'incursion isolée d'une culture supérieure dans un environnement barbare. De plus, l'exécution de cette musique ambitieuse avait été préparée par des conférences prononcées par Messiaen devant ses compagnons de captivité.

Mais quand le piano entra-t-il en jeu ? Depuis quand y avait-il un piano dans le camp ? Etienne Pasquier rapporte qu'on l'avait fait venir tout exprès pour Messiaen, une casserole au demeurant, "dont les touches accrochaient". Est-ce le quatuor de Messiaen qui l'a fait venir, le compositeur a-t-il ajouté une partie de piano pour se procurer un instrument ? Ou bien l'inverse : a-t-il enrichi le trio initial, celui de l'intermezzo, parce que le piano s'est trouvé là brusquement ? (Il n'en aurait pas eu besoin pour composer.) Quoi qu'il en soit – voici qu'un piano se dresse sur la petite scène rudimentaire de la baraque 27.

Pasquier fut autorisé à aller chercher lui-même son violoncelle. Il obtint la permission de quitter le camp sous la garde d'un soldat pour choisir et acheter un instrument chez un luthier de Görlitz. Il le paya avec l'argent réuni par les prisonniers. Pasquier contredit du reste formellement une des légendes qui enjolivent le récit de la première audition : il n'a pas dû jouer sur trois cordes.

La durée des répétitions et l'aura dont se trouvait ainsi nimbée l'œuvre composée au camp avaient éveillé l'intérêt des prisonniers. Il semble que beaucoup aient voulu assister au concert, même ceux à qui la musique moderne ne disait rien, même ceux qui n'avaient pas la moindre idée de ce qui les attendait. La critique parle de quatre mille spectateurs. Mais Pasquier a également rectifié ce point : "L'attente des prisonniers était grande. Tous voulaient venir nous entendre, ainsi que les officiers du camp. Ils étaient assis au premier rang. Toutes les places étaient occupées, environ quatre cents, et les auditeurs étaient très attentifs, très recueillis, y compris ceux qui entendaient de la musique de chambre peut-être pour la première fois de leur vie. C'était prodigieux..."

Au dos du programme dessiné au crayon noir et rouge, Olivier Messiaen a écrit des remerciements pour chacun de ses collaborateurs. La dédicace au violoncelliste le remercie d'avoir apporté à son interprétation une telle foi assortie d'une telle perfection technique, que l'auditeur aurait pu croire qu'il avait joué toute sa vie ce genre de musique.

Ce genre de musique : son exécution au stalag reste un miracle d'autant plus grand que l'œuvre relevait non seulement d'un art avancé (donc "décadent" dans l'esprit borné des nazis), mais qu'elle présentait une quantité d'associations subversives, qu'il s'agissait d'une protestation immanente et permanente. Le *Quatuor pour la fin du temps* doit son titre à l'Apocalypse de saint Jean, où on peut lire au sixième verset du chapitre X : "Il n'y aura plus de temps."

A l'époque où il était prisonnier, Olivier Messiaen ne pouvait pas encore connaître la dimension apocalyptique de la tuerie, de l'inconcevable génocide – tout au plus pouvait-il la soupçonner. Mais avec son intuition d'artiste il a déjà exprimé dans sa musique l'épouvante de l'homme au sein de cet enfer, de cette mécanique de la haine. Peut-être a-t-il promis plus de consolation, introduit dans sa composition plus de beauté, plus de voix angéliques, qu'il n'était convenable au regard d'une telle horreur. Mais à la fin du temps, sur un piano déglingué, il se peut que l'élégance l'emporte sur la vaillance.

LE PIANO SALVATEUR

Theresienstadt, camp de concentration dans une ancienne forteresse. Parmi des dizaines de milliers de détenus se trouve la pianiste tchèque Editha Steinerova-Krausova. Elle fait partie de ces nombreux artistes et musiciens internés ici après 1941. Elle est menacée du sort que tous redoutent, et qu'auront subi avant la libération du 8 mai 1945 presque quatre-vingt-dix mille prisonniers : la déportation, la mort dans les chambres à gaz d'Auschwitz.

Editha Steinerova-Krausova est pianiste de concert. Durant les mois d'internement, elle travaillait comme les autres, dix heures par jour ; elle était employée dans une usine de mica qui produisait pour l'armement. Mais, le soir, elle avait la possibilité de jouer une heure sur un piano à queue sans pieds posé sur des caisses. "Le vieux meuble n'était pas beau à voir ; le vernis était écaillé, le bois abîmé. Mais après que l'accordeur (Rudolf ? Jiři ?) Pick l'eut remis en état de marche, on put voir ce qu'il valait vraiment", écrit Milan Kuna dans son livre intitulé *Musique à la frontière de la mort*.

La Steinerova ne s'était pas vantée d'être une pianiste professionnelle, mais elle le fit sous la pression du danger. Elle pria les juifs membres du conseil des anciens de l'accueillir dans leur programme d'"organisation des loisirs" : elle voulait donner un récital pour les prisonniers. L'instrument et ses caisses furent transportés dans ce qu'on appelait la caserne de Magdebourg, où elle joua un programme composé d'œuvres de Bach, de Chopin et de Mozart. Cela lui sauva la vie, et pas seulement dans l'immédiat. Elle faisait désormais partie de ces détenus qui étaient "détachés" pour servir à la distraction des autres. Ce n'était pas la libération, mais Editha Steinerova-Krausova put survivre au camp.

Même à Auschwitz, raconte Tadeusz Borowski, écrivain polonais prématurément disparu, il y avait des pianos, sur lesquels les prisonniers devaient joueur pour les SS. Mais, entre tous les camps de concentration, Theresienstadt avait une place particulière. Si Auschwitz était l'enfer, Theresienstadt en était l'antichambre. Vers la fin de 1941, la ville fortifiée avait d'abord été aménagée en une sorte de ghetto pour les juifs du protectorat de Bohême et de Moravie, et d'abord pour recevoir un petit nombre de gens sévèrement surveillés. Il était interdit de pratiquer la musique et de posséder des instruments. Lorsque l'été suivant le camp commença à se remplir de plus en plus et à prendre le caractère manifestement funeste d'une étape sur le chemin de la mort, les SS encouragèrent, pour détourner l'attention des détenus, l'"organisation des loisirs" par les prisonniers juifs, au nombre desquels le rabbin Erich Weiner. Les spectacles qui en résultèrent servaient d'une part à distraire les captifs et à leur faire oublier leurs angoisses, mais, d'autre part, ils étaient autant de variations sur cette "fin du temps" que tout le monde, au camp, attendait.

En 1943, Theresienstadt commença à se transformer en espèce de village *Potemkine*. Pendant presque neuf mois, les "transports" cessèrent et la propagande nazie ne parla plus de ghetto mais d'"asile de vieillards" destiné aux juifs. C'est surtout au cours de cette période que de nombreuses personnalités tchèques et slovaques y furent envoyées, dont beaucoup de musiciens connus. On autorisa non seulement la création d'un orchestre et de plusieurs formations de chambre, mais aussi des représentations d'opéra (sous la direction de Rafael Schächter) : *La Fiancée vendue* et *Le Baiser* de Smetana, et jusqu'aux *Noces de Figaro* de Mozart. *Brundibar*, opéra pour enfants de Hans Krásas, fut mis au programme et joué plusieurs fois.

Tous ces concerts, toutes ces soirées de variétés et autres conférences de Theresienstadt sont des numéros d'équilibre entre horreur et plaisir, entre souci d'éducation et panique. La musique est dans la situation de Schéhérazade : tant qu'elle joue, les auditeurs ont l'impression d'être à l'abri, les exécutants ont l'illusion de gagner du temps. La musique est promesse et mensonge, assurance et camouflage. La musique donne de l'espoir à ceux qui ont perdu l'esprit. La musique fait partie de cette fugue mortelle que Paul Celan a arrachée à la barbarie. Tous les artistes qui présentent des œuvres classiques ou jouent leurs propres compositions obéissent – et ils le savent – à cette voix meurtrière qui appelle

… jouez plus doux la mort la mort est un seigneur d'Allemagne
qui dit caressez plus sombre les violons et vous monterez fumée au ciel
vous aurez une tombe dans les nuages on y a de la place.

Chacun de ceux qui se produit ici ne joue pas seulement pour les auditeurs, il joue pour sauver sa vie. Chacun, chacune n'éprouve pas seulement le trac ordinaire du virtuose, mais la panique existentielle de n'être pas à la hauteur, d'être rayé du programme artistique et déporté d'autant plus tôt. Et chaque performance comporte un risque double : parce que toute la journée on a accompli un travail qui paralyse les mains, alourdit les doigts, que la nourriture est une catastrophe.

L'été 1944 marque un nouveau progrès dans la situation macabre du premier cercle de l'enfer. D'une part, les transports continuent de plus belle jusqu'au 17 octobre 1944 – nul ne pouvait plus se croire en sûreté –, d'autre part la vieille forteresse est déguisée en espèce de camp vitrine : les SS donnèrent, grâce à une habile mise en scène, l'impression qu'on s'y sentait bien, on peignit les façades, on planta des potagers, les jeunes filles durent se mettre à chanter des chansons populaires, quelques logements furent réaménagés – car on attendait les inspecteurs de la Croix-Rouge internationale. Ils vinrent le 23 juin et se laissèrent abuser par les artifices du commandement. Sur quoi la Gestapo et les SS poussèrent encore plus loin la plaisanterie, en faisant tourner au metteur en scène emprisonné Kurt Gerron un film intitulé *Le Führer offre une ville aux juifs*. Le tournage n'était rien d'autre qu'un cynique délai de grâce. Les scènes idylliques à peine tournées, presque tous les participants étaient déportés à Auschwitz.

XV

GRANDS MOTS – SONORITÉS NOUVELLES

ou Provocations en province

La forme actuelle de toute utopie artistique, c'est de faire des choses sans savoir ce qu'elles sont.

THEODOR W. ADORNO

On peut donc dire qu'au milieu du XXe *siècle la grande boucle romantique, qui avait montré tant de déformations extrêmes, paraissait enfin refermée. On levait à nouveau les yeux vers les étoiles, on se mettait activement à mesurer et à compter.*

KARLHEINZ STOCKHAUSEN

OPÉRATION TABLE RASE

Au début était le courage civique. Darmstadt, mai 1945. Dans les derniers jours de la guerre, un homme se dirige vers la petite troupe de police qui, derrière une barricade de chars hâtivement dressée à une sortie de la ville, est censée défendre jusqu'au bout le royaume de mille ans, et dit aux combattants qu'ils feraient mieux de laisser tomber, de jeter leurs armes et de rentrer chez eux. Et comme si le chef du commando suicide n'avait attendu que ces mots, il commande la relève et laisse partir ses hommes. A cet endroit, près d'une maison de banlieue de Darmstadt, la raison remportait la victoire avant les Américains.

De Darmstadt, d'ailleurs, il ne restait plus rien. Et l'homme qui avait renvoyé les défenseurs chez eux en devint le maire : Ludwig Metzger.

Comme la reconstruction de la ville se fait attendre, on fait des projets. Comme les pierres sont rares, on se raccroche à la culture, qui est à redécouvrir, à réinventer. Confronté à cette table rase, Metzger nomme aux affaires culturelles un jeune critique musical indépendant qui s'était tenu à l'écart du régime : Wolfgang Steinecke. Parmi les premiers projets sur lesquels il se concentre figure l'idée d'un "cours de vacances international de musique nouvelle". Et cette idée se réalise dès 1946, à Burg Kranichstein, pavillon de chasse resté intact à quelques kilomètres du centre-ville disparu. De Darmstadt partent des invitations aux musiciens du monde entier, surtout aux émigrés comme Schönberg et Krenek, Eduard Steuermann et Peter Stadlen.

Si la première rencontre était encore une réunion de compositeurs allemands passant leurs œuvres en revue, les années suivantes virent de plus en plus affluer les étrangers, et les participants rattraper l'avant-garde refoulée. En 1948, René Leibowitz fit une conférence sur le dodécaphonisme d'Arnold Schönberg, dont Stadlen joua le concerto pour piano op. 42. En 1949 vinrent avec Josef Rufer et Willi Reich d'autres musiciens de la Deuxième Ecole de Vienne.

Et c'est aussi à Darmsatdt que nous retrouvons Olivier Messiaen qui – comme près de dix ans plus tôt au stalag de Görlitz – se met à travailler, maintenant en pleine idylle, et dote les cours de vacances d'une composition qui fera fureur : les *Modes de valeur et d'intensité*. Cela sera la deuxième des *Quatre Etudes de rythme*, et en ce milieu de siècle elle infléchira de façon décisive la décennie suivante, dont le mode de composition est déterminé par l'application de la série. Ces *Modes de valeur et d'intensité* définissent d'emblée, outre les deux paramètres mentionnés dans le titre, les hauteurs et les attaques. L'auteur présente sur une page de garde son matériau qui contient trente-six hauteurs, vingt-quatre durées, douze modes d'attaque et sept degrés d'intensité (du *ppp* au *fff*). En ce qui concerne les attaques, il distingue les possibilités suivantes :

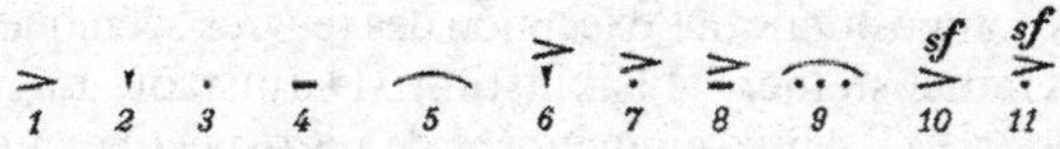

Avec l'attaque normal, sans signe, cela fait 12.

ce qui suffit à montrer combien un pianiste doit être entraîné pour ne pas brouiller les différences et mettre le programme en évidence. Les trente-six hauteurs sont réparties en trois groupes de douze notes qui se superposent et se croisent, et notées sur trois portées.

L'aspect révolutionnaire de la composition, c'est que Messiaen est le premier à montrer qu'il est possible de contrôler les quatre éléments de la musique, les quatre dimensions de l'écriture musicale : la nuance, surtout, s'émancipe et se voit reconnaître les mêmes droits que les autres paramètres. Mais, tout en élargissant le matériau musical, Messiaen s'impose des limites strictes. Chaque hauteur, écrit Ulrich Dibelius, “est couplée avec une durée déterminée ; son intensité et son mode d'attaque sont également prédéfinis, si bien que le *si*^{3} apparaît toujours sur la portée supérieure, en tant que noire pointée jouée piano avec un signe de tenue”. Toutefois, le compositeur supprime un impératif de la série schönbergienne : chaque note de la série peut revenir à n'importe quel moment.

UN ESPRIT DE CONTRADICTION NOMMÉ STOCKHAUSEN

A l'automne 1950, Steinecke envoie aux professeurs de composition, aux conservatoires et aux rédacteurs musicaux des journaux et des radios, une lettre ainsi conçue : “Par la présente, les compositeurs nés entre 1916 et 1931 sont invités à faire parvenir avant le 15 janvier 1951 leurs compositions (à l'exception des œuvres scéniques) au Kranichsteiner Musikinstitut (Darmstadt, Lagerhausstr. 9)." Après cinq années de rétrospective et de reprise de contact, c'était la tentative de s'adresser à une nouvelle génération de compositeurs et de les impliquer activement dans l'expérience de Darmstadt. L'été suivant, parmi une centaine de participants, quelques très jeunes se présentent avec des noms qu'ils ne se sont pas encore faits : Karlheinz Stockhausen, Pierre Boulez, Hans Werner Henze, Luigi Nono, Gottfried Michael König. Le jeune Hollandais Karel Goeyvaerts a envoyé une composition qui allait susciter une violente controverse.

Goeyvaerts trouve peu d'écho avec son idée d'une "musique statique", comme il l'appelle. "Mon principe du «nombre synthétique» destiné à unir les paramètres n'était encore guère plus qu'une chimère. Seul, un jeune homme y trouva quelque chose et me posa des questions : Karlheinz Stockhausen. Je me souviens encore que, pendant le déjeuner, il voulut exposer aux autres les «principes spirituels» de ma nouvelle technique. Je lui avais tout expliqué dans un méli-mélo d'allemand et d'anglais, mais, malgré mon charabia, il avait très vite compris."

C'est aussi Stockhausen qui bondit au deuxième piano quand le morceau est présenté – c'est une œuvre qui renchérit encore sur le minimalisme de Webern. Et lorsque ces quelques notes se sont tues, une question sort du public : "Pourquoi avez-vous composé cela pour deux pianos ?" Celui qui pose cette question n'est pas un béotien, mais quelque chose comme le philosophe et le précepteur de la nouvelle musique : Theodor W. Adorno. Mais l'objection provoque les rires. Et Stockhausen, qui n'a pas encore vingt-trois ans, se lève et improvise une longue analyse du morceau, sans se laisser impressionner par l'autorité et la sévérité du célèbre critique. La composition rappelle à Adorno Joseph Matthias Hauer : d'après ses critères, ce n'est pas un compliment. Mais lorsque lui, expert en dodécaphonisme, élève de Berg, conseiller musical de Thomas Mann quand celui-ci travaillait à son *Docteur Faustus*, fait intervenir des paramètres formels comme thème, introduction, développement, le jeune Stockhausen lance la première de ces répliques provocantes qui ont contribué à sa célébrité : "Monsieur le professeur, vous cherchez une poule sur un tableau abstrait." Il n'a pas encore présenté une œuvre personnelle, mais il a déjà endossé son futur rôle : porte-parole de la musique nouvelle la plus jeune et la plus radicale. Adorno se souviendra de la scène ; plus tard, il se défendra au cours d'un exposé radiophonique : "On ne peut pas reprocher à la critique de ne pas comprendre les productions les plus récentes dues au refus de la rationalité, car celles-ci, d'après leur propos, ne veulent pas être comprises, mais simplement montrées."

BOULEZ GUILLOTINE SCHÖNBERG

Boulez reproche à Schönberg ses clichés harmoniques exaspérants, son emphase romantique et poussiéreuse. Il stigmatise ses anticipations sempiternelles avec accent expressif sur la note principale, les fausses appoggiatures, les arpèges, trémolos et autres répétitions, autant de procédés de seconde zone qui sonnent creux. Et il affirme l'impossibilité de s'inscrire dans la continuité d'un art aussi contradictoire et incohérent.

Pourtant, le tout jeune Boulez marchait ostensiblement sur les traces de Schönberg en écrivant à la fin de la guerre ses *Notations* pour piano, douze pièces dodécaphoniques de douze notes chacune, et c'est le Schönberg de l'opus 11, celui de l'atonalité libre, qu'il avait pris comme modèle alors qu'âgé de vingt ans tout juste il composait sa deuxième sonate pour piano – qui fera, dans la deuxième moitié du siècle, partie du répertoire canonique des pianistes de concert. Comme le Schönberg des premières années, le jeune Boulez se sert du piano comme instrument expressif, et il est l'auteur de l'une de ses plus surprenantes caractérisations : "Je dirais que c'est l'instrument même du délire." Le piano comme l'instrument privilégié du délire, de l'ivresse, de l'extase.

Mais ce que Boulez, élève de Messiaen, reprochait surtout à Schönberg, c'était de s'être arrêté à mi-chemin. Il salue en lui l'initiateur d'un des bouleversements les plus importants qu'ait jamais subis le langage musical, mais lui-même n'aurait pas vraiment compris cette révolution, aurait été incapable de soupçonner l'univers sonore impliqué par la série, laquelle perd son sens si on la réduit au rôle de loi régulatrice.

ÉLECTRONIQUE CONTRE PIANO

Mais une troisième provocation devait encore agiter les cours de vacances de Darmstadt en 1951 – et elle concernait directement le piano. Alors qu'au cours des autres incidents il avait toujours joué un rôle presque prépondérant – soit comme objet de démonstration, soit comme authentique corps sonore, soit comme champ d'expérimentation – la question qui se posait maintenant concernait le destin même du piano : la grande question fascinante d'une musique qui n'existait pas encore, la musique électronique. Ce vœu pieux d'abord purement virtuel était lui aussi – à côté des potentialités techniques en attente de réalisation – en quelque sorte une conséquence de la sérialité : alors que le rythme et l'intensité pouvaient facilement s'organiser en série sur le piano, la nuance posait des problèmes. (Même les douze modes d'attaque de Messiaen n'étaient guère qu'une solution de fortune.) On ne pouvait pas utiliser ce paramètre de façon à pouvoir vraiment parler d'une série de nuances. Car il s'agissait à présent, comme le disait Stockhausen, "de *composer* les nuances au sens littéral du terme, c'est-à-dire de les assembler à partir d'éléments, pour appliquer le principe de structuration universelle d'une musique jusque dans les proportions sonores".

Et c'est ainsi que le potentiel subversif du cru 1951 s'augmente d'une conférence de Robert Beyer, compositeur et ingénieur du son, sur le sujet *Musique et Technique*, qui entreprend de réinventer non seulement la nuance, mais la musique dans son ensemble.

Bien entendu, Stockhausen, le provocateur-né, ne se fait pas dire deux fois les possibilités utopiques du son électronique. Il va à Paris étudier avec Messiaen, mais aussi pour se livrer à des essais dans le studio électronique de Pierre Schaeffer. Peu de temps après, la station de radio WDR[1] de Cologne aura elle aussi un studio expérimental. Mais c'est ce même provocateur qui, en ces temps instrumentoclastes, prête au piano une oreille neuve – et lui reste fidèle. Stockhausen fait des expériences avec l'électronique, mais il ne la joue pas contre le piano. Alors qu'on proclame une révolution

1. Westdeutscher Rundfunk, "Radio ouest-allemande".

historique, il garde l'équilibre et sauve l'instrument, non seulement pour ses propres compositions, mais aussi pour l'exemple, gardant la mainmise sur un champ de manœuvre qui n'a rien perdu de son actualité. Au moment où la discussion, vers le milieu des années 1950, devient vraiment sérieuse – en 1956, Ernst Krenek dirige à Darmstadt un débat fort animé sur "Les perspectives créatrices de la musique électronique" – , le jeune Stockhausen se meut à la marge en composant ses *Klavierstücke I-VIII* et *XI* : s'il reste fidèle au piano – entre deux compositions électroniques –, il tire profit des expériences dues à son travail en studio. "Le piano, écrit Herbert Henck, était dans les années 1950 le seul instrument soliste auquel Stockhausen revenait toujours et dont il tirait, plus qu'aucun autre, tout un éventail de beautés originales."

Le public de Darmstadt, habitué entre-temps à Schönberg, Berg et Webern, à Krenek et à Bartók, est déconcerté par les sonorités nouvelles de Stockhausen. Le 21 août 1954, la pianiste belge Marcelle Mercenier joue les *Klavierstücke I* à *V* – quelques jours auparavant, effarouchée par leurs difficultés, elle était allée voir Stockhausen à Cologne pour répéter avec lui. La soirée de Darmstadt tourna au scandale, avec sifflets et huées dans le public déchaîné. La courageuse interprète rejoua le numéro V, que le compositeur venait tout juste de terminer. Nouveau tumulte.

Parmi les auditeurs se trouve le compositeur Bernd Alois Zimmermann, qui dans son "manuel" de piano intitulé *Enchiridion* a fait lui aussi des essais de nuances et d'attaques, et il décrit ses impressions : "Au cours de la première audition, je suivais sur la partition, et j'ai constaté que la Mercenier a effectivement joué comme il le fallait la majeure partie des notes et même, c'est surprenant, qu'elle s'est bel et bien sortie d'une grande partie des figures rythmiques que je tenais pour injouables. Je pense que Stockhausen a eu tort d'écrire ces pièces-là pour le piano. La différenciation rythmique qu'il ambitionne, avec ses subdivisions microacoustiques, ne peut absolument pas être rendue au piano, car la mécanique de l'instrument étant ce qu'elle est, il est impossible de limiter la vibration de la corde une fois qu'elle a été frappée." Si l'on prend au sérieux l'objection de Zimmermann, cela signifie que Stockhausen, lorsqu'il se livre à des tentatives de composition et à des exercices rythmiques, demande au piano ce qui outrepasse les compétences de l'instrument.

LE DIEU DES COMPOSITEURS JOUE AUX DÉS

Darmstadt, ce n'était pas seulement le sérialisme et l'électronique. Au début des années 1950, Darmstadt était tout ce qui est musicalement dans le vent. Heinz-Klaus Metzger et Rainer Riehn ont défini "Darmstadt" dans la perspective de ses adversaires : "Quiconque était contre le «danger futuriste», l'atonalité, la technique sérielle, la musique aléatoire, l'expérimentation, le hasard, l'émancipation du bruit, la légitimité du silence, la composition assistée par ordinateur, mais aussi contre l'analyse critique des auditions, il n'avait qu'à dire qu'il était contre Darmstadt pour être aussitôt compris."

Commençons par le mot clé : aléatoire. Il dérive du latin *alea*, "dé". A peine Einstein avait-il prononcé le mot du siècle "Dieu ne joue pas aux dés" que les compositeurs se mettaient à les lancer, comme pour s'en prendre sinon à Dieu, du moins à Einstein. La musique aléatoire représentait à la fois une remise en cause et une nouvelle définition de la technique sérielle. Et, une fois encore, le piano monta en première ligne. Et, une fois encore, ce sont des œuvres de Boulez et de Stockhausen qui rendent compte de l'évolution la plus récente. Chez Boulez, il s'agit de la *Troisième Sonate pour piano*, une œuvre ouverte, encore inachevée aujourd'hui, dont les éléments ne sont pas figés, mais permettent à l'interprète d'intervenir personnellement dans le cours de l'exécution. Au milieu des années 1950, le compositeur avait terminé deux "formants" (terme qui remplace celui de "mouvement") sur les cinq projetés : *Trope*, et *Constellation (-Miroir)*. Ce dernier est une sorte d'équivalent musical du poème de Mallarmé *Un coup de dés jamais n'abolira le hasard*, dont les deux derniers vers constatent :

Rien n'aura eu lieu que le lieu
Excepté peut-être une constellation.

Le morceau est imprimé sur neuf feuillets, conçus comme les subdivisions d'une page unique "sur laquelle s'ordonnent selon un principe de répartition aléatoire les différents fragments à partir desquels la forme se compose", écrit Robert Piencikowski. Dans sa propre description de l'œuvre, Boulez insiste sur la représentation et l'idée du labyrinthe.

Stockhausen utilise un procédé semblable dans son *Klavierstück XI*, composé en 1956 et joué à New York par David Tudor en 1957. Sur une feuille de papier au format d'affiche sont disposés dix-neuf groupes de notes ressemblant à des îles effilochées. Le compositeur en fournit le mode d'emploi :

"Le pianiste regarde la feuille au hasard et commence par le groupe qu'il a aperçu en premier ; il choisit le tempo [...], l'intensité de base et le mode d'attaque. Quand il a fini, il regarde les instructions destinées à ce premier groupe et les applique à un deuxième qu'il a choisi au hasard [...]. Chaque groupe peut s'attacher à n'importe lequel des dix-huit autres, si bien que chacun d'eux peut être joué avec chacun des six tempi, des six intensités et des six modes d'attaque."

Mais la fougue et l'assurance jacobine d'un Boulez et d'un Stockhausen se heurtent bientôt au scepticisme de musiciens qui font certes partie de la même génération, mais ont subi sur le tard le rite initiatique des cours de vacances. Helmut Lachenmann, né en 1935, venu à Darmstadt pour la première fois en 1957, "se voit dans un paysage lunaire, exclusivement entouré d'astronautes terriblement joyeux" et se demande : "D'où tiennent-ils tous leur équipement ??? Et que vaut-il réellement ?? Savent-ils où ils sont ? Savent-ils ce qu'ils ont laissé derrière eux ?" Et il a l'impression sacrilège que "chez certains d'entre eux, la combinaison d'astronaute laisse transparaître le vieil habit".

XVI

LES *VARIATIONS GOLDBERG*

A contre-courant[1]

> *... quelqu'un qui s'assied comme ça devant un piano cherche quelque chose, quelque chose d'inouï. Anesthésié par l'intimité, il cherche sur toutes ces touches un signe qui dépasse tout ce qui est à jouer. Peut-être que le secret de la musique se trouve dans les fentes de l'ivoire. Peut-être que personne n'a seulement l'idée de ce qu'il faut chercher.*
>
> WOLF WONDRATSCHEK

1. Titre allemand du chapitre : *Den Bach rauf*, littéralement : “la remontée du ruisseau”. Bach signifie “ruisseau” en allemand.

UNE CHAISE PLIANTE DEVENUE OBJET DE CULTE

Le jeune homme de vingt-trois ans qui se présente à l'église presbytérienne, 207, 30e Rue est à New York, ne vient pas pour prier. Cela fait longtemps que la maison de Dieu ne sert plus à l'édification des fidèles, mais de studio d'enregistrement à la Columbia Records. Le jeune homme vient jouer du piano, mais il a plutôt l'air d'un malade souffrant d'une forte fièvre.

"C'était une tiède journée de juin, mais Gould apparut vêtu d'un manteau, coiffé d'un béret, avec une grosse écharpe et des gants. Il était muni d'un sac à musique, d'une pile de serviettes, de deux grandes bouteilles d'eau de source, de cinq boîtes à pilules…" Mais l'objet le plus remarquable est une chaise, véritable curiosité, siège court sur pattes et comme estropié, espèce d'appareillage pour nain qui a l'air d'avoir été récupéré sur une décharge. La chose a été construite par Bert Gould en personne, le père de Glenn, qui s'était plié au désir de son fils : "Je m'efforçai de dénicher un tabouret pliant assez léger et, une fois que je l'eus trouvé, il me fallut scier chaque pied pour lui enlever environ dix centimètres ; je fabriquai des pinces en laiton, les fixai solidement à l'aide d'une vis autour de chacun des pieds et je soudai ensuite la moitié d'une vis de réglage à chacune de ces pinces de sorte que l'on pouvait régler séparément chaque pied." Sur ce siège infirme, le pianiste ressemble à un nabot ; le clavier, au lieu d'être placé commodément sous ses doigts et sous son regard, lui fait vis-à-vis en montrant les dents. Le piano devient un crocodile dont la mâchoire semble menacer le pianiste, prête à le dévorer jusqu'à la dernière miette.

New York ne serait pas New York si les intéressés taisaient les excentricités, si la maison de disques ne tirait pas dès le début avantage des bizarreries de Glenn Gould. Et Glenn Gould lui-même maîtrisait ses caprices avec une aisance de professionnel. D'une part, il affirmait ne jamais réfléchir à ses singularités ; d'autre part, il était toujours prêt à en donner une explication rationnelle. Il justifiait ses gants superposés en affirmant que ses mains ne supportaient ni l'humidité ambiante, ni la climatisation. En les graissant avec de la paraffine liquide, il avait la sensation qu'elles étaient en train de renaître. Et même les cachets pour la circulation sanguine, il les prenait pour entretenir la souplesse de ses mains et de ses bras.

Il ne faisait d'ailleurs nul mystère de sa consommation de drogues. Toutes ses extravagances pharmaceutiques étaient au service de l'unité centrale, lui assuraient une concentration optimale, la meilleure condition. Il ne tarda pas à se faire la réputation d'un expert en stimulants. La presse avait naturellement remarqué ses compétences en la matière, et accompagnait sa carrière de commentaires comme celui-ci : "Les fatigues dues aux voyages et aux concerts font de la vie d'un pianiste une existence artificielle. [...] Pour se maintenir en forme, Mr Gould a des cachets plein son sac : pour arrêter la transpiration avant un concert ; pour stimuler de temps à autre la circulation ; des excitants pour entretenir la flamme, et des tranquillisants puissants ou légers."

INTUITION ET INSISTANCE

Mais la chose la plus saugrenue, la plus aberrante, la plus bizarre que transporte le jeune homme en ce matin de juin new-yorkais, ce n'est pas l'assortiment de pilules, ni la collection de serviettes, ni les réserves d'eau minérale, ni même la chaise : c'est la musique elle-même. Glenn Gould apporte les *Variations Goldberg* de Bach et, au cours de ses pourparlers avec la Columbia, il a dû se battre pour les faire accepter.

Ses interlocuteurs, les représentants de la maison d'édition qu'il avait rencontrés auparavant, étaient rien moins qu'enthousiasmés. Pourquoi un morceau si mal connu, si difficile, si ingrat ? Et en plus, il existait déjà le merveilleux enregistrement de la merveilleuse Wanda Landowska sur son merveilleux clavecin ; avec son interprétation, elle avait en quelque sorte acquis le monopole des *Variations*. Elles étaient devenues les siennes.

"Ne pensez-vous pas que les inventions à deux voix seraient un meilleur choix ? demande-t-on à Gould.

— Je préférerais enregistrer les *Variations Goldberg*, s'obstine celui-ci.

— Ah vraiment ? dit l'homme de la Columbia. Bon, pourquoi pas, on va prendre le risque."

Et maintenant, presque cinquante ans plus tard, on peut poser la question : D'où lui venait sa prescience, à ce jeune excentrique ? Son insistance ? Sa conviction têtue ? Etait-ce l'intuition d'avoir découvert là une mine d'or[1], d'être tombé sur un superbe filon ? S'y était-il même ajouté l'attrait du jeu de mots, l'excitation du calembour ? *Variations Goldberg !* Variations Gouldberg ! Ce n'étaient pas celles de la Landowska, c'étaient les siennes. Il fallait que ce soient les siennes. Gould n'était-il pas autorisé à se considérer comme un second Goldberg, une réincarnation, un postcurseur qui redécouvrait l'œuvre ? Contre la fabuleuse Landowska ? Pour le piano du XXe siècle ? Dont l'unique clavier rendait l'entreprise deux fois plus difficile ? Et pour la littérature pianistique du XXe siècle ?

Et n'existait-il pas une affinité supplémentaire, quasi constitutive, entre le névropathe tourmenté par ses états d'âme et l'aura légendaire qui environnait cette vieille musique ? Car *Variations Goldberg*, ce n'était pas le titre original ; il s'était imposé et enraciné au début du XIXe siècle. En fait, la composition était liée à un autre nom : celui de Keyserlingk. Car c'est à ce comte Hermann Carl de Keyserlingk que l'œuvre était dédiée. Et ce comte était, ainsi le prétend la tradition, un frère d'infortune de Glenn Gould, torturé comme lui par des insomnies, et l'anecdote établit un rapport immédiat entre ce trouble du sommeil et les *Variations*. Johann Nikolaus Forkel, premier biographe de Bach, raconte :

"Quand il était malade, ce qui lui arrivait souvent, le comte ne dormait pas la nuit. Goldberg, qui habitait chez lui, devait alors passer la nuit dans une chambre attenante, pour lui jouer quelque chose durant ses insomnies. Une fois, le comte exprima devant Bach le désir de pouvoir donner à son Goldberg des morceaux pour clavier d'un caractère agréable et assez enjoué pour l'égayer un peu quand il ne dormait pas.

1. *Goldberg* signifie "mine d'or".

Bach pensa que des variations seraient au mieux à même de répondre à ce souhait ; c'était un genre qu'il avait jusqu'alors toujours tenu pour ingrat en raison de l'harmonie fondamentale toujours identique. [...] Mais, de même qu'à cette époque toutes ses œuvres étaient des modèles du genre artistique, les variations en devinrent un sous ses doigts. Il n'a d'ailleurs écrit qu'un unique échantillon du genre. Par la suite, le comte ne les appela plus que ses variations. Il ne pouvait se lasser de les écouter, et pendant longtemps, quand l'insomnie survenait, il ne demandait rien d'autre que : Mon cher Goldberg, joue-moi donc une de mes variations. C'est peut-être celle de ses œuvres qui valut à Bach son plus gros salaire. Le comte lui fit cadeau d'une coupe d'or remplie de cent louis d'or. Mais, même si le cadeau eût été mille fois plus riche, sa valeur artistique ne serait pas encore payée."

L'HISTOIRE DU COMTE INSOMNIAQUE

Si donc l'œuvre devait porter le nom de quelqu'un, il faudrait qu'elle s'appelle les *Variations Keyserlingk*. Ce comte était un homme très cultivé, diplomate au service de la Russie. Depuis 1934, il était ambassadeur de Russie à Varsovie aussi bien qu'à Dresde, où il ne tarda pas à protéger Jean-Sébastien Bach ; celui-ci, bien que cantor de l'église Saint-Thomas de Leipzig, postulait à l'époque aux fonctions de compositeur de la cour de Saxe, titre qu'il obtiendra effectivement en 1736. Mais qu'en est-il au juste de cette histoire d'insomnie ? Que penser de l'épisode rapporté par Forkel, et qu'il prétend tenir directement des fils de Bach ? Glenn Gould lui-même semble avoir été d'autant plus sceptique vis-à-vis de la tradition, que l'anecdote lui donnait à penser que la musique était censée agir comme un somnifère : "Si le traitement agissait, on peut émettre quelques doutes quant à l'authenticité de la restitution par le maître Goldberg de cette partition incisive et piquante. Et bien que nous ne nourrissions aucune illusion sur l'indifférence artisanale que manifestait Bach vis-à-vis des limites imposées à ses prérogatives d'artiste, il est difficile d'imaginer que même les quarante [d'après Forkel, il y en avait cent] louis d'or aient pu éveiller son intérêt pour une forme qui d'ordinaire le rebutait." (Entre-temps, il est établi que Bach n'a pas composé cette œuvre ambitieuse sur demande, mais qu'elle a exigé de lui plusieurs années de travail.)

Sur la page de titre de la composition ne figurent ni Goldberg, ni Keyserlingk. On y lit simplement : *Exercice pour le Clavier consistant en un Air à plusieurs Modifications pour Clavecin à deux Manuels. Composé pour le Divertissement des Dilettantes par Jean-Sébastien Bach.*

BACH SANS LA PERRUQUE

Bien entendu, Gould ne commença pas par le commencement : il se lança tout de suite dans la première variation. Ce qu'il ressentait comme "l'intrusion brutale de la variation" était un début qui lui convenait, surtout au milieu de ce grand concours de peuple et de moyens techniques, de managers et de journalistes. Pour la rébellion latente inhérente à toute son attitude, pour l'extravagance de son attirail, pour l'intransigeance de ses ambitions, il recherchait quelque chose comme la complicité d'une musique dont il a dit lui-même : "Une telle agressivité n'est pas précisément le comportement que nous attendons des variations introductives, lesquelles sont généralement assujetties au thème dont elles singent servilement les attitudes."

Gould profite de la violence de ce début et la renforce par la sienne propre. On peut aussi jouer les doubles croches imitatives des premières mesures de façon plus évasive, plus lyrique, plus lente, plus rêveuse. Mais Gould tire brutalement les notes de leur sommeil, il leur imprime une dynamique décidée, une rapidité vigoureuse qui transforment la polyphonie en combat rituel. Rien que la façon dont le jeune pianiste fait main basse sur cette première variation – jusqu'à cette heure, personne n'a ainsi joué, entendu, compris, radicalisé Bach ; ni Busoni, ni la Landowska, et encore bien moins Gieseking ou Fischer ne se le sont approprié avec autant de dynamisme, autant d'impétuosité, balayant d'un revers de main tout sentiment du baroque, assassinant toute idée de tradition, avec ce jeu froid, limpide, irrésistible. Chacune de ces variations, Glenn Gould la présente comme un morceau jusqu'alors inouï, comme une musique présente, une musique contemporaine. "En jouant Bach, écrit Joachim Kaiser, il l'analyse."

Et le thème dans tout ça ? Il le joua tout à fait à la fin, après avoir entendu que tout était bon. "J'ai constaté que j'avais besoin de vingt versions pour trouver une manière qui serait suffisamment neutre, pour ne pas anticiper sur la profonde émotion qui vient ensuite. Et les vingt premières versions, je m'en suis servi pour éliminer de mon interprétation toute expression superflue, et il n'y a rien de plus difficile."

Ce thème recèle une foule de possibilités, mais comme un coffre cèle un trésor. Il porte la suscription : *Aria*, mais c'est exactement le contraire de ce qu'on entend par aria, ou par air : ni grande phrase, ni élan dramatique, ni mélodie ductile. La première fois qu'on l'entend jouer, c'est à peine si l'on discerne une mélodie entre les ornements, et les notes se suivent avec une telle lenteur qu'on a presque l'impression que le temps s'arrête dans cette musique. Il ne s'y passe rien. On a l'impression d'une absence quasi totale d'impulsion rythmique, et c'est pourquoi il a fallu cent cinquante ans aux spécialistes de Bach pour identifier une sarabande que Bach avait écrite dès 1725 dans le livre de clavecin d'Anna Magdalena Bach.

En ces jours de juin 1955, Glenn Gould ouvre un nouvel accès aux œuvres pour clavier de Jean-Sébastien Bach. Il assaille, questionne, attaque le Steinway – et ce ne sont pas seulement "des modifications" de Bach, mais une modification de Bach dont les effets se font sentir aujourd'hui encore, une redécouverte. Depuis ce disque, l'image que nous nous faisons de Bach a perdu sa perruque.

XVII

LE PIANISTE SUR LA MONTAGNE MAGIQUE

ou Horowitz et les points d'orgue

The loneliest place in the world[1].

HOROWITZ, à propos de la scène.

1. "L'endroit le plus solitaire du monde."

ATTENTE D'UN MIRACLE

La vente des billets pour le récital du 9 mai 1965 commence le lundi 26 avril, mais les premiers amateurs font la queue dès le dimanche matin à la caisse du Carnegie Hall. Il tombe une bruine glacée, et les gens, majoritairement des jeunes, se sont munis de ce matériel de survie dont on a pris l'habitude depuis lors : couvertures, imperméables, duvets, chaises de camping et bonnets de laine. A minuit, la troupe persévérante atteint trois cents personnes ; le lundi matin, peu avant l'ouverture de la caisse, il y en a mille cinq cents.

"C'est pour les Beatles ? demande un passant. (Les Beatles sont justement en tournée en Amérique et stupéfient leurs contemporains en leur apprenant qu'ils sont plus célèbres que Jésus-Christ.)

— Non, répond la foule, c'est pour Horowitz."

Jamais, au cours du XXe siècle, il n'y eut chez le public une telle attente, jamais il n'y aura un concert semblable à celui qui fut effectivement donné le 9 mai 1965 sur la scène du Carnegie Hall. Ce n'était pas un concert, mais une renaissance, pas un récital de piano, mais une épiphanie. C'était le retour de la virtualité dans la réalité. La légende tendait la main à la vie. La sensation, ce n'était pas que Horowitz allait jouer, mais qu'il se produisait enfin après douze années de silence. Les pianistes – tel était le contenu du message – peuvent ressusciter.

IL N'Y AVAIT PLUS RIEN

Car le 9 mai 1965 avait son pendant négatif : le 11 mars 1953. Ce jour-là, les mélomanes de Minneapolis lurent dans le journal qu'un concert programmé pour le soir même n'aurait malheureusement pas lieu, et devrait être provisoirement repoussé. Et le rendez-vous manqué de Minneapolis se transforma en une espèce d'éternité. Vladimir Horowitz disparut de la circulation.

Ce n'était pas seulement un concert décommandé. C'était un effondrement total. Mis à la torture par plusieurs décennies de tournées, un virtuose était à bout de forces et de nerfs, au bout de son art, et surtout dégoûté de son public. Et pas n'importe quel virtuose, mais celui qui semblait toujours tout trouver facile, sous les doigts de qui les passages les plus scabreux prenaient l'allure d'un jeu d'enfant, et sur qui on avait accumulé toutes les pompeuses banalités de l'histoire du piano : dieu du clavier, roi des pianistes, le plus grand pianiste de tous les temps, le nouveau Liszt et même "le pyrotechnicien du clavier". Mais, en ce printemps 1953, il n'y avait plus rien. Il n'y avait plus là qu'un pauvre homme épuisé, à bout de forces.

Ce n'était pas la première dépression de ce pianiste exceptionnel, hypersensible, vaniteux comme un enfant et totalement dépourvu de sens pratique. Dans les années 1930, déjà, il s'était retiré pendant deux ans et demi des concerts. Après dix ans de succès triomphaux pendant lesquels il avait électrisé son public et perturbé ses chefs d'orchestre, les auditeurs attentifs avaient perçu distinctement des indices d'épuisement : "Si sa passion brûle encore, écrivait un critique londonien vers 1935, elle touche ses nerfs et non son cœur ; sa virtuosité n'est pas le symptôme d'une sensibilité surabondante, mais bien d'un cœur desséché. [...] Tout au fond, son jeu est mort."

Horowitz lui-même voyait les choses de la même façon : "Depuis que je suis sorti de Russie, je n'ai pas pu décrocher une seconde. Je n'avais que les trois mois d'été, pendant lesquels je ne jouais pas. Et souvent, il fallait quand même que je joue. Routine, routine, routine – j'avais l'impression d'être un pianiste à la chaîne. Mais je n'en étais pas un."

En 1925, à vingt-deux ans, Vladimir Horowitz avait obtenu des autorités soviétiques l'autorisation de quitter le nouvel empire "aux fins d'études" ; le 20 janvier 1926, il avait réussi une percée sensationnelle en remplaçant au pied levé une pianiste malade dans le premier concerto de Tchaïkovski, le recréant avec une impitoyable brutalité ; exactement un an plus tard, exécutant la même œuvre au Carnegie Hall, il avait conquis non seulement le public new-yorkais, mais l'Amérique entière, et depuis, vite surnommé "l'ouragan des steppes", il s'était rué de ville en ville dans un pays avide de sensations. Et, comme si sa propre célébrité ne lui suffisait pas, il s'était mis sous l'aile du chef d'orchestre le plus excitant de l'époque, Arturo Toscanini, en épousant sa fille Wanda, sans soupçonner qu'il entrait dans un véritable clan et endossait, à côté de la jaquette de tous les soirs, la camisole de force d'une incessante sollicitude familiale. Après une quantité de malaises et de scènes domestiques, le désir de jouer et la concentration l'abandonnèrent, et Horowitz – il n'avait que trente-deux ans – se plaignit de "ne pas pouvoir traverser l'existence en faisant des gammes".

Dès cette époque, c'était moins un drame de famille qu'une crise pianistique ; la preuve en est que Horowitz alla consulter le plus célèbre des pianistes compositeurs de l'époque, Sergueï Rachmaninov. Non seulement celui-ci pouvait le conseiller en tant qu'artiste, mais il devait à sa propre douloureuse expérience une certaine compétence en matière de désarroi. Lui, qui résidait dans une vaste maison moderne et claire, ouverte sur une vue panoramique au-dessus du lac de Lucerne, fut pour Horowitz un interlocuteur idéal : l'homme dont les paroles purent calmer son angoisse du public ; qui le délivra de l'idée délirante que ses doigts étaient devenus de verre et se briseraient au contact des touches ; l'homme qui le pilota vers le piano pour jouer à quatre mains et lui montra comment, même avec de l'arthrite – dont Rachmaninov souffrait de plus en plus –, on pouvait encore donner des concerts. Horowitz, qui ne connaissait guère l'émotion ni la gratitude, a reconnu : "Cet homme a été comme un père pour moi."

VOILES ET DÉVOILEMENT

Mais, en ce printemps 1953, les anciens symptômes sont revenus avec une acuité accrue, et, passé le premier épuisement, la crainte de ne plus pouvoir jamais jouer, plus jamais se produire en public, grandit. Horowitz se claquemure dans sa bizarrerie, s'encoconne dans sa dépression. Les épais rideaux qui ferment la chambre à coucher new-yorkaise sont le symbole d'un avenir bouché. Il n'existe plus qu'un unique besoin : de paix, de solitude, de claustration.

Et cette chambre protégée du monde devient pour Horowitz, comme s'il était un second Proust, une coquille dans laquelle un corps épuisé et plus encore une âme détruite pourront se régénérer. Pas de visiteurs, pas de visites, pas de vie publique, pas de promenade, et parfois les rumeurs du dehors pénètrent dans la maison : Horowitz aurait atterri à l'asile.

Quand sa femme se tape la tête contre les murs, Henry Steinway, le patriarche du piano, propose aux Horowitz une maison de campagne dans le New Hampshire pour qu'ils puissent se reposer. Mais le maestro redoute le voyage, se sent encore trop faible pour quitter sur ses pieds la maison de New York. Peut-être que si on faisait venir une ambulance ? Mon Dieu, surtout pas, cela donnerait lieu à de nouvelles spéculations, il n'en est pas question. Et enfin la solution, en quelque sorte professionnelle : Henry Steinway envoie un camion destiné au transport de pianos. L'intérieur en est confortablement aménagé, équipé de meubles appartenant au pianiste ; pour finir, on y charge Horowitz avec son propre lit, et en route pour le New Hampshire.

C'est une pile de partitions qui ramène Horowitz à la vie, au piano. Dans les années 1930, il avait acheté en Italie plusieurs volumes d'œuvres de Clementi, et Muzio Clementi commence à l'intéresser : quelque chose d'inhabituel, de rarement joué pour un nouveau début, pas de virtuosité, mais un espace de découverte et de sensations, et quelque chose comme un Beethoven – dont Horowitz avait toujours évité les dernières sonates – *in statu nascendi*. Horowitz retrouve en tâtonnant le chemin de son instrument.

Mais ce qui rend si remarquable les années passées par Horowitz sur la Montagne magique, c'est qu'elles ne sont pas seulement le symptôme d'une faiblesse individuelle, d'une hypersensibilité personnelle teintée d'agoraphobie, mais celui d'une espèce de crise professionnelle, en quelque sorte de la maladie du virtuose au XXe siècle. L'avidité de sensation du public, une attente de perfection attisée par le disque, un répertoire classique et romantique presque toujours semblable à lui-même font que le pianisme lui-même est en crise – crise de nerfs et recherche de sens. Annulations, ajournements, traumatismes donnent de plus en plus de fil à retordre aux agences de concert. Solomon Cutner, le pianiste anglais qui se fera plus tard appeler simplement Solomon, avait à peine vingt ans lors de sa première dépression nerveuse ; à la fin des années 1940, Leon Fleischer sombra dans une neurasthénie profonde après s'être séparé de son maître Artur Schnabel ; Arturo Benedetti Michelangeli fut tout au long de sa carrière une telle pelote de nerfs que les dates de ses concerts étaient pour les organisateurs et le public une véritable loterie. Et les prestations de Martha Argerich furent dès le début un jeu de hasard.

Chez Friedrich Gulda, la paranoïa pianistique intervient aux alentours de la trentaine, mais, au lieu d'apparaître sous une forme dépressive, elle prend l'aspect d'un activisme quasi parodique. Il connaît un moyen éprouvé contre le trac du frac : il l'enlève.

“Je ne suis quand même pas assez idiot pour me balader comme au XIXe siècle. Est-ce qu'on s'habille encore comme ça aujourd'hui ? Est-ce que j'ai besoin de ça ? En plus c'est inconfortable, et impossible de se faire une réputation avec un habit et un nœud pap, et on voudrait que les jeunes nous prennent au sérieux." Le refuge de Gulda, ce n'est pas une chambre à coucher aux rideaux épais, c'est le jazz. C'est ce qui, de son propre aveu, le sauve "d'une grave dépression et de tendances suicidaires".

Friedrich Gulda, libéré du frac, tente une sortie. Ou du moins une issue pour échapper aux conventions, fussent-elles musicales. Pour lui, qui est non seulement né à Vienne, mais un Viennois-né, cet acte libératoire aurait pu prendre la forme de la découverte personnelle de la Deuxième Ecole de Vienne, la musique moderne de chez lui – découverte de l'univers et de la musique de Schönberg, Berg, Webern, Zemlinsky, Hauer, mais aussi Janác?ek et Bartók, bien qu'Eduard Steuermann, le pianiste pionnier des années 1920 dans l'"Association des concerts privés" de Schönberg, ait toujours porté le frac. Mais le langage de la Nouvelle Musique ne dit rien à Gulda ; il lui apparaît même plutôt comme un resserrement de la tradition même.

C'est pourquoi Gulda se sauve dans le jazz. Dans l'idée (et la pratique) d'une musique qui ne serait ni fixée, ni fraquée, une musique libre. Il cherche refuge dans une façon non conventionnelle de faire de la musique et de se produire, mais il doit bien s'apercevoir que le jazz a ses exigences à lui, ses rites et ses structures, qu'il revendique son propre style. A la sortie de ce qu'il appelle "le ghetto", ce n'est pas le paradis de l'improvisation qui l'attend, mais plutôt un camp de travail : "Je ne savais rien, en matière de jazz. En ce qui concerne le piano, je savais tout faire, mais comme musicien de jazz j'étais nul." (Selon l'opinion du critique de jazz Joachim Ernst Berendt, il l'est resté.)

HOROWITZ JOUE – CHEZ LUI !

Peu à peu, l'élégante coquille de la 94e Rue commence à s'animer, à se transformer. L'ermitage devient un champ d'expérience, la clinique un studio de musique. Un an et demi après qu'il s'est effondré, Horowitz s'est décidé à enregistrer un disque ; pas dans les locaux de la RCA, toutefois, mais entre ses quatre murs à lui. En octobre 1954, des techniciens s'installent au deuxième étage, dans les pièces d'habitation de la maison Horowitz, et aménagent dans la bibliothèque un studio de contrôle.

Bien sûr, il y a des problèmes techniques et acoustiques ; un cliquetis entraîne une enquête jusqu'à la découverte de sa cause, un lustre en verre – mais le toucher Horowitz est de retour, ce chant sonore, ce pianissimo insistant, et ce plaisir inimitable de récréer les voix cachées de la partition. L'enregistrement de Clementi par Horowitz est bientôt sur le marché, et il se vend bien. Mais il n'est pas question de retourner sur scène, ni même de s'en approcher. Au contraire : Horowitz est de plus en plus séduit par ces enregistrements qui unissent le confort aux possibilités artistiques, et ménagent ses nerfs. Et on peut peaufiner jusqu'à l'ultime montage, ce qui enchante le maestro autant que cela désespère les preneurs de son.

POURQUOI DES CONCERTS ?

Tandis qu'au cours des dix ans suivants on harcèle Horowitz pour qu'il remonte sur scène, tandis qu'au début des années 1960 et malgré la bonne vente des disques, les aspects financiers du concert se font de plus en plus attrayants et que la crainte s'insinue qu'on pourrait l'oublier ou faire de lui une idole du passé, une question beaucoup plus radicale que celle du frac se pose pour un autre pianiste, contemporain de Friedrich Gulda. Juste au moment où Horowitz commence à se faire à l'idée d'un récital au Carnegie Hall, à l'idée d'une immersion dans l'atmosphère du public après toutes ces années, Glenn Gould remet en question le principe même du concert.

La fascination que Horowitz avait ressentie au cours des enregistrements, la possibilité réjouissante de faire ressortir jusqu'à la moindre nuance, de filtrer même l'inégalité la plus inaudible, de coller ensemble les passages les plus réussis, toute cette nouvelle découverte de l'œuvre d'art musicale à l'ère de sa reproductibilité technique détermine Gould, non à renoncer pour sa part au concert, mais à le déclarer obsolète.

Au milieu des années 1960, il proclame sa conviction "que l'habitude d'organiser des concerts et de s'y rendre, tant comme institution sociale que comme symbole majeur d'une mentalité épicière, sera éteinte au XXIe siècle, comme le sera, on l'espère, le volcan de Tristan da Cunha"...

En lisant cette phrase définitive et d'autres, on pourrait avoir l'impression que son renoncement au concert n'a rien à voir avec les affres d'un Horowitz tels que crises de nerfs, peur du public, angoisse de la scène, agoraphobie, fatigues du voyage, dégoût de la virtuosité, terreur de la faute. Il semble que son adieu à la scène – qui sera réel et catégorique – ne soit que la conséquence lumineuse de la reconnaissance des possibilités musicales du siècle technique, et des perspectives nouvelles qu'il ouvre à l'interprète. Il insiste particulièrement sur sa théorie de l'anachronisme du concert dans un entretien avec Arthur Rubinstein, l'exact opposé de Horowitz, qui semble avoir été toute sa vie épargné par la panique du virtuose et la phobie du public.

Rubinstein – et il se pourrait bien qu'il parle aussi pour Horowitz – entonne un plaidoyer emphatique pour le concert, tête-à-tête vivant entre l'artiste et son public : "Voyez-vous, j'ai l'impression que nous avons en nous un pouvoir. [...] Quand vous êtes dans d'heureuses dispositions, leur attention vous est acquise. Vous pouvez jouer une note et la tenir une minute – ils écouteront comme s'ils étaient suspendus à vos doigts, et ce rayonnement, il est impossible de l'atteindre avec un disque. C'est le point essentiel. Impossible de l'atteindre avec un disque."

Gould lui oppose qu'il ne veut ni captiver l'âme de ses auditeurs, ni exercer un pouvoir sur eux. Il décrit l'aventure du pianiste non comme un combat pour la conquête du public, comme un investissement de l'auditoire, mais comme une expédition au cœur des œuvres : "Car je pense que la façon idéale d'aborder une exécution ou une œuvre d'art, [...] c'est d'admettre que quand on commence on ne sait pas exactement où on va. [...] Quand j'arrive au studio, je ne sais presque jamais ce que je vais faire exactement. Je veux dire que j'essaie de quinze façons différentes, et il se peut que huit d'entre elles fonctionnent à peu près, et il est possible que deux ou trois soient vraiment convaincantes. [...] Cela rend l'exécutant très semblable au compositeur, car cela lui donne la possibilité de revenir sur ce qu'il a fait, cela lui confère ce pouvoir – c'est un autre pouvoir que celui dont vous avez parlé, mais il est quand même très réel. Or, c'est bien évidemment impossible au concert, ne serait-ce que parce qu'on ne peut pas, comme je l'aurais souvent souhaité, s'arrêter et dire : *Take two*[1]."

A la fin du plaidoyer de Gould, Rubinstein s'incline, convaincu ou vaincu : "Vous commencez à me persuader." Mais il ajoute une réflexion très touchante, qui est aussi tout un programme : "Vous voyez, je suis d'une autre époque. Je traîne toutes ces vieilles choses accrochées à moi – comme les boîtes en fer-blanc qu'on accroche aux voitures des mariés, n'est-ce pas ? Elles ne me quittent pas. Mais vous êtes né dans un autre monde que moi – et tout votre talent s'en ressent. [...] Mes enfants regardent le monde comme s'il était contemporain de l'avion. Je me souviens que je rêvais de Dédale et d'Icare – je trouve tragique qu'il se soit égaré. Mais nos idées se rencontreront quelque part. Je ne sais pas exactement comment cela se produira, mais rappelez-vous mes paroles : Nous nous rencontrerons quelque part."

LA LÉGENDE EST VIVANTE

Au moment où les gens massés devant le Carnegie Hall s'arrachent les billets du concert de la résurrection, les nerfs de Vladimir Horowitz le tourmentent non seulement toujours, mais toujours plus. Mais il s'est imposé un nouveau credo pianistique : "La sagesse, c'est la simplicité." Il ne va pas servir aux gens seulement du Clementi, mais son jeu sera marqué par ce que Clementi lui a appris. Et il est bon qu'il puisse exprimer ses doutes, et même les rendre publics. Entre-temps, il est devenu étranger à son propre siècle : "Quand

1. "On refait une prise."

j'écoute mes enregistrements des sonates de Prokofiev, de Barber ou de Kabalevski, j'ai l'impression d'entendre jouer quelqu'un d'autre. Je ne saurais pas comment aborder ces œuvres aujourd'hui. Les compositions de Liszt ne me disent plus grand-chose non plus. [...] J'espère que je suis toujours un virtuose ; c'est plaisant, d'être un virtuose. Mais j'espère que les gens trouveront cela bon parce qu'ils trouvent que la musique est bonne. Ce n'est pas facile de remonter sur scène après une absence de douze ans. Et maintenant, j'ai soixante ans. Qui sait, je joue peut-être comme un cochon."

Que Horowitz ait été vraiment "le plus grand pianiste du XXe siècle" ou qu'il doive partager avec Arthur Rubinstein la place d'un virtuose tout à fait exceptionnel ; que des tempéraments comme Svjatoslav Richter ou Emil Gilels soient ou non des personnages bien plus intéressants devant leurs quatre-vingt-huit touches ; qu'un Arturo Michelangelo Benedetti ou un Solomon aient ou non sublimé l'esthétique du piano poussée jusqu'aux plus subtils raffinements sonores ; que le titre de pianiste du siècle doive ou non être réservé à une personnalité comme Maurizio Pollini, qui à côté du répertoire classique a contribué à découvrir et à transmettre la musique de son temps – il existe un point sur lequel Vladimir Horowitz est unique en son genre, sur lequel il s'est surpassé, renchérissant même sur ses plus beaux récitals : aucun pianiste du siècle qui vient de s'écouler n'a acquis une telle célébrité grâce aux concerts qu'il n'a pas donnés, aucun ne s'est fait autant d'admirateurs et de fidèles partisans grâce à un piano muet, aucun n'a atteint à une telle efficacité médiatique grâce aux points d'orgue de sa carrière, aucun n'a su comme lui faire de nécessité personnelle vertu artistique. Ce qui a fait de lui définitivement une légende, c'est moins ses concerts à sensation que ses défections.

Les douze ans passés sur la Montagne magique furent suivis de deux retraites encore, de 1969 à 1974 et de 1982 à 1984 ; mais qu'il ait pu à chacun de ses retours se montrer à la hauteur de sa légende – c'est cela, le miracle Horowitz.

XVIII

MADAME BUTTERFLY TOUCHE À TOUT

ou Comment le piano conquit le Japon et le Japon le marché du piano

Une immense richesse de talent et de compétence professionnelle se répand dans les milieux musicaux du Japon. La jeune génération, surtout, fait preuve d'un indomptable esprit d'entreprise uni à l'enthousiasme et à une fierté justifiée. L'avenir musical de la nation repose sur cette merveilleuse jeunesse japonaise pleine d'idéalisme et d'ambitieuse énergie.

KLAUS PRINGSHEIM (1968)

LES TOURISTES DU CLAVIER

Question à dix francs : comment voit-on dans les grandes villes européennes qu'on se trouve à proximité d'une école supérieure de musique, d'un conservatoire ou d'une académie musicale ? Comment sait-on, avant même que les premières notes aient retenti, qu'on se dirige vers un centre de formation de pianistes ? Comment un paysage urbain révèle-t-il une concentration de futurs virtuoses ?

On le remarque à la métamorphose des passants, à l'exotisme de la population. Celle-ci se fait non seulement multiculturelle, mais extrême-orientale. Car, au cours du XXe siècle, le piano a conquis un nouveau continent : de même qu'au XIXe il était parti d'Europe pour occuper l'Amérique, il a subjugué l'Extrême-Orient – Japon, Corée-du-Sud, une partie de la Chine et de l'Inde. Au Japon, surtout, il a suscité un engouement semblable à celui qui régnait en Europe au début du XIXe siècle, rage pianistique et fureur d'exercice, culte et sacrifice joyeusement consenti, qui ont en retour procuré à l'instrument une popularité nouvelle dans les pays qui l'ont vu naître à l'époque classique. La passion absolue et nouvelle qui s'est emparée de l'Asie est plus forte que la lassitude de l'Ancien et du Nouveau Monde. Et le Japon, vaincu par le piano, sauve le piano.

Le succès du piano au Japon n'est pas l'effet du hasard. Les exigences de l'instrument répondent exactement à cette éthique de la performance qui marque plus que nulle autre la société japonaise. D'ailleurs, c'est un instrument ouvert à tous, et cela vaut aussi pour les nations, les mentalités, les cultures. Un(e) pianiste qui veut arriver à quelque chose doit travailler dur, s'exercer tous les jours, persévérer de longues années et avoir l'ambition d'être meilleur que tous les autres – qui ont la même ambition. Il ou elle doit avoir la volonté (et la constitution physique qui est la condition première de cette volonté) par exemple de passer deux heures au piano le matin avant l'école et de renoncer aux amis de son âge.

LE JAPON DEVIENT CHAMPION DU MONDE

C'est arrivé au cours des douze années de retraite de Vladimir Horowitz : le Japon est devenu le premier producteur de pianos du monde, raflant le titre aux Etats-Unis eux-mêmes. Le nombre d'instruments produits, qui n'était encore que de dix mille en 1953, atteint plus d'un demi-million en 1969, en gros trente mille de plus que ceux que fabriquent les Etats-Unis. Mais si l'apparition de pianos japonais chez les commerçants, dans les foires expositions, dans les écoles de musique et les salles de concert rend les affaires plus difficiles, elle les réveille aussi. Elle donne un nouvel élan au marché, et notamment au marché de l'occasion. Dans la seconde moitié du siècle, le Japon ne se contente pas de proposer au monde des pianos nouveaux, à un prix intéressant – dont la qualité, il est vrai, laisse parfois à désirer ; il lui enseigne les techniques du marketing moderne. La passion pianistique des Japonais montre à une Europe fatiguée du clavier que de nombreuses personnes ont encore les doigts qui les démangent.

Il faut dire que la mainmise japonaise sur l'instrument ne s'est pas produite aussi soudainement que l'indique l'explosion de la production entre 1953 et 1969. Elle avait commencé en principe un siècle plus tôt, en 1868, quand l'empereur Meiji (Mutsuhito) était monté sur le trône, transférant le siège du gouvernement de Kyoto à Tokyo et réformant sur le modèle européen le vieux système féodal pourri d'intrigues et sclérosé. La vie culturelle, surtout, avait subi l'influence croissante de l'Europe. Deux institutions avaient fait connaître la musique européenne : l'Eglise et les orchestres militaires. Un rapport de 1895 précise que, "dans les écoles missionnaires, toutes les petites filles sans exception apprennent à jouer du piano, mais oublient très vite à la sortie".

Toutefois, au début, ces écoles n'étaient pas équipées de pianos, mais d'harmoniums. Et c'est aussi un harmonium qui fut en quelque sorte le prélude à l'essor de la facture japonaise. En 1887, un jeune homme, technicien et bricoleur expérimenté, horloger et constructeur de lunettes astronomiques, Torakusu Yamaha, fut appelé d'Osaka à l'école primaire de Hamamatsu pour y réviser un harmonium de fabrication américaine. Torakusu n'avait aucune expérience des instruments de musique, mais il accomplit sa tâche à la satisfaction générale, y compris la sienne propre. Car au cours de la réparation il avait opéré un relevé précis de la mécanique de l'harmonium ; l'année suivante, il fonda sa propre firme et construisit le premier harmonium japonais. Le premier piano suivit douze ans plus tard, à l'aube du XXe siècle. Et, dans les années suivantes, les petits orgues à pédales faisaient toujours concurrence aux pianos : vers 1911, le Japon produisait à peine mille pianos par an, mais presque dix fois plus d'harmoniums.

Les revues musicales européennes de l'époque mentionnent de plus en plus souvent les pianos japonais et leur émergence sur les marchés chinois, indien et australien ; mais on ne voit pas en eux des rivaux. Jusqu'à la Seconde Guerre mondiale, les Japonais produisirent pour leur usage personnel et pour l'espace asiatique. Pour leur usage personnel, cela signifie que, dès cette époque, des dizaines de milliers de jeunes Japonais s'escrimaient sur un clavier qui leur promettait l'accès à une culture supérieure. Mais le véritable boom pianistique ne commence qu'après la guerre, après le choc atomique d'Hiroshima et Nagasaki : c'est la forme la plus pacifique du réarmement.

Une firme comme Kawai – fondée en 1927, mais contrainte par la guerre à se reconvertir dans l'armement en 1937 –, qui rouvre en 1951, inaugure une toute nouvelle cadence dans la fabrication des pianos. En 1955, quand Shigeru Kawai reprend la direction à la mort de son père, il commence à industrialiser la production. En 1961, l'usine de Maisaka étrenne une chaîne qui permet de produire jusqu'à cinq mille instruments par mois. En 1978, un demi-siècle après la fondation de la maison, on fête la construction du millionième piano Kawai. (A titre de comparaison : la manufacture Steinway, fondée en 1853, a pu fêter en 1993, donc cent quarante ans plus tard, son cinq cent millième piano.) Après douze autres années – en 1990 – la production totale s'élevait à deux millions d'instruments.

Au cours de ces dernières années, Kawai a opposé à sa propre production de masse son EX, un queue de concert fabriqué à la main – donc selon les méthodes traditionnelles – qui fait sur les scènes du monde entier concurrence aux grandes marques : Steinway, Bösendorfer, Baldwin, Bechstein, Fazioli, Blüthner. Quant à la firme fondée voici belle lurette par le réparateur d'harmonium, Yamaha, elle peut présenter des chiffres encore plus sensationnels, pour ne pas dire monstrueux. Dès 1962, l'entreprise est promue au rang de premier facteur d'instruments mondial.

Mais les grands facteurs japonais, à la différence des occidentaux, font aussi tout pour promouvoir la musique. Aussi bien Yamaha que Kawai exploitent des milliers d'écoles de musique qu'ils équipent de leurs propres instruments. Cette éducation musicale à grande échelle fête les noces précoces de la pédagogie et du marketing : les bons petits élèves seront quelque jour de bons grands acheteurs.

En revanche, les écoles supérieures de musique proprement dites – les établissements de Musashino, Toho, Kunitachi, Shobi, Geidai et autres – sont excessivement chères. Ce sont pour la plupart des instituts à financement privé, et les frais d'études y sont élevés. Si bien que beaucoup de jeunes gens sont poussés vers l'Europe pour des raisons pécuniaires, car même dans des villes comme Vienne, Berlin ou Paris, ils peuvent vivre et étudier à meilleur compte que chez eux. Cela ne retire rien à leurs motivations intellectuelles, leur désir de recomprendre Schubert, Beethoven, Brahms, Chopin, Schumann dans leur contexte historique, en remontant pour ainsi dire à la source.

Entre des milliers d'"Extrême-Orientaux", comme les appelle Elfriede Jelinek, qui dans la seconde moitié du XXe siècle ont fait le pèlerinage de l'Europe pour y sacrifier à ses dieux du clavier, prenons-en un, qui n'est pas japonais, mais coréen. Il n'est pas de ceux qui se plongent dans Schubert ou Schumann ou tentent d'aborder différemment Bach ou Mozart ; il se définit comme un novateur inspiré par John Cage, mais s'il nous intéresse ici, c'est d'abord en raison des rapports qu'il entretient avec le piano : une relation différente, plus décontractée, plus détachée.

György Ligeti lui a élevé un monument dans ses *Considérations subjectives sur la musique nouvelle 1950-1970* : "En 1958, le compositeur Paik, qui vit actuellement à New York, achète à un marchand de pianos de Cologne trois instruments pour le prix de soixante-dix marks transport compris. Le marchand était très heureux de voir partir ces pianos injouables. Le premier n'avait plus de clavier. On pouvait pincer les cordes comme celles d'une harpe. [...] Le deuxième avait encore des touches, et quelques-unes fonctionnaient, mais on ne pouvait plus l'accorder, et il l'a préparé. Il y avait une touche, quand on la frappait, cela donnait un *si-si-si* ; d'autres faisaient sonner brusquement plusieurs cordes qui pendaient librement et produisaient une apparence de bruit. Pour les morceaux de Paik, c'étaient des instruments parfaits."

Peu importe que cette histoire de pianos foutus soit juste ou qu'elle fasse partie de l'extravagante mythologie que le jeune Coréen avait l'art d'édifier autour de sa personne. Quoi qu'il en soit, fin 1958, il annonce à

Wolfgang Steinecke une œuvre nouvelle, une “amusique”, qu’il décrit comme suit :

“Il faut un piano ordinaire ou un piano à queue, un très mauvais piano *prepared* et un scooter. Les pianos ne sont pas seulement traités comme des instruments à clavier-percussion-cordes pincées mais aussi comme des instruments à cordes frottées. Les interprètes lisent le journal, parlent avec l’auditeur, poussent les pianos à queue, renversent un piano droit, tombent le piano de la scène.” Voici à peu près comment Paik se représente la chose :

Et la description de l’œuvre continue : “Auditeurs jettent feu d’artifice sur la scène, donnent coups de pistolet, cassent verre. Le scooter arrive par-derrière. En plus beaucoup jouets, prévisions météo, informations, sportreley (à la radio), boogie-woogie, eau, bande sonore, etc.”

A quoi Wolfgang Steinecke répond avec humour, mais inquiet pour le piano : “Dans ce cas, le compositeur voudrait sûrement se charger lui-même des frais occasionnés par le piano qu’il veut précipiter de la scène dans la salle. […] Un tout nouvel élément, c’est évidemment le scooter. Cela ne serait sûrement pas difficile de trouver quelqu’un pour en jouer, si toutes les autres conditions sont réunies.”

Finalement, ce n’est pas à Darmstadt que le piano tombe à la renverse, mais à Düsseldorf, à la Galerie 22.

Un journal titre : *Pianoforte est morte*. Mais il va de soi que cet instrument survit à la chute comme à l'annonce prématurée de son décès. Paik lui-même le célèbre dans d'incessantes installations nouvelles, le ressuscite en tant que "piano intégral", hérissé de tout un fourniment : réveille-matin, sirène, plumeau, ampoule électrique, fils de fer barbelé, jouets, soutien-gorge et coquilles d'œufs. Il ne prépare plus le piano, il se collette avec le mythe. "Le piano est un tabou. Il faut le détruire", déclare l'artiste dans une interview.

Au cours d'une des premières expositions personnelles de Paik, en 1963 à la galerie Parnass de Wuppertal, l'affaire est dans le sac. L'un des visiteurs s'empare soudain d'une hache et fait voler l'instrument en éclats. Le nom du meurtrier : Joseph Beuys.

L'attentat cristallise. Un beau jour, il ressurgit sous forme de paraphrase littéraire.

XIX

ÉLÉGIE ET DÉRISION

ou En avant pour la dernière bataille

Plus de piano.

THOMAS BERNHARD, *Le Naufragé.*

Je n' ai plus jamais fait de musique.

HEINRICH BÖLL,
Femmes devant un paysage fluvial.

Chaque jour, un morceau de musique meurt.

ELFRIEDE JELINEK, *La Pianiste.*

POURFENDEUR DE PIANO DEVANT UN PAYSAGE FLUVIAL

Les gens distingués qui habitent les belles vieilles maisons au bord du Rhin entre Bonn et Bad Godesberg vivent en état d'alerte : depuis quelques années, leur secteur est hanté par un étrange malfaiteur, un vandale tordu qui pénètre dans les maisons y accomplir un acte barbare : il s'en prend à ces meubles opulents que sont les pianos à queue, les débite selon les règles de l'art et empile les morceaux de bois devant la cheminée, comme des bûches. Un tueur en série frappe dans les beaux quartiers discrets qui longent le fleuve, un Landru des claviers sévit dans la république de Bonn sur son déclin et châtie ses représentants en exterminant leurs pianos. Aucune personnalité n'est à l'abri : toutes peuvent craindre de retrouver le lendemain matin leur noble instrument transformé en bois de chauffage. Les élites sont mal à l'aise, voire profondément perturbées.

Une suspicion affreuse se fait jour. On soupçonne que le coupable n'est autre que l'un d'entre nous, membre d'une grande maison. A chaque nouvelle agression, tout le monde sans exception pense à Karl von Kreye, ce jeune comte qui, voici seulement quelques années, était encore un juriste plein d'avenir, la poche de sang bleu la plus convoitée par les parvenus de la politique, et qui avait un beau jour haché menu son propre queue de concert, devenant ainsi une sorte de marginal fameux : séparé de sa femme, père d'un enfant naturel, et qui s'était mis en tête de vivre dans une caravane sur le terrain paternel. Les racontars vont bon train : "Il y a sept ans, il a débité son piano pour le brûler dans la cheminée" ; "J'ai eu peur de lui – il faisait cela si froidement, sans la moindre passion : avec précision, avec rigueur – et ça sentait le vernis brûlé. Curieusement, il a gardé les roulettes, juste les roulettes."

Karl von Kreye se défend d'être un tueur en série en expliquant les raisons du crime perpétré à l'égard de son propre instrument : "A l'époque, vous avez fait bien trop d'histoires autour de mon piano, presque un scandale, et pourtant, il s'agissait de mon bien, que je traitais, disons, de façon un peu spéciale. [...] Ce n'était jamais qu'une sorte de culte privé, oui, une consécration, un sacrifice rituel." A savoir un acte de protestation contre l'enchaînement, sans doute délibéré, de circonstances malheureuses qui avait coûté la vie à l'un de ses amis, "abattu par erreur" lors d'un contrôle de police. "Quand je suis rentré de chez Konrad, Eva était assise au piano, elle jouait avec Wubler un arrangement à quatre mains de Chopin, et Erika les écoutait religieusement. Je n'ai rien dit, je n'étais même pas en colère – je les ai poliment priés de se lever tous les deux, je suis allé chercher la hache dans la remise et j'ai débité le piano, tranquillement, presque courtoisement, ils ont dit : froidement – et il y avait du feu dans la cheminée sur la terrasse. Ça leur a évidemment fait un choc, parce que cela s'est passé sans éclat, comme une chose qui va de soi – ils se sont tous sauvés comme devant un fou." Mais ce comte n'est pas un fou, c'est un personnage sorti d'un des derniers romans de Heinrich Böll, *Femmes devant un paysage fluvial*.

Quel message l'auteur veut-il faire passer avec ses *piano killers* ? Possible que son mystérieux maniaque, à la différence du comte, proteste contre la richesse, contre l'argent des banques. S'il veut désintégrer les beaux instruments anciens, c'est que ce sont des meubles décoratifs, objets m'as-tu-vu qui sont pour les nouveaux riches un brevet de profondeur intellectuelle et de culture supérieure. Mais Karl von Kreye sublime la foucade antiploutocratique : "Un instrument de musique, et même un piano précieux, sur lequel, avec une vraisemblance qui touche à la certitude, Bach a joué – le démantibuler *(avec une émotion véritable)* – j'y vois un acte de la plus haute spiritualité, une sorte de protestation céleste contre les manigances fallacieuses de la musique, contre le luxe, la faim, la soif, contre la guerre et la misère et toute forme de matérialisme."

Heinrich Böll a combiné ou déformé tous les motifs : protestation individuelle, révolte criminelle, effet phare de portée universelle, musique délivrée des stigmates de la matérialité. Le piano détruit prend son véritable essor. Et, une fois les idées mises en ordre, les dispositions pratiques peuvent être prises.

"PAS D'ESQUILLES"

"Vous invitez des gens à un concert chez vous, vous imprimez un programme, tous les invités viennent en habits de cérémonie comme pour une noce, et, vous, vous dépecez votre piano tandis que le ou la pianiste qui était censé donner le récital tape sur le mur la musique de Beethoven, Chopin ou Mozart, correctement, en suivant la partition. [...] Si vous avez besoin d'un mode d'emploi, demandez à un facteur de vous initier aux particularités – disons chirurgicales – d'un piano à queue. Je veux parler de ses points d'articulation, de son anatomie. Il ne faut pas d'esquilles, vous savez, tout doit se passer proprement, très proprement. Vous n'aurez sans doute besoin que d'un tournevis et d'une toute petite pince très solide. [...] Dans un piano, il y a beaucoup de parties qui sont simplement ajustées, mortaisées, pas vissées – il faut écarter les joints avec délicatesse et dégager les tenons..."

(A l'évidence, Heinrich Böll lui-même n'a pas pris conseil auprès d'un facteur de pianos, car la chose n'est pas si simple. C'est ainsi que ses démontages laissent toujours de côté les "roulettes" – il veut parler des roues du piano à queue – et il n'est jamais question des cordes, encore bien moins du cadre en fonte qui, long d'un mètre cinquante à deux mètres, est un bloc indestructible lourd d'un quart de tonne et que nul outil ne peut mettre en morceaux, parce qu'il est coulé d'une seule pièce.)

Mais la rage pianicide qui se déchaîne devant le paysage fluvial n'est pas une lubie propre au seul Heinrich Böll. La déconstruction, pour ne pas dire la destruction, est un procédé littéraire des années 1980. Le roman de Böll, paru en 1985, constitue plutôt l'arrière-garde grotesque de ce qu'on peut considérer comme le dernier assaut du XXe siècle contre le piano et les pianistes. Le bûcheronnage rhénan a été précédé de deux rhapsodies en prose venues d'Autriche, qui font table rase du pianisme d'une façon bien plus subtile et bien plus adéquate : *La Pianiste*, roman d'Elfriede Jelinek, et *Le Naufragé*, monologue de Thomas Bernhard, tous deux d'ailleurs parus la même année, en 1983.

Dans ces deux œuvres aussi règne une folie destructrice. Voici par exemple que le professeur de piano Erika Kohut éprouve l'espace d'un instant "le besoin d'attraper par les cheveux la tête de son élève et de la cogner dans les entrailles du piano jusqu'à ce que les tripes sanglantes des cordes jaillissent sous le couvercle dans un hurlement. Après quoi le Bösendorfer ne dira plus un mot." Mais tandis que cela reste un vœu pieux, destruction virtuelle, Thomas Bernhard passe aux actes : "[...] un jour, j'ai fait cadeau de mon Steinway à une enfant de neuf ans, fille d'un instituteur de Neukirch près d'Altmünster, pour qu'il cesse de me tourmenter. La petite a complètement démoli mon Steinway en un temps record, cela ne m'a pas ennuyé, au contraire, j'observais cette destruction avec un plaisir pervers." En réalité, les deux œuvres parlent moins de destruction que d'aberration. Et tout ce qui concerne le piano y est mis en jeu dans un sens beaucoup plus large.

LE VERNIS S'ÉCAILLE

C'est une constatation intéressante, voire réconfortante : le sarcasme à l'égard de l'instrument se maintient dans la mesure même où le piano s'affirme. Tandis que les concerts continuent de se dérouler, en toute routine et sur tous les canaux, la satire se mobilise selon des schémas éprouvés. A la fin du siècle comme au début, la férule de l'ironie, maniée avec virtuosité, tape sur les doigts du virtuose et de la fascination qu'il exerce. Pour l'exprimer d'une façon lapidaire : il suffit de jouer du piano, la satire suivra. Mais depuis combien de temps les plumes acérées s'émoussent-elles sur cet instrument robuste, obsolète, maltraité mais brillant ? Depuis combien de temps nous racontent-elles que son vernis s'écaille ?

Heinrich Heine n'était-il pas, voici plus d'un siècle et demi, un maître du genre ? Et il était quand même contemporain et auditeur de Chopin et de Liszt, de Thalberg et de Clara Wieck, de Mendelssohn et d'Alkan, témoin d'une virtuosité de toute première main. Et quand il parlait du piano et des pianistes, il n'en cultivait pas moins une suprême arrogance : "Les pianistes les plus âgés étaient de plus en plus relégués dans l'ombre, et ces invalides de la célébrité, usés, malheureux, paient fort cher le fait d'avoir été surestimés dans leur jeunesse. Seul Kalkbrenner se maintient encore un peu. Il s'est produit à nouveau cet été ; sur ses lèvres brille toujours ce sourire empaillé que nous avons récemment observé chez un pharaon égyptien dont la momie a été déballée au musée d'ici. Henri Herz ne brille plus que par sa salle de concert, il est mort depuis longtemps et vient d'ailleurs de se marier."

Mais pour quelle raison le piano est-il si condamnable au début des années 1980 ? A cette époque, tout comme dans les années 1920, le piano cesse d'être à la mode. Le chiffre d'affaires des manufactures baisse ; le clavier électronique a pris possession des doigts, l'instrument ne joue quasiment plus aucun rôle dans la musique pop et rock, et sur le marché des pianistes les nouvelles sont déprimantes : toujours plus de défections, de désistements, de maladies ; concurrence impitoyable de tous ceux qui s'entêtent à pratiquer l'instrument ; inculture des stratèges du marketing – et solitude des quelques-uns qui se sont spécialisés dans la musique de leur siècle, une musique que ni le siècle ni le piano n'ont encore acceptée. Des années 1970 au milieu des années 1980, le piano est en quête de sens et de son ;

relégué dans un petit coin de nostalgie stérile à l'écart du grand courant tapageur de la variété ; et en plus, dans le procès que font à la pédagogie conservatrice les éducateurs anti-autoritaires, il est démasqué comme le principal coupable.

Et pourtant ! Et pourtant, on perçoit distinctement dans ce chœur funèbre une voix contraire, une sorte d'aria qui s'oppose à toutes ces sombres prophéties. Une rhapsodie à la défense de l'instrument. Et cette apologie émane du trio sarcastique.

SAUVÉ *IN EXTREMIS*

Car notre lecture était superficielle, au moins celle de Thomas Bernhard. Son imprécation ostentatoire s'enfle bel et bien jusqu'au plaidoyer passionné. Son chant de haine peut se lire comme une ode au piano. Son héros éponyme est le *Naufragé*, Wertheimer, pianiste surdoué qui n'est pas parvenu tout à fait au sommet et s'en désespère ; mais ce Wertheimer n'est que le négatif du héros véritable, et celui-ci est "le pianiste virtuose le plus important de notre siècle", et celui-ci s'appelle, fiction factuelle, Glenn Gould. Une lecture attentive débusque, derrière l'apparente polémique antipiano, un superbe hommage. Dans ce monologue pianistique aux allures de toccata règne ce même fanatisme de l'œuvre qui distingue ou stigmatise le jeu du véritable Glenn Gould ; le pianisme inconditionnel qui caractérise ce dernier devient chez Bernhard description inconditionnelle du pianisme, morceau virtuose sur la virtuosité, transe pianistique.

Toute cette diatribe effrénée contre les saboteurs et les professeurs, le business culturel et les gamins pianotants, est un assaut libérateur qui proclame, en brandissant l'exemple de Glenn Gould, que le pianiste est un être unique en son genre, parangon de l'artiste revendiquant les droits de l'art, équilibriste solitaire entre le désert de la banalité et le royaume cristallin des sons. Jamais le piano n'a été pris plus au sérieux, plus intensément transfiguré que dans ce texte auprès duquel tous les "souvenirs" de pianistes semblent autant de naïvetés. Bernhard délivre l'instrument de son statut d'amateur, arrache le clavier aux griffes de la multitude, l'institue comme une instance qui sépare la vraie vie de la fausse.

"Toute notre vie, nous fuyons l'amateurisme et il nous rattrape toujours, pensais-je, et nous ne souhaitons rien plus intensément que d'échapper à l'amateurisme et nous sommes toujours rattrapés par lui. Glenn et la brutalité, Glenn et la solitude, Glenn et Bach, Glenn et les *Variations Goldberg*, pensais-je. Glenn dans son studio dans la forêt, sa haine des hommes, sa haine des amateurs de musique, pensais-je. [...] L'idéal, ce serait que je sois le Steinway, je n'aurais pas besoin de Glenn Gould. [...] Se réveiller un matin et être le Steinway et Glenn à la fois, Glenn Steinway, Steinway Glenn rien que pour Bach."

Aucun pianiste du XXe siècle ne s'est exprimé avec une telle ivresse, aucun ne s'est investi dans l'instrument avec autant de passion que le pianoclaste Thomas Bernhard.

XX

LA GRANDE LIBERTÉ

ou Le retour de l'improvisation

N'êtes-vous pas heureux que c'en soit fini des systèmes ?

MORTON FELDMAN

J'en ai marre de toutes ces notes justes.

SIMON RATTLE

La seule chose dont la musique ait besoin, c'est d'oreilles qui soient vraiment ouvertes.

WOLFGANG RIHM

Est-ce vrai ? Le temps est-il vraiment une courbe ? Se pencherait-il en arrière ? Fait-il une boucle, se dévore-t-il lui même ? Voici que le siècle pianistique est terminé, il a passé à toute allure et à grand bruit dans un glissando téméraire, fragmentaire, contradictoire, et revoilà Léon Tolstoï devant nous, l’auguste vieillard russe, la caboche grise, le misanthrope qui voulait refaire le monde, et il se mêle de nos affaires. Notre bon génie sévère resurgit vers la fin de l’histoire, à la fois prophétique et pratique. Et il se sert pour cela d’un compositeur à qui on doit, sinon la découverte de la longueur, du moins celle de la lenteur, du long fleuve tranquille de la musique avec ses méandres et ses vaguelettes minuscules. Je veux parler de Morton Feldman.

Car c’est lui qui ramène Tolstoï sur le tapis. En 1985, il a expliqué son procédé de composition en renvoyant à la méthode de travail de Tolstoï, à un puzzle variable. Feldman parle de modules d’une mesure qu’il déplace *ad libitum*. “C’était la méthode employée par Tolstoï pour écrire *Guerre et Paix*. Sa fille a écrit un livre, c’est elle qui a tapé *Guerre et Paix* à la machine, et elle a dit qu’elle utilisait des interlignes doubles et écrivait une phrase sur chaque ligne ; puis elle allait à la ligne et découpait chaque ligne. Chez eux, ils appelaient ça des nouilles. [...] Tolstoï remaniait chaque paragraphe. [...] Et c'est exactement ce que je fais, je remanie tout, sans arrêt."

Dans ses œuvres pour piano aussi, Feldman applique le principe des "nouilles". C'est un amoureux du clavier, qui a réagi violemment à une question posée en cours par un de ses étudiants : "Comment avez-vous pu écrire pour le piano en 1985 ?" On lui doit des aveux comme : "J'aime la perfection des instruments. Je crois qu'un superbe Steinway, très cher, exceptionnel, est absolument irremplaçable." L'instrument lui-même participe à l'élaboration du son : "Meilleur est le piano, plus juste est la hauteur. Même au piano, les notes ne sont pas toutes les mêmes." Pour Morton Feldman, malgré toutes ses expérimentations instrumentales et électroniques, le piano est toujours resté une base de départ, une inépuisable malle au trésor. Anecdote caractéristique (le caractère anecdotique, les enchaînements sans fin à la manière de Schéhérazade sont la marque non seulement de sa musique, mais aussi de ses considérations théoriques) : "Je me rappelle avoir reçu la visite de Stockhausen, quand il vivait à New York à la fin des années 1960. Il est venu chez moi alors que je travaillais à un nouveau morceau. Il l'a observé, et il a dit : «Est-ce que tu veux me faire croire que tu as le choix entre quatre-vingt-huit notes chaque fois que tu dois prendre une décision ?» Moi je l'ai regardé, j'ai répondu : «Karlheinz, pour un New-Yorkais, quatre-vingt-huit notes, ce n'est rien !»"

Feldman aime pour ainsi dire doublement l'instrument : en tant que piano, et joué *piano*. Sa musique est discrète, exploite toutes les nuances du pianissimo et du *ppp*. Ce qui la caractérise, c'est le flux, le *flow*, la tension décontractée d'un courant de sons et de microstructures.

Mais on dirait que le siècle musical lui-même a adopté les nouilles de Tolstoï. Qu'au seuil d'une nouvelle ère, d'un nouveau paragraphe, il a déclenché un processus de fragmentation et de collage. Il semble que toutes les conceptions, toutes les modes soient invitées à défiler encore une fois ; que les adieux soient rétractés, les expériences révisées, les incompatibilités conciliées ; qu'on veuille, comme Tolstoï, réunir guerre et paix sous une même houlette, qu'on veuille fabriquer, à partir de fragments épars, de bribes, de velléités, de formes, d'exigences et de brouillons, une nouvelle simultanéité homogène, un syncrétisme panaché ou, pour s'exprimer plus élégamment, fêter la réconciliation des styles. Jusqu'à la vieille harmonie qui, sous le nom de néotonalité, est à moitié rentrée en grâce, et le Schönberg du dodécaphonisme semble plus lointain que par exemple les dernières œuvres de Debussy, dont Hans-Klaus Jungheinrich prône la modernité "non violente", louant le compositeur d'avoir "renoncé au coloris impressionniste, raffermi et ciselé les contours tout en conservant le raffinement de l'instrumentation et l'ambiguïté harmonique". Cette tendance à l'ouverture des fronts, à l'abandon des idéologies, était préparée de longue date ; on la trouve déjà chez John Cage : "Quand je pense à l'avenir en me disant qu'il sera bon, c'est bien sûr un avenir avec de la musique, mais pas avec une seule sorte de musique. Il y en a de toutes sortes. Et la musique dépasse largement tout ce que je pourrais décrire." Et elle n'est pas paradoxale, la réflexion de Karlheinz Stockhausen : "Plus les hommes sont semblables, plus la musique doit s'individualiser.

Plus les hommes réclament de poncifs, de modèles, de clichés, plus la forme doit se faire unique, irreproductible, ésotérique."

L'époque annonçait donc déjà ce qui est aujourd'hui le dénominateur commun de toutes les musiques : la tendance à la musique intuitive, à l'improvisation. Trop longtemps, semble-t-il, la musique avait été sériée, chiffrée, calculée, et un besoin de libération se faisait sentir. Il semblait qu'il fût temps de remettre en question la composition elle-même, de la soumettre à l'épreuve du *hic et nunc*, de la transformer en composition instantanée.

LE CULTE DE LA SPONTANÉITÉ

Mais le nouveau culte de l'improvisation (qui tire ses origines du free jazz et en particulier d'Ornette Coleman) est lui aussi plein de contradictions et de surprises ; il est loin d'offrir un paysage homogène. N'est-il pas paradoxal que les disciples de l'instant, les rhapsodes de l'immédiat, les contempteurs du sérialisme, se réclament d'un compositeur comme Anton Webern qui fut le musicien le plus austère et le plus laconique du siècle ? Mais une des marques caractéristiques de la situation actuelle, c'est que les influences se brouillent, qu'elles peuvent provenir de courants opposés, que l'improvisateur est capable de jouer de concert avec son antagoniste. Mais qu'est-ce que Webern, parrain du sérialisme, peut offrir à ses adversaires ? Il exerce sur eux, comme le développe Wilson, une multiple fascination : individuation extrême de la nuance, réduction du langage musical (ce que nous avons appelé dans ce livre la "cristallisation") et un espace sonore sans direction ni but, donc la célébration de l'instant, le "Attarde-toi..." de Goethe[1]. Mais Schönberg lui aussi hante les coulisses (comme celles de toute composition à l'aube du troisième millénaire). Car de même qu'on parle souvent aujourd'hui de composition instantanée, il avait souvent souligné qu'il existe dans tout processus de composition un élément d'improvisation.

L'un des musiciens contemporains qui jouent les funambules entre la Nouvelle Musique et le jazz en toute connaissance des tensions et des difficultés que cela implique, mais aussi qui en espère une sorte d'effet synergique, est le pianiste berlinois Alexander von Schlippenbach. Il est représentatif de tous les jazzmen quand il parle de sa passion fondamentale : "Ce qui compte pour moi, c'est une sorte de *drive*. [...] Pouvoir jouer en avançant, de plus en plus loin, pour moi, c'est en cela que consiste l'art. Et cet élan, c'est le jazz qui me le donne." Mais le *drive* ne peut surgir du néant ; comme un volcan, il faut qu'il puise son énergie cinétique dans des provisions accumulées de longue date. La contradiction interne entre la composition et l'improvisation se résout pour Schlippenbach par "la libre disposition d'un outillage acquis à force de travail". Et pour lui, les structures de la technique sérielle font partie des outils : "J'ai trouvé certaines positions des mains sur le clavier qui permettent des séries de six notes que j'ai écrites sous forme d'accords. Pour me les approprier, il m'a fallu plusieurs années. [...] Je veux que ces outils que j'ai dans les doigts soient toujours prêts pour pouvoir les réunir en constellations différentes quand j'improvise."

1. *Verweile doch, du bist so schön* ("Attarde-toi, tu es si beau") : prière adressée à l'instant, passage clé du *Faust* de Goether, aussi souvent cité que le *O temps, suspends ton vol* de Lamartine.

Les improvisations sont des aventures ; c'est du moins ce qu'elles devraient être pour être réussies. Elles sont exténuantes, comme le sont toutes les équipées hasardeuses, qu'on les entreprenne seul ou en groupe.

Les fatigues qu'elles entraînent sont bien connues d'un musicien qui a reculé les limites de l'improvisation jazzique : Keith Jarrett. Il les a reculées en ce qui concerne l'intensité, la durée et l'influence. Son *Cologne Concert* donné le 24 janvier 1975 à l'Opéra de Cologne a marqué un jalon dans l'histoire de la musique pour piano au XXe siècle. Soixante-sept minutes de funambulisme entre les styles de jazz, entre style fonctionnel et style modal, entre contrepoint et insistance minimaliste, entre romantisme et sérialité, entre réminiscence et innovation, entre le piano-machine et le piano-chorale. Voyage exploratoire dans le labyrinthe des quatre-vingt-huit notes, fête des chemins de traverses. Le morceau (les quatre morceaux) sont un mo(nu)ment durable, même si les puristes, ceux du jazz comme ceux de l'élite des improvisateurs, ne les prennent pas tout à fait au sérieux, justement parce qu'ils sont entre-temps devenus classiques.

Jarrett a payé ses transes solitaires d'une maladie nommée "syndrome d'épuisement chronique", qui attaque le système nerveux, les muscles, les yeux, la peau, et frappe le patient de mutisme. Le conseil qu'il donnait à ses élèves, à ses étudiants et à ses disciples semble se vérifier en ce qui le concerne : "Jouez comme si c'était la dernière fois !" C'est seulement ces derniers temps qu'il a pu trouver la force de se remettre à l'exercice le plus facile, le plus difficile et le plus beau : faire chanter l'instrument : "Ce que je voulais, c'est imiter la voix. C'est incroyablement difficile, parce que le piano ne chante pas. Il ne sait que faire *boing* !"

Le pianiste Herbert Henck n'a pas commencé par le jazz, mais par l'expérience de la Nouvelle Musique. Ce pianiste d'avant-garde qui met à ses programmes Stockhausen, Boulez, Cage, Lachenmann, Kagel, Ligeti et d'autres, voit dans l'improvisation "moins un style de musique qu'un style de vie". D'après lui, elle exige autant de réflexion et de sensibilité rétrospective que d'anticipation et de sensibilité prospective, mais surtout "la liberté totale du processus, l'absence d'attente et d'obligation"... Henck est un des rares interprètes à nous donner un aperçu du mode opératoire concret et du déroulement matériel de l'improvisation : il prescrit la position des microphones, leur direction, l'ouverture de la fenêtre. Puis il laisse libre cours à l'aventure :

"Au début de l'enregistrement, on entend les oiseaux dans le jardin. Puis je vais à la porte d'entrée, qu'on a ouverte d'avance, et je sonne plusieurs fois, comme si un visiteur s'annonçait. La cloche est faite de deux tubes de bronze d'inégale longueur, suspendus librement. Je rentre dans la maison, et je ferme une à une toutes les portes que j'ai ouvertes auparavant : la maison se présente. On entend à l'arrière-plan le bruit de la circulation dans la rue. Je rentre dans le salon en passant devant les micros, je souffle brièvement dans chacun d'eux, à intervalles rapprochés, et je ferme encore une porte. Dehors, un chien commence à aboyer. Je m'assieds au piano. Une voisine gronde le chien : «T'as pas bientôt fini ?» lui demande-t-elle sur un ton menaçant. Le chien se tait, un autre lui répond dans le lointain. Je joue du piano, les oiseaux gazouillent dans le jardin."

Qu'est-ce que c'est que cela ? De l'artisanat domestique ? Un cours de bricolage musical ? Une pièce radiophonique sans paroles ? Ou quelque chose comme l'addition des perceptions sonores et des bruitages de tout un siècle ? Nous entendons le pianiste explorer son instrument comme s'il ne l'avait jamais touché :

"Je cherche à augmenter certains bruits de pédale au moyen de cordes sans sourdine. Je ne peux pas juger jusqu'à quel point le voisinage entend mon piano par la fenêtre ouverte. Je fais glisser mes ongles sur le filage des cordes basses, ce qui produit des harmoniques particulièrement rugueux. Un solo commence sur la corde la plus basse, la plus longue, le sous-contre *ut* – quand on appuie fermement sur la corde en frappant la touche correspondante, on obtient des micro-intervalles."

L'œuvre qui s'élabore, Henck la baptise *Sous la pluie*, et *Improvisation pour maison, instrument, jardin, météo, rue et ciel.*

L'IMPROVISATION – UN PARADOXE ?

Tout cela est bel et bon et original. Mais une question se pose : à la fin du XXe siècle et à l'aube d'un nouveau millénaire, l'improvisation est-elle encore de l'improvisation ? Peut-elle encore l'être à l'ère de la reproduction sonore ? Ne perd-elle pas sa virginité quand on peut ensuite la presser sur des milliers, des centaines de milliers de supports sonores et la répéter jusqu'à la réduire à l'état de rengaine ?

Il semble que les improvisateurs contemporains ne se posent pas cette question, parce qu'ils comprennent leur jeu comme une façon de composer à la demande, et l'enregistrement comme une notation améliorée. Si Schönberg a pu dire que les idées du compositeur vont souvent plus vite que la main qui les note, le problème serait aujourd'hui techniquement résolu. L'un des défenseurs de la méthode, le pianiste (de jazz) Paul Bley, parle des temps anciens où l'on "devait interrompre le cours des idées musicales en plein élan pour noter ce qu'on venait d'entendre, puis continuer, tenter de se rappeler ce qu'on venait de penser, s'arrêter à nouveau pour noter et ainsi de suite – maintenant qu'il existe des magnétophones, beaucoup de musiciens trouvent que leur musique est meilleure, parce qu'ils peuvent tout enregistrer d'un seul jet".

On n'est plus tellement sûr aujourd'hui que le jazz soit à l'origine de cette tradition de l'improvisation qui traverse le XXe siècle tout entier. Il permet de puiser dans une bien trop grande réserve de modèles, d'ornements, de tournures toutes faites, de pièces préfabriquées – rien que la quantité d'écoles qui l'enseignent avec toutes leurs recettes fait déjà peur. Même les jazzmen ne croient pas tellement aux prétentions improvisatrices, ne les estimant fondées que chez quelques rares musiciens. On lui est en revanche redevable d'une chose : son mélange de routine et d'hermétisme abrupt ne l'a pas empêché de donner une réponse inédite à la question de Tolstoï sur l'alternative entre musique classique et musique populaire. Il a conservé vingt ou trente des plus beaux *songs*, des mélodies les plus émouvantes du siècle, sous des formes et avec des nuances toujours renouvelées ; il a fourni au piano un répertoire neuf : les standards, auxquels on ne peut reprocher que leur nom. Outre George Gershwin, ce sont surtout Richard Rogers, Cole Porter et Jerome Kern dont les *songs* écrivent l'histoire du piano. *The*

Great American Songbook n'est pas seulement un trésor de mélodies mémorables, expression d'une attitude hyper-urbaine et sophistication musicale, c'est aussi une mine d'improvisations, un abécédaire pianistique de l'époque écoulée. Vingt enregistrements du *Foggy Day* de Gershwin peuvent eux aussi raconter l'histoire du piano.

Souvenir personnel. C'était un des derniers jours du siècle à son déclin, un soir à Cologne. Bref chemin de la cathédrale à l'Ecole supérieure de musique en passant sous la gare par un tunnel de chantier et par quelques rues sans visage. Le titre de la causerie : *Horowitz – une vie, une légende*. Le son d'un piano parvenait jusqu'au foyer : était-ce pour mettre mes auditeurs en condition ? Je me retrouvai dans une belle salle en forme d'amphithéâtre, en bas un piano à queue amplifié électroniquement, flûte et violoncelle, électroniques eux aussi. Et tous les interprètes masqués. Et totalement absorbés, comme les auditeurs, comme moi bientôt. *Vox balaenae*, de George Crumb. Un autre monde. L'autre dimension du premier ? Un croisement ? J'ai eu du mal à m'en détacher, et pourtant, j'ai parlé de Horowitz, devant un public plus nombreux. Mais la leçon s'imposait, avec insistance : tu parles d'un virtuose tandis que plus loin un compositeur d'avant-garde crée l'événement. Tu écris à propos de la nouvelle liberté. Ne serait-il pas bien plus urgent de parler de la nouvelle simplicité de Wolfgang Rihm, de l'“émancipation de la consonance” (Dahlhaus), de la grande œuvre que sont les *Etudes pour piano* de Ligeti, du *Jaketok* de György Kurtág, du *Concerto pour piano* de Lutosl?awski ? Tu écris, et tu n'arrêtes pas de pécher par omission. Tu retiens des choses et tu oublies des hommes. Tu essaies de transporter le piano d'un bout à l'autre du siècle – mais combien de pianistes as-tu perdus de vue ?

Un texte de Peter Degenhardt tiré du livret de présentation de George Crumb me poursuit : "Nous réagissons de façon plus sensible au phénomène du temps, et sommes de plus en plus conscients du caractère éphémère des choses. Quelque chose se termine, ce qui veut dire que quelque chose de nouveau commence. Peut-être qu'un regard en arrière nous donnera la force nécessaire à un nouveau début."

XXI

TOUCHÉ – MAIS PAS COULÉ

ou La nouvelle société pianistique

Le piano surtout, qui permet sans difficultés de restituer l'essentiel des œuvres, devrait être largement réacclimaté dans nos foyers.

ALBERT SCHWEITZER

Regarde, papy ! Le beau piano ! Un piano, un piano !

LORIOT

LA FÊTE DU PIANOFORTE

En guise de conclusion, un nouveau début. Pour finir, cet instrument, sur lequel on a beaucoup tapé, se retrouve parfaitement intact, presque triomphant. Ce n'est pas un bûcher que l'on prépare pour lui, comme c'était encore le cas dans le New Jersey au début du siècle dernier, mais une fête, un gala commémoratif sans pareil : la "Fascination du piano" est célébrée simultanément à Berlin, à Leipzig et à Nuremberg ; sombres prophéties et rumeurs de crise disparaissent, couvertes par les cris d'allégresse et les odes laudatives, et le siècle tout neuf célèbre le vieil instrument.

La plus prometteuse de toutes les statistiques : le nombre d'élèves qui apprennent le piano dans les écoles de musique allemandes a augmenté de presque cinquante pour cent au cours des quinze dernières années. Mais l'enquête la plus récente montre que les Allemands associent encore piano et conservatisme culturel. Sur cent personnes interrogées, quarante l'associent aux concepts "culture, Mozart, musique classique", et tout autant confirment un soupçon immémorial : pour jouer du piano, il faut "beaucoup travailler, avec persévérance". Toutefois, pour un tiers des sondés, le piano évoque “Noël, la musique domestique”, et une personne sur cinq y voit un “meuble réservé aux classes aisées”. Pour une personne sur dix, le mot piano rappelle la *Valse de la puce* ou la *Lettre à Elise*, mais un autre dixième des gens interrogés pense à “génie musical, créativité, individualisme”. Quant à ceux qui le tiennent pour “un instrument obsolète d’un autre âge”, ils ne dépassent même pas la barre des cinq pour cent. Et malgré tout ce qui lui est arrivé au cours du XXe siècle, il a presque reconquis la place d’un instrument domestique bourgeois : près de cinquante pour cent des sondés jouent du piano chez eux. Il ne semble pas excessif de parler d’une nouvelle société pianistique.

Mais la “Fascination du piano” que l’on fête en cette année 2000, ce n’est pas ce XXe siècle auquel nous avons résisté : c’est une tradition plus grande, une période plus longue ; trois cents ans de pianoforte, de forte-piano, trois cents ans de cet instrument que l’Italien Bartolomeo Cristofori fut le premier à fabriquer, à Venise. Dont le nom est dû à sa faculté de jouer aussi bien fort que doux, en augmentant et en diminuant. La mise en scène du calendrier fait partie des méthodes de marketing modernes ; le fait que la première évocation d’un piano de Cristofori date, semble-t-il, de 1711 ne fait rien à l’affaire. L’histoire, apparemment, arrondit toutes les dates, et la recherche lui prête la main.

LE GÉNIE DES TRANSPORTEURS

Aucun doute : le piano est arrivé dans l’ère nouvelle. Il est encore moins contesté, plus triomphant que voici seulement vingt ou trente ans. Mais le triomphe provient d’une époque antérieure à celle qui vient de s’écouler.

Les grands pianistes ont transporté leur instrument directement du XIXe au XXIe siècle, en quelque sorte sans passer par la case de leur propre génération. Et ils lui ont conservé le nimbe dont l'auréole son nom anglais : *grand piano*. Le grand, le grandiose piano. Sa Grandeur le piano. Sa Majesté l'instrument. L'imposante boîte à musique laquée de noir, qui se joue d'un auditoire de cinq mille personnes.

Car c'est cela, la performance historique des grands virtuoses : ils furent des transporteurs de génie. Ils ont sauvé pour l'avenir la magie du siècle qui fut par excellence celui du piano. Ils nous ont remis le piano en mains propres. Avec en prime tout le paquet des partitions du XIXe : tout Beethoven, tout Chopin et Schumann, tout Brahms, et l'intégrale de Liszt, y compris les œuvres tardives. Franz Schubert, longtemps éloigné des salles de concert, s'y est ajouté, redécouvert par Artur Schnabel et promu par Alfred Brendel compositeur du XXe siècle. Friedrich Gulda a fait connaître un nouveau Mozart moins exclusivement ludique, et un Joseph Haydn enfin réhabilité (mais reminimalisé par des tempi aberrants à la Ievguéni Kissine). Toutefois, est-ce là la substance qui doit nourrir le piano au cours du siècle qui commence ? Le XXe siècle n'a-t-il pas eu lieu ?

Non, le piano serait bien mal parti, snob et démodé, si son destin tenait à ces questions. Il a traversé un siècle chaotique, un siècle de catastrophes, et il n'a pas été épargné par les règlements de compte et les dérèglements de l'époque. L'esprit du temps lui a seriné, arraché, imposé, ingurgité une musique nouvelle sans laquelle l'instrument est désormais impensable et inaudible. L'enfer du siècle lui a fait quelque chose, et cela se voit à son apparence, celle d'une "sculpture marquée par l'histoire", selon la formule de Herbert Henck.

A côté des noms des grands interprètes qui ont perpétué le répertoire classique et romantique en le renouvelant *con spiritu*, il faut aussi évoquer le mérite d'un homme qui sut, comme nul autre, lancer un pont entre le piano et la musique du XXe siècle à ses débuts : Eduard Steuermann. Lui aussi fait partie des grands anciens, mais il sut toujours vivre avec son temps. Né en 1892 à Sambor en Pologne, il étudia quelque temps avec Busoni à Berlin, qui l'envoya chez Schönberg : celui-ci devint alors son guide et son compagnon, dont il créa presque toutes les œuvres pour piano, notamment dans le cadre de l'Association pour les concerts privés dans la Vienne des années 1920.

Et à la suite de Steuermann, il faut au moins nommer les pianistes qui ont su mettre en valeur la musique du XXe siècle, l'ont établie dans ses droits ou au moins fait en sorte qu'elle ne manque pas son heure. En tout premier lieu David Tudor, infatigable expérimentateur sur les traces sonores de John Cage et Karlheinz Stockhausen ; la Belge Marcelle Mercenier ; les duettistes allemands Alfons et Aloys Kontarski ; parmi les plus jeunes Herbert Henck et Volker Banfield, mais aussi Olli Mustonen, avec sa synthèse ébouriffante de Bach et de Chostakovitch. Sans oublier un Maurizio Pollini, esprit musical universel et pianiste chevronné, dont le répertoire manifeste à la fois la présence et l'équivalence de trois siècles de piano, qui a l'art de jouer au cours d'une même soirée trois œuvres aussi révolutionnaires que la sonate pour le *Hammerklavier* de Beethoven, les trois *Klavierstücke* op. 11 de Schönberg et le *Klavierstück X* de Stockhausen – ce morceau bardé de clusters – en nous les présentant non comme des contrastes, mais comme des exemples apparentés d'expérimentation pianistique.

Le piano est encore là, à nouveau là – mais est-ce encore le piano ? N'a-t-il pas opéré une mutation ? N'est-il pas désormais fac-similé, instrument factice, simple façade vieille de trois cents ans qui a conservé depuis bientôt un siècle et demi une apparence presque immuable ? L'électronique n'a-t-elle pas squatté l'intérieur, l'instrument de la virtuosité n'est-il pas devenu l'instrument de la virtualité ? Le piano classique, sujet de ce livre, s'est vu affubler au cours de la dernière décennie d'une épithète disgracieuse, attribut quasi absurde : il s'appelle désormais "piano acoustique", pour le distinguer de ses frères bourrés de composants électroniques : piano digital, piano hybride, Disklavier ou piano à queue avec fonction de *masterkeyboard*.

Jetons un bref coup d'œil sur ces nouveaux instruments, qui jouent un grand rôle dans l'actuelle popularisation du piano : en raison de leur prix généralement moins élevé, de leur plus grande maniabilité, de la superfluité de l'accordeur, de la possibilité de couper le son grâce aux écouteurs (ce qui supprime une des tares héréditaires du piano, les problèmes avec les voisins) et en raison de leur grand nombre de timbres variés. Ce timbre n'est plus – comme dans les débuts – un son artificiel, mais un véritable son de piano emprunté à un instrument réel, digitalisé et déclenché par une pression sur la touche. Et le plus souvent, ces pianos sont équipés de tout un registre de timbres. Le Kawai CA 950, par exemple, offre les nuances suivantes : queue de concert, queue de studio, "demi-queue doux", *modern piano* et *rock piano*, orgue de jazz, orgue d'église, vibraphone, clavecin, cordes, chœur, basse acoustique, et si nous demandons d'où vient toute cette magie, on nous fait une fabuleuse réponse : *Harmonic Imaging Technology*.

Le dernier *nec plus ultra* de cette coquille classique farcie d'électronique est un piano à queue de Yamaha, le PRO 2000. C'est un meuble futuriste, mais parfaitement esthétique : le corps en merisier, les pieds, la lyre et le couvercle du clavier en aluminium brossé, le couvercle du piano, séparé en deux parties, en verre. Mais tout le reste ferait pâlir même un John Cage : "Le cœur est un processeur Intel Pentium III. Les fonctions principales obéissent au contrôle de la voix, car l'ordinateur interne dispose d'un système IBM Via Voce. L'activation de l'unité Disklavier est rendue possible par la touche *screen* intégrée au pupitre, qui est également en verre. [...] Les données ne sont plus sauvegardées sur disquette, mais sur DVD. [...] En plus, le Disklavier PRO 2000 dispose de la possibilité de jouer des CD CD-Plusscore", ce qui rend le prodige encore plus prodigieux.

Il faut bien admettre que presque tous les claviers électroniques se jouent comme des instruments traditionnels. Presque tous ont une mécanique, presque tous ont une remarquable technique de répétition, et les poids, que ce soit pour enfoncer ou relever la touche, ont une tare sensiblement identique. Mais ce qui manque au disklavier, fût-ce le meilleur et le plus beau, c'est la corporalité du jeu, l'alliance du toucher et de la résonance sensible, le somptueux déploiement des fréquences, "ce sentiment de faire physiquement un avec l'instrument" dont parlait récemment le pianiste et musicographe américain Charles Rosen : "Le pianiste ressent dans son corps entier toute augmentation du volume du son, parce qu'elle met en jeu les muscles des épaules et du dos. Chaque crescendo, chaque decrescendo, exige la participation de l'interprète. [...] Ce qui fait le danger du piano, mais aussi sa grandeur, c'est que le pianiste peut ressentir la musique dans tout son corps sans être obligé de l'entendre."

ULTIME DÉTENTE

Et pour finir ? Pour finir, pas d'hymne, seulement une anecdote – souvenir du piano de *Casablanca*, souvenir du pianiste Sam. Sam, c'était Dooley Wilson, acteur et chanteur de blues, mais qui présentait le handicap de ne pas savoir jouer de piano. Le *song As Time Goes by*, écrit dix ans plus tôt par Herman Hupfeld, avait donc été enregistré par Elliot Carpenter et devait accompagner la scène en play-back pour que Dooley puisse y adapter le mouvement de ses mains et de ses doigts. Mais il s'avéra que les bruits de fond et les conversations du *Rick's*, auxquels le réalisateur tenait, couvraient le son du piano, empêchant l'acteur de s'orienter sur les touches. Si bien que l'on résolut finalement le problème en faisant venir pour Elliot Carpenter un deuxième piano, placé hors du champ de la caméra, mais de telle sorte que "Sam" pouvait imiter le pianiste. Le piano de *Casablanca* était donc un piano muet, un véritable mythe.

Mais la simple phrase indissociable de ce piano, la prière incantatoire d'Ingrid Bergman, ce *Play it, Sam !*, est devenue formule-culte et emblème du siècle. Modifiée par la postérité[1], elle est aussi promesse d'avenir pour le piano :

PLAY IT AGAIN !

1. *Play it Again, Sam ! (Tombe les filles et tais-toi !)*, film de Herbert Ross avec Woody Allen (1972).

BIBLIOGRAPHIE SÉLECTIVE

ADORNO, Theodor W., *Introduction à la sociologie de la musique : douze conférences théoriques*, tr. Vincent Barras, Carlo Russi, Contrechamps, 1994.

ANTHEIL, George, *Enfant terrible der Musik,* Munich, 1960.

AUSTER Paul, *La Chambre dérobée* (*Trilogie new-yorkaise*, t. 3), traduit de l'américain par Pierre Furlan, Actes Sud, Arles, 1988.

BACH, Christian Philipp Emanuel, *Über die wahre Art, das Clavier zu spielen*, Berlin, 1981.

BARRAQUÉ Jean, *Debussy*, "Solfèges", Seuil, Paris, 1994.

BENJAMIN, Walter, *Illuminationen*, Francfort, 1961.

BERENDT, Joachin E., *Das Jazzbuch. von New Orleans bis in die 80er Jahre*, Francfort-sur-le-Main, 1989.

BERTHIER Serge (éd.), *Les Voyages extraordinaires de Louis Moreau Gottschalk, pianiste et aventurier*, Pierre-Marcel Favre, Lausanne, 1985.

BEYER, Robert, "Musik und Technik", in *Musikkonzepte*, Sonderband Darmstadt I, 1999.

BIE, Oscar, *Das Klavier*, Berlin, 1911.

BIESOLD, Maria, *Rachmaninoff,* Berlin, 1991.

BLOCH, Ernst, *Zur Philosophie der Musik*, Francfort-sur-le-Main, 1974.

BOUCOURECHLIEV, André, *Schumann,* "Points. Musique 7", Seuil, 1995.

BRENDEL, Alfred, *Réflexions faites*, tr. D. Miermont, "Musique", Buchet-Chastel, 1982.

BRINK, Margaret, *The Piano as Percussion Instrument*, univ. of Washington, 1990.

BÜLOW, Hans von, *Neue Briefe*, Munich, 1927.
BUSONI, Ferruccio, *Von der Einheit der Musik*, Berlin, 1922.
BUTOR Michel, *Dialogue avec 33 variations de Ludwig van Beethoven sur une valse de Diabelli*, Gallimard, Paris, 1971.
CARLSEN, Philip, *The Player Piano Music of Conlon Nancarrow*, New York, 1988.
CHASE, Gilbert, *Die Musik Amerikas*, Berlin, 1958.
COOPER Fenimore, *Le Dernier des Mohicans*, traduit par Benjamin Laroche, Camuzeaux, Paris, 1835.
Correspondance de Frédéric Chopin, recueillie, révisée, annotée et traduite par Bronislas Edouard Sydow, *La Revue musicale*, Richard Masse éditeurs, 1981.
CORTOT, Alfred, *Aspects de Chopin*, Albin Michel, Paris, 1949.
CZERNY, Carl, *Erinerungen aus meinem Leben*, Strasbourg/Baden-Baden (s. d.).
DAHLHAUS, Carl, *Die Musik des 19. Jahrhunderts*, Wiesbaden, 1980.
DAHLHAUS, Carl, *Johannes Brahms. Klavierkonzert in d-moll op. 15*, Munich, 1965.
DEUTSCH, Otto Erich (éd.), *Franz Schubert, Briefe und Schriften*, Vienne, 1954.
DIBELIUS, Ulrich, *Die moderne Musik*, Munich, 1988.
EHRLICH, Cyril, *The Piano. A History*, Oxford, 1990.
EWEN, David, *George Gershwin. Vom Erfolg zur Grösse*, Munich, 1981.
Faszination Klavier. Katalog zur gleichnamigen Ausstellung im MusikInstrumenten-Museum Berlin, Munich, 2000.
FORKEL, Johann Nikolaus, *Über Johann Sebastian Bachs Leben, Kunst und Kunstwerke*, Reprint Kassel, 1942.
FREITAG, Eberhard, *Schönberg*, Reinbek, 1973.
FRIEDRICH, Otto, *Glenn Gould. Eine Biographie*, Reinbek, 1991.
FRÖHLICH, Hans J., *Schubert*, Munich, 1978.
FÜRST-HEIDTMANN, Monika, *Das präparierte Klavier des John Cage*, Ratisbonne, 1979.
GEORGIJ, Walter, *Klavierspielerbüchlein*, Zurich/Fribourg, 1978.
GOEBELS, Franzpeter, *Aspekte bürgerlichen Musikultur*, Stuttgart, 1981.
GOULD, Glenn, *Vom Konzertsaal zum Tonstudio*, Munich/Zurich, 1984.

HAACKE, Walter, *Am Klavier. Werke europäischer Meister aus sechs Jahrhunderten*, Königstein, 1958.

HANSLICK, Eduard, *Aus neuer und neuester Zeit*, Berlin, 1900.

HANSLICK, Eduard, *Geschichte des Concertwesens in Wien*, Reprint Hildesheim/New York, 1979.

Harenberg, Klaviermusikführer, Dortmund, 1998.

HASSE, John Edward (éd.), *Ragtime. Its History, Composers and Music*, Londres (s. d.).

HEINE, Heinrich, *De la France*, Le Cerf, 1996.

HENCK, Herbert, *Experimentelle Pianistik*, Mayence, 1994.

HOLLFELDER, Peter, *Das grosse Handbuch der Klaviermusik*, Hambourg, 1996.

JACOB, Heinrich Eduard, *Felix Mendelssohn und seine Zeit*, Francfort, 1959.

Johann Sebastian Bach, Leben und Werk, dtv Dokumente, Munich, 1984.

JUNGHEINRICH, Hans-Klaus, *Unser Musikjahrhundert. Von Richard Strauss zu Wolfgang Rihm*. Salzbourg/Vienne, 1999.

KAISER, Joachim, *Grosse Pianisten in unserer Zeit*, Munich, 1996.

KÄMPER, Dietrich, *Die Klaviersonate nach Beethoven*, Darmstadt, 1987.

KINKEL, Johanna, "Musik als Mode", *in* Rieger, Eva (éd.) *Frau und Musik*, Francfort, 1980.

KINZLER, Hartmut, *Chopin. Über den Zusammenhang von Satztechnik und Klavierspiel*, Munich/Salzbourg, 1977.

KIRKPATRICK, Ralph, *Domenico Scarlatti, Leben und Werk*, Munich, 1972.

KRENEK, Ernst, *Im Atem der Zeit. Erinnerungen an die Moderne*, Hambourg, 1998.

KUNA, Milan, *Musik an der Grenze des Lebens*, Francfort-sur-le-Main, 1993-1998.

LAUERWALD, Hannelore, "Er musizierte mit Olivier Messiaen als Kriegsgefangener. Der französische Cellist Etienne Pasquier im Gespräch", in *Das Orchester* 1/99.

LAUERWALD, Hannelore, "Quartett auf das Ende der Zeit", in *Das Orchester* 5/95.

LEBRECHT, Norman, *Musikgeschichte in Geschichten*, Stuttgart, 1989.

LISZT, Franz, *Artiste et Société*, édition des textes en français réunis, présentés et annotés par Rémy Stricker, "Harmoniques", Flammarion, Paris, 1995.

LISZT, Franz et D'AGOULT, Marie, *Correspondance*, Fayard, Paris, 2001.

LISZT, Franz, *Chopin*, Corréa, Paris, 1941.

LITZMANN, Berthold, *Clara Schumann*, Leipzig, 1906.

LOESSER, Arthur, *Men, Women and Pianos. A Social History*, New York, 1954.

MASSIN, Brigitte, *Franz Schubert*, "Les indispensables de la musique", Fayard, Paris, 1977.

MATTHESON, Johannes, *Critica musica*, Reprint Amsterdam, 1964.

MOSER, Andreas (éd.), *Brahms im Briefwechsel mit Joseph Joachim*, Berlin, 1912.

MOZART, Wolfgang Amadeus, *Correspondances*, vol. 7, "Harmoniques. Ecrits de musiciens", Flammarion, 1997.

Musikkonzepte, Sonderbände Anton Webern I & II, 1983-1984.

NEUNZIG, Hans A., *Brahms*, Reinbek, 1973.

OESCH, Hans, "Klingende Vergangenheit. Das Reprodukionsklavier von Welte-Mignon", in *Österreichische Musikzeitschrift* 14, 1959.

PLASKIN, Glenn, *Horowitz*, Zurich, 1988.

PROUST, Marcel, "Eloge de la mauvaise musique", in *Les Plaisirs et les Jours*, Gallimard, Paris, 1924.

RAMANN, Lina, *Franz Liszt als Künstler und Mensch*, Leipzig, 1880.

Reclams Klaviermukikführer, vol. 2, Stuttgart, 1977.

REININGHAUS, Friedrich, *Schubert und das Wirtshau., Musik unter Metternich*, Berlin (s. d.).

ROWLAND, David (éd.), *The Cambridge Companion to the Piano*, Cambridge, 1998.

RUBINSTEIN, Anton, *Erinnerungen aus fünfzig Jahren*, Leipzig, 1893.

RUBINSTEIN, Arthur, *Les Jours de ma jeunesse*, traduit de l'américain par Georges Belmont et Hortense Chabrier, Robert Laffont, Paris, 1973.

SAHLING, Herbert (éd.), *Notate zur Pianistik*, Leipzig, 1976.

SCHEUNING, Peter, *Der Bürger erhebt sich*, Hambourg, 1984.

SCHNABEL, Artur, *Aus dir wird nie ein Pianist*, Hofheim, 1975.
SCHNEBEL, Dieter, "Rückungen, Ver-rückungen. Psychoanalytische Betrachtungen zu Schumanns Leben und Werk", in *Musikkonzepte*, Sonderband Robert Schumann I, 1981.
SCHÖNBERG, Arnold, *Le Style et l'Idée*, tr. de l'anglais Christiane de Lisle, Buchet-Chastel, 2002.
SCHONBERG, Harald C., *Die grossen Pianisten*, Munich, 1972.
SCHÖNEWOLF, Karl, *Beethoven in der Zeitenwende*, 2 vol., Halle an der Saale, 1953.
SCHUMANN, Robert, *Sur les musiciens*, "Stock plus. Musique", Stock, 1979.
SCHWINGER, Wolfram, *George Gershwin*, Munich/Mayence, 1987.
STARGARDT-WOLFF, Edith, *Wegbereiter grosser Musiker*, Berlin, 1954.
STEINWAY, Theodor, *People and Pianos*, New York, 1961.
STUCKENSCHMIDT, Hans Heinz, *Schönberg. Leben, Umwelt, Werk*, Zurich, 1984.
THAYER, Alexander Wheelock, *Ludwig van Beethovens Leben*, Leipzig, 1907.
VANDER-BURCH, Emile et LANGLÉ, Ferdinand, *Louis-Bronze et le saint-simonien*. Parodie de *Louis XI* en trois actes et en vers burlesques, Canongette, Bruxelles, 1832.
Von Kranichstein zur Gegenwart. 50 Jahre Darmstädter Ferienkurse, Stuttgart, 1996.
WAINWRIGHT, David, *Broadwood by Appointment*, Londres, 1982.
WEGELER, Franz Gerhard et RIES, Ferdinand, *Biographische Notizen über Ludwig van Beethoven*, Coblence, 1838.
WEHMEYER, Grete, *Carl Czerny oder die Einzelhaft am Klavier*, Kassel/Bâle, 1983.
"Zwischen Tradition und Innovation – 100 Jahre Yamaha Klavierbau", in *Piano News*, mars-avril 2000.

TABLE

BABEL

Extrait du catalogue

958. ETGAR KERET
Un homme sans tête

959. CLAUDE PUJADE-RENAUD
Le Désert de la grâce

960. ANNA ENQUIST
Le Retour

961. LIEVE JORIS
L'Heure des rebelles

962. JOHN STEINBECK
Dans la mer de Cortez

963. CARLA GUELFENBEIN
Ma femme de ta vie

964. FRANS G. BENGTSSON
Orm le Rouge t. II

965. ALEXANDRE POUCHKINE
La Dame de pique

966. MURIEL CERF
La Petite Culotte

967. METIN ARDITI
La Fille des Louganis

968. MINH TRAN HUY
La Princesse et le Pêcheur

969. LYONEL TROUILLOT
L'amour avant que j'oublie

970. CÉCILE LADJALI
Les Souffleurs

971. AKI SHIMAZAKI
Hotaru

972. HENRY BAUCHAU
Le Boulevard périphérique

973. IMRE KERTÉSZ
Etre sans destin

974. ELIAS KHOURY
La Petite Montagne

974. NANCY HUSTON
Ames et corps

976. ALBERTO MANGUEL
Le Livre d'images

977. NINA BERBEROVA
L'Affaire Kravtchenko

978. JEAN-MICHEL RIBES
Batailles

979. LEÏLA SEBBAR
La Seine était rouge

980. RUSSELL BANKS
La Réserve

981. WILLIAM T. VOLLMANN
Central Europe

982. YOKO OGAWA
Les Paupières

983. TIM PARKS
Rapides

984. ARNON GRUNBERG
L'Oiseau est malade

985. CHRISTIAN GOUDINEAU
Le Dossier Vercingétorix

986. KATARINA MAZETTI
Les Larmes de Tarzan

987. STEFANO BENNI
La Dernière Larme

988. IBN HAZM
Le Collier de la colombe

989. ABÛ NUWÂS
Le Vin, le Vent, la Vie

990. ALICE FERNEY
Paradis conjugal

991. CLAUDIE GALLAY
Mon amour ma vie

992. ANTOINE PIAZZA
La Route de Tassiga

993. ASSIA DJEBAR
Nulle part dans la maison de mon père

994. LUIGI GUARNIERI
La Jeune Mariée juive

995. ALAIN BADIOU
La Tétralogie d'Ahmed

996. WAJDI MOUAWAD
Visage retrouvé

997. MAHASWETA DEVI
La Mère du 1084

COÉDITION ACTES SUD – LEMÉAC

Ouvrage réalisé
par l'atelier graphique Actes Sud.
Reproduit et achevé d'imprimer
en février 2011
par Normandie Roto Impression s.a.s.
61250 Lonrai
sur papier fabriqué à partir de bois provenant
de forêts gérées durablement (www.fsc.org)
pour le compte des éditions
Actes Sud
Le Méjan
Place Nina-Berberova
13200 Arles

Dépôt légal
1re édition : février 2010
N° impr. : 110785
(Imprimé en France)